Werner Trauernicht

Denn ER tut Wunder

Wie Gott eine Schule baut

Freie Christliche Schule Ostfriesland - Ein Glaubenswerk

Werner Trauernicht
Denn ER tut Wunder
Wie Gott eine Schule baut
1. Auflage 2019
© Lichtzeichen Verlag GmbH, Lage
ISBN 978-3-86954-430-4
BestelI-Nr. 548430

Danksagung

Wer das erste Mal ein Buch schreibt, sollte Freunde kennen, die damit Erfahrung haben. Und so ist auch dieses Buch mit freundschaftlicher Unterstützung entstanden. Meine Frau Hanna und ich dürfen dankbar auf eine über Jahrzehnte andauernde Freundschaft mit Marion und Werner Gitt zurückblicken.

Die wertvollen Tipps und Ratschläge von Werner Gitt, der als erfolgreicher Autor mehrerer Bücher mit wissenschaftlich-biblischer Themenstellung vielen Menschen bekannt ist, habe ich gerne berücksichtigt und versucht umzusetzen.

Marion Gitt hat mir in vorbildlicher Weise geholfen, auf verständliche Formulierungen zu achten. Sie hat im Laufe der Zeit die jeweils fertigen Kapitel durchgelesen und hier und dort etwas korrigiert, ohne dabei meinen persönlichen Schreibstil zu verändern. Für ihren damit verbundenen zeitaufwändigen Einsatz bin ich ihr von Herzen dankbar.

Werner und Marion Gitt haben somit einen wichtigen Beitrag an der Fertigstellung dieses Buches geleistet. Liebe Marion, lieber Werner, ich danke Euch ganz herzlich für Euren gern erbrachten Freundschaftsdienst.

Meiner lieben Frau Hanna danke ich besonders herzlich für ihre treue Mitwirkung an der Schularbeit. Sie stand ohne Wenn und Aber hinter dieser Aufgabe und hat mich in jeder Hinsicht von Anfang an unterstützt.

Auch unseren Kindern danke ich ganz herzlich für ihr Verständnis für mein Engagement bei der Schulgründung. Sie haben oft auf meine Anwesenheit zu Hause verzichten müssen und standen dennoch dieser Aufgabe positiv gegenüber.

Werner Trauernicht

Inhaltsverzeichnis

Danksagung 3
Vorwort 6
Kapitel 1: Alles hat einen Anfang. 8
Kapitel 2: Gottes Führungen in meinem Leben 10
Kapitel 3: Beruf, Kontakte und ehrenamtliche Aufgaben 12
Kapitel 4: 1982 Wie alles begann 14
Kapitel 5: 1985 Vereinsgründung - Planung der Schulgründung 16
Kapitel 6: 1985/1986 Vorbereitungen zur Schulgründung 20
Kapitel 8: 1986/1987 Informationsveranstaltungen 35
Kapitel 9: 1987 Begegnungen mit kirchlichen Leitungsgremien, Theologen, Schulleitungen und Religionspädagogen 50
Kapitel 10: 1987 Weitere Entwicklungsschritte 56
Kapitel 11: 1986/1987 Leserbriefe 62
Kapitel 12: 1987 Der Schulanfang rückt in greifbare Nähe - Genehmigung erhalten 73
Kapitel 13: 1987 Der erste Schultag 79
Kapitel 14: Der Festgottesdienst am 9. August 1987 84
Kapitel 15: Erste Erfahrungen mit dem Schulbetrieb und weitere Planung 88
Kapitel 16: 1988 Die Schule entwickelt sich 92
Kapitel 17: 1989 Geklärte Standortfrage 99
Kapitel 18: 1990 Freude: Das erste Schulgebäude - Frust: Rückschläge und Tiefpunkte 106
Kapitel 19: 1991 Silberstreif am Horizont. 122
Kapitel 20: 1992 Hoffen - Warten - Planen 138
Kapitel 21: 1993 Organisieren - Bauen - Finanzieren - Neu: Kein Unterricht mehr am Samstag 149
Kapitel 22: 1994 Investitionen - Veränderungen - Großes Schüler- und Lehrkräfte-Wachstum 159
Kapitel 23: 1995 Bauen - Einweihen - Wachsen - Kämpfen - Planen 166
Kapitel 24: 1996 Geduldsprobe - Warten auf Anerkennung Sek. I und Genehmigung Sek. II 176
Kapitel 25: 1997 Gymnasiale Oberstufe - Jubiläum 10 Jahre FCSO - Planung Sek. II - Schulgebäude 192
Kapitel 26: 1998 Großer Lehrkräfte-Zuwachs - Gebäudeerweiterung für die Oberstufe 207
Kapitel 27: 1999 Schülerzuwachs - Wartelisten - Pläne: Neuer Grundschulstandort - Mehrzweckhalle 218
Kapitel 28: 2000 Abitur - Baubeginn Grundschule - Planungsentwurf Mehrzweckhalle 225
Kapitel 29: 2001 Verlegung und Einweihung der neuen Grundschule 235

Kapitel 30:	2002 Der Wert des Schülers - Wohnkonzept für Abiturschüler - Neue Stiftung 244
Kapitel 31:	2003 Anhaltendes Wachstum - Neue Angebote - Veränderungen - Kontakte zur Wirtschaft 251
Kapitel 32:	2004 Antrag auf Mittel aus dem Investitionsprogramm des Bundes für Zukunft, Bildung und Betreuung - Leitlinien für Personal - 1000 - Schüler-„Schallmauer" durchbrochen 261
Kapitel 33:	2005 20- jähriges VES-Jubiläum - 5-Zügigkeit des 5. Jahrgangs geplant - Warten auf die Zusage der Förderung für eine Mehrzweckhalle. 271
Kapitel 34:	2006 Neue Schulleiterstruktur - Personalveränderungen - SEIS-Projekt - Neue Sekretariatsmitarbeiterin - Verbindliche Förderzusage über 3,1 Millionen Euro 277
Kapitel 35:	2007 Baubeginn Mehrzweckhalle, Mensa und Pausenhalle, 5-Zügigkeit des 5. Jahrgangs 283
Kapitel 36:	2008 Der Lehrauftrag der Schule… und der Christen - Einweihung der Mehrzweckhalle, Mensa und Pausenhalle - Schulbeirat gegründet - Elternarbeitskreis in neuer Zusammensetzung - Zirkus in der Grundschule. 290
Kapitel 37:	2009 Vorstandswechsel - über 100 Lehrkräfte und Mitarbeiter - 1185 Schüler - Neues Logo 301
Kapitel 38:	2010 Schulleiterwechsel von Joachim Heffter zu Christian Hunsmann - Neue Räume 312
Kapitel 39:	2011 Neues Lehrerzentrum - FCSO-Leitbild - Auszeichnungen 320
Kapitel 40:	2012 FZN-Unterricht - Kurzfilm-Wettbewerbe - Abi nach 12 Jahren - 25 Jahre FCSO 325
Kapitel 41:	2013 Höchststand mit 1310 Schülern - Baubeginn: 10 zusätzliche Klassenräume 337
Kapitel 42:	2014 LEB statt Schulnoten - Sponsorenlauf - ADS-AK - Neue Leitungsstruktur - Bau-Einweihung 340
Kapitel 43:	2015 Neue Aufbauorganisation der FCSO - Schüleraustausch - Schuldiakon - Neues Lehrerzimmer in der Grundschule - Wechsel im Aufsichtsrat 350
Kapitel 44:	2016 Einweihung „Haus der Musik" - Schulsozialarbeit - Neue Schulsekretärin und Lehrer 353
Kapitel 45:	2017 FCSO-Schüler bei Wettbewerben erfolgreich - Ossiloop mit über 50 FCSO-Läufern - Aktionen zum 500-jährigen Lutherjubiläum - 30-jähriges FCSO-Jubiläum - 100. Ausgabe DIT un DAT - Personalkarussell in Bewegung 358
Kapitel 46:	2018 Mit 1000 Schülern nach Rom - Konzerte, Musicals und Theater - Sommerfest 368
Nachwort	 379

Vorwort

Wenn die Bibel die einzige von Gott autorisierte Botschaft an uns Menschen ist, dann gibt es nichts Dringlicheres, als diesen Willen Gottes auf alle erdenkliche Weise zu verbreiten. Unsere Kinder sollten dann schon sehr früh auf dieser Basis unterrichtet werden. Diesem Auftrag haben sich die christlichen Bekenntnisschulen verpflichtet, von denen es in Deutschland erfreulicherweise schon über hundert gibt. Dabei geht es nicht um irgendeine konfessionelle Ausrichtung, sondern darum, jungen Menschen ein tragfähiges Lebensfundament zu vermitteln, das sich eng an der Bibel orientiert.

Die derzeit größte Bekenntnisschule Niedersachsens mit 1300 Schülern von der Primarstufe bis zum Abitur befindet sich in Ostfriesland in Moormerland. Es ist die FCSO (Freie Christliche Schule Ostfriesland). In diesem Buch wird detailliert beschrieben, wie es mit unermüdlichem Fleiß und Gottes Hilfe zur Schulgründung kam.

Der Buchtitel „Denn er tut Wunder" weist darauf hin, dass Gott scheinbar aussichtslose Situationen zum Segen werden ließ, so dass eine inzwischen weithin anerkannte Schule entstehen konnte. Es gehört zum Wesen Gottes, dass er sein Werk in dieser Welt nicht alleine tun will, sondern mit Menschen, die ihm treu folgen und bereit sind, die ihnen geschenkten Gaben haushälterisch und verantwortungsvoll einzusetzen. Im Gleichnis von den anvertrauten Pfunden (Lukas 19,11-27) hat Jesus uns dieses Handeln anschaulich erklärt. In 1. Korinther 3,9 heißt es wegweisend: „Wir sind Gottes Mitarbeiter."

Um ein derartiges Projekt umzusetzen, braucht Gott Mitarbeiter mit engagiertem Pioniergeist, mit sicherem Standvermögen und mit tiefgründiger Verwurzelung im Wort Gottes und in Jesus Christus. Es gilt, mit den unterschiedlichsten menschlichen Charakteren umzugehen und mit Behörden und Ämtern zu verhandeln. Eine gute Portion Humor erleichtert dabei Vieles.

In unserem Freund Werner Trauernicht hat sich Gott diesen Mitarbeiter ausgewählt und berufen, der diese Eigenschaften, verbunden mit langjähriger Erfahrung im Umgang mit Menschen, mitbringt und zudem über ein ausgeprägtes Organisationstalent verfügt. Er sollte die Last der Verantwortung als 1. Vorsitzender des Trägervereins 24 Jahre lang tragen.

In diesem Buch schildert Werner Trauernicht eine großartige Erfolgsgeschichte. Aber auch all die Probleme und Hindernisse auf dem Weg bis zum Ziel werden nicht verschwiegen. Immer wieder weist er in zahlreichen Situationen darauf hin, dass Gottes Hilfe nie ausblieb und auch nie zu spät kam.

Dieses Buch erfüllt einen mehrfachen Zweck:

Es zeigt, wie real Gott wirkt, wenn wir bereit sind, ihm zu dienen. Kein Projekt ist zu groß, um es mit Gott zu beginnen und zu vollenden.
Jede Schülerin und jeder Schüler, der diese Schule absolviert hat, wird in dankbarer Weise nachlesen können, welch Aufwand nötig war, um eine solche Ausbildung zu ermöglichen.
Dieses Buch schildert in prägnanter Weise, welche Hindernisse zunächst überwunden werden mussten, um das Ziel zu erreichen.
Wer an einem anderen Ort eine Bekenntnisschule gründen will, findet hier wichtige Anregungen.

Der FCSO mit ihren über 150 Lehrkräften und Mitarbeitern wünsche ich, dass sie auch in Zukunft vielen jungen Menschen eine solide Lebensgrundlage vermittelt und dass sie weiterhin unter dem Segen Gottes stehen darf.

Dir. und Prof. a.D. Dr.-Ing. Werner Gitt

Kapitel 1

Alles hat einen Anfang.

Die Entstehung und Entwicklung der Freien Christlichen Schule Ostfriesland (FCSO) sind Beispiele für das Handeln Gottes mit vielen Menschen, die daran beteiligt waren. Die wunderbaren Führungen Gottes beim Aufbau der FCSO dürfen nicht in Vergessenheit geraten. Viele Wegbegleiter haben mich deshalb ermutigt, die Geschichte der Schulgründung und der spannenden Entwicklungsjahre aufzuschreiben. Eine große Herausforderung, denn die Gründung des Schulträgers: „Verein für Evangelische Schulerziehung in Ostfriesland e.V." (VES) im Jahr 1985 liegt mittlerweile schon 34 Jahre und der Start der FCSO fast 32 Jahre zurück.

Es waren umfangreiche Unterlagen zu sichten, die sich in über drei Jahrzehnten angesammelt haben. Bei der Aufarbeitung so vieler Erinnerungen und Begebenheiten habe ich ganz neue Aspekte und Zusammenhänge in Gottes Plan und Geschichte mit der FCSO entdeckt, die ich während der aktiven Zeit in dem Maße gar nicht erkennen konnte.

Schon beim Nachdenken über den Anfang der Vereins- und Schulgründung stelle ich in Anlehnung an ein Zitat unseres ehemaligen Bundeskanzlers Kohl bezüglich der Kriegsgeneration von der „Gnade der späten Geburt" fest: „Gott hat mich damals mit der Gnade der Unwissenheit beschenkt." Wenn ich im Voraus gewusst hätte, welche Schwierigkeiten und Herausforderungen auf mich zukommen würden, dann hätte ich wegen meines vermeintlichen Unvermögens die Flinte ins Korn geworfen und Gottes Auftrag mit Händen und Füßen abgewehrt.

Doch heute bin ich froh und dankbar, dass mich Gott zu der damaligen Zeit nicht das ganze Ausmaß der Problematik einer Schulgründung hat erkennen lassen. Wenn Gott Menschen eine Aufgabe zuteilt, gibt es nur eine richtige Entscheidung, nämlich, sie gehorsam anzunehmen. Damals habe ich gar keine konkreten Anweisungen Gottes erwartet. Aber Gott fädelte bestimmte Situationen ein, die ich nicht selber ausgesucht oder beeinflusst hatte. Ich lebte aber mit der inneren Bereitschaft, als Christ seinen Willen zu erspüren und umzusetzen. Aus heutiger Sicht war das sicher auch die Voraussetzung dafür, der Aufgabe zur Gründung einer Schule auf biblischer Basis nicht auszuweichen, als es konkret wurde. Und so erlebte ich bei dieser Arbeit deutlich das Handeln Gottes. Es war einfach eine wunderbare Erfahrung, in bestimmten Situationen festzustellen, dass es für Gott weder Hindernisse noch Sackgassen gibt. Während wir manchmal an unsere eigenen Grenzen kamen und noch um Gottes Hilfe baten, hatte er schon längst Situationen verändert oder bessere Lösungen bereit.

Wir durften viele Wunder Gottes erleben, über die ich zu seiner Ehre berichten möchte. Allein darum geht es: Gott zu ehren, denn er tut Wunder, damals und heute. In dieser unheilvollen Welt gäbe es viel zu klagen. Aber das soll hier nicht geschehen. Im Gegenteil - mit dieser Schulgeschichte möchte ich in das Lob Gottes mit Worten aus Psalm 98,1 einstimmen: „Singet dem Herrn ein neues Lied, denn er tut Wunder."

Es liegt in der Natur der Sache, dass ich die Gründung und Entwicklung der FCSO aus meiner persönlichen Sicht schildere. Das heißt aber nicht, dass ich ganz alleine die wesentlichen erfolgreichen Schritte unternommen hätte. Wie anfangs betont, hat Gott viele Menschen immer zur rechten Zeit willig gemacht, gemäß dem biblischen Auftrag, 1. Petrus 4,10: „Dient einander, ein jeder mit der Gabe, die er empfangen hat", an dem Glaubenswerk FCSO mitzuarbeiten.

Es zeigt sich an vielen Beispielen, wie Gott uns stets mit seiner unfehlbaren Personalführung überrascht und ermutigt hat und wir darüber hinaus sein wunderbares Handeln auf allen Arbeitsfeldern und zu jeder Zeit der Schulentwicklung erleben konnten.

Im Rückblick bin ich erstaunt, wie Gott meinen Lebensweg gelenkt und für diese spezielle Aufgabe vorbereitet hat. Nicht Zufälle oder ein blindes Schicksal bestimmten meinen Lebenslauf im persönlichen, familiären, gemeindlichen, beruflichen oder gesellschaftlichen Bereich, sondern Gottes gute Absichten und Zielsetzungen. Auch nicht meine Fehler oder meine Eigenarten hinderten Gott daran, mich in seinen Dienst zu stellen. In einem Lied heißt es: „Ich danke dir, dass du mich kennst und trotzdem liebst!" Das ist für mich persönlich ein Wunder.

Gott hat uns Menschen erschaffen. Er hat jeden im Blick. Seine Liebe ist der Grund für unsere Existenz. Deshalb hat er seinen Sohn Jesus Christus als Retter und Heiland in unsere Welt gesandt, damit wir uns für ein Leben mit ihm entscheiden können, durch Vergebung unserer Schuld Kinder Gottes werden und ewiges Leben geschenkt bekommen. Was liegt dann näher, als unser ganzes Vertrauen in Gottes Führung unseres Lebens zu setzen, unsere Wertmaßstäbe und unser Handeln an seinem Wort auszurichten, durch das Gebet Kraft, Zuversicht und Weisung zu erbitten und als seine Werkzeuge und in seinem Auftrag tätig zu sein. Letztlich sind nicht wir es, die etwas vollbringen, sondern Gott handelt auf seine souveräne Art auch in unserem Leben, wenn wir uns ihm zur Verfügung stellen.

So ist auch die Entwicklung der FCSO zu verstehen. Meine persönliche Lebensgeschichte und die der anderen Mitwirkenden sind mit der Geschichte der FCSO verbunden, weil Gott Ideen geschenkt, gehandelt und gewirkt hat.

Mit Freude und Dankbarkeit möchte ich als persönliches Zeugnis alle Erinnerungen zur Ehre Gottes aufschreiben, denn die FCSO ist eine wahr gewordene Geschichte Gottes.

Gottes Führungen in meinem Leben

Als ich 1985 zum Vorsitzenden des Trägerkreises VES gewählt wurde, ahnte ich nicht im Geringsten, dass ich dieses Amt 24 Jahre ausüben würde. Rückblickend sehe ich darin allerdings Gottes planvolles Handeln in meinem Leben, was mich mit großer Dankbarkeit erfüllt. Im Nachhinein erkenne ich in meiner Lebensentwicklung auch eine von Gott gewollte Vorbereitung für die Aufgaben als Vorsitzender des VES. Hier ein kurzer Überblick über meinen Lebensweg.

Ich bin in einer Familie als elftes von zwölf Kindern aufgewachsen. Meine Eltern waren gläubige Christen und haben uns Kindern das Christsein in einer natürlichen und unkomplizierten Art und Weise vorgelebt. Dafür bin ich ihnen von Herzen dankbar. Sie hatten ganz bestimmte Vorstellungen davon, wie sie ihren Glauben an Jesus Christus im alltäglichen Leben praktizierten, auch wenn ich in einigen Nebensächlichkeiten nicht immer ihre Ansichten teilte. Jede Generation setzt im Rahmen der jeweiligen gesellschaftlichen Entwicklung ihre eigenen Akzente.

Meine geistliche Heimat war die Landeskirchliche Gemeinschaft in Spetzerfehn. Konfirmiert wurde ich in der Ev.-luth. Kirchengemeinde am gleichen Ort. In unserer Ev. Gemeinschaft fanden oftmals Freizeiten statt, die jeweils eine Woche dauerten. Nachmittags wurden Bibelarbeiten und abends Vorträge zu verschiedenen biblischen Themen angeboten. Darin brachten zum Beispiel die Evangelisten Horst Lautenbach und Paul Lenz oder andere, deren Namen ich vergessen habe, immer deutlich zum Ausdruck, dass es einer persönlichen Entscheidung bedarf, Christ zu werden. Jesus Christus sei der einzige Weg, um mit Gott ins Reine zu kommen und ewiges Leben zu erhalten, wie es in Johannes 3 Vers 16 zum Ausdruck kommt: "Also hat Gott die Welt geliebt, dass er seinen eingeborenen Sohn gab, damit alle, die an ihn glauben, nicht verloren werden, sondern das ewige Leben haben".

Weil ich nicht verloren gehen wollte, entschied ich mich als junger Mensch im Alter von etwa 13 Jahren für ein Leben mit Jesus Christus. Fortan versuchte ich, mit Bibellesen, Gebet und regelmäßigem Gottesdienstbesuch in der Gemeinschaft und in sonstigen Veranstaltungen im Glauben zu wachsen.

Eigentlich hatte ich zu dieser Zeit die Bedeutung meiner Glaubensentscheidung gar nicht als so wesentlich eingeschätzt. Das wurde mir erst Jahre später in vollem Umfang bewusst. Die Entscheidung für Jesus in jungen Jahren hat sich im Laufe der Jahre als großer Vorteil herausgestellt, weil mit der Zeit das Bibelwissen wuchs und das Kennenlernen vieler geistlicher Grundsätze mein Glaubensleben sehr positiv beeinflusste.

Im Übrigen ermunterten uns unsere Eltern und ältere Christen der Gemeinschaft stets, unsere Zugehörigkeit zu Jesus Christus überall freimütig zu bekennen.

In den Gemeinschaftsstunden wurden wir wiederholt aufgefordert zu erzählen, was wir im täglichen Leben mit Jesus erlebt hätten. Wenn wir dann den Mut hatten, „nach vorne zu kommen, um Zeugnis abzulegen", wie es damals hieß, dann brachte ich vor lauter Herzklopfen kaum die Worte heraus, die ich sagen wollte. Aber diese „Übung", Jesus zu bekennen, hat im Grunde dazu beigetragen, immer freier zu werden und mein Christsein überall und in allen Lebens- und Berufssituationen offen zu bekennen.

Es gehörte dazu, dass wir uns in der christlichen Gemeinschaft an vielerlei Aufgaben beteiligten, z. B. als Mitglied im Gemischten Chor, im Männerchor, im Posaunenchor. Während ich im Gemischten- und im Posaunenchor etliche Jahre als Vertretungs-Chorleiter tätig war, übernahm ich später die Leitung des Männerchores, mit dem wir viele Jahre in der Gemeinschaft und in der Kirche zum Einsatz kamen und auch außerhalb unserer eigenen Gemeinde zu Veranstaltungen eingeladen wurden.

Der Chorarbeit verdanke ich, später meine liebe Frau Hanna kennengelernt zu haben, mit der ich inzwischen über 50 Jahre verheiratet bin.

Im Laufe der Jahre beschenkte uns Gott mit fünf Kindern: Annelie, Clemens, Simone, Tobias und Marco sowie 4 Schwiegerkinder. Mit viel Freude und Dankbarkeit dürfen wir auch das Heranwachsen unserer 11 Enkelkinder erleben.

Schon als 13-Jähriger begann ich nach 8 Jahren Volksschule eine 3-jährige Ausbildung zum Einzelhandelskaufmann, die ich mit gutem Erfolg abschloss. Danach war ich ungefähr ein Jahr lang in einem Haushaltswaren-Geschäft angestellt, das ich auf Wunsch der Geschäftsinhaberin schon bald selbstständig übernehmen sollte. Doch ich hatte andere Pläne und wechselte 1962 zu dem aufstrebenden Baustoffgroßhandel TRAUCO, Großefehn.

Nach der Bundeswehrzeit, die ich 18 Monate von April 1963 bis Oktober 1965 als Wehrpflichtiger in Lüneburg absolvierte, bot man mir in der Firma eine neue Aufgabe an. Nach einiger Zeit wurde ich Prokurist und konnte völlig selbstständig erfolgreich einen Fliesengroßhandel aufbauen, der im Laufe der Jahre auch in bundesdeutschen Fachkreisen anerkannt und beachtet wurde. Ebenso gehörten der Aufbau eines Ofengroßhandels sowie der Aufbau und die Leitung einer großen und modernen Bauausstellung zu meinen Aufgaben.

Beruf, Kontakte und ehrenamtliche Aufgaben

Aufgrund meiner Tätigkeit als Prokurist in der Geschäftsleitung des Betriebes war ich viel in Deutschland und im Ausland unterwegs. Personalführung, Entwicklung innerbetrieblicher Organisationsstrukturen, Kundengewinnung und Auswahl von Lieferanten im In- und Ausland gehörten zu meinen wichtigsten Aufgaben. Ebenso war ich beteiligt am Aufbau einer bundesdeutschen Einkaufskooperation.

Mit der Firmenentwicklung ging es stets aufwärts. Im Bundesverband Deutscher Fliesengroßhändler war meine Mitarbeit offenbar positiv aufgefallen, denn ich wurde in den Vorstand gewählt, in dem ich dann etwa 10 Jahre tätig war.

In den Begegnungen mit so vielen unterschiedlichen Menschen hat es mir zunehmend Freude bereitet, bei passenden Gelegenheiten meinen Glauben an Jesus Christus zu bezeugen. Selten bin ich belächelt oder negativ angesehen worden. Im Gegenteil: Oft war man positiv erstaunt, dass ich im Rahmen von Geschäftskontakten ganz offen über die Vorteile des christlichen Glaubens sprach, denn wer sonst kann glaubhafter über Ehrlichkeit, Wahrheit, Fairness, Zuverlässigkeit und Ethik in der Wirtschaft sprechen, als Christen, die das authentisch leben möchten.

Mit dem Thema „Christ und Geschäftsmann" befasste sich unter anderem auch der „Verband Christlicher Kaufleute" (VCK), in dem ich Mitglied wurde. Aus manchen VCK - Veranstaltungen konnte ich viele gute Anregungen mit nach Hause nehmen. Aus den Begegnungen mit anderen Teilnehmern haben sich Freundschaften entwickelt, die teilweise bis heute bestehen. Heute nennt sich der Verband „Christen in der Wirtschaft" (CIW), der nach wie vor in unterschiedlichen Veranstaltungen Menschen in der Wirtschaft biblische Handlungsweisungen vermittelt und zu einem offensiven Bekenntnis des christlichen Glaubens ermutigt.

Neben meinen beruflichen Tätigkeiten war ich auch ehrenamtlich engagiert. Nicht nur, wie bereits erwähnt, in der gemeindlichen Chorarbeit, sondern auch in der Sonntagsschularbeit mit Kindern. Außerdem nahm ich etwa 25 Jahre im damaligen „Brüderrat des Ostfriesischen Gemeinschaftsverbandes" im Auftrag unserer Gemeinschaft an den Sitzungen teil, unter anderem viele Jahre als Schriftführer. Bei dieser Arbeit lernte ich viele Menschen aus anderen Orten, Gemeinschaften und Gemeinden kennen.

Daraus ergab sich, dass ich im Laufe der Zeit zu Predigtdiensten in ostfriesischen Gemeinschaften eingeladen wurde. Wenn man einmal damit anfängt, hat das den großen Vorteil, sich intensiv mit der Bibel beschäftigen zu müssen. Es geht ja schließlich nicht darum, den Zuhörern interessante Sichtweisen zu Tagesthemen zu vermitteln, sondern Gottes Botschaft, sein wunderbares Evangelium, zu verkündigen, sie zum Glauben an Jesus einzuladen und im Glauben zu stärken.

Natürlich gab es auch Grenzen im ehrenamtlichen Engagement. Abgesehen von der eigenen Freizeit durfte die Familie nicht zu kurz kommen. Ich betrachte es als meinen persönlichen Glücksfall, mit meiner lieben Hanna verheiratet zu sein, die mich in allen Bereichen ermutigt und unterstützt hat. Das wird auch noch bei manchen Schilderungen des FCSO - Schulaufbaus deutlich werden.

Die von Gott geschenkte Ehe ist auch eine Schicksalsgemeinschaft, in der sich unzählige Gelegenheiten ergeben, Möglichkeiten der Lebensgestaltung gemeinsam zu entdecken oder Lösungen bei alltäglichen Problemen zu finden. Wie froh war und bin ich, mit Hanna im biblischen Sinne eine Hilfe an meiner Seite zu haben, die mit liebevollen Korrekturen auftauchende Grenzsituationen zu überwinden half. Für uns war es immer wichtig zu überlegen, was für unsere Familie gut ist und wie wir unseren Glauben auch unseren Kindern glaubhaft vorleben können. Natürlich haben wir nicht alles richtig gemacht. Aber wir wollten in zwangloser Weise dennoch verbindlich mit Jesus unser Familienleben gestalten.

Im Allgemeinen war es ja üblich, dass sich die Mütter zu Hause um die Kindererziehung sowie um die Schulangelegenheiten kümmerten und die Väter für das Geldverdienen und die handwerklichen Dinge in Haus und Hof zuständig waren. Allerdings war ich schon als junger Vater davon überzeugt, dass Kindererziehung nach biblischer Erkenntnis nicht nur Aufgabe der Mutter, sondern auch des Vaters ist. Aus diesem Grund habe ich mich bereits zur Grundschulzeit mit Hanna zusammen auch um Schulangelegenheiten gekümmert. Es dauerte nicht lange, da wurde ich zum Klassenelternsprecher gewählt und übernahm später in der weiterführenden Schule in Wiesmoor viele Jahre das Amt des Schul-Elternratsvorsitzenden. Aus dieser Zeit kannte ich die Möglichkeiten und Begrenzungen der Elterneinflussnahme in einen Schulbetrieb. Unsere Kinder Annelie, Clemens und Simone besuchten diese Schule.

1982 Wie alles begann

Es war Anfang der 80er Jahre, als ich eines Tages einen Anruf aus Bremen erhielt. (Ich weiß ich nicht mehr, ob es Gottfried Meskemper oder Werner Koch gewesen ist.) Jedenfalls wurde mir erklärt, dass man in Bremen eine Schule in freier Trägerschaft unter dem Namen „Freie Evangelische Bekenntnisschule Bremen" (FEBB) gegründet habe. Man würde einen größeren Schulbau verwirklichen und benötige eine große Menge keramische Fliesen. Es sei ihnen berichtet worden, dass ich als engagierter Christ gern Hilfestellung bei der Belieferung christlicher Werke geben würde. Die neu gegründete „Schule auf biblischer Basis" sei als freies Werk auf Spenden angewiesen und man suche deshalb nach Möglichkeiten, Baumaterial zu günstigen Bedingungen zu erwerben.

Während ich noch überlegte, wie jemand aus Bremen zu solchen Informationen käme, fiel mir ein, dass wir, abgesehen von diversen Lieferungen im regionalen Bereich, überregional wiederholt der Bibelschule Brake, Lemgo, in den Aufbaujahren besonders preisgünstige Fliesen geliefert hatten. Vielleicht hatte sich das ja in christlichen Kreisen bis nach Bremen herumgesprochen.

Der Bitte um einen Besuch in unserem Betrieb kam ich gerne nach und freute mich schon darauf, auch hier helfend tätig werden zu können. Gleichzeitung war ich darauf gespannt zu hören, wie man denn auf eine solche Idee gekommen sei, eine christliche Schule zu gründen.

Zu einer ersten Begegnung in unserer Firma kam eine vierköpfige Gruppe aus Bremen unter Leitung von Gottfried Meskemper, um nähere Einzelheiten bezüglich der Produktauswahl zu besprechen. Beim Teetrinken erzählten mir meine Besucher, warum in Bremen eine christliche Schule entstanden sei und was sie bisher dabei schon alles erlebt hatten.

An Einzelheiten kann ich mich nicht mehr erinnern. Aber dass der damalige gesellschaftliche Trend einer gezielt antigöttlichen Ideologie - hauptsächlich von der sogenannten 68er Generation initiiert - bereits auch die Schulen erfasst hatte, war mir bekannt. Besonders hat mich beeindruckt, mit welcher Zuversicht die Bremer den Aufbau der Privatschule vorantrieben und wie sie in konkreten Situationen oftmals Gottes Handeln erfahren hatten. Architekt Werner Koch hatte als Gründungsmitglied die Baupläne entworfen und erläuterte die Funktionen des Schulgebäudes. Die Größe des ganzen Schulprojektes überraschte mich sehr, und ich war anfangs doch etwas skeptisch, ob der Schulverein die hierfür erforderlichen finanziellen Mittel beschaffen könnte. Ich wusste, wie schwierig es auch in christlichen Vereinen war, die nötigen Gelder über Spenden herein zu bekommen. Für mich war bei diesem ersten Besuch aus Bremen schon klar geworden, den christlichen Freunden bei der Beschaffung von preisgünstigen Produkten zu helfen. Es wurde eine erste Auswahl getroffen.

Während der Bauphase folgten weitere Besuche. Manchmal konnte ich nach getaner Arbeit die unterschiedlichen Gäste aus Bremen zu uns nach Hause zum Tee oder zum Abendessen einladen.

Bei einer dieser Begegnungen fragte Gottfried Meskemper, ob wir nicht auch bei uns so eine Schule gründen wollten. „Ja", meinte ich dazu, „schön wäre es, aber das halte ich in unserer ländlichen Struktur für nicht möglich. So etwas ist doch nur in einer Großstadt wie Bremen, Hamburg oder ähnlichen Städten zu realisieren."

Zu der Zeit hatte ich ernsthaft diese Meinung, weil ich mir - angesichts des mir inzwischen bekannten erheblichen Bedarfs an finanziellen Mitteln beim Bremer Schulaufbau - bei uns eine ähnliche Finanzierung nicht vorstellen konnte.

Im Monat Dezember 1984 erhielt ich einen Anruf von Klaus Walzer aus Ihrhove, den ich aufgrund unserer gemeinsamen Tätigkeit im Brüderrat des Evangelischen Ostfriesischen Gemeinschaftsverbandes (OGV) schon länger kannte. Er berichtete, dass er mit anderen Teilnehmern aus dem ostfriesischen Raum an einer Familien-Veranstaltung in der Evangelischen Volkshochschule Potshausen teilgenommen habe. Dort habe Gottfried Meskemper einen Vortrag über die ideologische Fehlentwicklung an unseren Schulen gehalten. Es sei an der Zeit, dass Christen sich ihrer Verantwortung stellen müssten und die Gründung von christlichen Schulen vorantreiben sollten. Ihm sei bekannt, dass ich Gottfried Meskemper und die FEBB kennen würde. Deshalb möchte er uns gerne einmal besuchen und sich mit mir über diese Angelegenheit unterhalten.

So kam er also am 3. Januar 1985 zu uns nach Hause und erzählte ausführlich von der Veranstaltung in Potshausen. In den Gesprächen wäre der Wunsch entstanden, sich zumindest einmal mit interessierten Christen aus Ostfriesland zusammen zu setzen. Hierbei wolle man ausloten, ob genügend Teilnehmer bereit wären, sich für die Bildung einer Schulinitiative zur Gründung einer christlichen Schule in Ostfriesland einzusetzen. Klaus fragte mich, ob ich wohl Interesse hätte mitzumachen. Man würde dann einen Termin im Januar zu einem ersten gemeinsamen Treffen vorschlagen.

Da ich die Entwicklung der Bremer Bekenntnisschule nun schon einige Jahre mitverfolgt hatte, bedurfte es keiner weiteren Überredungskunst. Ich gab ihm also die Zusage, bei dem geplanten Treffen dabei zu sein. Ja, ich wollte mitmachen. Aber eine Leitungsposition hatte ich keineswegs im Sinn. Zu der Zeit hätte ich diese sofort abgelehnt, wäre sie an mich herangetragen worden, denn ich hatte bereits einen „vollen Terminkalender." Doch der Mensch denkt und Gott lenkt.

1985 Vereinsgründung - Planung der Schulgründung

Am 16. Januar 1985 war es soweit. 18 Männer und Frauen aus verschiedenen evangelischen Gemeinschaften und Gemeinden Ostfrieslands kamen in der Evangelischen Landvolkshochschule Potshausen zusammen, um auszuloten, ob es auch in Ostfriesland möglich wäre, eine christliche Schule zu gründen.

Bis auf wenige Ausnahmen kannten sich die meisten Teilnehmer aus vielen Begegnungen im Rahmen der verschiedenen Veranstaltungen des Evangelischen Ostfriesischen Gemeinschaftsverbandes. Alle waren sich einig, dass der christliche Glaube nicht allein eine Privatangelegenheit sei, sondern sich auch im gesamten gesellschaftlichen Lebensbereich auswirken müsse.

Mit Sorge war zur damaligen Zeit zu beobachten, dass die von der sogenannten 68er Generation ausgehende antigöttliche Ideologie immer mehr an Einfluss gewann. Dies war insbesondere in den allgemeinbildenden Schulen zu beobachten. Das Gedankengut einer emanzipatorischen Pädagogik, begleitet von der absurden Vorstellung eines „befreienden antiautoritären Erziehungsstils", fand sich vermehrt in vielen Schulbüchern wieder. Christen erkannten darin die Gefahr einer problematischen Entwicklung in Erziehungsfragen. Eltern berichteten demzufolge über die zunehmenden Diskussionen mit einigen Lehrkräften an staatlichen Schulen, die diese „neuen Erkenntnisse" bereits vehement vertraten. Später werde ich, insbesondere bei dem Thema „Informationsveranstaltungen" (Kapitel 8) auf Einzelheiten der damaligen gesellschaftlichen Trends und Herausforderungen eingehen.

Man kann sich vorstellen, dass uns bei dem Treffen am 16.01.1985 die Frage bewegte, wie wir als Christen mit dieser Situation umgehen und darauf reagieren sollten.

Wenn wir auch überzeugt waren, dass wir auf diese neue Herausforderung eingehen müssten, hatten wir noch keine übereinstimmenden Vorstellungen über die weiteren konkreten Schritte. Nicht alle waren auf dem gleichen Informationsstand bezüglich einer christlichen Privatschule. Deshalb wurde in der Diskussion zunächst vorgeschlagen, sich als christliche Eltern verstärkt in die öffentliche Debatte einzuschalten und dafür einen Argumentationsleitfaden zu entwickeln. Außerdem könne man sich auch an christliche Gemeinden zwecks Fürbitte für eine biblisch orientierte Schulpädagogik wenden. An weiteren Vorschlägen wurde deutlich, dass einige Teilnehmer noch zögerten, eine christliche Schule zu gründen.

Als etwas ausführlicher über den Vortrag von Gottfried Meskemper anlässlich des im Herbst vorangegangenen Familienseminars mit der Aufforderung: „Christen, gründet christliche Schulen", berichtet wurde und ich aufgrund der persönlichen Kontakte die bisherigen Glaubenserfahrungen bei der Gründung und dem Aufbau der Freien Evangelischen Bekenntnisschule Bremen schildern durfte, kristallisierte sich eindeutig die konkrete Absicht heraus, dass auch wir in Ostfriesland es wagen sollten, mit Gottes Hilfe und in seinem Auftrag eine christliche Schule zu gründen.

Uns war bewusst, dass es sich bei diesem Vorhaben um ein Glaubenswerk handelt und baten Gott um seine Führung bei allen weiteren Schritten. Als sich nun sehr deutlich, sicher auch durch den Einfluss des Heiligen Geistes, Einmütigkeit zeigte, dass wir nun konkret werden müssten, war die erste Überlegung: Wir müssen einen Verein gründen. Okay. Wann? Jetzt!

Ein Teilnehmer sagte: „Ein Verein muss mindestens aus sieben Personen bestehen." „Nun, das ist kein Problem, wir sind mit unserer Teilnehmerzahl ausreichend besetzt." „Ein Verein braucht einen Vorstand. Wer ist bereit, eine entsprechende Funktion zu übernehmen?" Was passierte jetzt? Wer ehrenamtliche Erfahrungen hat, weiß das: Jetzt geht's ans „Eingemachte". Zunächst neigten sich die meisten Köpfe bescheiden nach unten. Keiner drängte sich vor. Aber damit kommt man bekanntlich nicht weiter. Schließlich kam dann doch Bewegung in den Ablauf. Als sich zunächst für das Amt des 1. Vorsitzenden auch nach verschiedenen Vorschlägen niemand bereit erklärte, wurden für die weiteren Ämter Kandidaten vorgeschlagen. So waren nacheinander folgende Personen zur Übernahme einer Vorstandsfunktion einverstanden: Stellvertretender Vorsitzender: Jürgen Höppner, Schriftführer: Uwe-Jens Sommer, Schatzmeister: Günther Vogel, Beisitzer: Elisabeth Heeren. Soweit, so gut. Aber wir brauchten einen Vorsitzenden. Wieder wurden Vorschläge gemacht. Auch ich wurde gebeten, „ja" zu sagen. Aber ich versicherte den Beteiligten, dass ich ehrenamtlich schon mehrfach tätig sei. So ging das eine gewisse Zeit weiter. Ich wurde schon ungeduldig, als sich keiner bereit erklärte.

Als dann nochmals jemand meinte, ich sei doch als kaufmännischer Angestellter dazu in der Lage und bei einer Schulgründung beruflich nicht „angreifbar", so wie es bei anwesenden Lehrern angeblich der Fall sein sollte, sagte ich, um die Sache abzukürzen: „Okay, ich übernehme den Vorsitz zunächst für die nächsten vier Wochen, weil mir die Diskussion schon zu lange dauert. Ich hoffe, dass sich danach ein anderer dafür bereit erklärt." Gedacht habe ich: „Die typischen Vereinsarbeiten kann ich in der nächsten Zeit ja erledigen, aber die inhaltlichen Aufgaben müssten von dem anwesenden Pastor und den anwesenden Lehrern übernommen werden."

Wenn mir an diesem Abend jemand gesagt hätte, dass ich dieses Amt 24 Jahre beibehalten würde und zudem auch noch in wenigen Monaten sowohl für die inhaltlichen als auch für die organisatorischen Aufgaben aktiv werden müsste, hätte ich das vehement als unmöglich zurückgewiesen. Aber wie gesagt, der Mensch denkt und Gott lenkt. Die „Gnade der Unwissenheit" ist mir erst viel später bewusst geworden. Aus heutiger Sicht: „Gott sei Dank."

Im Laufe des Abends wurde weiter überlegt, welche Aufgaben in den nächsten Wochen zu erledigen seien.

Erstens: Es muss eine Vereinssatzung erstellt werden.

Zweitens: Wie soll der Verein heißen, der als Trägerkreis einer Schule verantwortlich sein wird?

Drittens: Es muss eine Satzung erstellt werden, die vom Finanzamt wegen der Gemeinnützigkeit zu prüfen ist und in das Vereinsregister beim Amtsgericht eingetragen werden muss.

Viertens: Informationsbroschüren sind zu erstellen, die die Notwendigkeit und Struktur einer zu gründenden christlichen Schule beschreiben.

Fünftens: Zu verschiedenen Gemeinden, Gemeinschaften, Freikirchen und Gruppen sind Kontakte aufzunehmen, um Informationsveranstaltungen zwecks Schulvorstellung und Schülerwerbung zu organisieren, verbunden mit der Bitte um begleitende Gebete.

Es hat wohl kaum jemand damit gerechnet, dass bei diesem ersten Treffen bereits so schnell Einigkeit über die Zielsetzung einer Schulgründung erreicht werde. Ebenso erstaunlich auch die personelle Absprache bezüglich der Übernahme von Vorstandsfunktionen in einem zu gründenden Trägerverein und der damit verbundenen konkreten Vorbereitung einer Satzung und anderer Aufgaben.

Das nächste Treffen konnte somit als offizielle Mitgliederversammlung vorbereitet werden, in der die Vereinsgründung beschlossen sowie die bis dahin formulierte Satzung verabschiedet werden sollte und der Vorstand zu wählen sei.

Von dem ersten Treffen am 16.1.1985 liegt mir leider kein schriftliches Protokoll vor. Ohne Anspruch auf exakte Details entspricht meine Schilderung jedoch bezüglich Ablauf und Inhalt der Abendveranstaltung meinen Erinnerungen nach bestem Wissen und Gewissen.

Im März verschickte der designierte Schriftführer Uwe - Jens Sommer die Einladung zur Gründungsversammlung am 17. April 1985 in Potshausen, die dann von 20.00 bis 23.30 Uhr stattfand. Inzwischen hatten wir uns auf den Namen „Verein für Evangelische Schulerziehung in Ostfriesland e. V." (VES Ostfriesland e.V.) geeinigt.

Alle nachfolgend aufgeführten Personen gemäß der Anwesenheitsliste erklärten ihre Mitgliedschaft: Dieter und Helga Backer, Leer; Else Hamer, Emden; Jürgen und Regina Höppner, Remels; Elisabeth Heeren, Remels; Karl-Wilhelm und Agnes Lüpkes, Ihrhove; Helga-Luise Saathoff, Warsingsfehn; Uwe-Jens Sommer, Potshausen; Werner und Hanna Trauernicht, Wiesmoor; Hinrich Troff, Neermoor; Reinhard Troff, Aurich; Dr. Walter Vietor, Rhauderfehn; Günther Vogel, Rhauderfehn sowie Klaus und Anne Walzer, Ihrhove. Durch Bevollmächtigung traten ebenso Ingeborg Sommer und Dr. Wilhelm Wübbena dem Verein bei.

Bezüglich der Vorstandskandidaten hatte sich in der Zwischenzeit keine Veränderung ergeben. Somit wurde ich als 1. Vorsitzender, Jürgen Höppner, als stellv. Vorsitzender, Uwe-Jens Sommer als Schriftführer, Elisabeth Heeren als Beisitzer und Günther Vogel als Schatzmeister gewählt. Ich weiß nicht mehr, was ich damals gedacht habe, entgegen meiner ursprünglichen Absicht mich doch in das Amt des 1. Vorsitzenden wählen zu lassen. Der Satzungsentwurf wurde geprüft, beraten und einstimmig angenommen und der Vorstand beauftragt, die Satzung durch einen Rechtsanwalt prüfen und ins Vereinsregister beim Amtsgericht eintragen zu lassen.

Es wurde festgelegt, dass die künftigen Sitzungen immer mit Andacht und Gebet beginnen und mit Gebet enden sollen. Uns war sehr deutlich bewusst, dass wir im Auftrag Gottes tätig sind und stets seine Führung in allen Entwicklungsstufen gebrauchen.

1985/1986 Vorbereitungen zur Schulgründung

Nach der ersten offiziellen Mitgliederversammlung im April mit Vorstandswahlen und der Beratung über die weiteren Schritte fand die nächste Mitgliederversammlung am 11. Juni 1985 statt, an der zehn Mitglieder teilnahmen.

Inzwischen hatten Harald und Dörte Neehuis aus Esklum gebeten, als weitere Trägerkreismitglieder aufgenommen zu werden. Dem wurde zugestimmt und in diesem Zusammenhang gleichzeitig vereinbart, dass künftig über die Aufnahme neuer Mitglieder abgestimmt werde. Außerdem wurde beschlossen, die Protokolle in den jeweils folgenden Sitzungen zu bestätigen.

Der Schriftführer Uwe-Jens Sommer nahm an dieser Sitzung nicht teil. Helga-Luise Saathoff erklärte sich vertretungsweise bereit, die Sitzung zu protokollieren. Zu diesem Zeitpunkt wussten wir noch nicht, dass sie diese Aufgabe auch künftig dauerhaft übernehmen würde, weil Uwe-Jens Sommer an keiner weiteren Sitzung mehr teilnahm. Erst später erfuhren wir, dass er aufgrund persönlicher Probleme aus dem Pastorenamt in Potshausen ausgeschieden sei.

Unter dem Tagesordnungspunkt „Erfahrungsaustausch mit anderen Schulinitiativen" wurde berichtet, dass sich in Deutschland zu der Zeit zehn weitere Initiativen mit der gleichen Zielsetzung gebildet hätten, u. a. auch in Hannover und Hamburg. Ebenso gab es den Hinweis, dass die bereits bestehenden Bekenntnisschulen FES Reutlingen, FEB Bremen, AHFS Gießen und FCS Frankfurt ein Buch mit dem Titel „Schulen auf biblischer Basis" mit ersten Erfahrungsberichten und Argumenten herausgegeben hätten. Auch der „Gnadauer Pädagogische Arbeitskreis" hätte sich mit der Fragestellung von Schulgründungen bereits intensiv beschäftigt. Wir erfuhren zudem, dass es eine wissenschaftliche Untersuchung über die Inhalte von deutschen Schulbüchern und Richtlinien gäbe.

Solche Informationen wollten wir nutzen, um Argumente für die Gründung einer christlichen Schule zu sammeln und entsprechende Unterlagen zu erstellen. Aber auch persönliche Erfahrungen in der ideologischen Auseinandersetzung hielten wir für wichtig. Deshalb baten wir darum, konkrete Vorgänge, jedoch ohne Namensnennung, aufzuschreiben und an den Vorstand weiterzuleiten.

Zu der Frage, welche Standorte sich für eine oder mehrere Schulen am besten eignen könnten, wurden folgende Überlegungen angestellt: Es könnte in Remels ein größerer Bedarf für die Einrichtung einer Grundschule bestehen, während vielleicht Ihrhove, Westrhauderfehn oder Potshausen mehr ein Interesse an einer Orientierungsstufe hätten. Oder vielleicht kämen ja Aurich oder Hesel als zentral gelegene Orte infrage. Abgesehen von der öffentlichen Diskussion über die Effektivität einer OS schien es uns konzeptionell sinnvoll, an mehreren Standorten im ostfriesischen Raum Grundschulen und an zentraler Stelle eine weiterführende Schule einzurichten.

Unsere aus heutiger Sicht sehr großzügig anmutenden Überlegungen zu mehreren Standorten in Ostfriesland fanden wir zu diesem Zeitpunkt gar nicht so abwegig, denn unser Wissen über die tatsächlichen Herausforderungen einer Schulgründung war noch sehr begrenzt. Allerdings wurde uns in der weiteren Diskussion schon deutlich, dass viel Arbeit auf uns zukommen würde.

Weil wir aufgrund noch nicht vorhandener Finanzen keineswegs an den Bau von Schulgebäuden dachten, wollten wir ermitteln, wo vielleicht nicht genutzte Schulräume anzumieten wären.

In den Überlegungen, welches Bibelwort als Leitvers für die künftige Schule geeignet wäre, sollte der Wert des christlichen Glaubens mit Jesus Christus als Mittelpunkt und sinngemäß auch das Lernen zum Ausdruck kommen. Wir baten Gott um Weisung mit dem Ergebnis, dass er unsere Sinne auf Kolosser 2, Vers 3 richtete:

„In Christus liegen verborgen alle Schätze der Weisheit und Erkenntnis."

Bevor wir Kontakte zu christlichen Gemeinden in Ostfriesland aufnehmen wollten, um Informationsveranstaltungen zu organisieren, mussten wir uns natürlich erst damit beschäftigen, geeignetes Informationsmaterial bereitzustellen. Als Vorlage nutzten wir u. a. das Informations-Faltblatt „WARUM-WAS-WIE- FAKTEN" der oben genannten vier christlichen Schulen, herausgeben von der Arbeitsgemeinschaft Evangelischer Bekenntnisschulen (AEBS), sowie die Informationsschrift „Freie christliche Schulen - warum" vom „AHFS-Verein zur Gründung und Förderung christlicher Bekenntnisschulen im Rhein-Ruhr-Gebiet, Sitz Velbert" und andere Informationen, um eine eigene auf ostfriesische Verhältnisse abgestimmte Informationsschrift zu entwickeln. Die komplette Fertigstellung zog sich über einen Zeitraum von mehreren Monaten hin, da es immer wieder etwas zu klären oder zu korrigieren gab.

Zunächst entwickelten wir das Informationsfaltblatt: „Freie Christliche Schule Ostfriesland" mit dem o. g. Leitvers der Schule auf der Vorderseite.

Um Hintergründe und gute Argumente für eine Schule auf biblischer Basis zu verdeutlichen, entwickelten wir die Informationsschriften „Christliche Schule - Warum" und „Was uns deutsche Schulbücher sagen". Wir wählten das DIN A 4-Format und gestalteten es als dreiteiliges Faltblatt.

Die nächste Aufgabe stellte sich als noch viel umfangreicher dar. Es sollte ein Konzept entwickelt werden, das die Inhalte einer christlichen Schule durch biblische Leitlinien verdeutlichen und die daraus resultierenden Erziehungsmerkmale aufzeigen sowie eine klare Zielsetzung erkennbar machen sollte. Hier war viel Sachverstand gefordert. Deshalb waren wir sehr dankbar, dass unter der Leitung unseres Trägerkreismitgliedes Dr. Walter Vietor, der als Lehrer in der Lehrerausbildung tätig war, sich einige weitere Mitglieder in ihrer Funktion als Lehrer und Eltern mit dieser Aufgabe befassten. So entstand im Laufe der nächsten Monate mit jeweiligen Abstimmungen im Trägerkreis das „Erziehungskonzept der Freien Christlichen Schule Ostfriesland".

Zur ersten Vorstandssitzung trafen wir uns am 15. Juli 1985 bei Familie Jürgen Höppner in Remels. Wie auch in den Trägerkreissitzungen begannen wir mit einer kurzen Andacht und einer anschließenden Gebetsgemeinschaft, denn wir sahen uns von Gott beauftragt, eine christliche Schule in seinem Namen zu gründen.

Was lag daher näher, als stets seine Führung und seinen Segen zu erbitten. Von ihm erwarteten wir Wegweisung und Anleitung.

Rückblickend hat sich unser Entschluss, uns in allen Situationen der Führung Gottes anzuvertrauen, als genau richtig erwiesen. Gottes souveränes Handeln war die entscheidende Ursache für die erfolgreiche Schularbeit. Nicht wir mit unseren vermeintlichen Fähigkeiten, sondern allein Gottes weises Handeln hat die FCSO entstehen und wachsen lassen. Ihm gehört alle Ehre. Dass er uns dazu gebrauchen konnte und uns mit Ideen, Kraft, Ausdauer und den verschiedenen Gaben ausstattete, können wir nur mit dankbarem Herzen bekennen.

Inzwischen hatten wir erfahren, dass ein gemeinnützig anerkannter Verein nur in Gegenwart eines Rechtsanwalts und Notars gegründet werden könne. Also musste das ganze Gründungsprozedere wiederholt werden.

Zur Vorbereitung trafen wir uns deshalb am 5. September zu einer weiteren Sitzung im Ev. Gemeinschaftshaus in Spetzerfehn. Wir prüften und ergänzten noch einmal die Vereinssatzung, und überlegten, wie wir die Öffentlichkeitsarbeit gestalten könnten. Helga-Luise Saathoff erklärte sich bereit, für das Amt des Schriftführers zu kandidieren. Außerdem begrüßten wir als neue Mitglieder Alfred Dirks und Netti Troff. Wir beschlossen, den mir persönlich bekannten Notar und Rechtsanwalt Dr. Manfred Radtke, Rhauderfehn, zur Gründungsversammlung einzuladen.

Die Gründungsversammlung fand dann am 23.Oktober 1985 im Haus der Evangelischen Gemeinschaft in Spetzerfehn statt.

Ich zitiere einige Protokollauszüge: "Nachdem Herr Kramer und Dr. Radtke auf einige verfahrenstechnische Punkte hingewiesen haben, wird die den Anwesenden bekannte Satzung nochmals vorgelesen und an einigen Stellen korrigiert. Die notwendigen Änderungen werden jeweils einstimmig beschlossen. Die endgültige

Fassung der Satzung wird von 18 Gründungsmitgliedern unterschrieben. Der „Verein für Evangelische Schulerziehung e. V." wird mit Wirkung vom 23.10.1985 gebildet. Er hat seinen Sitz in Leer."

Anschließend wurde der Vorstand gewählt, und zwar Werner Trauernicht, Wiesmoor, 1.Vorsitzender; Jürgen Höppner, Remels, stellv. Vorsitzender; Helga-Luise Saathoff, Moormerland, Schriftführerin; Hermann-Günter Vogel, Rhauderfehn, Schatzmeister und Elisabeth Heeren, Remels, Beisitzerin.

Als Gründungsmitglieder waren außerdem anwesend: Dr. Walter Vietor, Rhauderfehn, Johannes Schmidt, Wiesmoor, Alfred Dirks, Wiesmoor, Reinhard und Netti Troff, Aurich, Klaus Walzer, Ihrhove, Harald Nehuis, Esklum, Karl-Wilhelm und Agnes Lüpkes, Ihrhove, Dr. med. Wilhelm Wübbena, Leer, Hinrich Troff, Moormerland, Regina Höppner, Remels und Hanna Trauernicht, Wiesmoor.

Der Verein wurde am 9.12.1985 unter VR 752 in das Vereinsregister, Leer, eingetragen.

Jürgen Höppner und ich berichteten kurz über unsere erste Teilnahme an der AEBS - Sitzung am 19. Oktober in Frankfurt. Auch in weiteren AEBS-Sitzungen, an denen wir im Laufe der nächsten Jahre teilnahmen, profitierten wir von den Infos und Erfahrungsberichten anderer Schulen und Schulinitiativen in Deutschland.

Am Schluss der Mitgliederversammlung teilte Dr. Manfred Radtke seinen Wunsch mit, als neues Trägerkreismitglied aufgenommen zu werden. In den folgenden Aufbaujahren erwies sich seine Mitgliedschaft als sehr vorteilhaft, da er alle erforderlichen notariellen Vorgänge ehrenamtlich erledigte. In der letzten Mitgliederversammlung des Jahres 1985, am 27. November in Ihrhove, wurde seine Mitgliedschaft bestätigt.

Ein ereignisreiches Jahr lag hinter uns. Wir waren also in die konkrete Phase der Schulgründung „hineingeraten". Noch vorhandene Zweifel wurden weniger, und wir gewannen mehr Zuversicht, dass wir mit Gottes Hilfe auf dem richtigen Weg waren.

1986 Konkretisierungen mit viel Arbeit

Erstaunlich, wie sich neue Aufgaben entwickeln, an die vorher noch niemand gedacht hatte. Es galt, Formulare für Informationsveranstaltungen sowie zum Aufbau der eigenen Organisationsstruktur des Trägerkreises zu erstellen.

Während der Mitgliederversammlung am 21. Januar bei Familie Höppner in Remels mit 14 Teilnehmern beschäftigten wir uns mit dem Entwurf von Schüler - Anmel-

In Christus liegen verborgen alle Schätze der Weisheit und der Erkenntnis!
Kol. 2, 3

FREIE CHRISTLICHE SCHULE OSTFRIESLAND

Mit diesem Faltblatt möchten wir Sie über die geplante Einrichtung einer Freien Christlichen Schule in Ostfriesland informieren:

Liebe Eltern!

Möchten auch Sie gerne, daß die Schule für Ihre Kinder ein zweites Zuhause wird? Können Sie sich vorstellen, daß sich Ihre Kinder fröhlich auf den Weg zur Schule machen und nach dem Unterricht zufrieden heimkommen? – Wie schön wäre es, wenn sie in der Schule eine frohe Lern-Gemeinschaft erleben und davon begeistert erzählen. Nur eine Illusion, ein Traum? – Nein! So etwas gibt, es tatsächlich. In Bremen z. B. existiert eine solche Schule, auf die unsere Beschreibung zutrifft. Eltern berichten von der Freude, ja von der positiven Veränderung ihrer Kinder.

Was ist das Geheimnis dieser Schule?

Es ist eine Schule auf biblischer Basis.

Es spricht für sich, wenn sich dort die Zahl der Kinder von 15 im Jahre 1979 auf 435 im Jahre 1984 erhöht hat. Heute werden bereits über 690 Kinder unterrichtet.

Weitere Schulen dieser Art gibt es in Frankfurt, Gießen, Hanau und Reutlingen. Die überaus positiven Erfahrungen dieser Schulen haben bewirkt, daß sich inzwischen Eltern-Schulinitiativen von Flensburg bis München, von Essen bis Basel gebildet haben.

Auch in Ostfriesland haben sich verantwortungsbewußte Christen aus Kirchen, Freikirchen und Gemeinschaften zusammengefunden und den "Verein für Evangelische Schulerziehung in Ostfriesland e.V." (VES-Ostfriesland) gegründet.

Natürlich haben wir den ländlichen und weiträumigen Charakter Ostfrieslands zu beachten. Das soll uns aber nicht davon abhalten, an Orten, die sich im Laufe der Vorarbeiten herauskristallisieren, einfach anzufangen. Mit welchen Stufen wir beginnen, richtet sich nach den Wünschen der interessierten Eltern, obwohl der Beginn mit Grundschulen aus organisatorischen Gründen naheliegt. Später können an geeigneter Stelle weiterführende Schulen entstehen.

Bei allen Überlegungen wollen wir stets ganz bewußt nach Gottes Willen fragen und uns betend seiner Führung anvertrauen. Begleiten auch Sie bitte diese neue Aufgabe mit Ihrer Hilfe und Fürbitte.

Verein für Evangelische Schulerziehung in Ostfriesland e.V.

April 1986

Warum eine christliche Privatschule?

Im Spannungsfeld der heutigen Schulsituation wissen wir als bewußte Christen aus eigener Erfahrung um die Hilfen, die uns das Evangelium von Jesus Christus gibt. Deshalb finden wir in IHM auch für den Bereich von Erziehung und Unterricht unsere Orientierung, Hilfe, Kraft und Zuversicht. Jesus beauftragt Eltern, ihren Kindern eine Erziehung und Bildung nach biblischem Maßstab zu vermitteln (Eph. 6,4).

Überzeugte Christen als Lehrer

Unsere Schule möchte zwischen Eltern, Kindern und Schule eine Einheit bilden, die zur Förderung des Kindes notwendig ist. Das bedeutet konkret, daß Schüler, Eltern, Lehrer und Trägerverein eine lebendige Gemeinschaft auf der Grundlage der Bibel bilden.

Die Atmosphäre und der Geist einer Schule werden zum großen Teil durch die Persönlichkeit der Lehrer geprägt. Deshalb ist es für uns wichtig, daß Pädagogen ihre Arbeit aus ihrer Verantwortung als bekehrte und wiedergeborene Christen heraus tun.

Die Lehrer wollen im Unterricht und im Zusammensein mit den Schülern eine Atmosphäre des Vertrauens, der Hilfsbereitschaft und der Geborgenheit schaffen.

Auftrag und Ziele

Wir wollen eine ganzheitliche Erziehung und Bildung. Pädagogisches Ziel unserer Schule ist es, den ganzen Menschen in seinen Fähigkeiten und Fertigkeiten zu fördern. Das Kind soll in unserer Schule als Ganzheit erfaßt werden, d. h. als ein Geschöpf Gottes, das auf seinen Schöpfer hin geschaffen ist.

Diese Tatsache ist uns Verpflichtung, zu jedem uns anvertrauten jungen Menschen zu sagen: "Du bist wertvoll, einzigartig und liebenswert, unabhängig von deiner Leistung und von deinem Wissen, weil du ein Geschöpf Gottes bist." Dieses bedeutet für den Unterricht die Anerkennung einer pädagogischen Einheit von Kopf, Herz und Hand. Neben der üblichen Förderung der geistigen Fähigkeiten eines Schülers tritt so gleichberechtigt die Entfaltung seiner seelischen, musischen, künstlerischen, handwerklichen und sportlichen Anlagen. Diese Einheit von Kopf, Herz und Hand wird im Schulalltag durch besondere Angebote unterstrichen, wie durch Arbeitsgemeinschaften, die Gestaltung eines Schulgartens usw.

Die Schule wird die Freude an der eigenen Leistung bei den Kindern wecken und fördern.

Unter der Voraussetzung, daß die Eltern Ziele und Charakter der Schule akzeptieren, ist sie offen für

Das erste Info-Faltblatt, Auflage 10.000 Stück

alle Kinder, unabhängig von dem religiösen, weltanschaulichen oder politischen Bekenntnis der Eltern. Soweit möglich, werden auch körperlich Behinderte aufgenommen, wodurch Gesunden wie Behinderten gleichermaßen gedient wird.

Rechtliche Stellung der Schule

Die Gründung privater Schulen ist im Grundgesetz und in unserer Landesverfassung vorgesehen. Bei der "Freien Christlichen Schule Ostfriesland" wird es sich um eine vom Kultusminister genehmigte Ersatzschule handeln. Die Zeugnisse und Abschlüsse sind mit denen öffentlicher Schulen gleichwertig. Ein Schulwechsel, z. B. bei Umzug oder beim Übergang auf eine weiterführende Schule ist jederzeit möglich.

Organisationsform

Die Schule soll alle Bildungsabschlüsse vermitteln. Deshalb ist sie von der Grundschule bis zum Gymnasium durchzustrukturieren. Das setzt ein Netz von Grundschulen und die Einrichtung eines oder mehrerer Schulzentren voraus. Die Grundschulen sollen so günstig gelegen sein, daß eine größtmögliche Zahl interessierter Eltern ihre Kinder auf unsere Schule schicken können.

Denkbar sind folgende Schwerpunkte:
Aurich, Emden, Filsum, Großefehn, Leer, Moormerland, Norden, Ostrhauderfehn, Remels, Weener.
Hier soll aber den Elternwünschen nichts vorweggenommen werden. Die endgültige Entscheidung richtet sich jeweils nach den Anmeldungen. Auf Grund der heutigen Erkenntnis bieter sich Aurich und Leer als mögliche Orte für spätere Schwerpunktschulen an. Diese könnten dann Hauptschule, Realschule und Gymnasium in sich vereinigen.

Schulbeginn

1987 wollen wir nach den Sommerferien mit einer oder mehreren Grundschulklassen (z. B. auch mit Klasse 3) beginnen, wobei sich die Standorte nach den meisten Anmeldungen richten.

Finanzierung

In den ersten zwei Jahren wird die Schule aus Eigenleistungen finanziert, danach können staatliche Zuschüsse in Anspruch genommen werden.
Die Eigenleistungen setzen sich zusammen aus den Spenden der Freunde und Mitglieder der Trägervereins sowie dem Schulgeld der Eltern, voraussichtlich pro Kind DM 120,- monatlich. Eine Ermäßigung des Schulgeldes ist unter bestimmten Voraussetzungen möglich.

Informationen

In der nächsten Zeit werden wir ausführliche Informationsveranstaltungen durchführen. Über die weitere Entwicklung unserer Schule und über unsere weiteren Planungen möchten wir Sie gern auf dem Laufenden halten. Geben Sie uns dazu bitte Ihre Anschrift bekannt.

Förderung

Wir suchen Menschen, die unsere Schule ideell und materiell unterstützen und dazu unserem Freundeskreis beitreten. Jeder kann seinen Beitrag nach eigenem Ermessen festsetzen. Die Beitrittserklärung zum Freundeskreis kann formlos auf einer Postkarte oder mit nebenstehendem Abschnitt erfolgen.

Anmelden

Frühzeitige Anmeldung - auch Jahre im voraus - ist empfehlenswert. Sie würden uns bei unseren Planungen helfen, wenn Sie uns schon heute Ihren Entschluß, Ihr Kind an unserer Schule anzumelden, mitteilen. Dies unterstützt auch unsere Bemühungen um die Erlangung der Genehmigung des Schulbetriebs. Wir bitten Sie, senden Sie uns den nebenstehenden Abschnitt ausgefüllt zurück, oder werden Sie sich an eine der folgenden Kontaktadressen:

Elisabeth Heeren, Am Kanal 16, Tel. 04956/2465
2912 **Uplengen-Remels**,
Jürgen Höppner, Westring 44, Tel. 04956/3174
2912 **Uplengen-Remels**,
Dr. Wilhelm Wübbena, Westerende 58
2950 **Leer**, Tel. 0491/62610
Helga Luise Saathoff, Hemme-Janssen-Str.62,
2956 **Moormerland**, Tel. 04954/5292
Hermann-Günter Vogel, Lärchenstr.3,
2958 **Ostrhauderfehn**, Tel. 04952/5380
Reinhard Troff, Graf-Enno-Str.8, Tel. 04941/10980
2960 **Aurich**,
Werner Trauernicht, Norderwieke 14a, Tel. 04944/2756
2964 **Wiesmoor**,
Else Hamer, Essenerstr. 1 Tel. 04921/24279
2970 **Emden**,

VES - Ostfriesland
Verein für Evangelische Schulerziehung
in Ostfriesland e.V.
Norderwieke 14a, 2964 Wiesmoor

Konten des VES-Ostfrieslands:
Kreis-u.Stadtsparkasse Leer-Weener,
Kto.-Nr. 15-151265 (BLZ 285 500 20)
Postgiroamt Hannover,
Kto.-Nr. 5298 37-305 (BLZ 250 100 30)

Rückmeldung: (bitte sorgfältig ausfüllen)

Absender: . . . .
. . . .
. . . .

An den
VES - Ostfriesland -
Verein für Evangelische Schulerziehung
in Ostfriesland e.V.
Norderwieke 14a
2964 W i e s m o o r

Die schulische Erziehung der Kinder auf biblischer Grundlage ist mir ein persönliches Anliegen. Daher möchte ich Ihre Arbeit unterstützen durch:
(Bitte ankreuzen!)

☐ Begleitung mit fürbittendem Gebet
☐ Monatliche Spenden* in Höhe von DM . . . .
☐ Spenden* nach freier Wahl
☐ Beitritt zum Freundeskreis
☐ Aktive Mitarbeit nach Absprache
☐ Ich bitte um laufende Informationen

* An den Verein gezahlte Spenden und Beiträge sind steuerlich abzugsfähige Sonderausgaben. Wir haben uns den Spendengrundsätzen der Arbeitsgemeinschaft Evangelikaler Missionen (AEM) angeschlossen.

Ich bin an der "Freien Christlichen Schule Ostfriesland" interessiert und möchte mein(e) Kind(er) (zunächst unverbindlich) anmelden:

Name des Kindes:	geb. am:	Ein-Schu-lung:	z.Zt. in Klasse	Schul-art:
1.)	. . . .	. . . .	. . . .	. . . .
2.)	. . . .	. . . .	. . . .	. . . .
3.)	. . . .	. . . .	. . . .	. . . .
4.)	. . . .	. . . .	. . . .	. . . .

Grundschule (G, 1-4), Orientierungsstufe (OS, 5-6)
Hauptschule (H, 7-10), Realschule (R, 7-10)
Gymnasium (Gym, 7-13)

Datum: . . . .

Unterschrift: . . . .

delisten und entsprechenden Rückmelde-Postkarten. Verschiedene Vorschläge für Infoveranstaltungen wurden besprochen. Außerdem überlegten wir, bei welcher Bank das erste Konto des Vereins einzurichten sei.

In der nächsten Sitzung am 4. März im Ev. Gemeinschaftshaus, Aurich, mit 8 Teilnehmern entschieden wir uns endgültig für den Schulnamen

„Freie Christliche Schule Ostfriesland" (FCSO) .

Damit war der Vorschlag „Freie Evangelische Schule Ostfriesland" vom Tisch. Nun sollte ein Graphiker mit der Entwicklung eines Schulemblems beauftragt werden, das die Charakteristik der FCSO an besten visualisieren könnte. Nach verschiedenen Anfragen erhielten wir durch die Unterstützung der Bremer Schule von Herrn Rahn eine Vorlage, die wir sofort akzeptierten. Außerdem legten wir fest, das inzwischen fertig formulierte Informationsfaltblatt „Freie Christliche Schule Ostfriesland" mit einer Auflage von 10.000 Stück in Druck zu geben.

Ebenfalls sprachen wir über die Entwicklung von Plakaten, Antwortformularen und Gebetskarten, die zur nächsten Sitzung vorzulegen seien.

DIN A3- Plakat zum Aushang in Gemeinden und Geschäften

Um die vermehrte Arbeit sinnvoll aufzuteilen, beschlossen wir folgende Arbeitsgruppen einzurichten: Pädagogik, Öffentlichkeit/Info, Standortfragen, Schülertransport, Finanzen und Rechtsfragen.

Für die personelle Besetzung sollten Vorschläge gemacht werden, wobei für künftige Info - Veranstaltungen bereits mehrere Vorschläge vorlagen. Bevor wir jedoch konkrete Termine anvisieren könnten, müssten erst alle Info-Unterlagen fertig gestellt sein. Wichtig sei vor allem die geistliche und inhaltliche Zurüstung, denn mit dem Auftritt in die Öffentlichkeit waren wir von Gottes Führung, Weisheit und Durchhaltevermögen abhängig. Wir wollten ganz bewusst im Auftrag Gottes unterwegs sein und Ihm bei allen Herausforderungen volles Vertrauen entgegenbringen, obwohl wir zu der Zeit einfach noch nicht ahnten, wie sehr wir in schwierigen Phasen seine Hilfe tatsächlich benötigten würden.

In den folgenden Vorstandssitzungen am 17. März bei Familie Höppner und am 7. April bei Elisabeth Heeren in Remels haben wir die oben beschriebenen Aufgaben detailliert bearbeitet und die nächste Mitgliederversammlung vorbereitet. Wir entwickelten zudem Vorschläge bezüglich der Mitgliederbeiträge, denn wir hatten zur Durchführung verschiedener Aufträge, z.B. Druckkosten, einen Finanzbedarf von etwa 1.500 DM. Der Mitgliederbeitrag sollte pro Monat und Familie 10 DM betragen. Außerdem wollten wir empfehlen, dass jedes Mitglied für den Sofortbedarf 40 DM überweist. Im Laufe der Jahre hat sich die Frage der Mitgliederbeiträge erübrigt, weil die meisten Mitglieder sich finanziell weit über diese Regelung hinaus einbrachten und wegen der umfangreichen anderen Aufgaben „vergessen" wurde, an die Bezahlung der Mitgliedsbeiträge zu erinnern.

Auf der nächsten Mitgliedersitzung am 10. April bei uns in Wiesmoor mit 10 Teilnehmern wurden unsere Vorschläge angenommen und ebenfalls die personelle Besetzung der Arbeitsgruppen verbindlich vereinbart. Für die weitere Planung hielten wir es für wichtig, die Arbeitsgruppen „Schulstruktur" und „Elternarbeit" einzurichten. Wir vereinbarten, dass diese Gruppen ihre Aufgaben in eigener Verantwortung autonom erledigen und über die Ergebnisse in den Mitgliederversammlungen berichten. Die Teilnehmerzahl an den Sitzungen schwankte erheblich, da viele Mitarbeiter auch in anderen Projekten engagiert waren. So konnten Dieter und Helga Backer ihre aktive Mitarbeit im Trägerkreis leider nicht fortsetzen. Ebenfalls hatte auch Else Hamer um Verständnis gebeten, wegen anderer Aufgaben nicht mehr aktives Mitglied sein zu können. Auch Dr. Manfred Radtke könne aus ähnlichen Gründen an den Sitzungen nicht regelmäßig teilnehmen, stände aber für die notariellen Dienste weiterhin zur Verfügung.

Wir vereinbarten den ersten öffentlichen Informationsauftritt. Jeweils am 1. Mai jeden Jahres fand eine ganztägige Konferenz des Ostfriesischen Evangelischen Gemeinschaftsverbandes im Theater der BBS-Schule, An der Blinke, Leer, statt. Dort bauten wir einen Info-Tisch auf, um die beabsichtigte Schulgründung bekannt zu machen. Wir bekamen auch die Gelegenheit, innerhalb der Veranstaltung unser Vorhaben zu schildern und kurz über den bisherigen Verlauf der Vorbereitungen zu berichten.

Am Info-Tisch verteilten wir die ersten Faltblätter „Freie Christliche Schule Ostfriesland" und weitere Informationsunterlagen. Es gab überwiegend positive Reaktionen. Die meisten Fragen konnten wir beantworten. Vereinzelt hörten wir auch skeptische Bemerkungen, was uns doch sehr verwunderte. Im Nachhinein betrachtet, sollten wir schon mal lernen, auch mit Skepsis und Widerstand richtig umzugehen. In die ausgelegten Listen trugen sich viele interessierte Personen ein, die zu unserem Freundeskreis gehören wollten.

Offensichtlich hatte dieser erste öffentliche Auftritt Aufmerksamkeit erregt und ein Presse - Echo ausgelöst. Bereits einen Tag später, am 2. Mai, erschien in der Ostfriesenzeitung (OZ) ein Bericht über die Gemeinschaftskonferenz mit dem damaligen Redner Pfarrer Kurt Heimbucher, Präses des „Gnadauer Gemeinschaftsverbandes", überschrieben mit der Frage: „Evangelische Schule für Ostfriesland?"

Jetzt gab es kein Zurück mehr. Vermehrte Reaktionen aus allen Richtungen brachte uns noch mehr in Bewegung und erforderten neue Ideen. So stand in der nächsten Mitgliederversammlung am 12. Juni bei Familie Alfred Dirks in Wiesmoor mit 15 Teilnehmern die Frage nach weiteren konkreten Schritten im Mittelpunkt. Die OZ-Berichterstattung hatte bewirkt, dass wir bereits 26 Schüleranmeldungen, verteilt auf mehrere Standorte und Jahrgänge, erhielten. Etliche Eltern dieser Kinder erklärten zugleich ihren Beitritt zum Freundeskreis. Außerdem erreichten uns die ersten Lehrerbewerbungen. Das gab den Anstoß, die Voraussetzungen für die Anstellung von Lehrkräften, die an der FCSO tätig sein würden, zu formulieren.

Die einzelnen Arbeitsgruppen hatten bereits an der weiteren Entwicklung gearbeitet und berichteten über die bisherigen Ergebnisse. Die Einrichtung von Arbeitsgruppen erwies sich schon jetzt als eine richtige und gute Entscheidung.

Ausführlich wurde über diverse Möglichkeiten der Informationsverbreitung an unterschiedlichen Stellen und bei verschiedenen Gelegenheiten beraten. Sehr wichtig ist bei allem eine gute Vorbereitung.

Aus den bisherigen Gesprächen mit unterschiedlichen Personen kristallisierten sich auch skeptische Argumente heraus, die teils aus echter Sorge, teils aus Unkenntnis oder aus Vorurteilen, teils aber aus purer Ablehnung resultierten. Als Schlagworte hörten wir zum Beispiel - auch später immer wieder - die Aussagen: "Heile-Welt-Schule, Ghetto für Christen, Käseglocke, Eliteschule, Schule für Reiche". Insbesondere aus christlichen Kreisen kam der Vorwurf, dass man doch die „Licht - und Salzfunktion aus den staatlichen Schulen heraushalten würde", wenn Christen ihre Kinder an eine christliche Schule schicken würden. Ja, schön, wenn es denn so wäre! Hier fiel es mir immer schwer, zurückhaltend und sachlich zu bleiben, weil dieses an den Haaren herbei gezogene Argument allein schon zahlenmäßig im Vergleich zu den vielen staatlichen Schulen kaum ins Gewicht fallen würde. Und aus eigener Erfahrung als ehemaliger Schulelternratsvorsitzender an der Schule unseres Ortes erlebte ich kaum christliche Eltern, die mutig mit Lehrern an staatlichen Schulen über biblische Grundlagen der Erziehung diskutiert hätten. Und dann sollten die Kinder diese Aufgabe übernehmen und die „Kastanien aus dem Feuer holen"? Andererseits empfinde ich größten Respekt für alle die Eltern, die tatsächlich mutig ihren Glauben gegenüber Lehrern an staatlichen Schulen bezeugen und ebenfalls deren Kinder, die im Unterricht ihr Christsein offensiv vertreten. Wer sich dieser Verantwortung stellt, sollte ganz intensiv in der Fürbitte von der Familie und der christlichen Gemeinde liebevoll unterstützt und ermutigt werden.

Ganz bewusst nahmen wir uns vor, uns in den Diskussionen für oder gegen eine christliche Schule besonnen, rücksichtsvoll und mit Respekt zu verhalten. Im weiteren Verlauf der Sitzung wurde angeregt, bald einen ersten Freundeskreis - Rundbrief zu entwerfen.

In der nächsten Mitgliederversammlung am 20. August bei Familie Hinrich Troff in Terborg mit 10 Teilnehmern hatte sich die Zahl der Schüleranmeldungen auf insgesamt 36 erhöht. Unter anderem meldete sich auch eine Familie Nieklaas Swart aus Stapelmoor und bekundete Interesse an der Schule. Zu diesem Zeitpunkt konnten wir noch nicht wissen, dass Nieklaas später in aller Treue über viele Jahre im Vorstand als Schriftführer tätig sein würde. Auch diese Tatsache steht als ein Beispiel für Gottes langfristig angelegte und präzise Personalführung beim Aufbau der FCSO.

Angesichts vieler ähnlicher Beispiele bei der Entwicklung der FCSO erkennen wir Gottes wunderbare Führung mit großer Dankbarkeit. Im Rückblick kann ich nur mit Staunen und großer Freude bezeugen: Gott tut Wunder über Wunder. Auch wenn sich das oft erst nach vielen Jahren bestätigt.

Wenn wir erkennen, wie Gott zu unterschiedlichen Zeiten Menschen verschiedenen Alters, aus verschiedenen Berufen und Orten, ja, auch aus unterschiedlichen christlichen Gemeinden zusammenführt, um etwas entstehen zu lassen, das seinen Namen trägt, dann können wir nur mit Ehrfurcht beten:

„Herr, du bist der allmächtige und allein wahrhaftiger dreieiniger Gott, durch Jesus Christus unser himmlischer Vater voller Liebe. Wir danken dir von ganzem Herzen, dass du uns durch den Heiligen Geist ganz nahe bist und uns mit Leben und Hoffnung erfüllst. Du bist der Herr der FCSO. Lass diese deine Schule vielen Menschen zum Segen sein, den Schülern und deren Eltern, denen, die dort ihre Arbeit tun und allen Menschen im Umkreis der Schule. Dir sei Ehre, Preis und Anbetung, jetzt und in Ewigkeit. Amen."

In der o. g. Sitzung wurde ausführlich über die Informationsveranstaltungen gesprochen, die nun detailliert vorbereitet werden müssten. Es hatten sich mehrere Gemeinden gemeldet, um einen verbindlichen Termin zu vereinbaren. Aufgrund dieser Entwicklung wurde angeregt, bald einen Antrag zur Genehmigung der Schule an die Bezirksregierung, Osnabrück, auf den Weg zu bringen.

In der Vorstandssitzung am 10. September bei Familie Höppner verständigten wir uns zunächst auf den möglichen Termin des Schulbeginns. Wir hielten den 6. August 1987 für den richtigen Zeitpunkt. Auf dieses Datum sollte der Genehmigungsantrag ausgestellt werden, den wir nun konkret vorbereiteten. Ebenfalls überlegten wir, welche Tagesordnungspunkte in der nächsten Trägerkreissitzung zur Sprache kommen sollten. Diese wurde am 22. September mit 9 Teilnehmern bei uns zu Hause einberufen. Inzwischen hatte die erste Infoaktion in einem Hauskreis stattgefunden. (Dazu später unter „Informationsveranstaltungen " mehr.)

Der vom Vorstand vorgeschlagene Schulbeginn für August 1987 wurde bestätigt. Der gegenwärtige Kassenbestand betrug ca. 4.000 DM. Letzte Korrekturen an dem Erziehungskonzept wurden besprochen. Der erste Freundeskreis -Rundbrief ist noch einmal abgestimmt worden und sollte kurzfristig verschickt werden. Wir erklärten kurz, warum diese Schulinitiative entstanden ist, welchen biblischen Erziehungsauftrag Eltern haben, was bisher erarbeitet wurde und wie wir weiter vorgehen wollen. Sodann wiesen wir auf beabsichtigte Info-Veranstaltungen hin und warben um weitere Unterstützung und Schüleranmeldungen. Der Schluss-Satz lautete: „Im Wissen um unsere gemeinsame Aufgabenstellung: „Die Sach` ist dein, Herr Jesu Christ, die Sach`, an der wir stehn", bitten wir Sie: beten sie mit, werben Sie mit und helfen Sie mit."

Zum ersten Mal hörten wir in dieser Sitzung den Namen Joachim Heffter. Helmer Frommholz, der mit seiner Frau Elke inzwischen auch Trägerkreismitglied geworden war, berichtete, dass er ihn von seiner eigenen Schulzeit her kennen würde. Er sei als Lehrer an der FEBB tätig und an dem Aufbau der gymnasialen Oberstufe beteiligt gewesen. Herr Heffter wäre interessiert, als Schulleiter den Aufbau der FCSO mitzugestalten. Aus heutiger Sicht kann man nur feststellen: Ein weiteres Beispiel aus Gottes wunderbarer Personalplanung.

Weil des Öfteren mehrere Trägerkreismitglieder wegen Terminüberschneidungen bezüglich anderer Aufgaben fehlten, wurde beschlossen, die künftigen Sitzungen an rotierenden Wochentagen von montags bis freitags anzusetzen, um die individuelle Zeitbelastung über die ganze Woche zu verteilen.

Für eine weitere AEBS-Sitzung am 18.Oktober in Frankfurt wurde eine Teilnehmerliste erstellt.

Um weitere Schritte in die Öffentlichkeit zu gehen, beantrage ich schriftlich am 24. September bei den Landkreisen Leer und Aurich sowie der Stadt Emden, die noch zu begründende FCSO in den Schulentwicklungsplan aufzunehmen.

Während der Trägerkreissitzung am 21.Oktober bei Familie Frommholz in Aurich mit 12 Teilnehmern wurden feste Termine der inzwischen vereinbarten Info-Veranstaltungen in verschiedenen Gemeinden bekannt gegeben und besprochen. Die

Mitglieder wurden gebeten, daran teilzunehmen und den Verlauf mit Gebet und Wort zu begleiten. Wir besprachen die Inhaltsschwerpunkte des Vortrages, den Ablauf der einzelnen Abschnitte und beschlossen, nach dem jeweiligen Vortrag eine offene Diskussions- und Fragerunde anzubieten. Am Büchertisch sollten alle Info-Unterlagen und einschlägige Bücher sowie Schüler-Anmeldeformulare, vorbereitete Listen zur Eintragung von Freundeskreis-Adressen und Spendenformulare bereitliegen.

Bis zu diesem Zeitpunkt lagen uns 60 Schüler-Anmeldungen vor. Ebenso erhielten wir weitere Lehrer-Bewerbungen.

Es wurde beschlossen, auf der nächsten Gemeinschaftskonferenz des OGV am 2. November abermals einen Info-Stand einzurichten. Von der AEBS-Tagung in Frankfurt berichtete Jürgen Höppner viel Positives. Auch an anderen Orten würden die neu entstandenen Schulinitiativen mit Gottes Hilfe vorankommen und einige neue Schulgründungen schon bald realisiert sein. Von den Erfahrungen der verschiedenen Initiativen im Bundesgebiet konnten auch wir profitieren.

Mit Schreiben vom 25. Oktober beantragen wir bei der Bezirksregierung Weser-Ems, Außenstelle Osnabrück, den Schulbetrieb für die Freie Christliche Schule Ostfriesland als Grund- und Hauptschule zum 6. 8.1987 zu genehmigen. Mit Schreiben vom 4. 11. erhielten wir eine zweiseitige Antwort als Eingangsbestätigung mit vielen Hinweisen, welche Voraussetzungen für die Genehmigung einer Privatschule erfüllt sein müssten. Zunächst wurde erklärt, dass der Begriff „Volksschule" in Niedersachsen abgelöst sei durch „Grundschule" (Jahrgänge 1 – 4), Orientierungsstufe (Jahrgänge 5 + 6) und die Hauptschule (Jahrgänge 7 – 9 bzw. 10). Weiter hieß es: „dass private Schulen dieser Formen nur zugelassen werden, wenn die Unterrichtsverwaltung ein besonderes pädagogisches Interesse anerkennt oder, auf Antrag von Erziehungsberechtigten, wenn sie als Gemeinschaftsschule, als Bekenntnis- oder Weltanschauungsschule errichtet werden soll und eine öffentliche Schule dieser Art in der Gemeinde nicht besteht".

Außerdem wurden über 20 Voraussetzungen aufgelistet, die wir nachzuweisen hätten. Nun, Schulgesetze und schulbehördliche Richtlinien sind in einem Rechtsstaat zu beachten. Aber diese lange Liste hatten wir erst einmal zu verinnerlichen. Wir bekamen nun so langsam das Gefühl, dass eine Schulgründung kein kleiner Spaziergang bzw. kein Zuckerschlecken sei.

Für die nächste Sitzung am 21. November bei uns zu Hause mit 14 Teilnehmern hatten wir somit reichlich Gesprächsstoff. Wir machten uns an die Arbeit, um alle erforderlichen Nachweise zu beschaffen. Inzwischen hatte sich die Schüler-Anmelde-Zahl auf 80 erhöht.

Noch einmal nahmen wir letzte Abstimmungen an dem Erziehungskonzept vor, das nun auch die Bezirksregierung angefordert hatte. Die Vereinssatzung zur Vorlage bei der Bezirksregierung wurde noch einmal korrigiert bzw. ergänzt und in Gegenwart des Notars Dr. Manfred Radtke einstimmig angenommen und verabschiedet.

Aufgrund der öffentlichen Verlautbarungen über die beabsichtigte Schulgründung war das Interesse an Informationsveranstaltungen in vielen Gemeinden und Gruppen stark gestiegen. Die ersten Erfahrungen bestärkten uns darin, weitere angefragte Termine zu bestätigen, um unser Anliegen offensiv darzustellen. Wann, wo und wie diese Veranstaltungen abliefen, sind im nächsten Kapitel beschrieben.

Auch die Berichte einiger Trägerkreismitglieder über Info-Gespräche mit verschiedenen Personen zeigte das zunehmende öffentliche Interesse. Else Hamer hatte mit der Schulrätin im Landkreis Leer, Frau Sonja Plath, ein positives Gespräch geführt, Dr. Wilhelm Wübbena mit Schulrat Dierksen und Wolfgang Heinz von der Osterstegschule in Leer. Reinhard Troff hatte Gelegenheit, bei einem Gemeindetag der Reformierten Kirche in Aurich Infoblätter zu verteilen.

Eine originelle Unterstützung erhielten wir durch Manfred Falk, der zur Gemeinde von H.P. Grabe, Leer-Loga, gehörte und 300 lnfo-Faltblätter anforderte. Mit seinem Wochenmarkt-Stand, an dem er Honig, Gewürze und Kräuter verkaufte, sei er in ganz Ostfriesland unterwegs und könne somit überall die Schule bekannt machen.

In weiteren Tagesordnungspunkten sprachen wir über mögliche Standorte und kamen dabei zu dem Entschluss, erst einmal weitere Schüler-Anmeldungen abzuwarten. Bei der Bank sollten 1000 Überweisungsträger mit unserer Vereinsanschrift und der Konto-Nummer für Spenden in Auftrag gegeben werden. Weiter wurde überlegt, ob es sinnvoll sein könne, Kindergärten bzw. Vorschulen einzurichten, um dadurch schneller zu einer finanziellen Ausstattung zu kommen und um damit auch Schüler- Anmeldungen für die geplante Schute zu forcieren.

Später haben wir erkannt, dass wir uns mit einer solchen Strategie und der damit verbundenen Arbeitsfülle verzettelt hätten. Deshalb haben wir diese Überlegung nicht weiter verfolgt.

In einem Interview mit dem Redaktionsmitglied Herrn Former von der Zeitung *Ostfriesische Nachrichten* konnte ich unser Vorhaben ausführlich darlegen. Ich hatte den Eindruck, dass er auch mit großem persönlichem Interesse die Informationen aufnahm und zwischendurch sogar anerkennende Bemerkungen machte. Am 28.11. veröffentlichte die ON seinen sehr positiven und ausführlichen Bericht. Er war für unser Vorhaben eine großartige Hilfe und ermutigte uns zu weiteren Aktionen in der Öffentlichkeit.

In der letzten diesjährigen Trägerkreissitzung am 19.12. mit nur sieben Teilnehmern bei Familie Frommholz in Aurich konnten wir schon etwas ausführlicher über den Verlauf der Infoveranstaltungen berichten. Von betroffenen Eltern hörten wir, dass zum Beispiel in der Umgebung von Steenfelderfeld-Ihrhove etwa siebzig Kinder aufgrund der Schulproblematik vor Ort am Katholischen Gymnasium, Papenburg, angemeldet wären. Für uns war es unverständlich, dass sich trotz dieser Situation die Gemeindeleitungen verschiedener evangelischer Kirchen und Freikirchen reserviert bis ablehnend gegenüber unserer Schulinitiative verhielten.

Weiter berichtete ich über das Informations-Gespräch mit Landessuperintendent Werner Schröder in Aurich. Um von vornherein Missverständnissen vorzubeugen, hatte ich um dieses Treffen gebeten. Nachdem ich das Schulkonzept vorgestellt hatte, fragte er, ob die Evangelische Kirche einen Vertreter in den Trägerkreis delegieren könne. Ich verneinte das und erklärte, dass es uns ausschließlich um die Entwicklung einer klaren biblischen Ausrichtung der Schulgestaltung ginge und nicht um die jeweiligen Interessen einer Kirchengemeinde, Gemeinschaft oder einer anderen Gruppe. Seine Reaktion zeigte mir, dass diese Klarstellung genau richtig war, denn später wurde die ablehnende Haltung von kirchlicher Seite gegenüber unserer Initiative zur Gründung einer christlichen Schule deutlich sichtbar. In Kapitel 9 werde ich Beispiele schildern, mit welchen Widrigkeiten wir zu der Zeit, insbesondere durch kirchliche Gremien, zu tun hatten.

Einen Vorgeschmack auf kräftigen Gegenwind erlebten wir noch am Schluss des Jahres 1986. Aufgrund der positiven Erfahrung des Zeitungsberichtes in der ON wollten wir gerne auf weitere Anfragen antworten. Als der Chefredakteur der Ostfriesenzeitung, Bernhard Fokken, um ein Gespräch bat, lud ich ihn zu mir nach Hause ein. In gemütlicher Atmosphäre bei einer Tasse Tee - es waren wohl mehr als eine - unterhielten wir uns sehr ausführlich über Details der geplanten Schulgründung. Herr Fokken zeigte sich außerordentlich interessiert und fragte immer wieder nach. Das Gespräch bekam einen sehr vertraulichen Charakter, und ich war schon gespannt auf den wahrscheinlich positiven Zeitungsbericht, der dann auch am 30. Dezember in der OZ erschien.

Als ich die Zeitung aufschlug, war ich zunächst sehr erfreut. Prima, dachte ich, eine „ganze" halbe Seite, das bringt uns voran. Ich war erstaunt über die ausführliche Darstellung so vieler Details und Hintergrundinformationen. Doch dann las ich seinen Kommentar „Fasson". Ich traute meinen Augen nicht, und ich fühlte mich angegriffen und hintergangen. Da hatte doch dieser Redakteur die Vertraulichkeit offensichtlich missbraucht und mir öffentlich attestiert, dass man mit solchen Vorhaben zu denen gehöre, die nicht ernst zu nehmen seien, die falsche Behauptungen aufstellen. Warum hat er denn nicht nach Beweisen gefragt, welche Eltern sich über den in vielen Schulen vertretenen antiautoritären Erziehungsstil beschweren? Mir lief es heiß und kalt über den Rücken. Das musste erst einmal verkraftet werden! Ein bitteres Jahresende! Wohin wird das wohl führen? Mich führte es ins Gebet. Ich betete: „Herr, du weißt, dass ich nichts falsch machen wollte. Ich habe nach bestem Wissen berichtet. Was willst du mir und uns damit jetzt sagen. Wir brauchen deine Wegweisung. Ich traue dir zu, dass du weißt, wofür dieser Zeitungsbericht gut ist. Hilf mir, Bernhard Fokken nicht zu verurteilen. Du weißt, wie es jetzt weitergeht."

Und Gott wusste es. Dieser Bericht löste eine Leserbriefwelle aus, die es bis dahin nach meiner Beobachtung in dieser Ausführlichkeit zu einem Thema noch nicht gegeben hatte. In dem Kapitel 11 „Leserbriefe" werde ich darauf im Einzelnen eingehen.

Die Werbewirksamkeit erwies sich als unübertrefflich. Das „Für und Wider" klärte die Fronten zwischen Befürwortern und Gegnern. Wir sollten lernen, mit Widerständen ruhig und sachlich umzugehen und uns bewusst machen, dass Gott unser Auftraggeber ist. Und wir sollten lernen, journalistische Gepflogenheiten mit Pro- und Kontradarstellungen als etwas Normales zu begreifen und uns darauf in allen künftigen Verlautbarungen einzustellen. Deshalb: Vielen Dank, Herr Fokken, für diese Lehrstunde. War es nur Zufall, dass derselbe Herr Fokken einige Jahre später, als die positive Entwicklung der Schule sichtbar wurde, die FCSO für die erste Auftaktveranstaltung der neuen OZ-Serie „Zisch" (Zeitung in der Schule) auswählte? Während dieser Veranstaltung begegneten wir uns persönlich zum zweiten Mal. Aber aufgrund der sehr interessanten Darstellungen der Schüler kamen wir nicht dazu, über unser erstes Zusammentreffen zu sprechen. Sie war eben auch Vergangenheit. Die Gegenwart war viel interessanter - und erfreulicher.

Kapitel 8
1986/1987 Informationsveranstaltungen

Die erste Einladung zu einer Information über die beabsichtigte Schulgründung erhielt ich von einem Hauskreis, der sich am 12. September bei Heiko und Almine Eilers in Wiesmoor traf. Es hatten sich etwa acht bis zehn Personen eingefunden, die ich auch persönlich kannte. Auch Georg Tjards war dabei, der später als Architekt mehrere An- und Neubauten der FSCO konzipiert hat.

Im Laufe des Abends konnte ich über die bisherige Entwicklung berichten und auch schon einige Fragen beantworten. In der offenen und vertraulichen Atmosphäre wurde ganz zwanglos diskutiert und überlegt, ob das Vorhaben wohl erfolgreich sein könnte. Es war ein aufrichtiges Interesse zu spüren, auch wenn gewisse Fragen verständlicherweise unbeantwortet blieben.

Meine Erfahrung aus diesem ersten Informationsabend zeigte mir jedoch, dass ich für Vorträge an anderen Orten vor einem unbekannten Publikum eine klare Vortragskonzeption entwickeln müsste.

Das erforderte natürlich eine sorgfältige Vorbereitung. Denn es würde ja nicht reichen, nur die bisherigen Schritte zu erklären, sondern auch Ursache, Analyse der gegenwärtigen ideologischen Trends, Argumente und Begründungen für die Einrichtung einer Schule auf biblischer Basis in einem verständlichen und zeitlichen Rahmen darzustellen.

Diese Aufgabe entsprach eigentlich nicht meinen Vorstellungen zu der Zeit, als ich zum Vorsitzenden gewählt wurde. Für Vereins-Regularien zuständig zu sein, Geschäftsabläufe zu koordinieren, zu moderieren und sich für ein vertrauensvolles Miteinander einzusetzen, daran hatte ich gedacht. Die inhaltlichen Themen zu formulieren und nach außen hin zu vertreten, das hatte ich von den anfangs anwesenden „Fachleuten" erwartet, aber diese standen nicht oder nicht mehr zur Verfügung. Erstaunlich ist, wie Gott Menschen auf bestimmte Aufgaben vorbereitet, auch wenn diese sich nicht für geeignet halten. Aber er schenkt die nötige Ausrüstung und übernimmt die Verantwortung, wenn man seinem Ruf folgt. Mit dem Vertrauen auf Gottes Hilfe machte ich mich also an die Arbeit.

Der Inhalt des Vortrags spiegelt nicht nur die damalige gesellschaftliche und schulpolitische Situation und den Anlass der Schulinitiative wider, sondern hat auch vielfältige Reaktionen ausgelöst und die weitere Entwicklung des Schulaufbaus gefördert bzw. beeinflusst. Deshalb wird er hier fast vollständig, abgesehen von den nur auszugsweise verwendeten Zitaten, im Wortlaut wiedergegeben. Im Allgemeinen lief die Veranstaltung stets nach folgendem Muster ab: Nach der Begrü-

Alfred Dirks am Büchertisch

ßung durch die örtlichen Gastgeber folgte der Vortrag. Danach gab es eine Diskussionsrunde mit meistens sehr lebhafter Beteiligung. Abschließend baten wir darum, sich bei Zustimmung in die Freundeskreislisten einzutragen und die Formulare für Schüleranmeldungen auszufüllen oder mitzunehmen. Zum Programm gehörte außerdem ein Büchertisch mit informativer Literatur, der viele Jahre von Alfred Dirks und später von Dieter Abbas mit großem Engagement betreut wurde.

Der Vortrag

Sehr geehrte Damen und Herren, liebe Eltern und Freunde,

wir möchten uns ganz herzlich bedanken für die Möglichkeit, dass wir hier Informationen über den VES und die geplante „Freie Christliche Schule Ostfriesland" weitergeben dürfen. VES Ostfriesland e.V. heißt „Verein für Evangelische Schulerziehung in Ostfriesland e. V.". Der VES ist der Trägerkreis der FCSO.

Wir arbeiten auf der Grundlage der „Deutschen Evangelischen Allianz". Die Mitglieder kommen aus verschiedenen Kirchen, Freikirchen und Ev. Gemeinschaften.

Ich darf zunächst einmal einige aktive Mitglieder vorstellen, die heute hier anwesend sind und im Anschluss an den Vortrag selbstverständlich auch bereit sind, Fragen zu beantworten.

Einige Vorbemerkungen:

1.) Aus meiner langjährigen Tätigkeit als Schulelternratsvorsitzender weiß ich, dass die meisten Eltern über viele Einzelheiten des Schullebens, wie zum Beispiel Lehrinhalte, Schulbuchinhalte oder Unterrichtsmethoden gar nicht oder nur oberflächlich informiert sind. Je mehr Sie heute darüber wissen, desto besser und schneller werden wir uns verstehen.

2.) Wir unterschätzen nicht die Bemühungen mancher Lehrer und Eltern, die Verhältnisse in den öffentlichen (staatlichen) Schulen positiv zu gestalten oder zu verändern. Tun Sie dies auch selber und machen Sie das deutlich, wo immer das möglich ist.

3.) Wenn wir heute über bestimmte Zusammenhänge und Trends sprechen, so prüfen Sie bitte selber, inwieweit diese ihrer örtlichen und persönlichen Situation entsprechen. Das können nur Sie selbst. Wir versuchen, nur die allgemeine Situation zu beurteilen. Allerdings wissen wir inzwischen aus sehr vielen Gesprächen mit Eltern und Lehrern, dass Ostfriesland keine Ausnahme in der allgemeinen Schullandschaft darstellt.

4.) Wir möchten uns zielstrebig für die Einrichtung einer Freien Christlichen Schule einsetzen. Wir kommen zwar nicht daran vorbei, Probleme an öffentlichen Schulen anzusprechen, aber wir wollen keineswegs gegen die öffentlich-rechtlichen Schulen, geschweige denn gegen Menschen in diesen Schulen aufrufen. Im Gegenteil, unsere Christliche Schule wird sich als Alternativ-Schule in „Freier Trägerschaft" immer um ein positives Verhältnis zu anderen Schulen bemühen.

5.) Methoden und Inhalte an den Schulen, die dem Wort Gottes entgegenstehen, nennen wir beim Namen. Schließlich ist die Erziehung unserer Kinder von großer Wichtigkeit. Darum sollten wir sehr wachsam sein. Es heißt in Hebräer 5,14 und 6,3: „Feste Speise aber ist für die Erwachsenen da; sie haben ihre Sinne durch den Gebrauch geübt und können deshalb Gutes und Böses unterscheiden. Das wollen wir tun, wenn Gott es zulässt."

Wir möchten diese umfangreiche Thematik in folgende drei Hauptpunkte aufgliedern:

I Eltern haben einen biblischen Erziehungs- und Bildungsauftrag

II Die allgemeine Schulsituation heute

a.) Was haben wir mit Ideologien zu tun?
b.) Der Einfluss der „Kritischen Theorie der Frankfurter Schule".
c.) Was uns deutsche Schulbücher sagen.
d.) Hintergründe einer gottesfeindlichen Ideologie.

III Schule auf biblischer Basis

Abschließend werden wir Ihnen einen kurzen Überblick über den konkreten Entwicklungsstand vermitteln und um Ihre Mitarbeit werben.

Wir kommen zum ersten Punkt:

I Eltern haben einen biblischen Erziehungs- und Bildungsauftrag

Vielleicht haben wir uns bisher nicht sehr intensiv mit der Konsequenz dieser Aussage beschäftigt. Wir wollen uns deshalb anhand der Bibel den Blick ein wenig schärfen lassen.

Bewusste und überzeugte Christen orientieren sich grundsätzlich an biblischen Maßstäben. Allgemein werden biblische Anweisungen in Bezug auf Kindererziehung deshalb gerne gehört. Sie gelten als eine wertvolle Erziehungsgrundlage.

Es ist bemerkenswert, dass biblische Erziehungs-Leitlinien mit großer Selbstverständlichkeit für den familiären Bereich und bestenfalls noch für den Bereich der christlichen Gemeinde gelten, aber gedanklich kaum noch auf den wichtigen Bereich der Schule übertragen werden. Dabei ist Erziehung und Bildung doch gerade im ersten Drittel eines Menschenlebens von eminenter Bedeutung. Besonders in der Kinder- und Jugendzeit finden entscheidende Prägungen statt, werden wichtige Fundamente gelegt, ja, wird der Charakter des Menschen entwickelt. Wir kennen sicher alle das Sprichwort: „Ein Bäumchen biegt sich, ein Baum nimmermehr." In Sprüche 22,6 heißt es: „Gewöhne einen Knaben an seinen Weg, so lässt er auch nicht davon, wenn er alt wird."

Erziehung und Bildung spielen sich in den drei unzertrennlichen Bereichen Elternhaus, Gemeinde und Schule ab. Was geschieht mit einem dreibeinigen Hocker, wenn ein Bein fehlt? Ganz klar, der Hocker fällt um. Wir sind der Meinung, dass heute das dritte „Erziehungsbein" Schule kaum noch biblische Erziehungsziele verfolgt, dafür aber vermehrt neomarxistisches Gedankengut vermittelt. Was uns die Bibel konkret zu einer gottwohlgefälligen Pädagogik sagt, wollen wir uns einmal näher ansehen und dabei beachten, dass Gott selber durch sein Wort zu uns redet. Der Informatiker und Autor Prof. Dr. Werner Gitt schreibt in dem Buch. „Das Fundament" über die Pädagogik folgendes: Die Grundpfeiler einer gottwohlgefälligen - und damit bestmöglichen und segensreichen Pädagogik - sind:

- **Gottesfurcht** Psalm 111, 10: „Die Furcht des Herrn ist der Weisheit Anfang. Klug sind alle, die danach tun. Sein Lob bleibt in Ewigkeit."
- **Biblische Ausrichtung** 2.Timotheus 3, 16b: „Jedes Schriftwort, von Gott eingegeben, dient aber auch zur Lehre, zum Überführen der Schuldigen, zur Besserung und zur Erziehung in der Gerechtigkeit."
- **Vorbild** Römer 2, 21-23: „Du lehrst nun andere und lehrst dich selber nicht?»
- **Autorität** Achtung der Eltern und Lehrer 2. Mose 20, 12: „Du sollst deinen Vater und deine Mutter ehren". Sprüche 4, 1: „Höret, meine Söhne, die Mahnung eures Vaters, merkt auf, dass ihr lernet und klug werdet". Epheser 6, 1: „Ihr Kinder, seid euren Eltern gehorsam."

- **Liebe** Micha 6,8: „Es ist dir gesagt Mensch, was gut ist und was der Herr von dir fordert, nämlich Gottes Wort halten und Liebe üben und demütig sein vor deinem Gott."
- **Zurechtweisung** Sprüche 13,1: „Ein weiser Sohn liebt Zucht, aber ein Spötter hört selbst auf Drohen nicht."

Nach den o. g. Erziehungsfaktoren hat zum Beispiel der evangelische Theologe und Pietist August-Hermann Franke (1663 -1727) Schulen gegründet. Seine Pädagogik war von christlicher Liebe geprägt und hatte das erklärte Ziel, die jungen Leute zu gelebtem Glauben und Lebenstüchtigkeit zu erziehen. Damit hat er als Pädagoge in bahnbrechender Weise bleibende Maßstäbe gesetzt. August-Hermann Franke war auch der Gründer der Realschulen. Wir kommen nun zum 2. Punkt.

II Die allgemeine Schulsituation heute - Was haben wir mit Ideologien zu tun? Wenn wir Sie über Trends, Hintergründe und Probleme in unserer Schullandschaft informieren, tun wir das, weil wir ein Problembewusstsein schaffen wollen. Viele Entwicklungen, inszeniert hauptsächlich durch die „Frankfurter Schule" und die sogenannte 68er Generation, sind viel weitgreifender, als wir denken. Gerade dort, wo wir die Dinge beim Namen nennen und aufgrund biblischer Sicht klare Positionen beziehen, erzeugen wir Widerspruch bei denen, die das alles nicht als so schlimm sehen oder sehen wollen.

Aber worum geht es denn? Nun, wir leben glücklicherweise in einer demokratischen Gesellschaftsordnung, damit aber auch im Pluralismus. Das heißt, es herrscht in diesem System die philosophische Meinung vor, dass die Wirklichkeit aus vielen selbstständigen Weltprinzipien besteht.

Ein Christ kann darin gut leben, denn er denkt nicht total „frei", sondern er orientiert sich an den Maßstäben der Bibel. Für ihn ist Gott durch Jesus Christus und durch die Kraft des Heiligen Geistes persönlich erfahrbar. Das ist sein Lebensinhalt. Für ihn sind die grundlegenden menschlichen Fragen nach dem „Woher, Wozu und Wohin" gelöst.

Aber was macht der Mensch ohne diese Glaubensgrundlage und ohne biblische Orientierung? Er lebt sich selbst und ist dem Zeitgeist und damit den Ideologien total ausgeliefert.

II a Was sind Ideologien und wie stark beeinflussen sie den Menschen?

Dieter Velten, Realschullehrer und Autor der Schriftenreihe des Gnadauer pädagogischen Arbeitskreises „Glauben - Lehren - Erziehen" schreibt dazu: „Unser Denken wird zunehmend von Ideologien bestimmt. Sie erfassen alle Lebensbereiche, insbesondere auch den der Bildung und Erziehung. Unter Ideologien sind Denkweisen und Wertvorstellungen zu verstehen, die meistens der Rechtfertigung oder auch der Verhüllung eigener Interessen dienen. Sie versprechen Allheilmittel für die privaten und gesellschaftlichen Probleme und besitzen ein geschlossenes, nicht an der Realität orientiertes Weltbild. Die eigentlichen Ursachen der Ideologisierung unseres Denkens und damit auch der Schule liegen nicht in bildungstheoretischen und parteipolitischen Konzepten. Sie sind vielmehr geistlicher Art und kommen aus dem menschlichen Herzen.

Mit der Auflehnung gegen Gott und der Trennung von ihm gerät der Mensch in den Machtbereich Satans. Aus dieser Position heraus verdrängt er immer mehr die göttlichen Werte und Maßstäbe aus seinem Leben, was zu weiterer Verführung und größerer Orientierungslosigkeit führt (2. Thess. 2, 9-12).

Der über Jahrhunderte hinweg bestehende Einfluss des christlichen Glaubens auf unsere Gesetzgebung verschwindet heute immer mehr.

Beispiele aus dem politischen Alltag: Seit 1970 ist Gotteslästerung kein Unrecht mehr, dass strafrechtlich verfolgt wird. Prof. Huntemann hat sicher Recht, wenn er in diesem Ereignis den offensichtlichen Beginn des Abfalls vom biblischen Ethos in der Gesetzgebung sieht. Die Konsequenzen aus diesem ersten Schritt sind nämlich die grundsätzliche Freigabe der Pornographie, die Reform des § 218, durch den Abtreibung im Prinzip möglich wird, die Legalisierung der Auflösbarkeit der Ehe, in dem das Schuld durch das Zerrüttungsprinzip ersetzt wird, die Beschneidung des Elternrechts u. a.

Ohne die Bindung an Gott wird der Mensch der Gefahr der Ideologisierung erliegen. Das aber erfahren wir heute in zunehmendem Maße in allen Lebensbereichen."

II b Der Einfluss der „Kritischen Theorie der Frankfurter Schule"

Wir haben es also mit einer bewusst antigöttlichen, atheistischen Ideologie zu tun. Die meisten Menschen wissen es bloß (noch) nicht. Wenngleich es auch verschiedene atheistische oder pseudoreligiöse Kräfte gibt, so ist aber die »Kritische Theorie der Frankfurter Schule" ein Wegbereiter des atheistischen Denkens. Der neomarxistische Marsch durch die Institutionen ist jedenfalls enorm erfolgreich gewesen, wie wir am Beispiel der Schulbücher feststellen.

II c Was uns deutsche Schulbücher sagen

Die Bonner Forschungsstelle für Jugend und Familie hat eine empirische Untersuchung durch eine Gruppe von Wissenschaftlern durchführen lassen. 300 genehmigte Schulbücher Deutsch, Politik und Religion für das 2. bis 13. Schuljahr wurden unter die Lupe genommen. Dazu ein Zitat aus einem Artikel der FAZ: „Die Kritische Theorie der Frankfurter Schule für Sozialphilosophie und die Emanzipationskonzepte der neuen Linken haben offenbar ihren Siegeszug durch jene Schulfächer, die das Weltbild der Schüler prägen, längst angetreten". Ferner entnehmen wir diesem Artikel:

In 33% der Deutsch-, 28% der Politik- und 60% der Religionsbücher fand sich ein „materialistisch-antimetaphysisches" Menschenbild - der Mensch als Rollenspieler.

In 80% der Deutsch-, 60% der Politik- und 55% der Religionsbücher erscheint die Bundesrepublik Deutschland als „Klassengesellschaft von Ausbeutern Unterdrückten, Manipulierern und Manipulierten, Besitzenden und Proletariern."

In 70% der Deutsch-, und 40% der Politikbücher ist eine negative Darstellung der Berufs- und Arbeitswelt zu finden.

In 75% der Deutsch- und 70% der Politikbücher knüpft „emanzipatorische Pädagogik an die antiautoritären Impulse der sogenannten Protestbewegung" an.

In 40% der Deutsch- und Politik- und in 60% der Religionsbücher wird die „Familie als Ort der Unterdrückung der Kinder, des Fehlverhaltens und der Ungerechtigkeit der Eltern" dargestellt. Die Anhänger der „Kritischen Theorie" setzen in bereits verstaatlichten Bereichen an. Einer dieser (halb-) staatlichen Bereiche ist das Funk- und Fernsehmonopol, ein anderer das Erziehungswesen. Es sind Positionen mit einem gewaltigen Multiplikatoren-Effekt. Wer die Funk- und Fernseh- Medien beherrscht, kann die Erwachsenen immer mehr mit seinem Gedankengut vertraut machen. Und wer die Schulen beherrscht, kann sogar noch früher ansetzen: beim noch form- und leicht beeinflussbaren Menschen. Das Erziehungswesen ist daher der Kampfplatz für die Neue Linke.

Die eigentlichen Schlüsselpositionen im Erziehungswesen sind nicht die Rektoren-, Oberstudienrats- oder Kultusministerstellen - es sind die Schulbücher.

Die emanzipatorische Erziehungsmethode zielt auf „Befreiung", z.B. sich von „Zwängen lösen" und stellt somit grundsätzlich alle Autoritäten in Frage wie beispielsweise die Bundeswehr, Polizei, Arbeitgeber oder Eltern. Autoritäten werden grundsätzlich negativ dargestellt. Das Hauptmerkmal ist Kritik. Und damit ist nicht die konstruktive bzw. helfende Kritik, sondern die zersetzende Kritik gemeint. Die marxistisch ausgerichtete Sozialkritik greift ungeniert die herkömmliche Familie oder das Christentum an.

In den Schulbüchern finden sich dafür unzählige Beispiele. Hier eine kleine Auswahl (auch mit den Schreibfehlern, die so in den Büchern enthalten sind):

„Familie, Frau, Heirat, als sie mit zwanzig! ein Kind erwartetet, wurde ihr heirat! befohlen/ als sie geheiratet hatte, wurde ihr Verzicht befohlen.....liebe gemeinde! wir befehlen zu viel! wir gehorchen zu viel! wir leben zu wenig." (Gedicht „Leichenrede") (Falsche Schreibweise im Original übernommen)

„Letzter Groschen. „Deutschland, wir weben dein Leichentuch! wir weben hinein den dreifachen Fluch... ein Fluch dem Gotte, zu dem wir gebetet... (Die schlesischen Weber)"

„Weihnachten. „Stille Nacht, heilige Nacht! Falscher Trost. O wie lacht! der Direktor mit randvollem Mund,"... (aus einem Straßenagitations-Theater)

Texte für die Sekundarstufe „Schon mal im Zirkus gewesen. ..? „Ja, wenn ich artig bin, nimmt mich mein Papi mit." Bin schon drei- viermal-x-mal im Zirkus gewesen. Die Kirche ist ein Dreck gegen den Zirkus.... (Becky und Tom M. Twain 5.67)

„Du sollst deine Eltern lieben, wenn sie um die Ecke glotzen, sollst sie in die Fresse rotzen." (Lesebuch „Drucksachen", Band 8)

„Advent, Advent, die Stube brennt, mit Teppich und Gardienen, der Papi brennt, die Mami brennt, und ich fresse Apfelsinen........ Ich hatte schon als lieber Sohn, mir oftmals gewünscht im Stillen, zur Weihnachtszeit bei Gelegenheit die Eltern wie Hühner zu grillen." (Schülerladen Rote Freiheit)

Beispiele, die beleuchten, was unseren Kindern in den Schulen zugemutet wird. Haben Sie das gewusst?

II d Weitere Hintergründe einer gottesfeindlichen Ideologie

Die Kernpunkte der atheistischen Ideologie.

Die Erziehung zur Emanzipation (Selbstverwirklichung)

Die Konfliktpädagogik

Oberstes Ziel der Schule ist heute die Erziehung zur Emanzipation. Das heißt, es geschieht ein Abbau von Ordnung durch politische Konflikttheorien. Die Schule wird ständig mit Konflikten aus Familie, Schule und Arbeitswelt konfrontiert und dadurch zur einseitigen Kritik an allen Autoritäten herausgefordert. Das prinzipielle „In-Fragestellen" von Normen und eine alles umfassende Kritik- und Konfliktsucht kennzeichnen die emanzipatorische Pädagogik.

Die Gruppendynamik (Sozialisation)

Die Gruppendynamik soll dazu dienen, den Menschen als Rollenspieler zu erziehen. Darunter versteht man alle Methoden, die eine gezielte Beeinflussung des Einzelnen (Verhaltensveränderung) mit Hilfe der Gruppe ermöglichen. Dabei wird völlig außer Acht gelassen, dass Gott jeden Menschen als Original geschaffen hat. Gott ist nicht für die kollektive Masse, sondern er liebt jeden einzelnen Menschen.

Die Zerstörung der Familie, Verunglimpfung der Erzieher

Die Familie gilt in manchen Rahmenrichtlinien für Gesellschaftslehre geradezu als Hauptfeind gesellschaftlichen Fortschritts. Rahmenrichtlinien und Schulbücher sind so angelegt, dass die Schüler zu einer distanzierten Haltung gegenüber ihrer Familie animiert werden.

Der Sexualunterricht, das große Angriffsfeld einer gottlosen Ideologie

In einer beflissen überzogenen „Aufklärungswelle" wird auf das Schamgefühl der Kinder keine Rücksicht genommen. Weshalb? „Wir brauchen", so schreibt der Pädagoge Gamm, „die sexuelle Stimulierung der Schüler, um die sozialistische Umstrukturierung der Gesellschaft durchzuführen und den Autoritätsgehorsam einschließlich der Kinderliebe zu den Eltern gründlich zu beseitigen." (Zitat aus dem Deutschen Ärzteblatt, Sep. 1983, Dr. Scheteling)

Der Religionsunterricht

Obwohl im Niedersächsischen Schulgesetz unter § 2 festgeschrieben ist, dass die Persönlichkeit der Schüler auf der Grundlage… des europäischen Humanismus… des Christentums etc. zu bilden ist, sind christliche Texte weitgehend aus den Lesebüchern verschwunden und nicht selten durch sozialistische ersetzt worden.

Der Biologieunterricht

Bezüglich der Fragen über unsere Herkunft werden heute nicht die biblischen Schöpfungsberichte, sondern allerorts ausschließlich nur evolutionistische Konzepte vermittelt. Die Evolutionstheorie wird als wissenschaftlich gesichert erklärt, obwohl es dafür keine seriösen Beweise gibt. Wehe, Sie sagen etwas dagegen. Sie werden sofort als antiquiert, als weltfremd und rückständig abgestempelt.

Dabei müssen wir wissen, dass es nicht nur um die Frage nach dem „Woher und Wohin" geht, sondern um ein breit angelegtes ideologisches Programm „weg von Gott", „wir wollen nicht, dass dieser (Gott) über uns herrsche". Ein ganz trauriger Umstand besteht darin, dass weite Kreise der Theologen in unserem Land dieser Ideologie aufgesessen sind. Hätten diese Theologen nicht kraft ihres Amtes die Aufgabe, sich unmissverständlich zu dem Schöpfungsbericht der Bibel zu bekennen?

Ich möchte an dieser Stelle Gottes Wort aus Römer 1, 19-22 zitieren: „Denn was man von Gott erkennen kann, ist unter ihnen offenbart. Denn Gottes unsichtbares Wesen, nämlich seine ewige Kraft und Gottheit, wird seit der Schöpfung der Welt an seinen Werken mit der Vernunft wahrgenommen, so dass sie keine Entschuldigung haben. Obwohl sie Gott kannten, haben sie ihn nicht als Gott gepriesen oder ihm gedankt, sondern haben ihre Gedanken dem Nichtigen zugewandt, und ihr unverständiges Herz ist verfinstert worden. Während sie sich für weise hielten, sind sie zu Narren geworden."

In einigen Vorträgen habe ich einige Beispiele genannt, welche Folgen eine gottlose Ideologie bewirkt. Ich kann darauf verzichten, sie hier aufzuzählen. Das erübrigt sich auch deshalb, weil wir in der Gegenwart einen großen Teil davon bereits schmerzlich erleben. Unsere Gesellschaft leidet zunehmend unter einem massiven Wertevertust.

Ich komme jetzt zum 3. und damit dem letzten Punkt:

III Schule auf biblischer Basis

In unserem Erziehungskonzept haben wir Inhalt und Zielsetzungen der geplanten Freien Christlichen Schule Ostfriesland zusammengefasst. Ich werde daraus einige Passagen zitieren und Ihnen damit einen kleinen Überblick verschaffen, wie wir uns die Arbeit dieser Schule vorstellen. Auf Wunsch können wir Ihnen gerne ein komplettes Exemplar zur Verfügung stellen. Uns ist bewusst, dass ein solches Konzept nicht den Anspruch der Vollständigkeit erheben kann. Dennoch soll es als Grundlage der Schularbeit dienen. Etwaige Ergänzungen und notwendig erscheinende Veränderungen sind immer möglich.

Präambel

In unserem Erziehungs- und Bildungswesen hat die Schule eine zentrale Aufgabe. Die Antwort auf die Frage nach dem Sinn des Lebens bestimmt Wertvorstellungen des Einzelnen und den Umgang der Menschen miteinander. Es gehört damit zum wesentlichen Auftrag der biblisch-christlichen Erziehung, Kinder und Jugendliche nicht nur zu führen, sondern ihnen auch Antworten zu geben, mit denen sie ihr Leben aufbauen können.

Als Christen sehen wir hier unsere besondere Verantwortung, der wir uns nicht entziehen wollen. Wiedergeborene* Eltern und Erzieher haben sich daher entschlossen, in Ostfriesland eine FREIE CHRISTLICHE SCHULE ins Leben zu rufen, in der das Grundrecht christlicher Erziehung und Bildung (Art. 6 GG) verwirklicht wird. *(Joh. 3,5: „Jesus antwortete: Wahrlich, wahrlich, ich sage dir: Wenn jemand nicht durch Wasser und Geist geboren wird, kann er nicht in das Reich Gottes kommen.")

Wir sind der Auffassung, dass bei jedem erzieherischen Handeln Wertentscheidungen ursächlich zugrunde liegen oder jeweils gerade getroffen werden. Letztlich vermitteln diese Entscheidungen dem Kind eine bestimmte Lebenssicht. Da es keine neutrale Erziehung geben kann, soll durch den Ausdruck „christliche Erziehung" die maßgebliche Richtung unserer Konzeption angezeigt werden...

Die biblische Pädagogik erkennt das Menschenbild, das in der Bibel gezeichnet wird, als Grundlage aller pädagogischen Bemühungen an...

Die biblische Pädagogik ordnet sich bewusst der göttlichen Autorität unter. Es wird daher immer notwendig sein, dass die Lehrenden ihre pädagogische Arbeit in einer christlichen Schule an der Bibel überprüfen…

Grundlegung

Erziehung soll den Menschen zu einer sinnvollen, erfüllten Lebensgestaltung in Familie und Beruf, in Arbeit und Freizeit verhelfen. Biblisch-christliche Erziehung soll den Menschen den Sinn für die Ordnung der Schöpfung, für die Wahrheit, für die Liebe Gottes und für die Vergebung einschließen.

Sie soll ihn befähigen, die ihn betreffenden Vorgänge dieser Welt zu verstehen, zu bewerten und an ihnen teilzuhaben, in der menschlichen Gesellschaft Aufgaben wahrzunehmen, den Mitmenschen zu achten, Eigeninteressen zurückzustellen, dem Schwächeren zu helfen, den Andersartigen zu respektieren, im Zusammenleben geduldig, rücksichtsvoll und friedenswillig zu sein.... Daraus ergeben sich für uns folgende Besonderheiten, die die Erziehung in der FREIEN CHRISTLICHEN SCHULE OSTFRIESLAND prägen sollen:

Schule aus einem Guss

Schulleitung und Lehrer sind dem christlichen Erziehungsauftrag (Eph.6, 4 b: „erzieht sie in der Zucht und Weisung des Herrn.") verpflichtet, so dass die Schüler bei einem Lehrerwechsel stets die gleichen Erziehungsgrundsätze erfahren, was für ihre persönliche Entwicklung von großer Wichtigkeit ist.

Zitat aus einer Schriftstelle von Dr. Martin Luther: „Ich befürchte, dass die Schulen sich als große Pforten der Hölle entwickeln werden, es sei denn, dass sie fleißig die Heilige Schrift auslegen, um sie in die Herzen der Kinder einzuprägen. Ich rate, keinem Menschen, dass er sein Kind bei einer Schule anmeldet, wo die Heilige Schrift nicht als „höchste, göttliche Autorität" anerkannt wird. Jedes Institut des Lernens, wo die leitenden Personen sich nicht mehr und mehr mit dem Wort Gottes beschäftigen, wird verdorben."

Erziehungsziele

Erstens: Werte-Erziehung: Die Schule ist von jenen Werten bestimmt, die die Bibel dem einzelnen Menschen in seiner Situation vor Augen stellt. So werden, um Beispiele zu nennen, Gesetz und Evangelium und die Freiheit der Kinder Gottes zu Leitlinien der erzieherischen Praxis. Dass dabei auch allgemeine menschliche Tugenden eingeschlossen sind, liegt auf der Hand.

Zweitens: Charakterbildung: Zur Charakterbildung gehört die Erziehung zum Glauben und zur Liebe; daraus erwachsen: Wahrhaftigkeit, Geduld, Freundlichkeit, Uneigennützigkeit, Treue, Mut, Bescheidenheit.

Drittens: Die angestrebte „Erziehung zum Glauben" versteht den Glauben des Kindes aber nicht als Erfolg der Erziehungsmaßnahmen, sonst ständen Freiheit und Unverfügbarkeit des Glaubens, der stets aus Gott gewirkt ist, gegeneinander. Wohl ist aber die Erziehung eine Bindung, die den Glauben erschweren oder erleichtern kann.

Viertens: Erziehung zur Liebe: In der Schule soll der Umgang miteinander vom Geist Jesu bestimmt sein, wie wir ihn in folgenden Leitsätzen erkennen. „Nehmet einander an, wie Christus euch angenommen hat!" „Liebt, wie Er euch geliebt hat!" „Vergebt, wie er euch vergeben hat!" „Vergeltet nicht Böses mit Bösem, sondern überwindet das Böse mit Gutem, wie Er es tat!" Unsere Schule möchte Wort und Tat miteinander verbinden; darum sollen Glauben und Liebe verwirklicht werden, sowohl im Schulalltag als auch durch außerschulische Aktivitäten.

Fünftens: Musische Erziehung: Darunter ist die Erziehung zu körperlicher, gestalterischer und handwerklicher Kreativität sowie das Singen und Musizieren zu verstehen, insbesondere die Pflege christlichen Liedgutes.

Sechstens: Erziehung zum mündigen Staatsbürger: Dazu gehört die Erziehung zur Vertrauensfähigkeit und zur kritischen Auseinandersetzung mit gesellschaftlichen Entwicklungen aus allgemeiner und biblischer Sicht.

Lernziele

Selbstverständlich wird die Forderung aus dem Niedersächsischem Schulgesetz erfüllt, nach der die Lehrziele für öffentliche Schulen auch für anerkannte Ersatzschulen zu gelten haben.

Lehrer und Eltern

Der Funktion des gläubigen Erziehers, dessen Leben, Denken und Handeln auf Gott ausgerichtet sein muss, kommt große Bedeutung bei. Der Erzieher muss in seinem Handeln vorbildlich sein, d. h. Reden und Tun müssen glaubwürdig übereinstimmen.

Den Lehrern werden von den Eltern erzieherische Pflichten und Rechte im Rahmen der angeführten Erziehungsgrundsätze für den schulischen Bereich übergeben. Diese beinhalten einerseits eine ständige Anteilnahme der Eltern am Schulgeschehen als Elternrecht, aber andererseits auch eine Verpflichtung der Eltern zu aktiver Mitarbeit mit Lehrern und Schulgremien.

Schulgemeinde

Unsere Schule strebt eine christliche Schulgemeinschaft an. Das bedeutet, Eltern, Lehrer und Kinder sollen sich als Schulgemeinde verstehen und zusammenwachsen. Die Schulgemeinde soll sich mit der Schule identifizieren, soll ständige Kontakte pflegen, soll Schulfeste, gemeinsame Wanderungen und Klassenfahrten durchführen.

Die Freude soll in den Klassen und im gesamten Schulleben einen großen Raum einnehmen, weil das Evangelium eine „Frohe Botschaft" ist.

Die Formulierungen des Erziehungskonzeptes enden mit dem Leitspruch der Schule: „In Christus liegen alle Schätze der Weisheit und der Erkenntnis verborgen." (Kolosser 2, 3 b)

Zum Abschluss des Vortrags habe ich noch auf die schon bestehenden 7 Schulen auf biblischer Basis in Deutschland hingewiesen und kurz über den konkreten Stand unserer eigenen Entwicklung berichtet.

Wie bereits erwähnt, haben wir abschließend jeweils um Mitarbeit gebeten, und zwar um Fürbitte in den Gemeinden sowie für Freunde, Förderer, Spender und Schüleranmeldungen zu werben.

Die Diskussionsrunden nach dem Vortrag fielen immer sehr unterschiedlich aus. Mit der Zeit gewöhnten wir uns auch an Widerstand mit manchmal sehr aggressiven Wortmeldungen. Darauf reagierten wir mit Gelassenheit, denn uns war bewusst, dass man bezüglich der Schlussfolgerungen auch unterschiedlicher Meinung sein konnte.

Es würde zu weit führen, wenn ich die einzelnen Erlebnisse bei den Info-Veranstaltungen schildern würde. Aber eine Begebenheit zeigt beispielhaft, wie hier und dort vorgebrachte Einwände nicht von uns, sondern von anderen Zuhörern beantwortet wurden.

Eine Zuhörerin, offensichtlich eine Lehrerin, meinte, dass meine Darstellung bezüglich der negativen Beeinflussung der Schüler gegenüber Eltern, jedenfalls hier im Ort, keineswegs zutreffen würde. Nachdem ich darauf antwortete, dass man sich dann doch sehr freuen könne, meldete sich ein anderer Zuhörer ganz entrüstet und sagte zu der Lehrerin: „Das ist eine Frechheit, was Sie sich hier erlauben. Erst letzte Woche haben wir uns in einer Schulversammlung darüber beschwert, dass Sie unsere Kinder gegen uns Eltern aufhetzen. Leider trifft das auch hier bei uns zu, was Herr Trauernicht soeben vorgetragen hat." Man kann sich vorstellen, mit welchem gesteigerten Interesse diese Gesprächsrunde fortgesetzt wurde.

In den meisten Veranstaltungen erlebten wir Nachdenklichkeit, die ehrliche Nachfragen und echtes Interesse auslöste. Natürlich haben wir uns auch über so manche Mut machenden Bemerkungen gefreut. Wir waren mit der Zeit selber erstaunt, mit welch innerer Gelassenheit Gott uns beschenkt hat, als wir in seinem Auftrag unterwegs waren.

Folgende Informationsveranstaltungen haben wir durchgeführt:

1986

12.09. Hauskreis Almine und Heiko Eilers, Wiesmoor; 11.11. Freie Evangelische Gemeinde, Aurich; 13.11. Ev. luth. Kirchengemeinde, Berumerfehn; 26.11 EC/ Landeskirchliche Gemeinschaft, Weener; 18.12. Landeskirchliche Gemeinschaft, Steenfelderfeld; 29.12 Haus Leuchtfeuer, Christl. Erholungs- u. Bildungswerk, Borkum

1987

13.01. EC-Haus, Ihrhove; 14.01. Dorfgemeinschaftshaus, Großoldendorf/Remels; 16.01 Evangelische Gemeinschaft, Spetzerfehn; 21.01. Ev.-freik. Gemeinde, Weener; 23.01 Landeskirchliche Gemeinschaft Filsum/Lammertsfehn; 11.02. Ev.-luth. Kirchengemeinde, Firrel; 14.03. Ev.-freik. Gemeinde, Aurich; 18.03. Ev. freik. Gemeinde, Leer 25.03. Ev.-freik. Gemeinde, Remels; 22.05. Alt-Ref. Kirchengemeinde, Emden; 18.06. Haus Walter Bühler, Leer/Loga; 10.09. Alt-Ref. Kirchengemeinde, Bunde

1988

20.02. Elternkreis, Firrel; 04.03. Hauskreis bei Familie Gerdes, Bockhornerfeld; 31.03 Haus Ackermann, Firrel; 30.07. Methodisten-Gemeinde, Westerstede; 10.08. Freie Christengemeinde, Leer

Else Hamer führte im Laufe des Jahres 1987, vornehmlich im Umkreis ihres Wohnortes, weitere Informationsgespräche:

09.03. Frauenkreis, Emden; 22.04. Alt-ref. Kirchengemeinde, Pastor Herspring, Emden; 04.05. Frauenkreis Ev.-freik. Gemeinde, Emden; 14.05. Alt-Ref. Kirchengemeinde, Campen/Krummhörn; 22.05. Allianzkreis, Emden

23.06. Mütterkreis Ref. Kirchengemeinde, Emden; 07.07. Evangelische Gemeinschaft, Emden

Die Informationsveranstaltungen bewirkten in vielen Gemeinden ein gesteigertes Interesse an dem Gelingen der Schulgründung. Immer wieder hatten wir die Gemeinden aufgefordert, für unser Vorhaben zu beten. Ich bin überzeugt, dass uns diese Fürbitte geholfen hat, einfach weiter zu machen und zielstrebig einen Schritt nach dem anderen zu tun. Die öffentlich geäußerte Kritik, die in manchen Leserbriefen ihren Ausdruck fand, konnte uns nicht beirren. In den folgenden Jahren sind wir wiederholt von verschieden Gemeinden und Gruppen eingeladen worden, um über die Erfahrungen der Schulgründung und die Schul-Entwicklung zu berichten. Solche Informationsveranstaltungen hatten einen ganz anderen Charakter. Dazu später mehr.

Im Laufe des Jahres 1987 gab es nicht nur die oben beschriebenen Informationsveranstaltungen, sondern auch andere denk- bzw. merkwürdige Begegnungen, die im nächsten Kapitel beschrieben werden.

1987 Begegnungen mit kirchlichen Leitungsgremien, Theologen, Schulleitungen und Religionspädagogen

Im Laufe des Jahres 1987 führten wir auch mit verschiedenen kirchlichen Leitungsgremien - mit Theologen und teilweise im Beisein von ebenfalls eingeladenen Schulleitungen und Religionspädagogen - Gespräche über die geplante Schulgründung.

Offensichtlich hatten sich unsere Pläne zur Schulgründung nach den ersten Informationsveranstaltungen in Ostfriesland herumgesprochen.

Unser Trägerkreis-Mitglied Hinrich Troff war auch Mitglied im Moderamen der Bezirkssynode IV der Ev.-ref. Kirche Nordwestdeutschland mit Sitz in Leer. Hinrich hatte dort über unsere Schulinitiative schon kurz berichtet. Nun wollte man gerne einige verantwortliche Leute kennenlernen und ausführliche Informationen erhalten. Deshalb wurden wir zu einem Informationsgespräch am 04.02.1987 eingeladen.

An dem Gespräch nahmen von unserer Seite Else Hamer, Jürgen Höppner, Hinrich Troff und ich teil. Wir wurden von dem Landeskirchen-Vorstand freundlich begrüßt. Zu Anfang erhielten wir einen Tischplan, worauf alle Personen mit Angabe der Funktionen der Gastgeber vermerkt waren und zwar: Kirchenpräsident Pastor Schröder, Jur.-Präsident Dr. Stolz, Landessuperintendent Dr. Nordholt, Gesamtschuldirektor Herr Kortmann, Pastor Schneider, Hannover, Pastor Schneider, Emsland, Rektor i.R. Herr Vetter und Amtsrat i. R. Herr Ernst.

Wir berichteten über die bisherigen Aktivitäten und begründeten unser Vorhaben mit der gegenwärtigen ideologischen antigöttlichen Einflussnahme in Schule und Gesellschaft. Es wurden sehr sachlich orientierte Fragen ohne kritische Untertöne gestellt. Die Unterhaltung war angenehm. Wir hatten den Eindruck, dass echtes Interesse an unserer Arbeit vorhanden war. Es wurde offen ausgesprochen, dass man uns nicht finanziell unterstützen könne, aber man unsere Entwicklung interessiert beobachten würde. Das Gespräch endete mit guten Wünschen für eine erfolgreiche Arbeit unter Gottes Segen.

In einem Schreiben vom 23.01.1987 berichtete mir Pastor Arend de Vries aus Ostrhauderfehn, dass man auf der Pfarrkonferenz im Ev.- luth. Kirchenkreis Rhauderfehn über unser Vorhaben gesprochen hätte. Die meisten Pastoren würden darüber kaum informiert sein. Einige hätten sich beklagt, dass nicht einmal die direkt in dem Einzugsgebiet der geplanten Schule liegenden Gemeinden (erstaunlich, was man meinte zu wissen, denn die Standortfrage war noch völlig offen) über das Vorhaben informiert wären und bisher auch keine Kontaktaufnahme durch die Initiatoren erfolgt sei. Daher würde man vermuten, dass die Schulgründung „an den Ev.- luth. Kirchengemeinden vorbei" realisiert werden solle. Dass ich bereits mit Landessuperintendent Werner Schröder aufgrund eigener Initiative ein Informationsgespräch geführt hatte, wusste man angeblich noch nicht. Eine solche Entwicklung halte man aber nicht für gut. Er hätte deshalb vorgeschlagen, uns zu einem Informationsgespräch am 18. Februar 1987 um 8.30 Uhr in die Pfarrkonferenz einzuladen.

In meinem Antwortschreiben vom 28.01. haben wir uns für diese Einladung bedankt und den Termin, unter Hinweis auf die für uns ungünstige Tageszeit, weil viele von uns berufstätig wären, aber dennoch bestätigt.

Wir, Elke Frommholz, Günther Vogel und ich, trafen uns also zu dem vereinbarten Termin in Rhauderfehn. Nach unserer Information über die bisherigen Schritte und über die Gründe unseres Vorhabens, die wir in den mitgebrachten Infoblättern formuliert hatten, folgten diverse Diskussionsbeiträge. Einige Aussagen notierte ich. Sie spiegeln wieder, mit welcher Reserviertheit man der Sache gegenüberstand.

Pastor Oldenburg fragt nach dem geplanten Standort und der beabsichtigten Klassenstärke. Pastor Neese: „Die Situation in den öffentlich-rechtlichen Schulen ist doch in Ordnung. Es sollte nicht separiert werden. Das Infoblatt „Christliche Schule - Warum" enthält eine völlig überzogene Darstellung." Pastor Hinrichs: „Die Mitarbeit in den öffentlichen Schulen ist gefährdet. Eine christliche Schule ist ein „Treibhaus" und die „herangezüchteten Pflänzchen" würden in dem rauen Wind der Realität nicht bestehen können." Pastor de Vries: „Ostrhauderfehn ist auch religions-pädagogisch in Ordnung." Pastor Kurschuss: Kommentar nicht notiert. Superindendent Koch: „Ob sich die christlich aufgezogenen und geprägten „Pflänzchen" bewähren können, ist fraglich." Pastorin Neese: „Das Weltbild einer christlichen Schule ist zu eng geknüpft. Die Infoblätter enthalten überzogene Darstellungen. Das ist „Schwarz-Weiß Malerei". Man dürfe das soziale Gefüge der Kinder vor Ort nicht außer Acht lassen. Pastor de Vries: „Man darf zu den antiautoritären Erziehungszielen nicht nur nein sagen."

Die Pastoren Hinrichs, Klaiber, Raffke, Rotschuss, Wolters und Vetter machten noch einige Bemerkungen zu „Ganzheitliche Erziehung trotz Ortsentfernung?", „Schulen auf dem Lande", „Pflänzchen", „Frankfurter Schule" und stellten Fragen über Religionsunterricht, Biologie, christliche Interpretationen, Verhältnis zum Konfirmandenunterricht oder welche Bücher benutzt würden.

Diese Begegnung hat uns ziemlich ernüchtert, was unsere Erwartung an Verständnis und Unterstützung durch kirchliche Gremien anbetraf. Unsere bewusst ehrliche und offene Information über unsere Absicht, eine christliche Schule zu gründen, brachte keine Zustimmung oder Ermutigung, sondern nur Skepsis, Vorwürfe und Ablehnung - und das von Amtsträgern, die eigentlich die Aufgabe hätten, den christlichen Glauben zu wecken, zu fördern und zu stärken. Zum Abschied wünschte man uns nicht einmal Gottes Segen. Die Akzente haben sich inzwischen sehr negativ verschoben, denn in vielen Kirchen wird Gottes Segen ganz offiziell sogar den Menschen zugesprochen, die einen dem Willen Gottes entgegenstehenden Lebensstil praktizieren.

Wir haben diese Versammlung zwar mit einem eigenartigen Gefühl verlassen, aber umso mehr mit der inneren Überzeugung, dass es Gott selber ist, der die weitere Entwicklung bestimmt.

Pastor Buchenhagen von der ev.-luth. Kirchengemeinde Wiesmoor bat mit Schreiben vom 05.02. um ein Informationsgespräch am 18.03. um 20.00 Uhr. Daran nahmen Jürgen Höppner, Elke und Helmer Frommholz teil, weil ich bereits für einen anderen Termin eingeplant war. Mir wurde berichtet, dass in diesem Gespräch viele Fragen beantwortet werden konnten.

Möglicherweise hatte es mittlerweile bezüglich unserer Pläne zwischen kirchlichen und schulischen Leitungsgremien intensive Kontakte gegeben. Wir wurden telefonisch gefragt, ob wir zu einem Klärungsgespräch am 23.02.1987 im Gemeindehaus der Kirchengemeinde Mittegroßefehn bereit wären. An diesem Gespräch würden verschiedene Pastoren, Schulleiter und Religionspädagogen teilnehmen. Wir sagten zu.

Wir ahnten, dass es sich bei dieser Veranstaltung mit so vielen „Fachleuten" um eine besondere Herausforderung handeln würde. Deshalb informierten wir alle Trägerkreismitglieder und einige Glaubensgeschwister mit der Bitte, für diese Begegnung um Weisheit, Mut und Gelassenheit zu beten. Im Nachhinein betrachtet, war das die beste Vorbereitung, denn es kam nicht auf uns an, sondern auf Gottes Absichten.

Von unserer Seite nahmen Alfred Dirks, Helmer Frommholz, Helga-Luise Saathoff und ich teil. Wir waren überrascht, dass sich 23 andere Teilnehmerinnen und Teilnehmer eingefunden hatten. Es waren die Pastoren de Boer, Klammroth, Lent, Moritz, Reinders, Riese, Sander Urban und Wilken, sowie die Schulleiter, Lehrerinnen, Lehrer, Religionspädagogen, Kirchentags- und Kirchenkreismitglieder: Aden, de Buhr, Focken, Goosmann, Harms, Hecke, Hoops, de Jonge, Loets, Lüken, Rose, Sager, Schenk und Schwenke.

Zu Beginn begrüßte uns der Hausherr, Pastor Reinders, und hielt eine kurze Andacht über Johannes 3, wo es um die Wiedergeburt geht und Jesus in dem Gespräch mit dem Pharisäer Nikodemus sagt: „Wenn jemand nicht von neuem geboren wird, kann er das Reich Gottes nicht sehen". „O", habe ich gedacht, „das ist ja ein guter Anfang", ohne zu wissen, dass wir darauf im Laufe des Abends noch einmal argumentativ zurückkommen würden.

Nachdem wir unsere bisherigen Aktivitäten kurz geschildert hatten, verteilten wir verschiedene Blätter mit Informationen über die Gründe und Zielsetzung unseres Vereins. Es würde zu weit führen, alle Diskussionsbeiträge einzeln vorzutragen. Dabei wurden alle denkbaren Schulthemen angesprochen und viele Fragen gestellt, zum Beispiel: „Worin besteht ein Unterschied im Angebot und Wertlegung der Schulen?" oder „Wollen Sie den Religionsunterricht in Ihrer Schule ausklammern?" oder „Wie wird die Zusammensetzung der Kinder in den Klassen aussehen?" oder „Was haben Sie gegen die Evolutionstheorie?" oder „Welche Standorte streben Sie an? Die meisten Fragen konnten wir beantworten, andernfalls sagten wir: „Das wissen wir noch nicht, wir werden sehen."

Natürlich fehlten auch nicht die uns schon sattsam bekannten Argumente gegen eine christliche Schule: „Elitäre Schule", „Frommes Ghetto", „Abgrenzung von der Lebensrealität" etc. Und außerdem, „Die Infoblätter hätten doch sehr plakativ formulierte Inhalte."

Ausführlich wurde über Fragen des christlichen Glaubens diskutiert. Obwohl in den Infoblättern formuliert war, dass wir auf der Grundlage der „Deutschen Evangelischen Allianz" arbeiten, wollte man von uns wissen, welches Bekenntnis wir denn hätten, ob wir eine evangelikale Ausrichtung hätten, ob wir mit der geplanten Schule „neue christliche Missionsgedanken" prägen wollten.

Das Thema. „Überzeugte Christen als Lehrer" wurde zu einer Kernfrage in der Diskussion. Wir hatten in dem Info-Faltblatt u. a. formuliert: „Deshalb ist es für uns wichtig, dass Pädagogen ihre Arbeit aus ihrer Verantwortung als bekehrte und wiedergeborene Christen heraus tun." Man fragte uns, wie wir denn beurteilen wollten, wer Christ sei oder nicht. Das zu tun, wäre doch anmaßend.

Unsere Antwort war: „Das ist doch ziemlich logisch, dass in einer christlichen Schule Christen arbeiten werden und keine Menschen, die mit dem christlichen Glauben nichts zu tun haben. Wenn zum Beispiel ein Bäcker jemand einstellt, werde er den Bewerber doch auch nach der Bäcker-Ausbildung fragen und keinen Schuster einstellen. Wir werden also auch in Vorstellungsgesprächen feststellen, ob sich jemand als Christ bezeichnet, und wie sich das Christsein im Leben auswirkt. In unserer Beurteilung bzw. Einschätzung gelten dabei selbstverständlich nur biblische Maßstäbe."

Dann wurde nachgefragt, wie man denn wissen könne, wer „wiedergeboren" sei und wer nicht. Erstaunlich! Da hatten wir in der Andacht gehört, dass Jesus gesagt hatte: „Ihr müsst von neuem geboren werden" und weiter: „… sonst könnt ihr nicht ins Reich Gottes kommen." Hatte man gar nicht zugehört?

Ich antwortete: „Die Bibel sagt ganz deutlich: Wer Jesus hat, der hat das Leben und wer Jesus nicht hat, der hat das Leben nicht. (1. Johs. 5,12) Das ganze Evangelium ist in Johs.3,16 in einem Satz zusammen gefasst: ‚Denn so sehr hat Gott die Welt geliebt, dass er seinen einzigen Sohn dahingab, damit alle, die an ihn glauben, nicht verlorengehen, sondern das ewige Leben haben.' Menschen gehen verloren, wenn sie nicht an Jesus glauben, also nicht seine Vergebung und Erlösung für sich persönlich in Anspruch nehmen. Deshalb ist die Hinwendung bzw. Bekehrung zu Jesus überaus wichtig. Sie entscheidet darüber, wo man die Ewigkeit zubringt, und zwar in der Hölle oder im Himmel."

Damit hatten wir nun gar nicht gerechnet, dass sich die Diskussion zu einer kleinen Evangelisationsstunde entwickeln würde. Ein Einwand war, ob man sich da denn so sicher sein könne, dass es den Himmel und die Hölle gäbe. Daraufhin sagte ich: „Das ist ja der Punkt, sich auf den Glauben an Jesus einzulassen und sein Wort ernst zu nehmen, dann wird man die Wahrheit und die Glaubwürdigkeit der Bibel schon erkennen. Im Übrigen, ob Sie es glauben oder nicht, in spätestens 50 bis 100 Jahren wird jeder hier in diesem Raum festgestellt haben, dass es beides gibt. Auf welcher Seite Sie sich dann befinden, liegt in Ihrer eigenen Entscheidung."

Die Gesprächsrichtung hatte nun wohl bei einigen eine gewisse Verständnisgrenze erreicht, denn am anderen Tischende fragte ein Schulleiter aus der näheren Umgebung seinen Nachbarn verhalten aber gut hörbar: „Wie können wir bloß diese Schulgründung verhindern?"

Merkwürdigerweise hatte sich zu der Diskussion über den christlichen Glauben bisher keiner der an dem Tisch sitzenden Pastoren geäußert. Doch auf diese doch peinlich berührende Frage antwortete Pastor de Boer: „Wenn es nur Menschenwerk ist, wird es sich vielleicht von selbst erledigen. Wenn es aber Gottes Werk ist, werden wir es nicht verhindern können."

Zum Schluss der Diskussion wurde die Frage in den Raum gestellt: „Über welche Schwerpunkt-Themen haben wir heute Abend eigentlich diskutiert, über schulische oder über theologische?" Darauf antwortete ein (bekannt als liberal denkender) Pastor: „Hauptsächlich wohl über theologisch orientierte Fragestellungen, denn", und dabei schaute er uns an, „Sie haben den ganzen Abend über nur biblisch argumentiert."

Ein besseres Kompliment hätte er uns gar nicht machen können. Aus unserer Sicht war es ein zwar anstrengender Abend gewesen, aber mit dem Verlauf waren wir sehr zufrieden. Ich bin mir sehr sicher, dass das die Gebete Vieler bewirkt haben. Meine Frau Hanna berichtete zum Beispiel, dass sie aus innerem Antrieb während der Zeit unseres Gespräches auf Knien intensiv um Gottes Beistand und Hilfe gebetet habe.

Nach diesem Treffen war aus unserer Sicht eigentlich ein weiterer Gesprächsbedarf nicht mehr erforderlich. Doch waren nicht alle Teilnehmer der „anderen Seite" der gleichen Meinung.

Mit einem persönlich an mich gerichtetes Schreiben vom 14. 03. bat Pastor Lent aus Großefehn um weitere Klärungsgespräche. Ihm sei wichtig, dass es nicht zwei christliche Schulen nebeneinander gäbe - Er meinte tatsächlich, unsere staatlichen Schulen seien doch christliche Schulen - und man müsse miteinander über biblische Auslegungen im Gespräch bleiben, denn die „Methoden der Bibelauslegung hätten sich ja im Laufe der langen Kirchengeschichte gewandelt". Wir möchten doch zu einem weiteren Termin bereit sein.

Also trafen wir uns noch einmal am 23.03. im Gemeindehaus der Kirchengemeinde Ostgroßefehn. Ich habe mir nicht notiert, welche Personen an dieser Sitzung teilnahmen. Auch auf die einzelnen Gesprächsthemen werde ich hier nicht mehr detailliert eingehen, weil sich auch keine neuen Gesichtspunkte ergaben. Es wurde im Laufe des Gesprächs immer deutlicher, dass man an einer beidseitigen positiven Klärung keineswegs interessiert war. Unverständnis über unser Vorhaben wurde geäußert, Unterstellungen und Vermutungen wiederholt. Wir hörten die bekannten Vorwürfe, dass unsere Infoblätter unredliche Behauptungen enthielten.

Der zum Schluss sehr gehässig formulierte Beitrag einer leitenden Lehrerin aus Hesel lautete: „Eine christliche Schule passt überhaupt nicht mehr in unsere Zeit, und außerdem werden in einer solchen Schule nur unqualifizierte Lehrer arbeiten wollen."

Nun war endgültig klar, dass solche Gespräche nur die Verhinderung einer christlichen Schule zum Ziel hatten. Daraus zogen wir die Konsequenz: Unsere Zeit und unser ganzer Einsatz gilt ausschließlich der Schulgründung. Zeitraubende Diskussionen mit Andersdenkenden werden wir künftig ablehnen.

Die Anfragen und Bitten um Informationen vom Kirchenkreistag Aurich und von Superintendent Preuschhoff, Leer, haben wir sodann mit entsprechender Begründung abschlägig beantwortet.

1987 Weitere Entwicklungsschritte

Das Antwortschreiben der Bezirksregierung vom 04.11.1986 auf unseren Genehmigungsantrag vom 25.10.1986 löste bei uns einen intensiven Arbeitsprozess aus. In der Vorstandssitzung am 14.01.1987 bei Familie Jürgen Höppner in Remels fassten wir die einzelnen Ergebnisse unserer Überlegungen zusammen, um ein Schreiben an die Bezirksregierung vorzubereiten. So konnten wir bereits am 27.01.1987 der Bezirksregierung antworten und zu den einzelnen Punkten Stellung nehmen.

Aus heutiger Sicht kann ich mir vorstellen, dass Dr. Woltering, der unseren Vorgang bearbeitete, beim Lesen unserer Darstellung geschmunzelt haben muss. Nicht über die angeforderten sachbezogenen Erklärungen, sondern vielmehr über unseren ergänzenden Antrag auf Genehmigung einer Grund-, Haupt- und Realschule und der Darstellung, dass wir aufgrund der bisher insgesamt vorliegenden 152 Schüleranmeldungen voraussichtlich an den 4 Standorten, Leer (38), Weener (34), Hesel (43) und Aurich (37) eine FCSO einrichten möchten. Außerdem baten wir darum, ob uns die Bezirksregierung bei der Beschaffung von Schulräumlichkeiten behilflich sein könnte. Wir konnten noch nicht wissen, dass eine Schulbehörde keine beratende Tätigkeit ausübt, sondern aus juristischer Sicht „feststellend, genehmigend, ablehnend oder kontrollierend" tätig ist. Im Laufe der Zeit haben wir uns daran gewöhnen müssen und unsere hohen Erwartungen an die Bezirksregierung der Realität angepasst.

An der Trägerkreissitzung am 4. Februar in unserem Haus mit 14 Teilnehmern nahmen als Gäste auch Anno Steevens und Achim Kapernagel aus Weener teil. Als Nicht-Trägerkreismitglieder haben sie in der folgenden Zeit vor Ort gute Informations-Dienste geleistet und lange Zeit Kontakte zum Trägerkreis unterhalten.

In dieser Sitzung berichtete ich über unser 3. Pressegespräch am 31. Januar 1987 mit Thilo Hoppe aus Südbrookmerland, der einige Jahre später Bundestagsmitglied der „Grünen" wurde. Seine Fragen bezogen sich teilweise auch auf wesentliche Inhalte unserer Informationsblätter. Zum Beispiel: Welche Defizite gibt es an den staatlichen Schulen? Was sind wiedergeborene Christen? Welche Unterschiede gibt es bei den Unterrichtsinhalten? Thema Evolutionstheorie. Organisatorische Fragen und den aktuellen Stand der bisherigen Entwicklung.

Das ausführliche Interview (5 DIN A4-Seiten) mit Thilo Hoppe wurde später über den epd, das offizielle Organ der Landeskirche, in der Evangelische Zeitung (EZ) veröffentlich, was wiederum eine Reihe von Leserbriefen, meist mit kritischen und ablehnenden Beiträgen, auslöste (Kapitel 11 „Leserbriefe"). Außerdem wurde aus dem Interview ein 3-Minuten-Beitrag für Radio ffn entwickelt, der am 8.2.von 8 - bis 9.00 Uhr gesendet werden sollte. Konnte dass ein guter Sende-Beitrag werden? Wir waren skeptisch. Natürlich wurde dafür gebetet, dass doch die wichtigsten Kernsätze richtig zum Zuge kämen. Der Kommentator, Pastor Lothar Teckemeyer, Leiter der Arbeitsstelle für Religionspädagogik in Ostfriesland, ließ in seiner Anmoderation keinen Zweifel darüber, was er von der Gründung der Freien Christlichen Schule hielt. Entgegen jeder journalistischen Fairness formulierte er abwertend eine völlig unsinnige Behauptung, dass diese Schule wohl nur eine „Kaderschmiede für Bekenntnischristen" sein würde. Das gefiel selbst Herrn Hoppe nicht. Er schrieb zwei Tage später (Briefkopf Evangelische Zeitung): "… Noch ein Wort zu dem ffn-Beitrag. Es war äußerst schwierig, in so kurzer Zeit einen kritischen Beitrag zu verfassen, der auch den Initiatoren der Freien Christlichen Schule gerecht wird. Leider ist mein ohnehin schon knapper Beitrag von der Redaktion nochmals gekürzt worden. Mit dem Tenor der Eingangsmoderation war ich nicht einverstanden."

Bei einer zufälligen Begegnung mit Herrn Hoppe im Jahr 2012 anlässlich des ostfriesischen Kirchentages in Aurich sagte er mir: „Damals war auch ich von der Ablehnungshaltung vieler kirchlicher Amtsträger indoktriniert, aber heute habe ich zu dieser Schule eine positive Einstellung."

Mittlerweile war die Zahl der Schüleranmeldungen auf 158 angestiegen.

Aufgrund mehrerer Lehrer-Bewerbungen überlegten wir, mit welchen Fragestellungen und Gesprächspartnern wir den Ablauf von Bewerbungs-Gesprächen gestalten sollten.

Der Kontostand inclusive Spenden betrug derzeit 6.600 DM. Von unserem veranschlagten Ziel von ca.100.000 DM waren wir noch weit entfernt. Es wurde zur Fürbitte aufgerufen, denn noch konnten wir uns nicht vorstellen, wie wir dieses Ziel erreichen könnten. Beim Thema Finanzen gab es auch die ersten Überlegungen, mit welchen Schulgeld-Beträgen wir starten sollten. Nach den Erfahrungswerten schon bestehender Schulen würde für das erste Kind wohl ein Betrag von 120 DM infrage kommen.

Wie wir erfuhren, wollten Gottfried Meskemper und Prof. Dr. Werner Gitt am 26. März ein informelles Gespräch mit Ministerpräsident Dr. Ernst Albrecht führen, um die Möglichkeit zur Gründung einer christlichen Universität auszuloten.

Wir baten darum, bei dieser Gelegenheit auch unser Anliegen anzusprechen und zu erfragen, ob der Ministerpräsident einen positiven Einfluss auf das Genehmigungsverfahren ausüben könnte. Zu diesem Zweck formulierte ich ein entsprechendes Schreiben am 17. Februar an Dr. Ernst Albrecht mit unseren Informationsschriften, dem Schriftwechsel mit der Bezirksregierung, unserem Erziehungskonzept und verschiedenen Zeitungsberichten und Leserbriefen als Anlage. Diese Unterlagen wurden bei dem Gespräch am 26. März Herrn Ministerpräsident Dr. Albrecht überreicht.

Bei der Trägerkreissitzung am 7. März mit 10 Teilnehmern in unserem Hause waren zusätzlich vier Gäste anwesend, nämlich Georg Tjards aus Friedeburg, Johann und Theodor Weber aus Berumerfehn sowie Anno Steevens aus Weener. Wir planten das erste Freundeskreistreffen für den 3. April bei uns im Gemeinschaftshaus Spetzerfehn. Als Redner sollte Gottfried Meskemper über die Entstehung und die bisherigen Erfahrungen der Freien Evangelischen Bekenntnisschule Bremen berichten. Eine ausführliche Übersicht über unsere bisherige Entwicklung, Planungen und Organisationsfragen war vorgesehen. Ebenso würde Zeit für eine Aussprache, im Rahmenprogramm eine Kinderbetreuung sowie das Angebot von Tee und Kuchen zur Verfügung stehen.

An diesem ersten Freundeskreistreffen nahmen etwa 130 Personen teil. Drei Familien haben an diesem Abend zusammen 8 Kinder für die geplante Schule angemeldet. Es gab bei diesem Treffen eine interessante Begegnung mit sehr positiven Auswirkungen in den folgenden Jahren: Ich hatte in meiner beruflichen Tätigkeit kurze Zeit vorher bezüglich einer geplanten neuen Lagerhalle ein erfolgreiches Gespräch mit dem Stahlbau-Unternehmer Artur Kroon-Husmann aus Firrel. Sehr überrascht war ich, bei unserem ersten Freundeskreistreffen auch Artur mit seiner Frau Ingrid begrüßen zu dürfen, denn wir hatten in unserer Auftragsverhandlung meines Wissens nicht über die Schulinitiative gesprochen. In den folgenden Jahren haben diese beiden Personen sehr aktiv an dem Aufbau der Schule mitgewirkt - Artur viele Jahre im Vorstand und bei den Baumaßnahmen und Ingrid sehr kreativ in der Elternarbeit. Später erzählte Ingrid, dass sie an diesem Abend zunächst sehr skeptisch gegenüber der geplanten FCSO gewesen sei, während Artur von Anfang an dazu eine sehr positive Meinung gehabt habe.

Weiter im Sitzungsverlauf: Die Schüleranmeldungen hatten sich auf 188 erhöht. Inzwischen bewarben sich ohne unser Zutun 10 Lehrkräfte. Der Kassenbestand betrug 8.193 DM. Aus den Arbeitskreisen wurde kurz über erfolgte Aktivitäten berichtet. So bemühte sich beispielsweise der AK Pädagogik um die Beschaffung einschlägiger Literatur, wie Rechtsvorschriften und das Niedersächsische Schulgesetz sowie eine Liste der benötigten Schulbücher. Elke und Helmer Frommholz hatten die Messe „DIDAKTA" in Hannover besucht und sich zahlreiche Anregungen betreffs Unterrichtsmittel und Schulbücher beschafft.

Reinhard Troff berichtete über ein Telefonat mit einem Herrn Beisel von der Bezirksregierung bezüglich unseres Antrages. Sollte das Genehmigungsverfahren einen positiven Verlauf nehmen, würden weitergehende Beratungen mit den zuständigen Schulfachdezernenten in Ostfriesland erfolgen können. Herr Beisel signalisierte eine positive Haltung zu unserem Vorhaben. Er wäre selber kirchlich aktiv, und ihm läge besonders die Ausbildung von Religionslehrern am Herzen.

Erfahrungen über die bisher durchgeführten Informationsveranstaltungen wurden ausgetauscht und weitere Info-Termine besprochen. Im Zuge der Presseaktivitäten fanden verschiedene Begegnungen statt, über die mehrere Trägerkreismitglieder berichteten. So führten wir beispielsweise am 24. Februar im Hause Anno Steevens, Möhlenwarf/Weener, ein ausführliches Gespräch mit Manfred Hochmann von der „Rheiderland"-Zeitung. Ich hatte auf alle Fragen offen geantwortet und dabei unter anderem auch darauf hingewiesen, dass an staatlichen Schulen immer weniger biblische Bezüge hergestellt würden und die Mehrheit der Lehrer keine überzeugten Christen im Sinne der Bibel seien. In seinem an sich sehr nachdenklich und sachlich formulierten Kommentar wertete Herr Hochmann lediglich diese Aussage als „starken Tobak." Das Interview wurde am 28. Februar fast wörtlich veröffentlicht und bewirkte wiederum eine Leserbriefwelle mit Pro- und Kontra-Beiträgen (Siehe Leserbriefe, Kapitel 11).

Ein Teilnehmer des ersten Freundeskreistreffens aus Leer teilte uns per Brief mit, dass er uns 100.000 DM für den Schulstart beschaffen wolle. Woher, wisse er noch nicht, aber er wolle dafür beten.

Am 4. April hatten wir eine entscheidende Trägerkreissitzung in unserem Haus mit 15 Teilnehmern und als Gast Sabine Loos, die ich von Begegnungen auf der Insel Borkum her kannte. Zunächst wurde berichtet, dass sich Frau Klugmann aus Papenburg und Personen aus der Ev.-freikirchlichen Gemeinde Leer-Loga angeboten hätten, den Fahrdienst für Schüler zu übernehmen. Verschiedene Anfragen zu weiteren Informationsveranstaltungen wurden besprochen. Berichte über einige Reaktionen auf Pressemitteilungen mit anschließenden Leserbriefen und die vielfachen Wünsche von Eltern bezüglich des Schulstandortes zeigten uns, dass in der Bevölkerung immer intensiver über die geplante Schule diskutiert wurde.

Es war nunmehr unsere Absicht, alles dafür zu tun, im August des laufenden Jahres mit dem Schulbetrieb zu beginnen, auch wenn Mitarbeiter im Kultusministerium auf unsere Anfrage hin meinten, dass das knapp werden könnte. Den Nachweis über die Schulräume konnten wir nun auch der Bezirksregierung vorlegen, denn die Ev.-freikirchliche Gemeinde in Leer-Loga hatte uns angeboten, ihre Räumlichkeiten für den Schulstart zu nutzen. Sie entsprächen auch den behördlichen Vorschriften. Deshalb könnte der Mietvertrag unverzüglich unterschrieben werden.

Wir beabsichtigten zu diesem Zeitpunkt immer noch, an mehreren Standorten mit dem Schulbetrieb zu beginnen und zwar im Einzugsbereich Leer, Aurich und eventuell auch in Weener und Firrel/Hesel.

Inzwischen hatte ich mit Herrn Mehrens, Jurist im Kultusministerium, telefonisch über Lehrerverträge, Mietverträge und Finanzierungsfragen gesprochen. Bei zwei Standorten müssten wir zu Beginn 200.000 DM in der Finanzplanung vorsehen und für jeden Standort auch Schulleiter benennen. Er würde sich aber in den nächsten Tagen noch einmal telefonisch bei mir melden, um einige Details zu klären. Langsam begriffen wir, dass diese hohen Finanzhürden so schnell wohl nicht zu überwinden wären und wir uns zunächst auf nur einen Standort konzentrieren müssten. Aus dem Pool der vorliegenden Lehrerbewerbungen hatten wir eine Auswahl für die ersten zwei Einstellungen vorgenommen. Es musste nun darüber abgestimmt werden, mit Joachim Heffter als Schulleiter und Edzard Günther als stellvertretenden Schulleiter verbindliche Arbeitsverträge abzuschließen.

Alle spürten die Konsequenz dieser Entscheidung. Bisher hatten wir uns mit Absichten, Entwürfen, Klärungen und Planungen beschäftigt. Nun aber wurde es Ernst. Als es zur Abstimmung kommen sollte, wurden Bedenken geäußert: „Der vorhandene Kassenbestand ist noch zu gering." „Die Finanzierung insgesamt ist noch zu unsicher." „Für so eine wichtige Entscheidung ist es besser, wenn alle Trägerkreismitglieder anwesend wären." Mir war klar, dass wir jetzt zu einer Entscheidung kommen mussten. Ich betone, dass wir uns keinen weiteren Aufschub für eine verbindliche Einstellungszusage erlauben könnten, wenn der Schulbetrieb im August beginnen sollte. Außerdem könnten wir in einem Glaubenswerk nicht im Voraus auf eine absolut gesicherte Finanzierung setzen. Gerade jetzt in der gegenwärtigen Situation sollten wir Gott zutrauen, dass er uns auch zur rechten Zeit die Geldmittel zur Verfügung stellen würde. Dafür gäbe es schon viele Hinweise, dass Gott Türen öffnet, die wir selber nicht aufschließen können.

Aus damals unerklärlichen Gründen stand ich auf, schloss symbolisch die Wohnzimmertür zum anderen Raum und sagte: „So, wir haben zu diesem Termin ordnungsgemäß eingeladen, und es sind genug Mitglieder anwesend. Dass alle Trägerkreismitglieder komplett an einer Sitzung teilnehmen, kommt gemäß unserer bisherigen Erfahrung kaum vor. Keiner verlässt diesen Raum, bevor wir nicht für die verbindliche Lehrereinstellung und damit für den Schulstart oder dagegen und damit für das Ende unserer bisherigen Initiative abgestimmt haben. Jetzt wird abgestimmt. Seid ihr damit einverstanden?" Nach einer kleinen Denkpause und einem allgemeinen Kopfnicken beantragte ich, die Anstellungsverträge unterschreiben zu dürfen.

Im Protokoll wurde festgehalten: „Der Antrag wird einstimmig angenommen."

Meines Wissens habe ich nur dieses einzige Mal eine Entscheidung gefordert. Normalerweise handelte ich als Vorsitzender auch im Verlauf der weiteren Entwicklung gemäß meiner Überzeugung, Diskussionen, Beratungen und Entscheidungen nur zu moderieren und nicht zu bestimmen. Aus heutiger Sicht sehe ich mein ungewohntes Verhalten in dieser Sitzung als vom Heiligen Geist bewirkt, denn es war die richtige Entscheidung in einer kritischen Situation.

Am 13.06.1987 fuhren wir mit einer großen Gruppe von Interessenten aus dem ostfriesischem Raum in zwei Bussen nach Bremen und besuchten die Freie Evangelische Bekenntnisschule Bremen (FEBB), um uns einen Überblick über die Schulgebäude, die Einrichtung, die Außengestaltung und den Unterrichtsablauf zu verschaffen. Wir erhielten ganz wertvolle Einblicke in diese bereits etablierte christliche Schule. In den Gesprächen wurde uns auch sehr deutlich, dass mit Schülern aus schwierigen Familien auch Probleme und Spannungen von außen in so eine Schule hineinkämen. Wir würden deshalb auch viel Wert auf eine intensive Elternarbeit legen müssen.

1986/1987 Leserbriefe

Wie bereits in Kapitel 7 und 10 erwähnt, löste die Berichterstattung in den Medien über die beabsichtigte Schulgründung eine intensive Leserbriefwelle aus. Auf den ersten kurzen OZ-Pressebericht im Mai 1986 folgte noch kein Leserbrief. Das änderte sich jedoch nach den ausführlichen Zeitungsveröffentlichungen vom 28. November (ON, Ostfriesische Nachrichten), 29. Dezember (Ostfriesischer Kurier), 30. Dezember (OZ Ostfriesenzeitung), 28. Februar 1987 (Rheiderland) und vom 15. März (EZ Evangelische Zeitung).

Die wesentlichen Pro- und Kontra-Auseinandersetzungen bezüglich der beabsichtigten Gründung der FCSO spiegelten sich in den Leserbriefen in der Zeit von Dezember 1986 bis Juli 1987 wider. Manchmal überlegten wir, ob wir zu verschiedenen Unterstellungen und Falschbehauptungen selber in Form eines Leserbriefes Stellung beziehen sollten. Doch das erübrigte sich, weil diese Aufgabe, ohne Rücksprache mit uns, stets von Pro-Leserbrief-Schreibern übernommen wurde. Einige davon kannten wir bis zu diesem Zeitpunkt überhaupt nicht. Das war für uns immer eine starke Ermutigung, denn wir erkannten darin, dass Gott selber diese Menschen beauftragt hatte, die Dinge ins rechte Licht zu rücken.

In einer gekürzten Übersicht möchte ich auf bestimmte Inhalte der Leserbriefe eingehen, die die öffentliche Diskussion beherrschten, bevor der Schulstart im August überhaupt feststand.

Der erste Leserbrief erschien am 31. Dezember im Ostfriesen-Kurier unter der Überschrift: „Schule für Dogmatiker?" Der Schreiber bezog sich auf den Zeitungsbericht „Christliche Erziehung in Ostfriesland - Freie Christliche Schule will Kinder ganzheitlich nach der Bibel bilden" und meinte, dass angesichts von so vielen Religionen niemand die Wahrheit allein für sich in Anspruch nehmen dürfe. Es sei unverantwortlich und verwerflich, diese „eine Wahrheit" unkritischen Kindern zu vermitteln. Es folgten weitere Argumente gegen biblische Inhalte mit der Schlussfolgerung, dass „glaubensorientierte Schulen unterbleiben sollten."

In einem OZ-Leserbrief vom 5. Januar meinte die Schreiberin, dass Humanismus, Religion, Politik und psychische Entwicklung als eine Einheit nicht voneinander zu trennen seien und fragte: „Schaffen wir nicht durch die isolierte Vermittlung christlichen Gedankenguts eine separate Wirklichkeit, die an der Welt, wie sie wirklich ist, vorbei geht, statt auf sie einzugehen?"

Am 7. Januar erschien im General-Anzeiger eine Pressemitteilung, die sich auf verschiedene Veröffentlichungen und auf eigene Recherchen bezog. Überschrift:

Eine „Freie christliche Schule Ostfriesland", Untertitel: „Fester Platz für Bibel und Gebet im Unterricht". Einführungssatz: Eine der konservativen „Evangelischen Allianz" nahestehende „Freie Christliche Schule Ostfriesland" will, wie schon kurz berichtet, ein im vergangenen Jahr ins Leben gerufener „Verein für Evangelische Schulerziehung Ostfriesland" mit Sitz in Wiesmoor gründen. Es folgten Hinweise aus unseren Informationsunterlagen, in denen Gründe und Zielsetzungen formuliert waren, und dass wir die Genehmigung schon beantragt hätten. Man hatte offenbar bei den Kirchenleitungen nachgefragt. Der Bericht endete: „Grundsätzlich positiv haben sich der reformierte Landessuperintendent Gerhard Nordholt (Leer) und der lutherische Landessuperintendent Werner Schröder (Aurich) über das Vorhaben geäußert. Private christliche Schulen könnten ein Anstoß für staatliche Schulen sein, christlichem Gedankengut mehr Raum zu geben." Wie Nordholt in einem Zeitungsinterview betonte, gebe die Reformierte Kirche jedoch den öffentlich-rechtlichen Schulen den Vorrang."

Ebenfalls am 7. Januar meldete sich der Dipl.-Sozialpädagoge Michael Dierks aus Hamburg mit einem OZ-Leserbrief zu Wort. Der erste Satz lautete: „Welch eine Freude, zum Jahreswechsel so eine Mut machende Nachricht zu lesen. Als junger Mensch, der in unserem „fortschrittsgläubigen" (Fort-schritt verstanden als ein Schritt fort von Gott, somit vom Leben) Schulsystem aufgewachsen ist, von Gott fort erzogen- geführt, hin zur „Selbstständigkeit" des Menschen, der Gott doch nicht bedarf, beinahe gescheitert an der inneren Kälte und Lehre. So bin ich jetzt dankbar, dass ich erfahren durfte, dass es eine Antwort gibt auf alle ehrliche Suche nach dem Sinn, vor allem eine Antwort, die durchträgt in Jesus Christus." Dann folgt ein überzeugendes Plädoyer für ein Leben mit der Bibel und einer lebendigen Beziehung zu Jesus Christus. Dadurch sei man gefeit gegen fernöstliche Philosophien, Ideologien, esoterische Gedankenbilder und okkulte Praktiken. Abschließend schrieb er: „Den Verantwortlichen für dieses Schulprojekt, sowie den zukünftigen Lehrkräften wünsche ich viel des Geistes, der die Liebe Jesu uns leben lässt."

Am gleichen Tag antwortete Walter Luitjens aus Leer-Bingum in seinem OZ-Leserbrief unter der Überschrift „Hat mit Wissen nichts zu tun" Herrn Fokken, der am 30. Dezember sehr ausführlich über die Schulgründung berichtet und seinen Kommentar mit dem Zitat von „Friedrich dem Großen" eingeleitet hatte (Kapitel 7), „dass jeder nach seiner Fasson selig werden könne." Auch wenn der das gesagt hätte, würde das zwar fortschrittlich klingen, aber trotzdem nicht richtig sein. Die Bibel würde lehren, dass es nur einen Weg zur Seligkeit gäbe, nämlich nur durch Jesus Christus. Außerdem habe die Evolutionstheorie aber auch gar nichts mit Wissen zu tun. Diese Theorie würde sich alle paar Jahre ändern und hätte nur das Ziel, Gottes Wort unglaubwürdig zu machen. In der Bibel steht der Schöpfungsbericht. „Und die Bibel, Gottes Wort, ist wahr und richtig von 1. Mose bis Offenbarung 22,21."

Zwei weitere OZ-Leserbriefe wurden am 8. Januar veröffentlicht: Der EC-Jugendbund aus Strackholt bezog sich ebenfalls auf das o. g. Zitat und schrieb: „Jeder soll nach seiner Fasson selig werden, nur die Christen dürfen das nicht." Aus Sicht der Schüler stelle sich die Schulsituation anders dar, als im Kommentar angedeutet. Natürlich müsse sich der Glaube in der Welt bewähren, aber zuvor müsse der Glaube gelehrt werden, bevor man von Bewährung sprechen könne. Dass Christen wissenschaftsfeindlich seien, würde jeder Grundlage entbehren. An den öffentlich rechtlichen Schulen würde die Evolutionstheorie als wissenschaftlich erwiesen unterrichtet. Dabei hätte Sir Arthur Keith (1866-1955) schon zugegeben: „Die Evolution ist unbewiesen und unbeweisbar. Wir glauben aber daran, weil die einzige Alternative dazu der Schöpfungsakt eines Gottes ist und das ist undenkbar." Der EC schrieb weiter: „Dass dies bei vielen Schülern immer wieder zu Konflikten führt, bleibt nicht aus. Es ist bemerkenswert, was der Mensch zu glauben bereit ist, solange es nicht in der Bibel steht."

Gerd Bohlen aus Remels ging noch etwas ausführlicher auf die Hintergründe der Evolutionstheorie ein und stellte den biblischen Schöpfungsbericht dagegen. Er meinte, beide Entstehungsmodelle setzten Glauben voraus. Es sei bemerkenswert, dass eine zunehmende Anzahl von christlichen Wissenschaftlern die Evolutionstheorie ablehnen würde. Die Aussagen der biblischen Schöpfungslehre würden sehr wohl mit den heutigen Naturgesetzen übereinstimmen. Er wolle Mut machen, radikal die Frage nach der Wahrheit über den Ursprung unseres Lebens zu stellen. Der letzte Satz seines Leserbriefes lautete. „Mich persönlich hat die Beschäftigung mit diesem Thema nach meiner Hinwendung zu Jesus Christus zu einem tieferen Vertrauen in die volle Wahrheit der Bibel geführt."

Auf Gegenreaktionen musste man nicht lange warten. In der OZ-Samstagausgabe am 10. Januar melden sich zwei kritische Schreiber zu Wort. Unter der Überschrift: „In geistiges Ghetto verbracht?" leitete ein Schreiber aus Moormerland seine Meinung mit dem Satz ein: „Nach all dem Halleluja über die geplante Freie Christl. Schule Ostfriesland und nach all der Polemik gegen die Evolutionstheorie (letztlich gegen Vernunft und Wissenschaft überhaupt) dürfte jedem Leser der OZ klar geworden sein, woher der Wind weht und wes Geistes Kind die Vorkämpfer und Befürworter einer derartigen Schule sind."

Bis in unsere heutige Zeit verwenden Gegner des christlichen Glaubens ganz gezielt negative Wortbegriffe. Zum Beispiel wurde in diesem Fall eine andere Meinung trotz sachlicher Argumentation als „Polemik" bezeichnet. Diese Intoleranz nimmt, in manchen Medien, vermehrt an Schärfe zu, bis hin zu hasserfüllten Unterstellungen gegenüber denen, die biblische Grundsätze auch öffentlich vertreten. Mit dem Hinweis, dass ja zum Glück die beiden großen Kirchen mehr oder weniger deutlich bzw. diplomatisch auf Distanz gegangen wären, meinte der Schreiber, dass die zuständigen Kultusbehörden sich an Geist und Buchstaben des Gesetzes halten und nicht zulassen sollten, dass „wehrlose Kinder in das geistige Ghetto eines fundamentalistischen Sektierertums gebracht würden".

Auch die Gewerkschaft der Lehrer und Erzieher (GEW) meinte, dass man das „Umsichgreifen und gezielte Ausbreiten äußerst konservativen Gedankenguts", das beispielsweise in den USA noch viel verbreiterter wäre, nicht widerstandslos hinnehmen dürfe. Die Überschrift dieses Leserbriefes: „Für und wider Evolutionstheorie" zeigte schon ganz deutlich, dass man unsere Aussagen über die Evolutionstheorie keineswegs stehen lassen wolle. Man unterstellte mir persönlich Unredlichkeit und dass ich mich nicht kritisch mit diesem Thema befasst habe. Eine solche anmaßende Behauptung können sich nur Ideologen ausdenken, die eine andere Meinung nicht ertragen und eine sachliche Diskussion scheuen.

Die Abneigung gegen die geplante Freie Christliche Schule kommentierte man mit Blick auf die bestehende (erfolgreiche) katholische Schule in Papenburg so: „Sicherlich, niemand muss sein Kind auf eine solche Schule schicken. Insofern lohnt es vielleicht nicht, sich darüber aufzuregen, dass bald auch in Leer die evangelische Rolle rückwärts geübt werden soll, nachdem in Papenburg doch schon lange der katholische Felgaufschwung gelehrt wird."

Ein weiterer Lesebriefschreiber aus Leer brachte am 22. Januar zum Ausdruck, dass Kindern jede Chance genommen würde, sich selbst und ihren Glauben zu finden, wenn sie nicht die Lösungsansätze anderer Kulturen erarbeiten oder unvoreingenommen kennenlernen dürften. Kinder seien unfertig und vor allem formbar – nach der Fasson der Erwachsenen. Keine Schule sei wertfrei. „In dem die Initiatoren der eigenständigen Entwicklung der Kinder misstrauen, bringen sie sie in Konflikte, möglicherweise ein Leben lang." Und weiter: „Einer Schule, in der Kinder Freude empfinden, Selbstvertrauen entwickeln und unbefangen lernen können, ist Gott näher als eine, in der strenge religiöse Rituale und Inhalte gelehrt werden. Kinder finden ihre eigene Fasson."

Letzteres war eine grobe Unterstellung, die wohl nur einer antichristlichen Fantasie entsprang. Außerdem, wie kann man öffentlich vertreten, dass Kinder nicht werteorientiert erzogen werden dürfen, sondern sich alleine „am Buffet der Ideologien und Kulturen" bedienen sollen? Das widerspricht doch jeder Logik, denn die Erziehung von Kindern ist - auch wenn man biblische Grundlagen ablehnt - eine natürliche soziale Verpflichtung und Notwendigkeit in jeder menschlichen Gemeinschaft.

Hans-Jürgen Reinders aus Emden meldete sich in einem OZ - Leserbrief am 2. Februar unter der Überschrift: „Antwort in der Schöpfungslehre" mit folgenden Aussagen zu Wort: „Als ich den Kommentar und die Leserbriefe zum Thema ‚Freie Christliche Schule' gelesen hatte, habe ich mich gefragt, woher die Schreiber (B. Fokken, H. Buss und die GEW) den Mut nehmen, mit solcher Polemik gegen die

Schöpfungslehre und für die Evolution einzutreten." Sehr ausführlich beschrieb er die Unhaltbarkeit der angeblich wissenschaftlich bewiesenen Evolutionstheorie. Unter anderem schrieb er: „Es ist wissenschaftsfeindlich und intellektuell unredlich, dem Zufall die schöpferische Intelligenz für die Erfindung des genetischen Codes, der das biologische Leben ausmacht, zuzuschreiben. Wo ist die Quelle der genetischen Information? Wo der Programmierer? Nun, die Schöpfungslehre gibt uns eine Antwort auf die Frage nach der Herkunft des Lebens. Sie stellt eindeutig die bessere und mit den Tatsachen übereinstimmende Alternative dar. Ein Umdenken sollte die Konsequenz sein – und nicht nur an den Bekenntnisschulen."

Das in Kapitel 10 erwähnte ausführliche Interview mit Herrn Hochmann von der Grenzlandzeitung „Rheiderland" wurde am 28. Februar ganzseitig veröffentlicht unter der Überschrift: „Mehrheit der Lehrer keine bewussten Christen." Untertitel „Freie Christliche Schule Ostfriesland": Start im Sommer ist nicht sicher – Bisher 180 Anmeldungen. Die gewählte Überschrift war aus unserer Sicht nicht sehr hilfreich, denn ein im Interview gesprochener Nebensatz zur Hintergrunderklärung kann als Überschrift leicht missverständlich verstanden werden und zum Widerspruch reizen, wie in diesem Fall. In mehreren Leserbriefen gab es Anfang März heftige Reaktionen.

Ein Pastor aus Weener nahm in seinem Leserbrief unter der Überschrift: „Ein schlechter Dienst an den Kindern" den Begriff „bewusste Christen" zum Anlass, seine Sicht einer „christlichen Schule" mit lauter böswilligen Unterstellungen darzulegen. Im Gegenzug stellte er fest, was „unbewusste Christen bewusst täten". In weiteren Aussagen wurde seine liberaltheologische Gesinnung deutlich, in dem er, dem Zeitgeist entsprechend, Gottes Wort relativierte und schließlich meinte, „denn es ist letztlich nicht wichtig, wie Gott die Welt erschaffen hat, sondern dass er die Welt erschaffen hat".

Ein Akademiker aus Dollart beteiligte sich mit einem Leserbrief unter der Überschrift. „Die Schöpfung Gottes wird erforscht" an der Diskussion. Er brachte biblische und geschichtliche Ereignisse in Zusammenhang und behauptete: „Die jüngere Schöpfungsgeschichte enthält eine Evolutions-(Entwicklungs-) lehre." Ein Beitrag, der ebenso Gottes Wort nach eigenem Duktus erklären wollte, aber dabei mehr Bibelkritik offenbarte, als dem Schreiber vielleicht selber bewusst war.

Ein weiterer Leserbriefschreiber aus dem gleichen Ort versuchte mit seinem Leserbrief unter der Überschrift: „Wer nichts weiß, muss alles glauben" seine Sicht in ironischer Weise zum Ausdruck zu bringen. Nach seiner Ansicht müsste man allen Vereinen und Organisationen das gleiche Recht wie den „bewussten Christen" einräumen, Schulen zu gründen. „Niemand kann jedoch ein dermaßen zerklüftetes Bildungssystem wollen. Partikulare Interessen bekämen in solchen Anstalten unbotmäßig großen Freiraum, spezifische Anschauungen würden unkritisch gelehrt, und der Chancengleichheit wäre dann vollends der Todesstoß versetzt." Bezüglich der Evolutionstheorie akzeptierte auch dieser Schreiber nicht, dass man anderer Meinung sein kann. Er polemisierte nach bekanntem Muster: „Es ist müßig, diese von keinem ernst zu nehmenden Wissenschaftler mehr in Frage gestellte Theorie gegen religiöse Eiferer verteidigen zu wollen. Was sollen ostfriesische Kinder in Zukunft lernen? Dass die gesamte Menschheit von Adam und Eva abstammt?"

Mitte März verwahrte sich Bernhard Drath aus Weener in seinem Leserbrief unter der Überschrift: „Unbeweisbare Unterstellung" gegen die polemisierenden Aussagen des Pastors aus Weener. Er brachte zum Ausdruck, dass der Vorsitzende des Vereins ein sachliches Interview gegeben hätte, aber im Gegensatz der Stil und Ton im Leserbrief des Pastors von Polemik, Vorurteilen und unbeweisbaren Unterstellungen geprägt seien. Das wäre ein klarer Verstoß gegen das neunte Gebot: „Du sollst nicht falsch Zeugnis reden wider deinem Nächsten."

An der Informationsveranstaltung in der Ev.-freik. Gemeinde in Leer mit einer starken Besucherfrequenz hat offensichtlich auch ein Redeakteur (sma) der Ostfriesenzeitung teilgenommen. Er veröffentlichte am 13. März einen Zeitungsbericht mit der Überschrift: „Erziehungsgrundsätze bleiben bei Lehrerwechsel." Sein Bericht war ein sehr gutes Beispiel für eine sehr objektive und faire Berichterstattung. Sachlich richtig und inhaltlich zusammenfassend hat er diese Info-Veranstaltung beschrieben. Dieser Zeitungs-Artikel war zu der damaligen Zeit recht hilfreich. Darüber haben wir uns sehr gefreut.

Dabei fallen mir zwei kurze Begebenheiten ein. Die in guter Atmosphäre geführte Diskussion an diesem besagten Abend in der Baptistengemeinde Leer war sehr lebhaft. Nach Schluss kam ein in Leer bekannter Steuerberater auf mich zu und meinte sinngemäß: „Ich stehe der Sache positiv gegenüber, aber ich glaube nicht, dass sie gelingt. Wenn aber doch, werde ich tausend DM spenden." Man kann sich vorstellen, mit welchem Vergnügen ich bei ihm nach der Eröffnung der FCSO die tausend DM abgerufen habe, die dann auch prompt überwiesen wurden.

Außerdem lernte ich bei diesem Treffen Peter Steiger aus Moormerland kennen, der sich mit guten Argumenten an der Diskussion beteiligt hatte und später ein sehr aktives Mitglied im Trägerkreis wurde.

In der Zeitung „Ostfriesischer Sonntagsbote" erschien am 15. März unter der Überschrift. „Freie Christliche Schule umstritten", Untertitel. „Keine echte Alternative/ Eine Anpassungsschule" ein halbseitiges Interview mit Heinrich Rocker, Schulleiter und Vorsitzender des Kirchenkreises Aurich sowie Pastor Lothar Teckemeyer, Leiter der Arbeitsstelle für Religionspädagogik in Ostfriesland (ARO) mit der einleitenden Frage, was sie von diesem Projekt (FSCO) halten würden. Auf einen kurzen Nenner gebracht, war die Antwort: „Überhaupt nichts."

Die Begründungen von H. Rocker waren unterstellende unrealistische Vorstellungen einer möglichen christlichen Schule, bibelkritische Äußerungen, Zweifel an den angeblich nicht übereinstimmenden zwei Schöpfungsberichten und eine theistische Vorstellung zur Evolutionstheorie. Herr Teckemeyer polemisierte in schon bekannter beleidigender Weise und beschrieb mit kruden Vorstellungen, was in einer christlichen Schule alles falsch laufen würde. Dann wurden die vielen Religionslehrer verteidigt, die doch eine „so verantwortliche Aufgabe" erfüllen würden. Im Schlussteil machte er mit unterstellenden Bemerkungen wiedergeborene Christen lächerlich. Ich frage mich, was in theologischen Ausbildungsstätten eigentlich gelehrt wird und solche Pastoren hervorbringt, die bibeltreue Christen derartig attackieren.

Am 19. März erschien in der OZ ein epd-Artikel mit der Überschrift. „Kirche übt Kritik an Christlicher Schule." Der Inhalt war nichts anderes, als eine Reflexion der o. g. Interview-Partner mit den diffamierenden Unterstellungen. Bezeichnender Weise wurde dieses Papier im Namen des Kirchensprengels Ostfriesland und der Hannoverschen Landeskirche veröffentlicht.

Im „Anzeiger für Harlingerland" erschien am 26. März eine Anzeige gleichen Inhalts mit der Überschrift: „Eliteschule für Bekenntnischristen"?

Marga Honczek aus Ihlow-Riepe nahm zu diesen Veröffentlichungen am 25. März in einem ON-Leserbrief Stellung unter der Überschrift: „Bekennende Christen." In feiner Weise erklärte sie, dass bekennende Christen ihren Glauben in der Gesellschaft nicht verstecken müssten. Dabei könnte man in zweierlei Weise handeln: Einerseits im Sinne von „Sauerteig bzw. Salz der Erde" oder aber als Mitläufer der heutigen Gesellschaft. Da Gott uns einen Verstand mit eigener Entscheidungskraft gegeben habe, sollte man auf Letzteres verzichten. Der Begriff einer „Anpassungsschule" würde wohl eher auf die heutige Schulform zutreffen. Weiter fragte sie: „Was meinen Sie eigentlich mit Ausrichtung? Der Glaube an Jesus Christus ist schließlich kein Sektierertum. Wer behauptet, dass Christen nicht mit Andersdenkenden Gespräche führen wollen, ist im Irrtum. Jesus hat gesagt, dass die, die ihn im Glauben angenommen haben, unter die Heiden gehen und sein Wort verkündigen sollen."

Gisela Rühe, eine Religionspädagogin aus Aurich, wandte sich in ihrem ON-Leserbrief am 28. März mit der Überschrift: „An Richtlinien gebunden"? gegen die Behauptung, dass auch Lehrer an einer christlichen Schulen an Religionsrichtlinien gebunden seien. Sie verwies auf einen Streit bezüglich des Berliner Rahmenplanes für den evangelischen Religionsunterricht, und dass dieser nicht dem Kultusminister, sondern der Berliner Kirche unterstände. Die Berliner Schulsenatorin sei gegen diesen Plan, weil er aus folgenden Gründen verfassungsfeindlich sei: „Er bringt ein negatives Bild von der Bundesrepublik und gleichzeitig ein positives von der DDR. Deshalb wertet ihn die SED in der DDR-Zeitung „Die Wahrheit" auch positiv. Eine sozialistisch-kommunistische Ausrichtung zieht sich wie ein roter Faden durch den ganzen Plan bis hin zur Sexualerziehung. „Sein Inhalt ist weniger religiös als sozialkundlich-politologisch und zwar aus der Sicht der marxistisch bestimmten Konfliktpädagogik." Ihres Wissens sei dieser Berliner Lehrplan im Religionspädagogischen Institut Loccum entworfen worden. Ihren Beitrag schließt Frau Rühe wie folgt: „Wenn der hiesige Rahmenplan auch dieselbe Ausrichtung hat und die meisten Lehrer danach unterrichten, dann wäre ich auch für eine Freie Christliche Schule in Ostfriesland. Zumindest müssten Eltern die Möglichkeit haben, ihre Kinder an einem biblisch orientierten Religionsunterricht teilnehmen zu lassen."

Welche Verantwortung laden Kirchenleitungen auf sich, wenn sie sich unterwürfig dem linksideologischen Zeitgeist anbiedern, Gottes Wort beurteilen, statt sich vom Wort Gottes beurteilen zu lassen; also beliebig relativieren und Menschen, die nach Gottes Wort leben möchten, des Sektierertums verdächtigen und hämisch belächeln. Kein Wunder, dass sich viele (nicht alle) Kirchenleitungen als die schärfsten Gegner einer zu gründenden Freien Christlichen Schule erwiesen.

Auf das in Kapitel 10 erwähnte ganzseitige Interview in der EZ, Evangelische Zeitung, am 15. März gab es mehrere Reaktionen. In den folgenden Ausgaben der EZ erschienen verschiedene Statements bzw. Interviews zu einzelnen in dem Interview mit Herrn Hoppe verwendeten Begriffen.

Dr. Ernst Vielhaber, Superintendent im Sprengel Lüneburg und Mitglied der hannoverschen Landessynode sowie der Synode der Konföderation Evangelischer Kirchen in Niedersachsen nahm sehr ausführlich in der Ausgabe EZ 11 unter der Überschrift: „Bibel contra Wissenschaft"? Stellung. Ausgehend von der Schöpfungsgeschichte in 1. Mose 1 versuchte er, den Streit zwischen naturwissenschaftlicher und biblischer Sicht mit frühgeschichtlichen Berichten und Mythen zu erklären. Die früheren Vorstellungen der Entstehungsgeschichte von Ninive und Babylonien und Jüdische Auffassungen stellte er in einen gewissen Zusammenhang und zollte der Wissenschaft Respekt und meinte: „Dank der Naturwissenschaft begreife ich viel besser, wie wunderbar Gott den Menschen durch die Jahrmillionen dauernde Entwicklung geschaffen hat." Ist ihm nicht bewusst gewesen, dass er mit dieser Formulierung schon die Position der Evolutionisten im Sinne sogenannter theistischer Denkweise übernommen hatte? Dennoch meinte er abschließend: „Warum und wozu die Welt entstand, welche Aufgaben Gott uns stellt, welche Freiheiten er uns schenkt und welche Grenzen er uns setzt - das kann uns keine noch so moderne Wissenschaft besser und gültiger sagen als die Heilige Schrift." Zu dem Thema Schulgründung äußerte er sich nicht.

Dr. med. Karl Horst Wrage, Psychoanalytiker und Leiter des Sozialmedizinisch-Psychologischen Instituts der hannoverschen Landeskirche in Hannover beschäftigte sich in der Ausgabe EZ 13 mit dem Thema: „Brauchen wir Sexualkundeunterricht an den Schulen? – Liebesfähigkeit wichtig."

Einen Sexualkundeunterricht an Schulen hatte ich gar nicht in Frage gestellt, sondern unterstrichen, dass dieser in verantwortlicher Weise, altersgerecht und nicht schamverletzend erteilt werden sollte.

Unter dem Titel" Mündigkeit und Vernunft - Was ist gemeint mit Frankfurter Schule"? erklärte Dr. Dr. Werner Brändle, Religionspädagoge im Religionspädagogischen Institut Loccum die Entstehung dieser Bewegung und sprach über die darin aktiven Personen und den Zusammenhang mit der Studentenrevolte in 1967/68. Insgesamt zeichnete er ein überwiegend positives Bild und ging mit keinem Wort auf die negativen Folgen der Ideologie der durch die „Frankfurter Schule" geprägten 68er Generation (Konfliktpädagogik, antiautoritäre Erziehung, Familienkritik, schamloser Sexualunterricht oder die Gottesfeindlichkeit) ein.

In einem Interview mit Oberlandeskirchenrat Jürgen Uhlhorn, Schuldezernat der Hannoverschen Landeskirche und Beauftragter der Konföderation evangelischer Kirchen in Niedersachsen für Kontakte mit dem niedersächsischen Landtag, wurde in der EZ-Ausgabe 14 ausführlich das Thema „Zwischen Schule und Kirche besteht eine vertrauensvolle Partnerschaft – Stärke durch Auseinandersetzung" behandelt. Eine sachliche Darlegung der Zusammenarbeit zwischen Kirche und Staat unter Berücksichtigung historischer Entwicklungen und der Tatsache, dass auch „Freie Schulen" im Grundgesetz vorgesehen sind.

In der EZ-Ausgabe erschienen am 17. Mai noch zwei Leserbriefe, und damit sollte „zunächst" die Berichterstattung über die geplante Freie Christliche Schule Ostfriesland abgeschlossen sein.

Die in der Satzung festgeschriebene Absicht, nur „bekehrte und wiedergeborene" Lehrkräfte einzustellen, beschäftigte auch Dr. Günter Skorsky aus Osterholz-Scharmbeck. Angesichts der tatsächlichen Schulsituation, dass viele Lehrkräfte sich in ihrer Arbeit nicht mehr dem christlichen Glauben verpflichtet fühlten, würde er die Einrichtung von christlichen Schulen begrüßen. Allerdings dürfe aber der Glaube nicht im Widerspruch zu wissenschaftlichen Erkenntnissen stehen. Natürlich nicht, wir wenden uns nur gegen pseudowissenschaftliche Behauptungen. Deshalb sollte auf die Mitgestaltung weiterer kirchlicher Kreise bei der Gründung und Weiterführung christlicher Bekenntnisschulen nicht verzichtet werden.

Ein anderer Leserbriefschreiber erboste sich derart über das Interview zur Schulgründung, dass er einleitend schrieb: „Das Interview mit dem Vorsitzenden des „Vereins für Evangelische Schulerziehung in Ostfriesland" ist wohl das stärkste

Stück, das dem EZ-Leser seit langem zugemutet wurde. Ist das Gesagte wirklich ernst gemeint, oder handelt es sich etwa um eine Satire des zuständigen Redakteurs, der eine „Saure-Gurkenzeit" überbrücken will? Er entrüstete sich seiner eigenen Fantasie zufolge über die „unmöglichen" Einstellungen zum Evangelium, zum heutigen Weltbild, ein mittelalterliches Denken über Wissenschaft und die reformatorische Theologie, nach der man die Bibel doch heute ganz anders begreifen müsse. Kinder dürften nicht in die Hände von Fanatikern fallen. Man müsse den frömmelnden Schulgründern entschlossen entgegen treten.

Die „Ablehnungsfront" formierte sich mit gesteigerter Intensität. Im Laufe einiger Wochen entlarvte sie sich immer deutlicher als eine konzertierte Aktion kirchlicher Gremien, wie folgende Zeitungsartikel widerspiegeln. Auf den Inhalt der folgenden Artikel mit den unsinnigen, unterstellenden, verdrehenden oder diffamierenden Aussagen werde ich jetzt nicht mehr näher eingehen, weil er mit den bisher geschilderten Kontra-Meinungen nahezu identisch war, was auch schon die gewählten Überschriften verdeutlichen:

OZ-Bericht am 11. April: „Kinder nicht in Absonderung und Sektierertum drängen. Diakone gegen private Bekenntnisschulen."

EZ Nr. 16 am 19. April: „Dokumentation – Schwere Bedenken gegen neue Bekenntnisschule. Die Arbeitsgemeinschaft der Diakoninnen und Diakone im Sprengel Ostfriesland hat zu den Bemühungen eines Vereins, in Ostfriesland eine „Freie Christliche Schule" zu gründen (die EZ berichtete darüber), eine Stellungnahme veröffentlicht. Hier der volle Wortlaut." Dann folgt eine fast halbseitige Aufzählung von Vorwürfen, Verdrehungen und anmaßender „Besserwisserei", was man tun und sagen darf und was nicht. Unterschrieben von fünf „Kontaktpersonen der AG" aus den fünf ostfriesischen Kirchenkreisen.

OZ- Bericht am 27. April: „Deutliche Abgrenzung zur Christlichen Schule - Kirchenkreistag Aurich für Minderheitenschutz."

EZ, 10. Mai: Der „Ostfriesische Sonntagsbote" veröffentlicht den vollen Wortlaut einer Resolution: „Überschrift: Dokumentation - Auch der Auricher Kirchenkreistag distanziert sich von Initiatoren einer Bekenntnisschule. Der Ausschuss ‚Kirche und Schule' hatte eine Stellungnahme vorbereitet, die bei nur einer Gegenstimme und zwei Enthaltungen vom Kirchenkreistag übernommen wurde."

Grenzlandzeitung „Rheiderland" 14. Mai: Die Religionspädagogische Arbeitsgemeinschaft Bunde schrieb einen Brief an die Redaktion mit der Überschrift. „Ist diese Schule wirklich so frei?"

Pro- und Kontra-Meinungen in Fragen des christlichen Glaubens gehörten damals und gehören auch heute in unserer Gesellschaft zur Normalität. Wenn aber kirchliche Institutionen oder kirchliche Amtsträger in öffentlichen Verlautbarungen Christen, die Gottes Wort ernst nehmen und ihr Denken und Handeln danach ausrichten möchten, derart massiv verunglimpfen, offenbart das eine erschreckende Diskrepanz zwischen biblischer Lehre und einer glaubenszersetzenden „aufgeklärten Theologie", die sich anmaßt, darüber zu befinden, wie die Bibel „zeitgemäß" zu interpretieren ist. Doch Gott selbst steht souverän über solchen Ansichten, denn er hat gesagt: „Himmel und Erde werden vergehen; aber meine Worte werden nicht vergehen." (Matthäus 24,35) Und auch das steht fest: Gott wird auf seine Weise gemäß Jesaja 55,11 wirksam bleiben, unabhängig von allen Strömungen der theologischen Lehre: „So soll das Wort, das aus meinem Munde geht, auch sein: Es wird nicht wieder leer zu mir zurückkommen, sondern wird tun, was mir gefällt, und ihm wird gelingen, wozu ich es sende."

Im Nachrichtenblatt der Synode der Evangelisch-altreformierten Kirche Niedersachsen wurde im Juni ein ausführliches Interview veröffentlicht, das H. Heerspring mit unserem Trägerkreismitglied Else Hamer aus Emden geführt hatte. Die Eingangsfrage lautete: „Frau Hamer, der Verein für Evangelische Schulerziehung engagiert sich seit Jahren für eine „Freie Christliche Schule". In der Tagespresse fand eine heftige Leserbrief-Auseinandersetzung statt. Haben Sie der staatlichen Schule den heiligen Krieg erklärt?" Frau Hamer: „1985 gründete sich der „Verein für Evangelische Schulerziehung in Ostfriesland e. V." Er arbeitet im Rahmen und nach den Richtlinien der Evangelischen Allianz. Der Plan einer „Freien Christlichen Schule" ist kein Aufruf gegen öffentlich-rechtliche Schulen, sondern die Einladung zu einer Bekenntnisschule." Else Hamer hat es in sehr feiner Weise verstanden, in dem Interview unsere Argumente und Absichten und die bisherige Arbeit auf den Punkt zu bringen. Ihr letzter Satz auf die Frage, wie es den jetzt weitergehen würde, lautete: „Wir hoffen und beten, dass wir nach den Sommerferien mit einer oder mehreren Grundschulklassen beginnen können. Unsere Vorbedingungen sind erfüllt, nun warten wir auf die letzte Genehmigung des Kultusministers."

Damit endet die Reihe der vielen Leserbriefe und Stellungnahmen zur geplanten Freien Christlichen Schule Ostfriesland.

Wir haben uns damals von den Widerständen nicht beirren lassen, sondern Gottes Auftrag ausgeführt und ihm vertraut, ohne zu diesem Zeitpunkt schon zu wissen, wie die Schulbehörde entscheiden würde, und ob die Schule im August starten könnte.

Aber eines war uns klar, wir tun das, was wir können, doch Gott lenkt die Dinge auf seine Weise. Er hat uns in einer gewissen Spannung gehalten, aber er hat uns auch mit einer unbeschreiblichen Zuversicht ausgestattet. „Danke Herr, auch heute noch, für deine großartige Führung in den damaligen öffentlichen Auseinandersetzungen."

Kapitel 12

1987 Der Schulanfang rückt in greifbare Nähe - Genehmigung erhalten

Noch wussten wir nicht, ob im August der Start der Schule gelingen würde, als wir uns am 13.5.1987 zur ersten regulären Jahreshauptversammlung seit der Gründung des Vereins bei uns zu Hause mit 14 Teilnehmern, u. a. auch das erste Mal mit Angelika Köller, trafen.

In meinem Jahresbericht fasste ich die bisherigen Entwicklungsschritte, Geschehnisse, Erfahrungen, Planungen und den aktuellen Stand zusammen und dankte allen Beteiligten für das vielfältige Engagement für die geplante FCSO. Wie in Jahreshauptversammlungen üblich, folgten die Regularien mit Kassenbericht, Kassenprüfungsbericht und Entlastung des Vorstandes. Im weiteren Verlauf folgten Informationen über den Stand des Genehmigungsverfahrens, über einen für den 25. Mai vereinbarten Gesprächstermin in der Bezirksregierung, über die möglichen Standorte anhand der vorliegenden Schüleranmeldungen, Gesprächsergebnisse mit Joachim Heffter und Edzard Günther sowie über das Programm des geplanten 2. Freundeskreistreffens in Spetzerfehn. Wir beschlossen nach einer Diskussion in dieser Sitzung, dass wir auf die negativen und unsachlichen Leserbriefe und Stellungnahmen selber nicht öffentlich antworten würden.

Edzard Günther hatte nachgefragt, ob es bei einem Scheitern des Schulstarts im August für ihn eine andere Aufgabe geben könne. Dafür tat sich eine interessante Alternative auf. Vielleicht könne er in der „Kindermission des Ostfriesischen Gemeinschaftsverbandes" tätig werden, weil zu diesem Zeitpunkt ein Nachfolger von Esther Aeilts (nicht unsere Lehrerin mit dem gleichen Namen) gesucht würde, die eine andere Aufgabe übernehmen wolle.

Im Falle von Joachim Heffter ergäbe sich kein Problem, da er in Bremen seine Lehrertätigkeit fortsetzen könne. Allerdings vertieften wir diese Thematik nicht, weil wir ziemlich zuversichtlich waren, dass wir die Genehmigung zum August erhalten würden.

Mit dem 4. Freundeskreisbrief formulierten wir die Einladung zum 2. Freundeskreistreffen, das wieder im Ev. Gemeinschaftshaus Spetzerfehn stattfinden sollte. Dem Einladungsschreiben hatten wir u. a. einen Redeauszug des damaligen Bundespräsidenten Prof. Dr. Carl Carstens beigefügt. Unter der Überschrift „Freiheit" hatte er die gesellschaftlich-politische Situation der damaligen Zeit in ähnlicher Form skizziert, wie ich das in meinen Vorträgen in den Informationsversammlungen versucht hatte zu beschreiben. Er forderte dazu auf, dass Christen dieser negativen

Entwicklung entschieden entgegentreten müssten, weil nur die Werte des christlichen Glaubens zu einem sinnerfüllten Leben verhelfen könnten.

Dass sogar der erste Repräsentant des Staates die emanzipatorische, also ichbezogene, Selbstverwirklichungs-Ideologie als Irrweg bezeichnete, bestätigte in eindrücklicher Weise unsere bisherige Argumentation für die Gründung einer Schule auf biblischer Basis.

Am 25. Mai führten wir (Elke Frommholz, Joachim Heffter und ich) unser erstes persönliches Gespräch in der Bezirksregierung in Osnabrück. Unsere Gesprächspartner waren Abteilungsdirektor Cramer und der Jurist Dr. Woltering. Nach einer freundlichen Begrüßung wurde uns Gelegenheit gegeben, unsere Vorstellungen über eine Freie Christliche Schule ausführlich darzulegen. Aus den Nachfragen konnten wir erkennen, dass so manche abwegige Unterstellungen unserer Gegner auch nach Osnabrück gelangt waren. Zu den Stichworten Fundamentalismus, Zurückbleiben hinter dem Niveau der öffentlich-rechtlichen Schule, Wissenschaftsfeindlichkeit, Sektierertum, Verdacht auf Sonderlehren oder Kinder indoktrinieren zu wollen, konnten wir korrigierend Stellung nehmen. Insbesondere Letzteres war uns eine willkommene Möglichkeit, auf das befreiende Evangelium zu verweisen, das als von der Liebe Gottes inspirierte Angebot grundsätzlich einladend und selbstverständlich ohne Zwang und Manipulation zu vermitteln sei. Wer etwas anderes im Schilde führe, habe Gottes Wort nicht verstanden oder wolle eigene Ideologien durchsetzen. Insofern hielten auch wir es für richtig, dass die Schulbehörde eine kontrollierende Aufgabe in allen Schulen habe. In dem Gespräch wurde deutlich, dass die Gesprächspartner sehr wohl zwischen unserer biblisch-begründeten Haltung und verleumderischen Positionen unserer Gegner unterscheiden konnten.

Nachdem auch über die schulbehördlichen Rahmenrichtlinien Einvernehmen erzielt war, stellte Herr Cramer die Genehmigung mündlich in Aussicht. Hocherfreut und dankbar über die angenehme Gesprächsatmosphäre und das Ergebnis fuhren wir nach Hause.

Während einer Brüderratssitzung des Ev.-Ostfriesischen Gemeinschaftsverbandes am 26. Mai hatte ich als Mitglied dieses Gremiums Gelegenheit, ausführlich über die bisherige Entwicklung der Schulgründungsinitiative zu berichten. Alle anwesenden Teilnehmer trugen sich in eine Freundeskreisliste ein, um künftig zeitnahe aktuelle Informationen zu erhalten. Bei dieser Gelegenheit habe ich auch zu dem zweiten Freundeskreistreffen am 3. Juni eingeladen.

An diesem Treffen nahmen viele interessierte Personen teil. Im Ev. Gemeinschaftshaus Spetzerfehn waren alle Plätze besetzt. Wir konnten über den bisherigen Stand unserer Bemühungen sowie über das gute Gesprächsergebnis in der Bezirksregierung mit der Aussicht auf den Schulstart im August berichten. Weitere Schüler wurden angemeldet, außerdem wurden Spendenformulare und Freundeskreislisten ausgefüllt. An Stehtischen mit Tee, Getränken und Gebäck entwickelten sich in lockerer Atmosphäre lebhafte Gespräche. Unser Spendenaufruf erbrachte an diesem Abend den erfreulichen Betrag von 1.600 DM.

In der Trägerkreissitzung am 4. Juni bei Familie Alfred Dirks in Wiesmoor mit 14 Teilnehmern stellte sich erstmals Peter Steiger aus Moormerland als neues Trägerkreismitglied vor. Er war als Bezirksleiter einer Versicherung tätig. Somit könne er uns künftig u. a. auch in allen Versicherungsfragen hilfreich unterstützen. Das letzte Freundeskreistreffen wurde ausgewertet und Informationen über weitere Lehrerbewerbungen ausgetauscht. Im Gespräch waren Sabine Bremer, Elfriede Saathoff, Cornelia Schielset, Stefanie Pfander und Karin Böke sowie Elfriede Saathoff und Lilo Nüßchen, die sich als Sozialpädagogin für eine eventuelle Vorschule beworben hatten. Auch die anstehenden Raum-Arbeiten für den Unterricht im Haus der Ev.freik. Gemeinde Leer-Loga wurden besprochen. Da Peter und Erika Steiger künftig dieser Gemeinde angehören würden, könnten sie für die Kontakte zwischen Gemeinde und Trägerkreis zuständig sein. Ebenso wurden Überlegungen über weiteren künftigen Raum- und Einrichtungsbedarf angestellt. Drei Frauen hatten sich angeboten, Büroarbeiten zu übernehmen: Berta Sanders, Frau Stiegler und Engeline Winkelmann. Der derzeitige Kassenbestand belief sich auf etwa 20.000 DM sowie verbindliche Spendenerklärungen über insgesamt 1.580 DM pro Monat. Über die Arbeitsgruppen wurden Informationen ausgetauscht und Vorschläge zu einem Festgottesdienst zur Schuleröffnung erörtert.

Am 20. Juni trafen sich bei uns im Haus 15 Teilnehmer zur Trägerkreissitzung, um diverse Details zur Schuleröffnung zu konkretisieren. Mit dabei war erstmals auch Joachim Heffter.

Besprochen wurden die verbindlichen Anmeldungen für eine erste und zweite Klasse. Wir vereinbarten, dass Edzard Günther die erste und Joachim Heffter die zweite Klasse übernehmen würde. Vorzubereiten waren Pressemitteilungen zur Schuleröffnung und die Kontaktaufnahme zum zuständigen Schulrat.

Außerdem wurden die Themen Festgottesdienst in der Aula der BBS- Ems-Schule, Leer, Finanzen und mögliche Finanzquellen, Schülertransport, Telefonanschluss, Möbel, weitere Formulare, Unterrichtspläne und weitere Kontakte zur Schulbehörde besprochen.

Zwei verschieden große offene Räume mussten zu zwei Unterrichtsräumen umfunktioniert und dafür eine über 1.000 DM teure Falttür angeschafft werden. Diese erste nach damaligem Empfinden relativ hohe Investition fiel uns gar nicht so leicht, denn noch hatten wir die für den Schulbetrieb nötigen finanziellen Mittel nicht vollständig gesichert.

In einem Glaubenswerk ist das keine seltene Situation. Zwischen verantwortlichem Handeln und der Gewissheit, dass Gott selber für die nötigen Mittel sorgt, ist nur ein schmaler Grat.

Es wurde berichtet, dass die durchgeführte Fahrt mit 88 Personen zur FEBB, Bremen, sehr erfreulich verlaufen sei. Als sehr positiv sei dort die starke Elternbeteiligung aufgefallen. An dem Schulfest hatten etwa 1.000 Personen teilgenommen. Ein ausführlicher Bericht sollte später folgen.

Zu der Trägerkreissitzung in unserem Haus am 31. Juli unmittelbar vor dem Schulbeginn waren 16 Trägerkreismitglieder erschienen. Auch unsere beiden ersten Lehrer Joachim Heffter und Edzard Günther wurden als Gäste herzlich begrüßt. In der einleitenden Andacht erinnerten wir uns an Gottes Zusicherung, dass er uns stets nahe ist (Psalm 145,18) und uns in jeder Situation ermutigt, nicht auf die Schwierigkeiten zu sehen, sondern auf Jesus zu vertrauen. (Matthäus 14,30 + 31). Sehr oft hatten wir schon in unserer Arbeit erfahren, dass Gott - insbesondere, wenn wir in seinem Auftrag unterwegs sind - Gebete erhört.

Hatten wir in den bisherigen Sitzungen im Wesentlichen beraten, geplant und entworfen, waren jetzt konkrete Arbeitsschritte zum Schulbeginn zu gehen: Bei der Bez.-Regierung Oldenburg musste Architekt Georg Tjards noch die Nutzungsänderung der Räume in Leer-Loga beantragen. Das Bauamt Leer wurde gebeten, die baurechtliche Prüfung der Unterrichtsräume vorzunehmen. Dabei hatten wir eine kleine Sorge mit der Raumhöhe. Das vorgeschriebene Maß von 3 Meter war durch eine Deckenverkleidung auf 2,97 Meter geschrumpft. Wahrheitsgemäß hatten wir dieses Maß mit Bleistift in das entsprechende Antragsformular eingetragen. Bei der örtlichen Prüfung fragte ich den Bauamtsmitarbeiter, ob diese kleine Differenz ein Problem wäre. Lächelnd setzte er den Zollstock ein wenig schräg an die Wand und sagte: „Was meinen Sie mit Problem, es sind ja 3 Meter, die ich hier messe." Für die Schulhofgestaltung war ein Arbeitseinsatz durchzuführen. Schulmöbel und Wandtafeln sowie Lampen, Garderoben, Sportgeräte und Musikinstrumente usw. mussten herangeschafft werden. Aber woher?

Georg Tjards informierte uns darüber, dass aufgrund seiner Nachfrage die Schule in Friedeburg Schulmöbel für Grundschüler vorrätig hätte, die nicht mehr gebraucht würden. Ich fuhr also mit einem von meinem Vetter Rudolf Trauernicht geliehenen langen Anhänger, mit dem man normalerweise lange Kunststoffprofile für den Fensterbau transportierte, zur Schule Friedeburg. Mit meinen Töchtern Annelie und Simone kletterten wir auf den Bodenraum und konnten rund 20 Stühle und 8 passende Schulbänke herunterschleppen. Mit der ordentlich festgezurrten Ladung fuhren wir die ersten gebrauchten Schulmöbel nach Leer-Loga. Es tut mir heute noch leid, dass ich diesen ersten „historischen" Transport für die FCSO nicht mit der Kamera festgehalten habe. In ähnlicher Weise haben verschiedene Trägerkreismitglieder und Helfer aus dem Freundeskreis aus mehreren Orten nach und nach weitere gebrauchte Schulmöbel herangeschafft.

Die inzwischen von Joachim Heffter, Edzard Günter und Elke Frommholz fertig gestellten Unterrichtspläne wurden kurz erläutert. Wir erwarteten dafür das Okay der Bezirksregierung, die uns signalisiert hatte, dass auch noch die Quartalsstoff-Verteilungspläne vorzulegen und mit dem Schulrat abzustimmen seien.

Aus pädagogischen Gründen hatten wir geplant, die Reinigung der Schulräume durch Eltern durchführen zu lassen. Netti Troff entwarf dafür einen Organisationsplan. Bei der Vorstellung dieses Planes kam es zu einer Ergänzung, denn auch die wöchentlichen Möbel-Umstellungen – innerhalb der Woche Schulmöbel für den Unterricht und zum Wochenende die Möbel für die üblichen Gemeindeveranstaltungen - mussten von den Eltern übernommen werden. Die ausführliche Diskussion über den Schülertransport zeigte, dass es für den Anfang nur individuelle Lösungen geben könne. Mit viel Fantasie haben Eltern und Lehrer daran gearbeitet, den regelmäßigen Schülertransport für die Kinder sicherzustellen. In der ersten Zeit nahm sogar der Schulleiter Joachim Heffter regelmäßig am Schülertransport teil.

Noch einmal wurde über den Schulnamen diskutiert. Sollten wir zu dem Namen FCSO einen Zusatz, zum Beispiel „August-Hermann-Franke-Schule" als programmatische Ergänzung hinzufügen oder nicht? Schließlich wurde dieser Punkt ergebnisoffen vertagt. Doch es blieb bei dem Namen „Freie Christliche Schule Ostfriesland" (FCSO).

Bei der Vorbereitung des Festgottesdienstes am 9. August waren sehr viele Details zu berücksichtigen. Wer wird eingeladen, welcher Chor, welche Redner, wie viel Beiträge der Schüler, wie wird die Kinderbetreuung gestaltet, was ist für die Presse vorzubereiten? Diese und ähnliche Fragen beschäftigten uns nun ganz konkret in dieser Sitzung. In Kapitel 14 „Der Festgottesdienst am 9. August 1987" werde ich darauf zurückkommen.

Ein Blick auf die finanzielle Lage vermittelte uns, dass für einen laufenden Schulbetrieb noch 4.000 DM pro Monat fehlten. Dennoch waren wir dankbar über die Ausgangslage mit monatlich verbindlichen Spendenzusagen von 3.000 DM und Schulgeld von 2.000 DM pro Monat.

Nicht alle Planungen liefen reibungslos ab. Eines Abends meldete sich bei mir telefonisch ein Nachbar der Ev. freik. Gemeinde Loga, der meines Wissens auch Mitglied dieser Gemeinde war. Zunächst fragte er auf Plattdeutsch: „Sünd se de Vörsitzende van de Schoolverein, de hier in dat Gemeenhus mit'n School anfang'n willn?" (Sind Sie der Vorsitzender von dem Schulverein, der hier in dem Gemeindehaus mit einer Schule anfangen will?) Als ich das bejahte, sagte er unmissverständlich. „Dor word nix van" (Da wird nichts von). Nach einem ersten kleinen Schreck fragte ich ihn, warum er denn dagegen sei, worauf er antwortete, dass er mit dem „Kindergeschrei" als direkter Nachbar nichts zu tun haben wolle. Als ich ihm entgegen hielt, dass Kindergeräusche doch etwas Positives wären und der Unterricht doch nur vormittags stattfinden würde, meinte er, das wäre egal, er wäre jedenfalls dagegen, dass das Gemeindehaus als Schule genutzt werden sollte. Da ich nicht wusste, ob er eine Funktion er in der Gemeinde hatte, antwortete ich, dass uns die Entscheidung der Schulnutzung offiziell von der Gemeindeleitung mitgeteilt sei und er dort bitte die Angelegenheit klären möchte. Zum Glück hörten wir danach nichts mehr von ihm. Wer weiß, ob wir so kurzfristig eine andere Lösung gefunden hätten.

Aufgrund des in der Bezirksregierung geführten positiven Gespräches am 25. Mai hatten wir alle Vorbereitungen für den Schulstart getroffen, natürlich in der Zuversicht, dass wir auch noch die schriftlich Genehmigung erhalten würden. Endlich traf diese mit Schreiben vom 21. Juli ein, das uns am 28. Juli erreichte, nur wenige Tage vor dem Schulstart am 6. August. Nach monatelangem Warten löste das bei uns natürlich große Freude aus: Nun hatten wir es amtlich und schriftlich. Die FCSO konnte starten.

1987 Der erste Schultag

Mit großer Freude über den ersten Schultag der FCSO am 6. August 1987 trafen sich um 10.00 Uhr die ersten 26 Schulkinder (16 in Klasse 1 und 10 in Klasse 2) mit ihren Eltern und Verwandten, den ersten zwei Lehrern sowie Mitgliedern des Trägerkreises, des Freundeskreises und weitere Gäste in den vorbereiteten Unterrichtsräumen der Ev.-freik. Gemeinde Leer-Loga.

Start der FCSO im Haus der Ev. Freik. Gemeinde Leer-Loga, Verbindungsweg

Die Feierstunde wurde eröffnet mit dem musikalischen Vortrag „Die güldne Sonne", gespielt von Kindern der Familie Frommholz aus Aurich. Die Mutter, Elke Frommholz, hatte sich bereit erklärt, bei Bedarf als Vertretungslehrkraft tätig zu werden.

Die ersten Lehrer Edzard Günther und Joachim Heffter

Meine Begrüßungsrede eröffnete ich mit Psalm 118, Vers 24 und 25:

„Dies ist der Tag, den der Herr macht; lasst uns freuen und fröhlich an ihm sein. O Herr hilf! O Herr, lass wohl gelingen."

Die erste Einschulung der Klassen 1 und 2

Und weiter:

„Die Schule auf biblischer Basis setzt neue Akzente in Ostfriesland, in Niedersachsen, weil sie sich ausrichten soll an dem Wort unseres Herrn Jesus Christus. Diese Schule ist sein Werk und so soll es auch künftig bleiben. Deshalb gebührt diesem unserem Herrn Lob und Dank. Wir freuen uns sehr über diesen Tag! Darum soll das Eingangswort aus Psalm 118 am Anfang der neuen Schule, am Anfang der Einschulung stehen mit dem Ausdruck der Freude und der Bitte, dass der Herr hilft und Gelingen schenken möge." In diesen Tagen werden wir der Presse mitteilen, dass in Ostfriesland die erste Privatschule durch Eltern-Engagement entstanden ist. Daher möchten wir Ihnen, liebe Eltern, herzlich danken für den Mut, Ihre Kinder in dieser neuen Schule anzumelden. Durch Ihren Entschluss, durch Ihre praktische Hilfe in Form von Geld, handwerklichem Anpacken, Übernahme des Fahrdienstes, Mittragen in vielerlei Hinsicht und nicht zuletzt durch Ihre Fürbitte erleben Sie heute die Premiere einer neuen Schule, ja, Ihrer Schule. Möge es Ihnen unser Jesus Christus dadurch lohnen, dass Ihre Kinder fröhliche Schüler werden, dass sie gerne hierher kommen und die biblischen Erziehungsmerkmale in ihrem Leben sichtbar werden. Gleichzeitig wünschen wir uns vom Trägerkreis der Schule (VES) eine gute Zusammenarbeit innerhalb unserer Schulgemeinde, damit Eltern, Lehrer und Trägerkreis eine ersprießliche Arbeitsgemeinschaft bilden, um dem Erziehungsauftrag gerecht zu werden. Ganz gewiss wird die FCSO kein „Selbstbedienungsladen" sein können. Wir sind auf das besondere Engagement der Eltern, aber auch der Lehrer und von uns allen auch in Zukunft angewiesen, wenn wir die gesteckten Ziele erreichen wollen, Kindern ein zweites Zuhause und eine solide, gottwohlgefällige Lebensgrundlage zu vermitteln. Ich bin zuversichtlich, dass wir diese Schulgemeinde mit Leben füllen, wenn wir bereit sind, miteinander, aneinander und voneinander zu lernen und unser Sinnen und Trachten beständig auf unseren Herrn Jesus Christus zu lenken. Der Ev.-freik. Gemeinde danken wir ganz herzlich, dass sie uns ihre Räume zur Verfügung stellt. Unseren Lehrern Joachim Heffter und Edzard Günther wünsche ich Weisheit, Kraft und Gottes Segen für den Anfang und für die weitere Entwicklung unserer Schule. Wir beten: Herr Jesus Christus, wir danken dir für diesen Tag, für die Freude, dass deine Schule heute beginnen darf. Du hast das Werk begonnen und deshalb vertrauen wir darauf, dass du diese Schule wachsen lässt zum Segen der Kinder, Eltern und Lehrer. Lass alles Lernen und Arbeiten geschehen in Übereinstimmung mit deinem Willen und zur Ehre deines Namens. Wir danken dir, dass du Bewahrung und Gelingen schenken kannst und wir stets mit deiner Gegenwart rechnen können nach deiner Verheißung. Lob, Ehre und Preis sei dir, Vater, Sohn und Heiliger Geist. Amen." Mit der Einladung zum Festgottesdienst am 9. August beendete ich meine Begrüßungsrede.

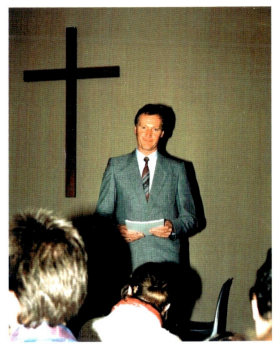
Meine erste Eröffnungsrede

Die folgende Andacht unseres 2. Vorsitzenden, Jürgen Höppner, wurde von gemeinsam gesungenen Strophen des Liedes „Geh aus mein Herz und suche Freud" umrahmt. Danach folgte ein Grußwort von Konrektor Martin Kuhn, der extra von Reutlingen, der ersten Schule dieser Art in Deutschland, zu uns gereist war. Der gemeinsam gesungene Kanon „Vom Aufgang der Sonne" leitete zu einer kleinen Theater-Vorführung der Kinder der Familie Frommholz mit dem Titel „Der Wind vor dem Richter" über.

Zu Hause hatten wir Spruchkarten mit Bibelversen vorbereitet. Unsere Tochter Simone hatte handschriftlich auf der Rückseite jeweils den Namen des eingeschulten Kindes mit den Wünschen für eine gute Schulzeit unter Gottes Segen eingetragen. Diese Karten überreichten Annelie und Hanna den Kindern, als sie namentlich aufgerufen wurden und nach vorne kamen, um vom Schulleiter und seinem Stellvertreter herzlich zur Einschulung begrüßt zu werden.

Bild oben: Die erstmals vorgetragene Schultaschengeschichte von Joachim Heffter
Bild unten: Hanna und Annelie verteilen handgeschriebene Spruchkarten

Joachim Heffter informierte danach in humorvoller Weise die Kinder (und die Eltern) über das, was sie in Zukunft zum Unterricht mitzubringen sei und was zu Hause bleiben müsse. Aus einer Schultasche holte er jeweils unter großem Gelächter der Zuhörer Spielzeug, Puppen, Autos und zuletzt eine Baby-Milchflasche hervor mit der Aufforderung, dass diese Dinge zu Hause bleiben müssten. Anschließend zeigte er Deutsch- und Malbücher sowie Federmäppchen, die in die Schultasche gehörten und mitzubringen seien. Sowohl diese Einführungsgeschichte von Joachim, als auch die Verteilung der handsignierten Spruchkarten wurden feste Programmpunkte bei allen zukünftigen Einschulungen.

Nach einigen Informationen über den weiteren Verlauf sangen wir das Abschlusslied: „Geh aus mein Herz und suche Freud` in dieser schönen Sommerzeit…." Danach ging es in die erste Unterrichtsstunde, in der die Erstklässler ohne ihre Eltern auskommen mussten und den Lehrer ganz für sich alleine hatten, während sich die Eltern, Verwandte und Gäste bei Tee und Kuchen kennenlernten und über diesen Schulanfang lebhaft ins Gespräch kamen.

Der erste Schultag endete mit dem üblichen Einschulungsfoto.

In mehreren Zeitungen wurde über den Start der FCSO und über den ersten Einschulungstag sehr ausführlich berichtet.

Der Festgottesdienst am 9. August 1987

Zu dem Festgottesdienst am Sonntag, 9. August 1987 um 14.00 Uhr, anlässlich der Eröffnung der Freien Christlichen Schule Ostfriesland hatten wir die Öffentlichkeit mit Rundschreiben an die Gemeinden und Gemeinschaften und mit Zeitungs-Anzeigen eingeladen.

In der vollbesetzten Aula der Emsschule in Leer konnten wir mit großer Freude etwa 700 Gäste begrüßen und uns für den großen Zuspruch herzlich bedanken.

Wir hatten ein sehr umfangreiches Programm vorbereitet. Es begann mit einem Orgelvorspiel von Gerd Erdmann aus Berumerfehn, einem Vortrag des Gitarrenchores Emden/ Berumerfehn unter Leitung von Irmtraud Baumann und dem gemeinsamen Lied: „Lobe den Herren, den mächtigen König der Ehren…"

Eröffnungs-Festgottesdienst, Erst- und Zweitklässler auf der Bühne, v. l. n. r. mit Jürgen Höppner, Joachim Heffter, Edzard Günther und Elke Frommholz

Meiner Begrüßung stellte ich ein Wort aus Hiob 42,2 voran: „Ich erkenne, dass du alles vermagst, und nichts, das du dir vorgenommen, ist dir zu schwer." Dieser Vers stand auch am Anfang der ersten Gründungsversammlung des Trägerkreises VES. Ich betonte, dass es sich gelohnt hätte, diesem Wort rückhaltlos zu vertrauen, denn nicht wir wären es, die Bleibendes schaffen, sondern Gott selbst. In aller Kürze schilderte ich den Beginn der Aktivitäten zur Schulgründung, zum Beispiel die Entwicklung von Informationsschriften, Info-Veranstaltungen, Freundeskreiswachstum und Schüleranmeldungen - bis zu diesem Tag schon 250, verteilt über mehrere

Eröffnungs-Festgottesdienst in der voll besetzten Aula der BBS-Schule in Leer, Bild u. r. mit dem Festredner Prof. Dr. Werner Gitt

Jahrgangsstufen und aus vielen Orten Ostfrieslands. Auch auf die Kontakte mit dem Kultusministerium und der Bezirksregierung ging ich kurz ein mit dem erfreulichen Hinweis, dass inzwischen alle erforderlichen Genehmigungen vorlägen. Schließlich brachte ich unsere Freude über diesen Festtag zum Ausdruck und begrüßte die Gäste, die jeweils ein Grußwort an die Festversammlung richten würden, nämlich Schulrat Hajo Jelden als Vertreter der Bezirksregierung, Bürgermeister Günther Boekhoff, Stadt Leer, Richard Kramer als Vertreter der Ev.-Freik. Gemeinde, Loga, die uns die ersten Unterrichtsräume zur Verfügung gestellt hatte, Gottfried Meskemper von der Ev. Bekenntnisschule Bremen sowie als Verteter der Arbeitsgemeinschaft Evangelischer Bekenntnisschulen und nicht zuletzt Prof. Dr. Werner Gitt mit seiner Frau Marion aus Braunschweig.

In seiner Festansprache mit dem Thema: „Maßstäbe für die Erziehung in einer Welt ohne Maßstäbe" ging Werner Gitt auf das Anliegen der FCSO als Schule auf biblischer Grundlage ein und unterstrich die Bedeutung der Bibel für Schule und Leben. Ohne Gottes Wort würde unsere Gesellschaft maßlos. Beispielhaft umriss er die Grundsätze einer biblisch orientierten Erziehung wie zum Beispiel Gottesfurcht, biblische Ausrichtung, die Vorbildfunktion der Lehrer, autoritäre Erziehung, Liebe und Zurechtweisung. Eine Erziehung ohne das Wort Gottes sei eine falsche Erziehung.

Nach einem Lied des Gitarrenchores und einem Kurzbericht über den Stand der Schulentwicklung durch Reinhard Troff kamen die ersten FCSO-Schulkinder der Klasse 1 und 2 mit ihren Lehrern Joachim Heffter und Edzard Günther auf die Bühne. Es war ersichtlich, dass besonders die Kinder der Klasse 1 erst drei Schultage hinter sich hatten und mit der Disziplin noch etwas Mühe hatten. Auf die Frage an Joachim Heffter nach seinem Eindruck über diese noch recht kurze Schulzeit und die heutige Veranstaltung hielt er die zumindest für diesen Tag kürzeste Rede: „Es gibt viel zu tun. Packen wir`s an!"

Bild oben: 1. Reihe v. l. n. r. Günther Vogel, Johannes Schmidt, Günther Boekhoff, Marion Gitt, Hanna und ich sowie Werner Gitt
Bild unten: 1. Reihe v. l. n. r. : Zwei Sängerinnen, Gisela und Edzard Günther, Joachim Heffter, Schulrat Jelden; Gottfried und Liesel Meskemper

Danach trat unser Freund Karl Schumann aus Hohenlimburg - der viele Freizeiten im Haus Leuchtfeuer auf Borkum und auf „Gut Holmecke" in Hemer bei Iserlohn organisierte, an denen wir damals mit unserer Familie oft teilnahmen - auf die Bühne, um mit allen Besuchern einen Kanon anzustimmen.

Unser stellvertretender Vorsitzender Jürgen Höppner sprach nun den Schülern, Lehrern und Eltern zum Schulanfang Gottes Segen zu und bat Gott um Bewahrung auf den Schulwegen und Gelingen für die weitere FCSO-Schulentwicklung. Nach einigen Bekanntmachungen durch Hartmut Achtermann und dem gemeinsamen Abschlusslied: „Wach auf, du Geist der ersten Zeugen," bei dem in der erbetenen Kollekte eine ansehnliche Summe für die Schulfinanzierung zusammen gelegt wurde, sprach Prof. Dr. Werner Gitt das Abschlussgebet mit der Bitte um Gottes Segen für die FCSO, Schüler, Eltern, Lehrer, den Trägerkreis VES und die Teilnehmer des Festgottesdienstes.

In den folgenden Tagen wurde in verschiedenen Tageszeitungen über diese Veranstaltung durchweg positiv berichtet. Unser Trägerkreis-Mitglied Dr. Walter Vietor schrieb einen Bericht über den Festgottesdienst, der in dem Nachrichtenblatt des Ostfriesischen Gemeinschaftsverbandes veröffentlicht wurde und als Vorlage für die Veröffentlichung in den christlichen Zeitschriften "Idea-Spektrum" und „Der Gärtner" diente.

Dass nun die FCSO die Arbeit aufnehmen konnte und die Schule in der Öffentlichkeit fest etabliert war, war für uns ein großes Wunder und Anlass zur Freude über das Wirken Gottes. Wer hätte gedacht, dass es mit dem für den August 1987 geplanten Schulstart tatsächlich klappen würde. Manchmal schienen uns die unerwartet hohen Hürden als fast nicht oder nicht so schnell überwindbar. Aber was wir gelernt haben und uns für die Zukunft Mut gemacht hat, ist, dass sich das Vertrauen auf Gottes Handeln wahrlich lohnt. Menschlich gesehen, könnten wir in manchen Situationen in Hektik geraten sein. Doch in gelassener Aktivität auf Gottes Führung vertrauen und Ihm die wesentlichen Lösungen für schwierige Situationen zuzutrauen, hat den Schulstart ermöglicht.

In der damaligen Freude über den Schulstart konnten wir noch nicht wissen, dass diese Erkenntnis noch vielen neuen Herausforderungen standhalten musste. Dass bei der weiteren Entwicklung der FCSO steinige Wege und dornige Hecken zu überwinden seien, haben wir vermutet. Was Gott an Wundern tun kann, wenn wir in seinem Auftrag unterwegs sind, lässt uns immer wieder voll großer Dankbarkeit erstaunen. Es ist wirklich spannend, wie Gott die weitere Entwicklung der FCSO geprägt hat.

Kapitel 15

Erste Erfahrungen mit dem Schulbetrieb und weitere Planung

Unsere erste reguläre Vorstands-Sitzung führten wir am 7. September bei uns zu Hause durch. Wir beschäftigten uns mit den Themen Finanzen, Spenden, Schulgeld, EDV-System, Mitgliederliste, mögliche weitere Standorte, Inhalt des nächsten Freundeskreisbriefes, Telefonanschluss, Fahrgeld-Zuschuss und Einkäufe notwendiger Materialien. Außerdem legten wir fest, welche Tagesordnungspunkte auf der nächsten Trägerkreissitzung zu besprechen wären.

Vielleicht war es der Freude über den gelungenen Schulstart zuzuschreiben, dass an der Trägerkreissitzung am 12. Oktober 1987 in den FCSO-Schulräumen, Leer-Loga, insgesamt 22 Trägerkreismitglieder und unsere beiden ersten Lehrer Joachim Heffter und Edzard Günther teilnahmen. In den ersten Jahren erwies sich die Teilnahme der Lehrer an den Trägerkreis-Sitzungen als sehr vorteilhaft.

Der Einladung zu dieser Sitzung war eine besonders lange Tagesordnung mit 13 Haupt- und 12 Unterpunkten beigefügt. Erstaunlich, dass sie alle abgehandelt werden konnten.

Zunächst gab es einen Rückblick auf den ersten Schultag am 6. August und den Festgottesdienst am 9. August, der von großer Dankbarkeit geprägt war. Einen breiten Zeitraum nahm die Rückschau auf den anfänglichen Schulbetrieb ein. Die ersten Unterrichtswochen waren von vielen Ersterfahrungen einer neuen Schule gekennzeichnet, wie uns Joachim Heffter und Edzard Günther berichteten. So legte Joachim großen Wert darauf, alle Schüler morgens per Handschlag zu begrüßen. Eine kurze morgendliche Andacht wurde zur festen Einrichtung. Eltern oder Freunde sollten gebeten werden, weitere Schulmaterialien wie Film- und Dia-Geräte, ein Episkop oder Landkarten zu spenden. Inzwischen waren schon von Eltern und Freunden ein Klavier, eine E-Orgel und ein Xylophon zur Verfügung gestellt worden.

Auch die Zusammenarbeit mit der Schulaufsicht, Herrn Schulrat Jelden, hatte sich positiv entwickelt. Als Vorteil zeigte sich auch, dass Mariechen Hof aus Hage jeden Tag ihr Kind zur Schule brachte und während der ganzen Unterrichtszeit als Schulsekretärin Schreibarbeiten erledigte und nebenbei auch für die manchmal auftretenden kleinen Probleme der Kinder hilfreich zur Stelle war.

Die ersten üblichen Schul-Elternratswahlen verliefen erfolgreich. Das Kultusministerium hatte einen Bericht über die Ausgestaltung des „Biblischen Unterrichts" angefordert, der im Rahmen „Werte und Normen" zu halten war, weil wir ja keinen „Evangelischen Religionsunterricht" durchführen würden. Außerdem müsse das Proprium der FCSO noch etwas präziser formuliert werden. Zu den inhaltlichen Angaben, die im Wesentlichen in unserem Erziehungskonzept formuliert seien, müsse die methodisch-didaktische Umsetzung näher beschrieben werden. Diese Aufgabe sollte der Pädagogische Arbeitskreis bei nächster Gelegenheit erledigen.

Um auch einen guten Sportunterricht zu gewährleisten, konnte in Nüttermoor für jeweils Mittwochvormittags von 8.30 bis 12.00 Uhr die Sporthalle für 7 DM pro Stunde angemietet werden.

Zum weiteren organisatorischen Ablauf gehörte der Reinigungsplan, den Netti Troff für die Eltern - mit wöchentlichem Wechsel - erstellt hatte und zunächst bis Februar 1988 gelten sollte. Der durch Eltern durchzuführende Reinigungsdienst hatte neben der günstigen Kostenseite auch einen pädagogischen Ansatz. In späteren Jahren nahmen wir davon allerdings wieder Abstand, weil sich dieses Konzept aus verschiedenen Gründen nicht bewährte.

Zur Sprache kamen noch folgende Überlegungen: Bereits im nächsten Schuljahr waren weitere Unterrichtsräume erforderlich. Verschiedene Objekte in Leer - z. B. die frei gewordenen Gebäude des Arbeitsamtes oder der Polizei - standen zur Disposition. Der Arbeitskreis „Bau und Gebäude" übernahm es, insbesondere Georg Tjards und Peter Steiger, diese angedachten bzw. angebotenen Objekte zu prüfen.

Es wurde diskutiert, wann in dem Ort Firrel ein weiterer Schulstandort eingerichtete werden könnte, weil sich dort mehrere Personen, insbesondere Herr Ackermann, dafür stark gemacht hatten. Zu den zahlreichen Anmeldungen von dort müssten jedoch noch mindestens 5 weitere hinzukommen, um konkret einen Standort zu planen. Dass dies nicht gelungen ist, wie auch an anderen anvisierten Orten, sehen wir aus heutiger Sicht als das Handeln Gottes an, der Türen öffnet oder zuschließt. Er wusste schon vor uns, dass wir mit der Organisation und Verwirklichung mehrerer Standorte total überfordert gewesen wären. Außerdem sollten verschiedene Möglichkeiten zur Beschaffung von gebrauchten Schulmöbeln erwogen werden.

Unser Kontostand per 7.10. betrug rund 41.000 DM. Damit war also für die nächsten Monate die Finanzierung gesichert.

Am 17.10. sollte eine Sitzung der AEBS (Arbeitsgemeinschaft Evangelischer Bekenntnisschulen) in Frankfurt stattfinden. Auf meine Nachfrage, wer mit mir daran teilnehmen möchte, meldete sich Anno Steevens. Im Rahmen einer nächsten Sitzung wollten wir dann darüber berichten.

In dieser Sitzung wurde ebenfalls besprochen, wie das Programm des ersten Schulfestes, das am 17. 10. auf dem kleinen Schulhof hinter dem Gebäude stattfinden sollte, gestaltet werden könnte. In erster Linie wollten wir den Schülern einen unvergesslichen Tag mit Spiel, Sport und Basteln bieten. Gleichzeitig sollte es eine gute Gelegenheit sein, dass sich Eltern und Freunde näher kennenlernen und dass sich durch Gespräche in lockerer Atmosphäre mit Lehrern und Mitgliedern des Trägerkreises eine gute „Schulgemeinde" entwickelt. Wie uns berichtet wurde, war das Schulfest eine gelungene Veranstaltung. Anno Steevens und ich waren an dem Tag bekanntlich nach Frankfurt zur AEBS-Sitzung gefahren.

Wir trafen uns am 27. Oktober zu einer weiteren Sitzung bei Familie Frommholz in Aurich mit 19 Personen. Als neue Mitglieder konnten wir das Ehepaar Helmut und Mariechen Hof sowie Rosemarie Claus begrüßen. Während dieser Sitzung hatten wir auch Vorstandswahlen auf der Tagesordnung. Dies wäre erst 2 Jahre später erforderlich gewesen, aber wir wollten nicht jeweils den gesamten Vorstand zur Wahl stellen. Deshalb sollte die Hälfte jetzt neu gewählt werden, um eine gewisse Überlappung im 2-jährigen Rhythmus zu gewährleisten. Somit wurden also an diesem Abend der 2. Vorsitzende Jürgen Höppner und die Beirätin Elisabeth Herren für die nächsten 4 Jahre (wieder)gewählt.

Ausführlich beschäftigten wir uns mit der Frage der Einrichtung einer Vorschule. Vor- und Nachteile wurden gegeneinander abgewogen. Zu einer Entscheidung kam es allerdings noch nicht.

Es lag in der Natur der Sache, dass von Sitzung zu Sitzung immer wieder gleiche Themen bzw. Anliegen zu besprechen waren, zum Beispiel:

Es wurden uns Schulmöbel von der Bremer Bekenntnisschule geschenkt, von der Pewsumer Schule könnten wir Stühle für 5 DM pro Stück abholen, ein neuer Freundeskreisbrief war in Arbeit, das für den 26. November geplante Freundeskreistreffen war zu besprechen, eine Telefonkette der Trägerkreismitglieder für schnelle Querinformationen wurde erstellt. Wir berichteten ausführlich über die AEBS-Sitzung in Frankfurt. Wichtige Erkenntnisse für einen Schulaufbau ergaben sich aus den Schilderungen mehrerer Initiativen. Dass es an manchen Orten zum Teil große Widerstände auch von Städten und Gemeinden gegen christliche Schulgründungen geben würde, machte uns dankbar für unseren doch relativ problemlosen kurzfristigen Schulstart. Aufgrund der unterschiedlichen Schulpolitik in den Bundesländern muss jede freie Schule ein eigenständiges Profil entwickeln. Für uns war die klare biblische Ausrichtung einer christlichen Schule wichtig. Vor diesem Hintergrund wurde auch eine gemeinsame Haltung gegenüber der Öffentlichkeit empfohlen, wie zum Beispiel: Positiv formulieren, was wir wollen, nicht anders sein wollen, sondern es richtig machen, bei uns ginge es nicht um eine Sache, sondern um die Person Jesus Christus. Deshalb sollten wir uns in Veranstaltungen oder Diskussionen immer verbindlich und nicht provokativ äußern.

Die Erfahrungen anderer Initiativen und der Austausch über das gleiche Anliegen haben uns ermutigt und unserer Aufbauarbeit gut getan.

Das Freundeskreistreffen am 26. November im Gemeinschaftshaus Spetzerfehn war mittelmäßig besucht. Das Programm war absichtlich sehr locker ohne irgendwelche Reden gestaltet und sollte viel Raum für Gespräche und Diskussionen geben. Die Sammlung ergab 903,70 DM sowie eine Einzelspende von 1.000 DM.

Die letzte Trägerkreissitzung des Jahres fand am 9. Dezember 1987 bei uns zu Hause mit 18 Teilnehmern statt.

Der ERF (Evangeliums-Rundfunk) hatte bei uns angefragt, ob sich jemand aus unserem Trägerkreis an einer Gesprächsrunde beteiligen könnte, um über die Gründung freier christlicher Schulen in Deutschland zu diskutieren. Wir mussten aus Termingründen absagen. Allerdings waren wir zu diesem Zeitpunkt auch sehr zurückhaltend gegenüber Anfragen zu öffentlichen Verlautbarungen (nicht bei ERF), denn leider wurden Berichte über christliche Schulgründungen von Gegnern oft missverständlich interpretiert oder bewusst negativ kommentiert.

Verschiedene Themen des Schulbetriebes wurden besprochen und eine schulinterne Weihnachtsfeier für den 19. Dezember geplant. Nach einigen Anmerkungen bezüglich Formulare, Versicherungsfragen, Finanzen und der zunehmenden Schüleranmeldungen einigten wir uns auf einen neuen Sitzungstermin am 8. Februar 1988.

In der abschließenden gemütlichen Runde bei adventlichem Kerzenschein war viel von Dankbarkeit die Rede. Der Schulstart, der gelungene Unterricht in den ersten Monaten, die Zufriedenheit der Schüler und Eltern, die bisher übersichtliche Finanzierung und nicht zuletzt erste positive Rückmeldungen aus der Öffentlichkeit hatten bei uns Freude und Dankbarkeit ausgelöst. Das kam auch in der abschließenden Gebetsgemeinschaft deutlich zum Ausdruck. In verschiedenen Formulierungen wurden die ersten Verse von Psalm 103 praktisch umgesetzt: „Lobe den Herrn, meine Seele, und was in mir ist, seinen heiligen Namen! Lobe den Herrn, meine Seele, und vergiss nicht, was er dir Gutes getan hat."

Das Nicht-Vergessen war dabei sehr wichtig, besonders dann, wenn man vor neuen Mauern stand, die man nicht überblicken konnte. Zu diesem Zeitpunkt wussten wir das allerdings noch nicht. Aber diese sollten uns in den nächsten Jahren scheinbar noch manchen Weg versperren. Doch dazu später mehr.

1988 Die Schule entwickelt sich

Die Entwicklung der ersten drei Schulgründungsjahre habe ich sehr detailliert mit Angabe der einzelnen Daten, Abläufe und Aktionen geschildert. Bezüglich der weiteren Aufbaujahre werde ich auf chronologische Daten der Trägerkreis-Sitzungen verzichten und im Wesentlichen über die weiteren Schritte und Geschehnisse thematisch berichten.

Nach dem gelungenen Start der FCSO ergaben sich für uns im Trägerkreis, Vorstand und in den verschiedenen Arbeitskreisen Aufgaben, die uns immer wieder neu herausforderten. Wir konnten ja nicht auf Erfahrungen, wie eine Schule gegründet und entwickelt wird, zurückgreifen. Alles war für uns Neuland. Die Aufgaben wurden angenommen und nacheinander erledigt. Dabei war uns bewusst, dass wir uns nach dem erfolgreichen Start nicht einfach zurücklehnen und auf einen Beobachtungsposten zurückziehen können. Vielmehr entwickelte sich eine intensive und vertrauensvolle Zusammenarbeit zwischen den Lehrern Joachim Heffter und Edzard Günther, die für die Unterrichtsgestaltung und die pädagogischen Aufgaben zuständig waren und dem Trägerkreis, der sich für die weitere organisatorische Entwicklung einsetzte.

Bis zum Mai hatte sich die Schülerzahl auf 30 erhöht. Der Unterricht verlief nach Plan, und wir freuten uns über manche positiven Rückmeldungen einiger Eltern. Der von ihnen durchgeführte Reinigungsdienst funktionierte reibungslos, obwohl der wöchentlich stattfindende Möbel-Wechsel-Dienst - in der Woche Unterricht, am Sonntag Gemeindeveranstaltung - etwas aufwändig war. Die Planung und Aufsicht hatte inzwischen Gertrud Kramer, Mitglied der Gemeinde, übernommen.

Im Unterrichtsverlauf zeigte sich, dass noch viel Unterrichtsmaterial zu beschaffen sein würde. Deshalb nahmen wir in den Freundeskreisbriefen wiederholt Aufrufe zu Sachspenden, z. B. Musik- und Sportinstrumente, Schränke. Spielsachen, Kinderliteratur, Dia-Projektor, Recorder, Kartenständer usw., auf. Dabei kam es manchmal zu interessanten Begebenheiten: Eine Bürohilfe wollte für die FCSO in einem Fachgeschäft ein Farbband besonderer Art für eine handbetriebene Schreibmaschine besorgen. Die Suche danach bemerkte ein anderer Kunde. Kurze Zeit später brachte dieser freundliche Herr eine neue elektrische Schreibmaschine als Geschenk in die Schule. Ähnliche Vorgänge erlebten wir wiederholt auch in den Folgejahren. Unser großartiger Gott bewies immer wieder jeweils zur rechten Zeit, dass er Menschenherzen bewegen kann, Gutes zu tun.

In den Trägerkreis-Sitzungen beschäftigten wir uns im Laufe des Jahres mit der Frage nach dem Standort für unsere Schule, sowie mit der Planung eines Spielkreises und anderer Vorschulprojekte, wobei letzteres wegen mangelnder Anmeldungen nicht weiter verfolgt wurde.

Die Diskussion um christliche Schulen war nicht nur in Ostfriesland aktuell. Die gesellschaftliche linksideologische Entwicklung veranlasste uns, in mehreren Ausgaben unserer Freundeskreisbriefe Artikel mit christlichen Wertmaßstäben zu veröffentlichen, und zwar den Bericht des Gnadauer Verbandes von einem Kongress unter dem Thema: „Schritte zu den Kindern", einen Beitrag von Eberhard Mühlan mit dem Titel: „Gibt es eine biblisch orientierte Kindererziehung?" und ein „Plädoyer für die evangelikale Alternativ-Schule" von Prof. Dr. G. Schröter.

Wie bereits in dem Kapitel „Informationsveranstaltungen" geschildert, nahmen wir im Laufe des Jahres an verschiedenen Orten die geplanten Termine mit guter Resonanz wahr. Auch diese Veranstaltungen trugen sehr stark zum Wachstum unseres Freundeskreises mit inzwischen über 380 Adressen bei. Die Schüler-Voranmeldungen von verschiedenen Jahrgängen und aus vielen Orten Ostfrieslands waren auf über 300 angestiegen.

Wir hatten uns daher sehr zielstrebig mit künftig erforderlichen Schulräumlichkeiten zu beschäftigen. Im Laufe des Jahres untersuchten wir in Leer und Umgebung über 40 Objekte, ob sie sich für einen langfristig zu nutzenden Schulgebäudekomplex eignen würden. Dazu waren viele Gespräche mit Eigentümern, Bürgermeistern und Behörden erforderlich. Kein Objekt erwies sich als tauglich oder erschwinglich. Überraschenderweise ergab sich eine günstige Gelegenheit zu einer kurzfristigen Lösung für die Einschulungs-Jahrgänge August 1988 und 1989. Das Glaubenswerk „Hoffnung für alle" in Leer-Loga hatte am Weidenweg einen Neubau errichtet. Dieser Neubau lag nur ungefähr 500 Meter Luftlinie von

Unterricht ab 1988 am 2. Standort im Haus des Missionswerkes „Hoffnung für Alle e. V.", Leer-Loga, Weidenweg

dem ersten Standort am Verbindungsweg entfernt. Dieses neue Gebäude war für eine missionarische Arbeit „Menschen in Not" konzipiert. Gott hatte es wieder so gelenkt, dass die Verantwortlichen dieses Missionswerkes bereit waren, uns diese Räumlichkeiten für die nächsten 2 Jahre zur Verfügung zu stellen. Das entspannte zunächst die Lage bei der Suche nach einem eigenen Schulgebäude.

Für das neue Schuljahr ab August hatten wir 18 Erstklässler-Anmeldungen vorliegen. Wir vereinbarten die Einstellung der Lehrerin Hilke Bamberger (viele Jahre später Hilke Wehl), die wir ja schon in den Sitzungen bei Familie Frommholz in Aurich kennengelernt hatten.

Bei der Einschulungsfeier am 6. August wurden 18 ABC-Schützen in unsere Schulgemeinschaft aufgenommen. Nicht nur Muttis und Papis, sondern auch Omis, Opis und Tanten waren mitgekommen, um diesem Ereignis beizuwohnen. Die Kapelle am Verbindungsweg war bis auf den letzten Platz besetzt, als wir die Feierstunde mit dem Choral: „Großer Gott, wir loben dich…" begannen.

Unser Lehrer Edzard Günther berichtete über diese zweite Einschulung in der jungen Geschichte der FCSO wie folgt: „Der 6. August war nicht nur für 18 Erstklässler an unserer Schule ein besonderer Tag. Alle Schüler und Lehrer der drei Klassen, die Eltern der Erstklässler, sowie einige Gäste kamen am Morgen zusammen, um gemeinsam die Einschulung zu feiern, Gott für seine bisherige Hilfe zu danken und ihn um seinen Segen für das neue Schuljahr zu bitten. Die 6- oder 7-Jährigen kannten sich schon, da eine Woche zuvor bereits ein informelles Gartenfest bei Familie Michaelis in Amdorf mit Spielen, Kuchen und Gesang stattgefunden hatte. So war die Spannung in der Schule nicht mehr ganz so knisternd, und die Schüler und Schülerinnen freuten sich, schon bekannte Gesichter zu sehen. Werner Trauernicht stellte in seinem Grußwort u. a. fest, dass sich im Laufe eines Jahres die Zahl der Schüler an unserer Schule von 26 auf 52 verdoppelt habe." Scherzend rechnete er weiter: „Sollte dieser Trend anhalten, so dürfen wir uns in einem Jahr bei einer weiteren Verdoppelung auf 104 Kinder freuen. In zwei Jahren wären es dann 208, in drei Jahren 416, in vier Jahren 832…. und in zehn Jahren über 50.000! In 12 Jahren hätten wir ganz Ostfriesland bei uns!"

Prof. Dr. Werner Gitt, Braunschweig, der mit seiner Frau Marion ebenfalls an dieser zweiten Einschulungsfeier der FCSO teilnahm, ergänzte schmunzelnd, dass nach den Regeln der Mathematik bei einer jährlichen Verdoppelung in nur 27 Jahren die gesamte Weltbevölkerung bei uns zur Schule gehen würde!

Auch er wünschte uns den Segen Gottes für die weitere Arbeit an der Schule. Er betonte, wie bedeutsam es schon für Kinder sei, zu wissen, dass Gott die Welt und uns erschaffen habe, dass wir kein Zufallsprodukt, sondern gewollt und erwünscht sind. Humorvoll legte er dar, wie wichtig es ist, auf die Fragen der Kinder einzugehen: „Ein Kind fragte vor dem Abendgebet im Bett seinen Vater, woher denn

Einschulung 1988 mit Klasse 1, Bild oben, sowie Klasse 2, Bild Mitte und Klasse 3, Bild unten

die Menschen kommen. Der Vater antwortete, die Bibel zitierend: „Gott hat sie aus Staub gemacht!" Das Kind: „Wo gehen denn aber die Menschen hin?" Vater: „Sie werden wieder zu Staub". Das Kind sieht dann unter das Bett, holt einen Staubballen hervor und antwortet: „Du, Papa, ich glaub`, da unter meinem Bett ist einer! Ich weiß nur nicht, ob er gerade kommt oder schon wieder geht."

Jürgen Höppner ermutigte mit Worten aus dem 115. Psalm, Gott zu vertrauen. Wer sich auf andere(s) verlässt, ist verlassen, aber die Gottesfurcht ist der Weisheit Anfang! Die Weisheit, auf die es ankommt, ist, das zu tun, was vor Gott bestehen kann. Als Leitwort gab J. Höppner uns Psalm 115, 12a mit auf den Weg: „Der Herr denkt an uns und segnet uns."

Die Schultaschen-Geschichte mit humoristischen Einlagen von Joachim Heffter erheiterte nicht nur die Erwachsenen, sondern auch die Erstklässler. Sie verstanden sofort, welche Spielzeuge in Zukunft zu Hause bleiben müssen und dass stattdessen Deutsch und Matheheft sowie Malstifte und Schreibutensilien für den Unterricht in den Schulranzen gehören.

Zwei Anspiele und gemeinsam gesungene Lieder, bei denen die Schüler und Lehrer der 2. und 3. Klasse mitwirkten, gaben einen fröhlichen Rahmen. Es wurden Spruchkarten zur Begrüßung an die neuen Erstklässler, an die im Verlauf des letzten Schuljahres neu hinzugekommenen Schüler der beiden Klassen und an die neue Lehrerin Hilke Bamberger, verteilt.

Nach einer guten Stunde begaben wir uns dann zu den Schulräumen am Weidenweg. Für die Erstklässler kam nun der große Augenblick. Sie durften mit ihrer Klassenlehrerin Hilke Bamberger die erste Unterrichtsstunde erleben, die allerdings nur 20 Minuten dauerte. Länger wollten wir die Eltern nicht warten lassen. Anschließend gab es noch ein fröhliches Fotografieren, um die Erinnerung an diesen wichtigen Tag auch in Bildern festzuhalten.

Am 12. August erhielten wir Besuch aus Bremen. Lehrer und Mitarbeiter der FEBB (Freie Evangelische Bekenntnisschule Bremen) machten mit zwei großen Reisebussen und zahlreichen PKW eine Ostfrieslandtour und besuchten die damals noch recht kleine FCSO in Leer-Loga. Joachim Heffter, der vorher in der FEBB tätig war, begleitete die Besuchergruppe nach Leer, ins Rheiderland und über Ditzum bis an die Nordsee am Dollart.

Auf dem Schulgelände am Verbindungsweg gab es am Mittag für 125 Personen einen Eintopf und dabei einen regen Erfahrungsaustausch über den Aufbau einer neuen Schule. Auch die Schule in Bremen fing einmal sehr klein an, und derzeit waren wir von dem großen Schulkomplex tief beeindruckt.

Bevor das zweite Schulfest der FCSO am 17. September 1988 stattfinden konnte, musste erst das rückwärtige Gelände hinter der Kapelle mit Sand aufgefüllt werden. Spiel, Sport und Spaß für die Kinder, Eltern und Besucher sollten eine wachsende Schulgemeinschaft fördern. Es war zu spüren, dass ein echtes Interesse vorhanden war, denn über 300 Personen wollten dieses Ereignis miterleben.

Der tägliche Transport aller Schüler erfolgte meist mit privaten PKW. Mit der wachsenden Schülerzahl wurde das immer schwieriger. Deshalb beschlossen wir die Anschaffung von zwei gebrauchten Kleintransportern für ca. 10.000 DM. Zusätzlich erhielten wir das freundliche Angebot, auch den Bulli des EC-Kreisverbandes benutzen zu dürfen, weil dieser meistens nur an Wochenenden zum Einsatz käme. Nach einem Aufruf begann die Phase der ehrenamtlich tätigen Fahrerinnen und Fahrer bis hin im späteren Verlauf mit fest angestellten Personen für den Fahrdienst.

An dem 5. Freundeskreistreffen am 4. November in der Ev. freik. Gemeinde Weener nahmen etwa 90 Besucher teil. Bei diesem Treffen gab es viele interessante

Berichte aus dem Schulleben. Es wurden positive Beispiele aus dem Unterricht erzählt. Aus den Schilderungen der drei Lehrkräfte konnte man aber auch entnehmen, dass man sich keineswegs über Langeweile beklagen könne. Es musste viel improvisiert werden, zumal sich auch die Lehrer am Fahrdienst beteiligten, in den Pausen Aufsicht führten und nebenher auch noch die organisatorischen Aufgaben erledigten. Vielleicht war es deshalb auch kein Problem, sich zusammen mit der ehrenamtlichen Schulsekretärin Mariechen Hof das 3 bis 4 qm große Lehrerzimmer - das war die kleine Küche in der Kapelle - zu teilen. Man hatte ja kaum die Gelegenheit, sich hinzusetzen.

Die Spendenfreudigkeit bewirkte an diesem Abend ein sehr positives Ergebnis, denn mit dem zusammengelegten Betrag konnten die Kosten für einen ganzen Monat gedeckt werden. Ermutigend fanden wir, dass ohnehin bis zu diesem Zeitpunkt alle Gelder für das laufende Jahr hereinkamen und sogar noch eine gewisse Reserve als Startkapital für das nächste Jahr vorhanden war.

Nach wie vor hörten wir in der Öffentlichkeit, auch nach Beginn des zweiten Schuljahres, skeptische Bemerkungen, dass eine „Christliche Schule" doch nicht nötig sei und nicht in unsere Zeit passen würde. Unverständlich für uns war auch, dass sich sogar uns bekannte Christen mit solchen Aussagen zu Wort meldeten. So hieß es manchmal, dass man Kinder in einer biblisch orientierten Schule nicht mit zu viel „christlichen Vokabeln überfüttern" dürfe und dass sie nach einer „wohlbehüteten Zeit in einer christlichen Schule" für das „normale Leben" wohl nicht tauglich wären.

Woher kam ein solches Denken? Hatten auch Christen schon das Vertrauen in Gottes ewig gültiges Wort als allein maßgebend für das ganze Leben auf dem Altar des Zeitgeistes, des Pluralismus oder einer falsch verstandenen Toleranzhaltung geopfert? Manche Leute hatten ohnehin eine merkwürdige Vorstellung von einer christlichen Schule. So wurde meine Frau Hanna einmal allen Ernstes aus der weiteren Nachbarschaft gefragt, ob es in unserer Schule außer Religion auch noch andere Fächer gäbe. Gerne hat sie Auskunft darüber gegeben, dass es sich bei der FCSO um eine ganz normale Schule handeln würde, in der aber biblische Maßstäbe eine grundlegende Rolle spielen würden. Solche Gespräche waren immer eine gute Gelegenheit, deutlich zu machen, dass eine klar fundierte, sich bewährende Lebensorientierung in den Grundwerten des christlichen Glaubens nach Maßgabe der Heiligen Schrift, nicht aber in Ideologien, Religionen oder christlich angehauchten Philosophien zu finden sei. Schulen auf biblischer Basis entstehen nicht aus übereilten Entschlüssen einiger „Querköpfe", sondern aus der Not der immer mehr um sich greifenden gottesfeindlich-ideologisierten Gesellschaftsentwicklung. Insbesondere ist es der Auftrag Gottes, dass Christen Salz- und Lichtfunktion in dieser Welt ausüben sollen, um dem Evangelium von Jesus Christus Geltung zu verschaffen.

Aus dieser Verantwortung heraus haben Christen und speziell Christliche Schulen, die Chance und die Aufgabe, auf biblischer Grundlage gerade junge Menschen anzuleiten, - die Herausforderungen des Lebens mit Gottes Hilfe anzunehmen, - in einer problembeladenen Welt Hoffnungsträger zu sein, - sich im Vertrauen auf Gottes Führung mutig den vielfältigen Aufgaben in unserer Gesellschaft zu stellen, - gemäß dem biblischen Auftrag einer verlorenen Welt zeugnishaft und glaubwürdig die Botschaft der Liebe Gottes zu verkündigen und vorzuleben.

Kapitel 17

1989 Geklärte Standortfrage

Die Suche nach einem passenden Schulgebäudekomplex war bisher erfolglos geblieben. Immerhin sahen wir die zwingende Notwendigkeit, spätestens bis zur Einschulung am 2. September weitere Schulräume beschaffen zu müssen. Außerdem könnte eine Klassenteilung bevorstehen, wenn die Schülerzahl eines Jahrganges auf über 28 ansteigen würde. Im Januar lagen bereits ca. 25 Anmeldungen für die nächste Einschulung vor.

Viele Fragen, viele Themen, viele Aufgaben. Uns wurde klar, dass wir sie nicht alle in den nächsten Sitzungen ausreichend genug behandeln könnten. So vereinbarten wir, uns dafür mehr Zeit zu nehmen und uns zu einer Klausurtagung am 3. und 4. März 1989 im Ferienhaus Froschblick, Greetsiel, zu treffen. Gesagt, getan.

Wir konnten dort ohne Zeitdruck folgende Anliegen beraten:

- Wie gestalten wir mit welchen Inhalten neue Informationsschriften/Faltblätter?
- Wie und mit welchen Personen organisieren wir die verschiedenen Arbeitsbereiche im Trägerkreis, in der Unterrichtsgestaltung, in der Eltern- und in der Öffentlichkeitsarbeit?
- Welche Schritte sind konkret zur Beschaffung von zusätzlichen Schulräumen zu gehen?
- Wie könnte die dafür erforderliche Finanzierung aussehen?

Die Klausurtagung verlief sehr harmonisch und ließ uns noch näher zusammenrücken. Es waren dabei: Hilke Bamberger, Alfred und Folla Dirks, Helmer und Elke Frommholz, Edzard und Giesela Günther mit zwei Kindern, Elisabeth Heeren, Joachim Heffter, Angelika Köller, Werner und Hanna Trauernicht, Helga-Luise Saathoff, Reinhard Troff, Walter und Anne Vietor und Günther Vogel. Wie schon an anderer Stelle erwähnt, konnten aus verschiedenen Gründen nicht alle bisherigen Trägerkreismitglieder regelmäßig oder gar nicht mehr mitarbeiten. Deshalb waren wir sehr dankbar über die ehrenamtliche personelle Verstärkung durch die neuen Trägerkreismitglieder Hartmut Achtermann, Ingrid Husmann, Arthur Kroon-Husmann, Angelika Köller, Gertrud Kramer und Theo Weber.

Am 2. Februar hatten wir ein erfolgreiches Vorstellungsgespräch mit dem Lehrer Arno Herdt, mit dem wir die Einstellung als Klassenlehrer für die nächste Einschulungsklasse vereinbarten.

An den AEBS-Sitzungen in Frankfurt nahmen wir nach Möglichkeit immer teil, so zum Beispiel am 11. März. Als Gastmitglied profitierten wir von den Erfahrungen anderer Schulen und Gründungsinitiativen im Bundesgebiet. Je nach Bundesland wurde von sehr unterschiedlichen Chancen und Problemen beim Aufbau einer christlichen Schule berichtet. Der Austausch über die wunderbare und ortsbezogene Hilfe Gottes bei den Bemühungen um eine Schulgründung war auch für uns stets ermutigend.

Zu einem normalen Schulablauf gehört auch der Sportunterricht. Auf dem aktuell genutzten Schulgelände gab es hierfür keinen Raum, aber es musste eine Lösung geschaffen werden. Mit der Stadt Leer konnten wir die gebührenpflichtige Nutzung der Sporthalle in Nüttermoor vereinbaren. Dort fand in den folgenden Jahren der Sportunterricht statt. Ein entsprechender Fahrdienst musste dafür ebenfalls eingerichtet und zu verschiedenen Zeiten die einzelnen Jahrgänge hin und her transportiert werden. Das waren erschwerte Umstände mit Zeitverlust und Zusatzkosten. Aber eine bessere Lösung gab es nicht. Das hat zwar relativ gut funktioniert, aber uns vor eine neue Herausforderung gestellt: Die Frage nach einer eigenen Sportstätte wurde immer dringlicher.

Gegenwind! Manche Vorgänge beschäftigten uns zwischendurch sehr intensiv. Es wurde ganz offen versucht, den Erfolg der Schule zu torpedieren. Ein Pastoren-Ehepaar aus Okkenhausen hatte zum Beispiel ihre Kinder bei der FCSO angemeldet. Kurze Zeit später hörten wir, dass der zuständige Superintendent die Eltern aufgefordert habe, die Schüleranmeldung zurückzuziehen, weil die Anmeldung von Pastorenkindern eine positive Signalwirkung hätte, die man nicht dulden wolle. Falls die Anmeldung nicht rückgängig gemacht würde, hätte das dienstliche Konsequenzen.

Auch eine für diesen Ort zuständige Schulrätin äußerte sich in der Öffentlichkeit negativ über die FCSO. Dieses unfaire Verhalten konnten wir nicht so hinnehmen. Deshalb schrieb ich an das zuständige Landeskirchenamt in Hannover eine Dienstaufsichtsbeschwerde über den Superintendenten K., Rhauderfehn. Damit hatte man wohl nicht gerechnet, denn uns wurde berichtet, dass es Unruhe und heftige Diskussionen gegeben habe. Wir erhielten vom Landeskirchenamt Hannover, Herrn von Camphausen, ein Antwortschreiben mit der Feststellung, dass die Beschwerde als gegenstandslos zurückzuweisen sei und man gegenseitiges Verständnis bei unterschiedlicher Sichtweise haben solle. Das war zwar nicht die Antwort, die wir erwartet hatten, aber wir wollten uns auch nicht mit weiteren Diskussionen belasten.

In der Dienstaufsichtsbeschwerde über die Schulrätin beim zuständigen Schulamt beanstandeten wir die Verletzung der Neutralitätspflicht gegenüber unserer genehmigten FCSO und forderten eine Unterlassungserklärung. Meines Wissens bekamen wir keine Antwort, aber wir hörten auch keine weiteren negativen Äußerungen.

Mit der Schule wuchsen auch die organisatorischen Aufgaben. Es sollten zum Beispiel in der Jahreshauptveranstaltung am 11. Mai neben dem Jahresbericht außer (Wieder-)Wahlen zum Vorstand weitere aktuelle Themen behandelt werden: Finanzen, Telefonliste zur schnelleren Kommunikation im Trägerkreis, Fahrdienst, weitere Suche nach ehrenamtlicher Mitarbeit und das Programm für das Schulfest am 3. Juni. Das dritte Schulfest sollte noch umfangreicher als das zweite gestaltet werden. Deshalb wurde beschlossen, ein Zelt aufzustellen, mehrere Spielstände mit Springburg aufzubauen, Musikvorträge und Filme anzubieten und eine reiche Auswahl an Kuchen und Getränken vorzubereiten. Erstmals wurden zwecks besserer Übersicht und Organisation Laufkarten entwickelt, die man für zwei DM erwerben könnte.

Das Schulfest verlief aufgrund der guten Vorbereitung sehr positiv. Der Zuspruch, nicht nur durch Schüler und Eltern, sondern auch durch viele Kinder und Besucher von außerhalb, war außerordentlich gut. Es wurden über 300 Laufkarten ausgegeben. Ein fröhliches Schulfest mit positiver Werbewirksamkeit! Allerdings ist auch deutlich geworden, dass einige Trägerkreismitglieder und die Lehrer besonders eingespannt waren und für das nächste Schulfest mehrere Eltern einbezogen werden müssten. Erstmals hatte sich Ingrid Husmann sehr intensiv bei der Organisation des Schulfestes engagiert und auch in den folgenden Jahren durch neue Ideen und materiellen Einsatz nicht nur die Schulfeste, sondern auch Einschulungs- und -Abschlussfeiern sehr bereichert.

Für jedes neue Schuljahr mussten frühzeitig Stoff- und Unterrichtspläne erarbeitet und der Bezirksregierung zur Prüfung vorgelegt werden. Diese umfangreiche Arbeit wurde neben dem normalen Unterrichtsdienst durch unsere Lehrkräfte Joachim Heffter, Edzard Günther und Hilke Bamberger geleistet. Wir können im Nachhinein voller Dank und Anerkennung nur unsere Bewunderung für diesen außergewöhnlichen Einsatz zum Ausdruck bringen. Es ist Gottes Art, seine Nachfolger zu solch außergewöhnlichem Tun zu befähigen.

Wie ging es nun weiter mit der Suche nach einem passenden Schulgebäude? Auch hierbei erlebten wir das fürsorgliche Handeln Gottes. In der Gemeinde Moormerland, Ortsteil Veenhusen, Birkhahnweg 2, gab es eine Baustoffhandlung Jelten, die zur TRAUCO-Handelsgruppe gehörte. Dieser Standort wurde aufgrund einer mehrjährigen Unwirtschaftlichkeit geschlossen und an ein Speditionsunternehmen mit dem Vorbehalt einer Betriebsgenehmigung verkauft. Eines Tages hörte ich, dass dieser Verkauf „leider" doch nicht zustande käme, weil die Spedition aufgrund der Standortlage keine entsprechende Genehmigung für den Betrieb einer Spedition erhalten würde.

Hätte ich diese Information erhalten, wenn ich nicht in dieser Firma tätig gewesen wäre? Wer weiß! Jedenfalls nutzte ich diese Gelegenheit und fragte den Firmengründer und -inhaber Rolf (Tullum) Trauernicht - er war mein ältester Bruder und Chef - ob wir dieses Objekt kaufen könnten. Wir seien auf der Suche nach einem Standort für unsere wachsende Schule. Allerdings würden wir den mit der Spedition vereinbarten Preis von 950 TDM kaum bezahlen können, weil wir ja auch noch erhebliche Umbaukosten einkalkulieren müssten. Er möge doch einmal prüfen, ob er den Verkauf auch zu einem wesentlich niedrigeren Preis akzeptieren könne. Immerhin könnte der Verkauf kurzfristig ohne die Suche nach weiteren Kaufinteressenten realisiert werden.

Nach einer gewissen Bedenkzeit erhielt ich eine positive Antwort. Rolf war bereit, uns dieses Objekt für 750 TDM zu überlassen. Er meinte, dann müssten eben 200 TDM mehr als Verlust ausgebucht werden, damit müsse man irgendwie klar kommen. Außerdem sei es ja auch ein gutes Werk, den Aufbau der FCSO in dieser Form zu unterstützen. Mit großer Freude konnte ich in der Sitzung am 15. Juni diese gute Nachricht überbringen.

Das im Juli 1989 erworbene Objekt „Baumarkt Jelten" in Veenhusen

Den Freundeskreis informierten wir mit einer Extra-Meldung im Freundeskreisbrief Nr. 12 über die erfolgreiche Kaufverhandlung am 27. Juli mit Wirkung zum 1. August 1989. In der farblich gestalteten Sonderbeilage warben wir um einmalige Sonderspenden, monatliche Dauerspenden, zinslose Freundeskreis-Darlehen. Außerdem baten wir um aktive und ehrenamtliche Mitarbeit bei den künftigen Umbaumaßnahmen, damit wir die benötigten Schulräume kostengünstig fertig stellen könnten.

Nun stand das Bemühen um günstige Kredite an, was für uns eine große Herausforderung und auch eine Glaubensprüfung war. In allen Situationen erlebten wir

Gottes gnädiges Handeln. Wenn wir jetzt mit diesen großen Beträgen zu rechnen hatten, gingen wir damit nicht ein zu großes Risiko ein? Folgende Worte der Bibel im Freundeskreisbrief sollten nicht nur uns, sondern auch unsere Freunde ermutigen: „Wenn er spricht, so geschieht es; wenn er gebietet, so steht`s da." Psalm 33,9. „Mit meinem Gott kann ich über Mauern springen. Gottes Wege sind vollkommen, des Herrn Worte sind durchläutert. Er ist ein Schild allen, die ihm vertrauen. Denn wer ist Gott, wenn nicht der Herr? Und wer ist ein Fels, wenn nicht unser Gott?" 2. Samuel 22, 30b-32.

Als wir - Joachim Hefter, Peter Steiger und ich - am 20. Juni mit dem Ortsrat Veenhusen ein Informationsgespräch bezüglich des neuen Schulstandortes führten, wurden Bedenken geäußert: Die Grundschule Veenhusen könnte gefährdet sein, oder eine Störung des „Religionsfriedens" zwischen der Ev.-ref. Gemeinde und den Baptisten sei zu befürchten. Wir äußerten wegen der Grundschule Verständnis, aber wiesen auf die Tatsache hin, dass ja die Schule für Schüler aus dem gesamten ostfriesischen Raum geplant und nicht gegen eine bestehende Schule vor Ort gerichtet sei. Peter Steiger erklärte, dass mit Problemen zwischen den Kirchengemeinden schon gar nicht zu rechnen sei.

Die Gemeinde Moormerland hatte darüber zu entscheiden, ob der Standort als Sondergebiet ausgewiesen werden könnte. Der Landkreis Leer signalisierte uns auf Anfrage, dass man einer Bebauungsplanänderung zustimmen würde, wenn auch die Gemeinde dafür sei. Darüber wurde, wie uns berichtet wurde, in der Gemeinderatssitzung recht lebhaft diskutiert. Einige waren dagegen, aber die Mehrheit dafür. Für diese kluge Entscheidung waren wir sehr dankbar. Die OZ berichtete im Juli ausführlich über die Ratssitzung der Gemeinde Moormerland und titelte: „Schon bald Privatunterricht im ehemaligen Baumarkt."

Nun konnte mit den Detailplanungen begonnen werden. Der neue Arbeitskreis „Bauausschuss" mit Georg Tjards, Peter Steiger, Hinrich Troff, Artur Kroon-Husmann und Elisabeth Heeren übernahm für die Durchführung die Verantwortung.

Am 21. August führten wir - Georg Tjards, Peter Steiger, Günther Vogel und ich - ein Gespräch mit der Ev. Darlehensgenossenschaft, Herrn Donnerstag, in Münster. Wir verhandelten über ein Bau-Darlehen von 1, 2 Millionen DM. Eine Entscheidung wurde zum 19. Oktober in Aussicht gestellt. Wir erhielten die Zusage mit der Maßgabe, dafür 7,25 % Zinsen und variable Tilgungsraten zu bezahlen. Ab November konnte das Darlehen abgerufen werden. Aus dem Freundeskreis wurden uns 20 TDM zinsloses Darlehen zur Verfügung gestellt.

An den Umbau- und Renovierungsarbeiten beteiligten sich ab September fast jeden Samstag bis zu 15 ehrenamtliche Helfer aus den verschiedenen Gemeinden und Gemeinschaften Ostfrieslands. Es war stets eine gute Stimmung unter den freiwilligen Helfern, die sich im Laufe der Zeit auch persönlich nahe kamen. Wir haben auch diese Einsätze als sehr ermutigend empfunden.

Nieklaas Swart berichtete über die dritte Einschulungsfeier seit dem Start der FCSO wie folgt: „Lange schon war alles vorbereitet. Der Ranzen war gepackt, die Schultüte im Kindergarten gebastelt und von den Eltern mit vielen Überraschungen gefüllt. Unser Markus konnte kaum den Tag erwarten, bis es endlich soweit war, dass er eingeschult wurde. Sicher ging es den meisten Kindern ähnlich. Endlich gingen die langen Sommerferien vorbei und der Einschulungstermin rückte immer näher. An dem besagten Samstagmorgen regnete es, aber auch das konnte der frohen Stimmung keinen Abbruch tun. Von überall her kamen an diesem Morgen die ABC-Schützen mit ihren Eltern zum Verbindungsweg, um dort an der Einschulungsfeier teilzunehmen. Froh und gespannt, aber auch etwas beklommen, verfolgten die Kinder den Ablauf der Feier, standen sie doch im Mittelpunkt des Geschehens.

Herr Heffter begrüßte alle Kinder und Eltern sowie die anwesenden Gäste. Nach einem gemeinsamen Lied sprach Herr Trauernicht und hielt einen kurzen Rückblick auf die Entwicklung der Schule. Mit 26 Schülern stellt der Einschulungsjahrgang 1989 die größte Klasse dar. Die Kinder der 2. Klasse konnten ihren neuen Mitschülern eine Kostprobe von dem geben, was man in der Schule lernt, sie sangen unter der Leitung von Frau Bamberger das Lied: „Eins, zwei, der Herr ist treu, drei, vier, er ist bei mir." Es folgte ein kurzes Anspiel von Herrn Heffter mit 2 Schülern der 2. Klasse.

Nachdem die Kinder bewusst im Gebet unter den Segen Gottes gestellt wurden, kam der spannende Moment, wo jedes Kind nach vorne kommen musste, um aus der Hand eines Zweitklässlers einen Blumentopf sowie eine selbstgebastelte Karte in Empfang zu nehmen. Sogar Herr Herdt, Lehrer der 1. Klasse, bekam eine Blume. Schließlich war es ja auch sein erster Schultag an der FCSO. Im Weidenweg konnte nun die erste Unterrichtsstunde ohne Eltern beginnen. Jetzt waren sie endlich richtige Schulkinder. Der anschließende Fototermin konnte dann bei schönem Wetter im Garten stattfinden. Für alle war es ein schöner Tag. Wie froh sind wir, dass unsere Kinder in eine Schule gehen können, in der die Bibel und somit Gott das Zentrum ist. Wir wünschen der Schule, den Lehrern, den Schülern alles Gute und Gottes Segen."

Das Freundeskreistreffen am 23. September in der Ev.-freik. Gemeinde in Weener mit 85 Erwachsenen und etwa 100 Kindern fand in sehr guter Atmosphäre statt. Besonders wurde die liebevolle Gastfreundschaft der Gemeinde hervorgehoben.

Im Schulsekretariat gab es inzwischen mit Martha Winkelmann eine personelle Unterstützung.

Bezüglich der Planung einer Orientierungsstufe ab dem nächsten Jahr vereinbarten wir mit der Bezirksregierung Osnabrück einen Gesprächstermin für den 12. Dezember, an dem Joachim Heffter, Edzard Günther, Elke und Helmer Frommholz und ich teilnahmen. Der Arbeitskreis Pädagogik unter der Leitung von Walter Vietor hatte die Inhalte vorbereitet, die wir in Osnabrück vorstellen wollten. Man erklärte uns, dass für die FCSO eine Weiterentwicklung nur mit einer OS möglich wäre und in Niedersachsen eine Orientierungsstufe nur dreizügig und mit insgesamt mindestens 45 Schülern genehmigungsfähig sei. Soviel Schüler müssten wir schon im März bei der Antragsstellung nachweisen. Außerdem vertrat die Bezirksregierung die Auffassung, dass für die erwartete Landesfinanzhilfe eine Anerkennung voraus gehen müsse und die wäre nur möglich, wenn wir die „Besondere pädagogische Bedeutung" unserer Schule nachweisen könnten. Auf unsere Frage, welche Kriterien dafür grundsätzlich zu berücksichtigen seien, wollte - oder konnte - man uns keine verbindliche Auskunft erteilen.

Was nun? Der Arbeitskreis Pädagogik machte sich mit den Lehrern ans Werk, um das Konzept und die umfangreichen Lehrpläne für die OS der 5. und 6. Klasse zu erarbeiten und gleichzeitig die Elemente einer „Besonderen pädagogischen Bedeutung" einzufügen. Dafür wurden folgende Schwerpunkte vorgesehen, nämlich ein neues Fach „Mission und Völkerkunde", „Biblischer Unterricht" statt Religion und die speziellen Aktivitäten der „Elternarbeit."

Die hohen Hürden veranlassten uns, unseren Freundeskreis zur besonderen Fürbitte aufzufordern. Denn immerhin müssten wir zum nächsten Schuljahr drei zusätzliche Lehrkräfte einstellen und mindestens 20 weitere Schüleranmeldungen für den 5. Jahrgang bekommen, um die Genehmigung zur Einrichtung einer Orientierungsstufe zu erhalten. Wir waren trotz dieser Herausforderungen voller Hoffnung, dass das gelingen würde.

Vielleicht lag es auch an der euphorischen Stimmung, die sich in Deutschland ausbreitete, als am 9. November die Berliner Mauer fiel und damit die Deutsche Einheit eingeleitet wurde. Wir alle erlebten das Wunder einer friedlichen Revolution. Viele Christen hatten durch Gebete eine Entwicklung begleitet und bewirkt, die den „Eisernen Vorhang" zerriss. Gott hatte ein Wunder bewirkt, das wohl niemand erwartet hatte. Wäre das nicht ein Grund, dass unser ganzes Volk jedes Jahr einen Wiedervereinigungs-Dank-Tag feiern würde, um Gott für dieses großartige Geschenk zu loben und zu ehren?

Noch ahnten wir nicht, dass wir im nächsten Jahr nicht nur die Freude hatten, das neue Schulgebäude zu beziehen und einzuweihen, sondern sich im Laufe des Jahres dunkle Wolken über dem Horizont der FCSO ausbreiten würden.

1990 Freude: Das erste Schulgebäude - Frust: Rückschläge und Tiefpunkte

Mit frohem Mut waren wir in das neue Jahr gestartet. Wie gut, dass wir nicht im Voraus wussten, dass es das schwierigste Jahr in der Geschichte der FCSO werden sollte. Wir erlebten Freude und Frust, „Feuer und Wasser", kurzum, ein stetiges Wechselbad der Gefühle. Manchmal fragten wir Gott, „Wo bist du, warum lässt du das zu, wir verstehen das nicht?" Natürlich, im Nachhinein verstanden wir es. Er wollte uns prüfen, ob wir ihm wirklich in **allen** Situationen vertrauen würden. Wir sollten lernen, auch in den Folgejahren standhaft zu bleiben und zuversichtlich unsere Arbeit zu tun.

Zum besseren Verständnis der Spannungen werde ich den Verlauf dieses Jahres auch aus dokumentarischen Gründen möglichst detailliert schildern.

Wir erhofften uns genügend Schüler-Anmeldungen für die künftigen 5. Klassen und machten dafür bei jeder Gelegenheit Werbung, sei es durch öffentliche Aufrufe, bei Informationsveranstaltungen, in den Freundeskreisbriefen in Verbindung mit der Aufforderung zur Fürbitte oder durch viele persönliche Gespräche mit Bekannten in den christlichen Gemeinden und Gemeinschaften.

Der Umbau des Baumarktes zu einem Schulgebäude machte gute Fortschritte. Allein mit ehrenamtlichen Helfern - im Laufe der ersten Monate hatten sich über 40 beteiligt - konnten die Bauarbeiten und Installationen nicht geschafft werden. Deshalb erteilten wir Aufträge an verschiedene Unternehmen. Die Bauarbeiten wurden von Firma Kroon ausgeführt, die Heizungs- und Sanitärarbeiten von Firma Zwart, die sogar bereit war, mit ehrenamtlichen Helfern zusammen zu arbeiten, zum Beispiel mit Klaus Jasper, den wir später als Haumeister einstellten. Die Elektroarbeiten führte Firma Heeren sehr kostengünstig aus. Malerarbeiten erledigte die Firma Michaelsen, die auch ehrenamtliche Helfer anleitete. Bei allen künftigen Baumaßnahmen war diese Firma bei den Ausschreibungen stets am günstigsten. Und auch sonst erhielten wir von dieser Seite viel Hilfe, weil es der Familie Michaelsen wichtig war, das Christsein in Wort und Tat authentisch zu leben, in dem sie u. a. christliche Werke aktiv unterstützte. Mit teils ehrenamtlicher Hilfe sorgte auch der Gartenbaubetrieb Klock für eine fachgerechte Gestaltung der Außenanlage.

Nach dem Umbau umfasste das Schulgebäude 13 Klassenräume im Unter- und Obergeschoss, eine Pausenhalle, Büro- und Fachräume, Sanitär- und Heizungsräume. Wir waren aus baurechtlichen Gründen verpflichtet worden, ein separates Treppenhaus zu bauen, was eigentlich nicht in unseren Kostenplan passte. Bei der späteren Gebäude-Erweiterung stellte sich aber heraus, dass ein nachträglicher Einbau erheblich teurer geworden wäre. Auch durch diese Erkenntnis sollten wir lernen, dass unsere gutgemeinten Wünsche nicht immer in Erfüllung gehen, weil Gott eine viel bessere Lösung parat hält.

Inzwischen führten wir mehrere Einstellungsgespräche mit Bewerbern, denn es mussten ja zum nächsten Schuljahr drei weitere Lehrkräfte für den Unterricht bereitstehen. Im Laufe der Zeit kamen in allen Jahrgängen so viel Schüler hinzu, dass die 2., 3. und 4. Klasse im nächsten Schuljahr zweizügig einzurichten war.

Es wurde beschlossen, das monatliche Schulgeld für Familien mit mehreren Kindern wie folgt zu staffeln: Für das erste Kind waren 120 DM zu entrichten, für das zweite 80, für das dritte 60 und das vierte 40 DM. Das fünfte konnte ohne Schulgeld teilnehmen. Darüber hinaus konnten finanzschwache Familien unter Vorlage des Einkommensnachweises einen Antrag auf Ermäßigung stellen. Diese oft gestellten Anträge wurden im Vorstand besprochen und je nach Einkommenssituation individuell entschieden. Durchschnittlich besuchten pro Familie 1 bis 2 Kinder die Schule.

Die positive Arbeit und die gute Atmosphäre hatte sich wohl herumgesprochen. Unter den neu aufgenommenen Schülern befand sich auch das muslimische Mädchen Nesrin, das sich ohne Probleme in die Klassengemeinschaft einfügte. Die Eltern hatten sich per Unterschrift im Aufnahmeformular mit den Bedingungen, u. a. die verbindliche Teilnahme am biblischen Unterricht, einverstanden erklärt. Im Frühjahr durften wir den 100. Schüler begrüßen. Für die Klasse 5 lagen bisher erst insgesamt 31 Anmeldungen vor. So wie bei der Info-Veranstaltung am 26. Januar in Weener mit 3 Anmeldungen, hofften wir auch bei der Info-Veranstaltung am 13. März in Remels auf weitere Anmeldung, speziell für den künftigen 5. Jahrgang.

Mit einem ausführlichen Schreiben vom 30. März beantragten wir bei der Bezirksregierung Osnabrück die Genehmigung einer Orientierungsstufe an der FCSO unter Beifügung von 77 Eltern-Unterschriften. Ebenfalls beantragten wir die Anerkennung der Grundschule und die Gewährung der Landesfinanzhilfe. Als Anlage fügten wir die Stoff- und Unterrichtspläne für den 5. Jahrgang und die Einstellungsverträge für drei Lehrkräfte bei. Unsere Anträge begründeten wir mit Hinweisen auf die Verfassung der Bundesrepublik, die Verpflichtung zur Finanzhilfe in Niedersachsen nach dreijähriger Wartezeit und der Schilderung unserer Investition von 1,7 Millionen DM für einen ausbaufähigen Schulstandort. Aufgrund der bisher positiven Schulentwicklung und der damit einhergehenden Zufriedenheit der Eltern seien wir auch sehr zuversichtlich, im Falle einer bekannt gewordenen Genehmigung in kurzer Zeit auch die Mindestzahl von 45 Schülern der 5. Klassen nachweisen zu können. Wir baten dringend um die Genehmigung der beantragten Orientierungsstufe und der Landesfinanzhilfe, auch als Zeichen der Anerkennung für das außergewöhnlich große Engagement von Eltern, Lehrerkollegium, Trägerkreis und Freunden.

In der Zwischenzeit waren wir mit weiteren organisatorischen Aufgaben beschäftigt. Mit der Bildung des Arbeitskreises „Elternarbeit" konnten die anstehenden Aufgaben auf mehrere Schultern verteilt werden. Dazu gehörten die Vorbereitung und Durchführung von Schulfesten, der Bereich Schülertransport und die Zusammenarbeit zwischen Eltern und Lehrern. In diesem Arbeitskreis waren auch die Trägerkreismitglieder Elisabeth Heeren, Gertrud Kramer, Ingrid und Arthur Husmann sowie vom Lehrerkollegium Hilke Bamberger vertreten, um eine gute Kommunikation zwischen den Gremien zu gewährleisten. Eine Verstärkung im Trägerkreis erhielten wir mit Heinrich Behrends, Nieklaas Swart und Antje Walter.

In der Jahres-Hauptversammlung am 3. Mai wurde als Nachfolger von Jürgen Höppner, der einen neuen Dienst in Kassel angetreten hatte, Hinrich Troff zum stellvertretenden Vorsitzenden in den Vorstand gewählt. Neben den üblichen Regularien standen u.a. die Themen Unterrichtsverlauf, Schüler-Anmeldungen, Entwurf eines neuen Info-Faltblattes, Baufortschritt-Umzug-Einweihung, Schulfest, Lehrerbewerbungen, Anträge an die Bezirksregierung und die nächste Einschulung zur Debatte.

Mit der Darstellung der Finanzsituation wuchsen auch die Sorgen um die Zukunft. Den 10 TDM Schulgeldbeiträgen plus ca. 7 TDM Spendenzusagen, also 17 TDM Einnahmen standen 37,5 TDM Ausgaben pro Monat entgegen. Also jeden Monat ca. 20 TDM Unterdeckung. Konnte das gut gehen? Aber wir rechneten ja nach Ablauf von 3 Jahren damit, zum neuen Schuljahr endlich die Landesfinanzhilfe zu erhalten. Ende Juni bekamen wir ein Schreiben der Bezirksregierung mit dem Hinweis, dass der Antrag vom 30. März auf Finanzhilfe eingegangen sei. Bevor darüber entschieden werden könne, müsse der Grundschule der FCSO die „Eigenschaft einer anerkannten Ersatzschule" verliehen werden. Man stelle uns anheim, einen entsprechenden Antrag zu stellen. Postwendend haben wir diesen Antrag am 2. Juli auf den Weg gebracht und dabei gleichzeitig auf die weiter gewachsene Schülerzahl hingewiesen.

Bezüglich der Sek I telefonierte ich am 22. Juni mit Herrn Höflinger bei der Bezirksregierung, um nach dem Stand der Anträge zu fragen. Er antwortete: „Herr Woltering und Herr Beisel sind der Auffassung, dass die Schülerzahl nicht ausreiche. Dem Kultusministerium ist mitgeteilt worden, dass man keine Genehmigung erteilen würde. Wir erwarten eine Reaktion aus Hannover." Auf meine Frage nach den Gründen sagte er, dass wir Real- und Gymnasial-Lehrer einstellen müssten, die vorgelegten Lehr- und Erziehungsziele für Realschule und Gymnasium nicht ausreichend seien und bei den Plänen zur Orientierungsstufe der Vorschlag „Wahlfreier Unterricht" fehlen würde. Hätte man uns diese Punkte nicht schon im April mitteilen können, um genug Zeit zur Korrektur oder Ergänzung zu haben?

Mit einem Schreiben vom 2. Juli haben wir die Pläne der fertig gestellten Schulräume vorgelegt, die geforderte Einstellung entsprechender Lehrkräfte vorbereitet und darauf hingewiesen, dass inzwischen die Anmeldungen auf 35 Schüler für den 5. Jahrgang gestiegen seien. Man möge doch bitte auch berücksichtigen, dass aufgrund der noch ausbleibenden Genehmigung ein gewisser Unsicherheitsfaktor bei den angemeldeten Schülern und den „Lehrern auf Warteposition" vorhanden sei, der nur durch eine Genehmigung beseitigt werden könne.

Als uns von der Bezirksregierung mit Schreiben vom 9. Juli so schnell nach Antragsstellung für die Grundschule die Verleihung der „Eigenschaft einer anerkannten Ersatzschule" mitgeteilt wurde, machte uns das sehr zuversichtlich, dass auch die anderen Anträge positiv entschieden würden. Doch diese Erwartung erwies sich als Irrtum.

Das Schulfest mit hohem Elternengagement am 1. Juli auf dem neuen Schulgelände mit über 400 Kindern fand großen Zuspruch. Viele Besucher nutzten die Gelegenheit, das Schulgebäude und -gelände kennenzulernen. Bei den intensiven Vorbereitungen der umfangreichen Spiel- und Kreativstände waren sich die Eltern näher gekommen. Dabei festigte sich auch das Gefühl der Zusammengehörigkeit. Das im Vergleich zu den Vorjahren vergrößerte Schulfest war in diesem Jahr ein echtes Highlight. Nach Abzug aller Kosten konnte ein Überschuss von 3.252,29 DM festgestellt werden, der für die Beschaffung von Unterrichtsmitteln und Sportgeräten verwendet wurde.

Während der Ausbau des Schulgebäudes sichtbar der Vollendung entgegenging, vereinbarten wir die Einstellung von drei Lehrkräften zum Beginn des neuen Schuljahrgangs im August: Mit Sabine Bremer, Hans-Joachim Völkel und Herbert Schnau kamen wir auf ein siebenköpfiges Lehrerkollegium im Jahr 1990.

Die Um- und Ausbau- Kosten überstiegen unsere Voranschläge erheblich. Das erforderte eine weitere Kreditaufnahme. Mit der Ev. Darlehensgenossenschaft, Münster, konnten wir ein zweites Darlehen von 400 TDM vereinbaren. In den Gesprächen wurde deutlich, dass man uns persönlich und unserem Schul-Konzept großes Vertrauen entgegenbrachte. Jahre später erfuhren wir, dass man uns zu Anfang unserer Geschäftsbeziehung nur auf dieser Vertrauensbasis die Kredite eingeräumt hätte. Allerdings haben wir mit Gottes Hilfe dieses Vertrauen auch niemals enttäuschen müssen und stets alle Zins- und Tilgungs-Verpflichtungen pünktlich erfüllen können.

Obwohl wir bis Juli mit 35 Anmeldungen für den 5. Jahrgang noch etwas von der geforderten Mindestzahl 45 entfernt waren, konnten wir uns nicht vorstellen, dass man uns die Genehmigung zur Einrichtung einer Orientierungsstufe verweigern würde. Wir rechneten fest damit, dass es klappen würde.

Aufgrund unserer Bitte sprach Bürgermeister Boekhoff, Leer, mit dem Ministerialdirigenten im Kultusministerium, Herrn Redecker. Als ich Mitte Juli telefonisch im Kultusministerium versuchte, Herrn Redecker oder seinen Stellvertreter, Herrn Mehrens nach dem Stand des Verfahrens zu fragen, hieß es, dass alle im Urlaub seien. Aber soviel könne man schon sagen: Die Stellungnahme des örtlichen Schulamtsdirektor, Herr Ocken, sei nicht positiv ausgefallen. Zu dieser Person hatten wir bisher keinen persönlichen Kontakt. Es war für uns rätselhaft, was ihn zu einer negativen Haltung gegenüber der FCSO veranlasst hatte.

Ablehnung der Orientierungsstufe! Mit Schreiben vom 26. Juli wurde uns mitgeteilt, dass die beantragte Genehmigung für die Errichtung und den Betrieb einer Orientierungsstufe nicht erteilt werden könne, da die Voraussetzungen des §124 NSchG nicht gegeben seien. Es wurden mehrere Gründe aufgeführt, warum keine Gleichwertigkeit mit öffentlichen Orientierungsstufen gewährleistet sei. Außerdem wurde jetzt auch eine Vierzügigkeit als Voraussetzung genannt, obwohl man in Gesprächen bisher eine Dreizügigkeit als ausreichend betrachtet hatte.

Ich versuchte am 31. Juli in einem Telefonat mit Ministerialdirigent, Herrn Bettsteller im Kultusministerium, eine Aufhebung der Ablehnung zu erreichen. Dabei wiederholte ich die Argumente: Wachsende Schülerzahlen und Erreichbarkeit der Mindestzahl von 45 in absehbarer Zeit, Elternaktivitäten, Investition Schulgebäude, vorbereitete Lehreranstellungen und die Bereitschaft zur kurzfristigen Ergänzung der Stoff- und Lehrpläne. Außerdem monierte ich, dass man die Ablehnung erst in den Ferien kurz vor Beginn des neuen Schuljahres auf den Weg gebracht hätte und auch wir in der Ferienzeit keine intensiven Elternkontakte ermöglichen könnten. Ich bat darum, den Kultusminister doch noch zu einer Genehmigung zu bewegen.

Herr Bettsteller war sehr freundlich und hatte viel Verständnis für unsere Situation. Man hätte noch keine Kopie der Ablehnung von der Bezirksregierung erhalten. Außerdem wäre auch der Kultusminister noch bis zum 18. August in Urlaub. Und der ihn vertretende Staatssekretär könne dazu keine Entscheidung treffen. Man müsse außerdem die schulrechtlichen Rahmenbedingungen beachten, wofür er um Verständnis bat. Schließlich sagte er, dass wir ja das Recht des Widerspruchs nutzen könnten, dies müsste aber bis spätestens 15. August geschehen. Am gleichen Tag, also am 31. Juli, habe ich dann den Widerspruch formuliert, an die Bezirksregierung geschickt und einen Tag später die Kopie der Ablehnung mit einigen aktuellen Infoblättern zur Kenntnisnahme an Herrn Bettsteller geschickt.

Mit Schreiben vom 27. Juli fragte unser Schatzmeister Günter Vogel in Osnabrück nach, wann wir den Bescheid über die Landesfinanzhilfe erhalten würden, und ob wir einen Zuschuss für unsere 1,7 Millionen- Schulbau-Investition erwarten könnten.

In einem Gespräch am 8. August in Osnabrück mit dem Abteilungsleiter Herrn Boll, Herrn Dr. Woltering und Herrn Beisel, an dem von unserer Seite Joachim Heffter, Helmer und Elke Frommholz und ich teilnahmen, wurden noch einmal alle gegenseitigen Argumente ausgetauscht, was aber kein besseres Ergebnis brachte. Allerdings meinte Herr Woltering auf unsere Frage nach der Landesfinanzhilfe und einem möglichen Zuschuss für das Bauobjekt, dass es für Baumaßnahmen keine finanzielle Unterstützung geben würde aber dass das mit der „Bezuschussung (Landesfinanzhilfe) wohl laufen würde." Das war jedenfalls etwas Positives!

Am 12. August schrieb Günther Vogel an die Eltern, dass die Einrichtung der Orientierungsstufe wegen der bisher nicht erreichten Mindestzahl von 45 abgelehnt sei und man im Bekanntenkreis um weitere Anmeldungen werben möchte. Wir hätten gegen den Bescheid Widerspruch eingelegt und weitere Anstrengungen unternommen, die Orientierungsstufe doch noch genehmigt zu bekommen. Unsere Anfrage bei einem Rechtsanwalt in Oldenburg ergab, dass eine Klage gegen den Ablehnungs-Bescheid keine Aussicht auf Erfolg hätte. Also war auch diese Tür verschlossen.

In einem Schreiben vom 13. August berichtete ich Herrn Bettsteller im Kultusministerium von unserem erfolglosen Gespräch in Osnabrück. Nochmals wies ich auf die unterschiedlichen Handhabungen in den Bundesländern und auf die bisher gute Entwicklung der FCSO hin. Ich bat darum, den bisher in der FCSO unterrichteten und zufriedenen Schülern einen drohenden Schulwechsel nicht zuzumuten, und dass doch der Kultusminister eine Lösung anbieten möge. Am 15. August versuchte ich noch einmal vergeblich, Herrn Bettsteller telefonisch zu erreichen. Aber auch er war inzwischen im Urlaub. Man verband mich aufgrund meiner Frage, wer Entscheidungskompetenz habe, mit dem Leiter des Ministerbüros, Herrn Dr. Gallas. Er erklärte mir, dass der Minister von seinem Weisungsrecht einer möglichen Genehmigung keinen Gebrauch machen würde. Daraufhin schrieb ich am gleichen Tag einen Brief an Kultusminister Wernstedt mit der Bitte, dem Elternwillen zu entsprechen und die Orientierungsstufe doch zu genehmigen. Da der Postweg zu viel Tage in Anspruch nehmen würde, schickte ich mein Schreiben vorweg als Fax ins Kultusministerium.

Ein schwarzer Tag! Am 22. August, dem letzten Ferientag, erhielten wir auf dem Postweg die am 21. formulierte endgültige Absage des Ministers. Tatsächlich konnte ich den Kultusminister an diesem Tag noch telefonisch erreichen und ihn bitten, die Genehmigung doch zu erteilen. Aber er wiederholte die bisher bekannten Argumente und bedauerte, keine andere Entscheidung treffen zu können. Am gleichen Abend mussten wir alle betreffenden Eltern telefonisch informieren, dass sie ihre Kinder am nächsten Tag leider an einer anderen Schule anmelden müssten. Nach meiner Erinnerung beteiligten sich alle Vorstandsmitglieder an dieser Eltern-Anrufaktion. Normalerweise habe ich „nicht am Wasser gebaut", aber an diesem Abend konnte ich in den Eltern-Gesprächen am Telefon meine Tränen manchmal nicht zurückhalten. Das war ein ganz schwarzer und emotional anstrengender Tag, der erst einmal verkraftet werden musste.

Das Kontrastprogramm! Der Schul-Umzug von Leer-Loga nach Veenhusen mit Schulmöbeln, Geräten und allen Einrichtungsgegenständen ging mit vielen ehrenamtlichen Helfern relativ schnell und reibungslos vonstatten. Im Gegensatz zum vorherigen Tag war es eine große Freude, das neue Schulgebäude mit den großzügig eingerichteten Räumen nun nutzen zu können. Insgesamt 107 Schüler der einzügigen Klasse 1, der je zweizügigen Klassen 2, 3 und 4 erlebten am 23. August ihren ersten Schultag im neuen Schulgebäude - für alle ein freudiges Ereignis.

Das erste eigene Schulgebäude nach dem Umbau des Baumarktes

Zwei Tage später, am 25. August, gab es bei strahlendem Sonnenschein wieder einen großen Freudentag. 19 kleine Jungen und Mädchen, darunter auch unser zweitjüngster Sohn Tobias, betraten mit bunten Schultüten im Arm und nagelneuen Ranzen auf dem Rücken „ihre" Schule. Die große Flurhalle im Erdgeschoss erwies sich als sehr gut geeignet für die erste feierliche Veranstaltung. Die Zweitklässler sangen fröhliche Willkommenslieder und überreichten nach den Grußworten von Günther Vogel den „Neuankömmlingen" ein kleines Tonvögelchen im Nest als Erinnerung an diesen ersten Schultag, an dem sie ein bisschen „mehr flügge geworden sind." Nach Überreichung der handgeschriebenen Spruchkarten und Anhören der spannenden Schultaschengeschichte von Joachim Heffter ging es mit der Klassenlehrerin Sabine Bremer zur ersten Unterrichtsstunde, während sich die

Die erste Einschulung 1990 in Veenhusen

Eltern im Gespräch bei Tee und Kuchen näher kennenlernten. Der Fotograf setzte mit den üblichen Gruppen- und Einzel- Aufnahmen den Schlusspunkt unter die Einschulungsfeier.

Nach einer erlebnisreichen Zeit der Objektsuche, dem Kauf einer ehemaligen Baustoffhalle mit Baumarkt, Nebengebäude und einem großen Grundstück sowie dem Umbau des neuen Schulgebäudes der FCSO war nun am 2. September der große Tag der Einweihung gekommen. Unserer Einladung waren rund 600 Eltern, Freunde, Nachbarn, Handwerksfirmen, Handwerker, der Schulrat und Gäste aus Politik, Kirchen und Gemeinschaften gefolgt. Für die etwa 200 Kinder wurde ein separates Programm angeboten.

Ein kleiner Schulchor bereicherte die Feier mit einigen für diesen Tag extra eingeübten Liedern. Der Jugend Posaunenchor aus meiner Ortsgemeinde Spetzerfehn unter Leitung von Gerd Schmidt umrahmte die Feier mit frischen Posaunenklängen und begleitete die gemeinsam gesungenen Lieder

In meiner Begrüßungsrede zeigte ich mich erfreut über die vielen Gäste und dankte zunächst der Gemeinde Moormerland für die wohlwollende Unterstützung bei der Klärung aller anstehenden Fragen beim Aufbau des neuen Schulstandortes. Ebenso war es mir ein Anliegen, den vielen Helfern für ihren vorbildlichen Einsatz zu danken, sowie auch der Ev.-freik. Gemeinde Leer-Loga, Verbindungsweg und dem Glaubenswerk „Hoffnung für alle", Weidenweg für die Überlassung der Räume in den ersten 3 Jahren.

Nach einem kurzen Streifzug durch die Gründerjahre ging ich noch einmal auf die Aufgaben und Ziele der FCSO ein. „Schule auf biblischer Basis" sei als Auftrag zu verstehen, der jungen Generation in orientierungsloser Zeit feste Werte zu vermitteln. Mit der Aussage: „Diese Schule setzt neue Maßstäbe, sie ist eine Schule mit Herz", zeigte ich durch Hochhalten einer Bibel und einer Kinder-Rechenmaschine mit farbigen Schiebekugeln symbolisch an, dass das biblische Prinzip „Ora et labora = bete und arbeite" an der FCSO ganz wichtig sei.

Hinrich Troff und Arthur Kroon-Husmann berichteten sehr anschaulich über den Verlauf der Umbaumaßnahmen. Auf humorvolle Weise überreichte unser Trägerkreismitglied und Architekt Georg Tjards einen symbolischen Schlüssel an Schulleiter Joachim Heffter.

In seinem Grußwort wünschte sich der Gemeindedirektor Wagener eine vertrauensvolle Zusammenarbeit zum Wohle der Kinder. Nach der Festansprache von Gottfried Meskemper, (FEBB Bremen) unter dem Thema: „Die Furcht des Herrn ist der Weisheit Anfang" bat der Nachbar Pastor Tischler von der Ev.-freik. Gemeinde um Gottes Segen für die Schule.

Bei Kaffee, Tee und Kuchen ergaben sich lebhafte Gespräche. Natürlich wurden im Laufe des Tages gerne auch die Räumlichkeiten und das ganze Schulgelände besichtigt. Wir erlebten einen fröhlichen Tag, der die Enttäuschung über die Ablehnung der nächsten Schulstufe OS etwas kompensierte.

Es blieb unsere feste Absicht, den weiteren Ausbau, wie auch immer, mit Gottes Hilfe voranzutreiben. Aber wir sollten in Kürze noch einmal auf eine harte Probe gestellt werden. Wir wussten und ahnten es bloß noch nicht.

Eine Lösung in Sicht! In diesen Tagen wurden einige Eltern aktiv, die mit der Ablehnung der weiteren Schulstufe nicht einverstanden waren. Es wurden Gespräche mit bekannten Politikern geführt. Die Kontaktaufnahme zu Kanzleramtsminister Dr. Rudolf Seiters, Bundestagsabgeordneter Günther Tietjen und Bürgermeister Günther Boekhoff brachte schließlich Bewegung ins Spiel. Herr Boekhoff vereinbarte mit dem Kultusministerium einen kurzfristigen Gesprächstermin in Hannover am 6. September mit Ministerialdirigent Bettsteller. An diesem Gespräch nahmen die Elternvertreter Frau Bürger, Frau Klugmann und Bernhard Drath, die Schulleitung mit Joachim Heffter und Edzard Günther sowie die Trägerkreismitglieder Helmer und Elke Frommholz, Günther Vogel und Antje Walter teil.

In dem 2-stündigen Gespräch, das in überraschend angenehmer Atmosphäre im Sinne einer Beratung stattfand, wurde deutlich, dass nicht in erster Linie die zu kleine Schüler-Anmelde-Zahl, sondern vielmehr das bisherige Schulkonzept für die Orientierungsstufe zur Ablehnung geführt habe und auch für das Folgejahr chancenlos gewesen wäre.

Das Ergebnis dieses Gespräches war, dass wir mit einem neuen Konzept ab dem nächsten Jahr die Genehmigung in einem Zug für die Jahrgänge 5 bis 10 erhalten könnten und das sogar bei einer Untergrenze von 20 Schülern pro Jahrgang. Wie schade, dass vorher 35 angemeldete Schüler durch die Orientierungsstufen-Masche fallen mussten, obwohl derzeit dieses Konzept schon als Auslaufmodell diskutiert wurde. In einer anderen Angelegenheit hörten wir später auf vertraulichem Wege von einer Bemerkung eines Mitarbeiters im Kultusministerium: „Ich verstehe nicht, warum man in Osnabrück die FCSO in die OS-Sackgasse geschoben hat." Bis Anfang Januar 1991 könnten wir das neue Schulkonzept offiziell beantragen, wenn es nach den IGS-Rahmenrichtlinien aufgebaut wäre und sich die Struktur an einer integrierten Gesamtschule orientieren würde. Hierbei wäre es möglich, dass jeder Schüler, teilweise in Leistungskursen auch im Klassenverband, individuell nach seinen Leistungsmöglichkeiten gefördert werden könnte. Vorteilhaft sei auch, dass z. B. in den Fächern Deutsch und Englisch wenige Schüler, dafür in Fächern wie Sport und Musik mehrere Schüler sein könnten. Vor allen Dingen wären auch unsere christlichen Ziele und Inhalte dabei voll gewährleistet. Mit diesem Konzept wäre die FCSO auch eine „Schule mit besonderer Prägung."

Im Vergleich zu dem „beratenden" Gespräch am 6. September im Kultusministerium vermissten wir bis dahin in den Gesprächen in Osnabrück diesen Charakter einer „wohlwollenden Beratung." Sie wurden zwar stets sachlich und höflich geführt, aber unsere Bitten um Empfehlungen in diesem oder jenem Fall, liefen schlichtweg ins Leere. Warum das so war, konnten wir nicht einordnen. Jedenfalls vermuteten wir, dass einige Leute in der Bezirksregierung eine ablehnende Haltung gegenüber unseren Bemühungen beim Aufbau einer christlichen Schule hatten, sei es aus Unkenntnis über den christlichen Glauben oder aufgrund von Vorurteilen. Ein Beleg für diese Vermutung wurde uns später einmal zugetragen: Der damalige Abteilungsleiter bei der Bezirksregierung, Herr Boll, habe in der Angelegenheit der beantragten Finanzhilfe gesagt: „Die - gemeint waren die Trägerkreismitglieder - werden sicher keine finanziellen Probleme bekommen, die bekommen ja ihr Geld aus Amerika." Woher eine solch abenteuerliche Sichtweise kam, blieb uns verborgen.

Mit der sich anbahnenden Lösung für den weiteren Aufbau mit der Sekundarstufe I hatten wir neue Zuversicht erlangt. Wir meinten, gelernt zu haben: „Gottes Mühlen mahlen langsam, mahlen aber trefflich fein." Es war ein gutes Gefühl! Innerhalb kurzer Zeit wurde das neue Konzept für die Sekundarstufe I erarbeitet. Mit Schreiben vom 6. November schickte ich die Unterlagen zur Vorprüfung mit Dank für das hilfreiche Gespräch vom 6. September an das Kultusministerium zu Händen von Herrn Bettsteller.

Als „Schlag ins Kontor" empfanden wir die nicht im geringsten erwartete Mitteilung der Bezirksregierung, die uns in eine bedrohliche Lage brachte:

Als ich am 30. Oktober nachts von einer geschäftlichen Auslandsreise nach Hause kam und meine Geldbörse mit Schlüsselbund in die Schublade legte, sah ich darin einen blauen Einschreibebrief-Brief von der Bezirksregierung Osnabrück liegen. Obenauf lag eine Notiz von meiner Frau Hanna mit einem Zitat aus Römer 4, Vers 18b: „Abraham glaubte und hoffte, da, wo nichts zu hoffen war!!" Ich ahnte nichts Gutes.

Das am 24. Oktober datierte Schreiben hatte folgenden Inhalt: „Ihr Antrag vom 30.3.90 auf Gewährung von Finanzhilfe gem. § 129 ff. Nieders. Schulgesetz (NSchG) wird abgelehnt." Begründung: Den anerkannten Ersatzschulen (§128 Abs.1 NSchG) gewährt das Land Finanzhilfe nur dann, wenn an ihrer Stelle zum Zeitpunkt der Anerkennung (hier: 09.7.90) eine öffentliche Schule hätte errichtet oder wesentlich erweitert werden müssen (§ 129 Abs.1 Ziff. 1 NSchG). Die geringen Schülerzahlen, der große überregionale Einzugsbereich der Ersatzschule und die vielfältigen Angebote an regionalen öffentlichen Grundschulen schließen aus, dass an Stelle der Freien Christlichen Schule Ostfriesland eine öffentliche Schule hätte errichtet oder wesentlich erweitert werden müssen. Auch ist der Freien Christlichen Schule Ostfriesland der Status einer „Ersatzschule von besonderer pädagogischer Bedeutung" (§ 129 Abs. 1 Ziff. 2 NSchG) nicht beizumessen, weil der Schulbetrieb inhaltlich und didaktisch weitgehend dem Unterricht an öffentlichen Schulen entspricht und lediglich durch ein biblisch-christliches Erziehungskonzept angereichert wird. Da somit die Voraussetzungen zur Gewährung von Finanzhilfe im Sinne des §129 Abs. 1 Ziff. 1 u. 2 NSchG eindeutig nicht vorliegen, kann der Freien Christlichen Schule Ostfriesland Finanzhilfe durch das Land Niedersachsen nicht gewährt werden. Rechtsmittelbelehrung: … Im Auftrag Gruben

Aus heutiger Sicht kann man die Begründung nur mit einer negativen Einstellung, an den Haaren herbeigezogenen und in sich widersprüchlichen Argumenten erklären. Alleine die Schüleranzahl als zu gering und den Einzugsbereich als zu groß zu bezeichnen, war eine rein subjektive Sichtweise und ging an der bisherigen erfolgreichen Entwicklung der Schule völlig vorbei. Und hatte uns Dr. Woltering in dem letzten persönlichen Gespräch mit der Bemerkung: „Das mit der Bezuschussung, wird wohl klar gehen", nicht eine positive Entscheidung in Aussicht gestellt? Ich wundere mich heute noch darüber, auch in dieser Nacht noch Schlaf gefunden zu haben. Vielleicht war der Grund dafür ja auch die Müdigkeit infolge einer anstrengenden Geschäftsreise. Aber was blieb mir anderes übrig, als im Gebet die ganze Angelegenheit an Gott abzugeben und ihn zu bitten, die Existenz bedrohende Situation in seine Hand zu nehmen?

Als ich am nächsten Tag telefonisch zunächst den Vorstand über die Ablehnung der Finanzhilfe unterrichtete, löste das unterschiedliche Reaktionen aus.

Unser Schatzmeister forderte mich schriftlich auf, vorsorglich allen Lehrkräften zu kündigen. Den anderen Vorstandsmitgliedern schrieb er, dass die Weiterführung der Schule angesichts so vieler Zahlungsverbindlichkeiten unverantwortlich sei und wir sofort reagieren müssten. Zudem hatte er Briefe an die Bundes- und Landesregierung, an den Kultusminister und an verschiedene Zeitungen entworfen und darin seinen ganzen Frust über die Ablehnung formuliert. So sehr wir auch Verständnis für seine Gemütslage und seine Sicht der Dinge hatten, mussten wir ihm doch deutlich machen, dass wir seine Absichten nicht teilten. Wir würden alle Anliegen immer gemeinsam in den Gremien sachlich beraten und entscheiden. Alleingänge dürfe es nicht geben. Von unserer Haltung war er gar nicht begeistert. Es brauchte seine Zeit zur Normalisierung in unserem Verhältnis zueinander. Eigentlich wollte ich diesen Vorgang nicht erwähnen, schon gar nicht unseren Schatzmeister in ein schlechtes Licht rücken, der sich mit großem Einsatz immer sehr für die Schularbeit eingesetzt hatte. Aber es zeigt beispielhaft, wie auch bei uns manchmal die Nerven blank lagen und wie stark uns die damalige Situation zu schaffen machte.

Die Einladung zu unserer nächsten Trägerkreissitzung am 1. November nach Veenhusen war schon vor dem ablehnenden Bescheid verschickt worden. Wir trafen uns also ohne weitere Einladung einen Tag nach Eingang des Briefes aus Osnabrück. Wir änderten die Tagesordnung und beschäftigten uns hauptsächlich damit, wie wir auf diese Ablehnung reagieren wollten. Zum einen ging es darum, alles zu unternehmen, die Finanzhilfe doch noch zu erhalten, denn ohne diese auch vom Grundgesetz vorgesehene Finanzhilfe könnte die FCSO auf Dauer nicht existieren. Zum anderen überlegten wir, wie wir in den nächsten Wochen und Monaten den Betrieb der Schule absichern könnten.

Zunächst entschieden wir, gegen die Ablehnung Widerspruch einzulegen, den wir dann auch am 5. November auf den Weg brachten. Außerdem beschlossen wir eine kurzfristige Kontaktaufnahme zu den Politikern Johann (Joki) Bruns, dem damaligen Landtagsabgeordneten und SPD-Fraktionsvorsitzenden und Reinhard Wilken, dem damaligen CDU-Landtagsabgeordneten. Es wurde überlegt, auch Ministerpräsident Albrecht zu bitten, sich dieser Sache anzunehmen. Auch eine juristische Klärung oder den niedersächsischen Petitionsausschuss um Hilfe zu bitten, wurde erwogen. Dem Freundeskreis sollte kurzfristig der Sachstand mitgeteilt und gleichzeitig auch um zusätzliche Spenden gebeten werden. Allerdings wollten wir nach außen Unruhe vermeiden und vor öffentlichen Verlautbarungen erst einmal intern Lösungen ausloten. Am 6. November sollte das Kollegium über die Situation informiert werden. Mit Schreiben vom 2. November schickte Günther Vogel alle relevanten Unterlagen an Rechtsanwalt Bruns, Oldenburg, mit der Bitte um Prüfung, ob eine gerichtliche Klärung der Ablehnung erfolgversprechend sei. Aus dem zweieinhalbseitigen Antwortschreiben vom 6.11. erkannten wir, dass ein solcher Weg wegen der Klärung vieler verwaltungsrechtlicher Fragen möglicherweise in einem Musterprozess sehr teuer und zeitintensiv sei und im Voraus die Erfolgschancen kaum einschätzbar wären. Wir haben deshalb von einer juristischen Klärung Abstand genommen.

Heinrich Behrends hatte mit Johann Bruns einen Gesprächstermin vereinbaren können, an dem durch die Vermittlung von Herrn Bruns auch Kultusminister Prof. Wernstedt teilnehmen würde. An diesem Gespräch am 8. November, 8.30 Uhr im Hotel Faldernport, Emden, nahmen außer mir Joachim Heffter, Edzard Günther, Heinrich Behrends und Hinrich Troff teil. Zunächst legten wir dem Kultusminister eine ausführliche Chronik über die Entstehung und Entwicklung der FCSO vor und erläuterten nochmals sehr detailliert mit Gegenüberstellungen zu öffentlichen Schulen unsere „besondere pädagogische Ausrichtung". Mit Fallbeispielen von verschiedenen Schülern belegten wir auch die bisherigen konkreten positiven Erfolge. Unter Hinweis darauf, dass in anderen Bundesländern solche Schulen genehmigt und von Anfang an eine Landesfinanzhilfe erhalten würden, könnten wir nicht verstehen, dass man uns diese wider Erwarten sogar nach dreijähriger Durststrecke trotz mündlichem Zustimmungssignal aus der Bezirksregierung verweigert hätte. Mit der Darstellung unseres Haushaltsvolumens in den Jahren 1987 mit 70 TDM, 1988 mit 180 TDM, 1989 mit 250 TDM und 1990 mit 490 TDM wiesen wir daraufhin, dass das Land viel Geld erspart habe, weil wir ja in diesem Zeitraum eine staatliche Aufgabe auf eigene Kosten übernommen hätten. Vor dem Hintergrund unserer Investition von 1,7 Mio DM für den Erwerb und den Umbau zu einem Schulgebäude würde die Existenz der FCSO bedroht sein. Am Schluss der Schilderung, welche Folgen auf uns zukommen könnten, baten wir den Kultusminister in dieser Situation um mehr Unterstützung bei der Suche nach einer erfolgversprechenden Lösung.

Zunächst verteidigte der Kultusminister die Ablehnung mit den bekannten Argumenten. Auf unsere Fragen, welche Möglichkeiten es denn zur Anerkennung der „besonderen pädagogischen Bedeutung" geben könnte, nannte er als Beispiel die „Montessori-Schulen" mit der Integration von Sonderschülern und der Früherziehung Englisch, oder beispielsweise „Freinet" mit der multikulturellen Erziehungsmethode. Diese Besonderheiten würden im Trend der Zeit liegen. Außerdem müsse man zwischen dem Menschenbild und der pädagogisch-didaktischen Bedeutung unterscheiden. Ebenso sprach er von „zieldifferenziertem Unterrichten." Herr Bruns meinte, dass wir doch eine größere Zahl lernbehinderter Schüler aufnehmen könnten, um sie fachlich auf der Grundlage eines guten Konzeptes qualifiziert zu betreuen.

Schließlich versprach Herr Wernstedt, nach Osnabrück zu fahren, um mit Herrn Boll die verschiedenen Möglichkeiten durchzusprechen. Obwohl es keine weiteren Zusagen gab, hatten wir in diesem Gespräch den Eindruck, dass nun auch der Kultusminister nicht abgeneigt war, nach einer Lösung Ausschau zu halten.

Am 10. Dezember schrieb ich nochmals an den Kultusminister einen Brief mit dem Dank für das Gespräch am 8. November und der Bitte, uns angesichts der engen Finanzsituation eine „baldige Lösung" anzubieten. Darüber hinaus wurden mit bekannten Politikern weitere Gesprächskontakte geknüpft. Der CDU-Landtagsabgeordneter Reinhard Wilken, mit dem wir am 5. November ein Gespräch geführt hatten, teilte uns am 15. November mit, dass er die Angelegenheit im Ausschuss „Kultus" zur Sprache bringen werde.

Unser Freundeskreismitglied Günther Post, Weener, hatte am 24. November an einer politischen Diskussionsrunde mit Bundesminister Dr. Rudolf Seiters in Weener teilgenommen. Bei dieser Gelegenheit schilderte er ihm die derzeitig schwierige Lage der FCSO. Herr Seiters bat darum, ihm eine Kopie unseres Rundschreibens vom 21. November, mit dem wir Eltern und Freunde über die gesamte Situation informiert hatten, zuzuschicken. Herr Post erledigte das noch am gleichen Tag mit der nochmaligen Bitte um Unterstützung.

Mit einem Schreiben vom 10. Dezember wandte ich mich noch einmal an Bundesminister Rudolf Seiters. Diesem Schreiben hatte ich die Chronologie der Schulentwicklung sowie die Korrespondenz mit den Schulbehörden beigefügt. Zunächst beglückwünschte ich ihn zu seiner Wiederwahl in den Bundestag. Dann fragte ich, ob das Gleichheitsprinzip des Grundgesetzes bezüglich der Finanzierung von Schulen in freier Trägerschaft für uns nicht gelten würde. Einige Bundesländer würden von Anfang an eine Landesfinanzhilfe leisten, während das Land Niedersachsen sie sogar noch nach dreijähriger Eigenfinanzierung abgelehnt hätte. Außerdem fragte ich, wer eigentlich die Interpretations-Bandbreite des Begriffs „Schule mit besonderer pädagogischer Bedeutung" festlegen würde, und wie wir auf die nach unserer Meinung offensichtlichen Widersprüche in dem Ablehnungsbescheid reagieren sollten. Auch auf das erfolgte Gespräch mit Herrn Bruns und dem Kultusministers wies ich hin und bat ihn um Unterstützung.

Auf der Trägerkreissitzung am 29. November bereiteten wir das Eltern- und Freundeskreistreffen zum 1. Dezember vor. (Inzwischen hatten wir den Begriff „Freundeskreistreffen" um das Wort „Eltern" ergänzt, weil mittlerweile überwiegend Eltern an diesen Veranstaltungen teilnahmen.) Es wurden alle möglichen Szenarien diskutiert, die derzeit denkbar waren. Trotz der unübersichtlichen Krisen-Situation erinnerten wir uns daran, dass wir in unserem Glaubenswerk niemals unser Vertrauen in Gottes Handeln verlieren sollten. In dieser Haltung festzubleiben, war angesichts eines monatlichen Defizits von bis zu 35 TDM eine enorme Herausforderung.

Wir überlegten und errechneten mehrere Modelle, wie wir zu einer besseren Finanzierung kommen könnten. Es war die Idee der Aktion 1000 entstanden, die bereits positiv angelaufen war. Wir entwickelten dafür ein Formular, in dem die

Frage lautete: „Gehören Sie zu den 1000 Leuten, die bereit sind, beispielsweise pro Monat 40 DM zu spenden, um eine von Institutionen unabhängige Finanzierung für die wichtige Arbeit der FCSO sicher zu stellen?" Darin waren Vorschläge für verschiedene Spenden-Möglichkeiten aufgeführt. Diese Aktion verlief sehr erfolgreich. Im Laufe weniger Wochen erhielten wir monatliche Spendenzusagen in Höhe von rund 8.000 DM.

Natürlich wurde auch intensiv über Kostenreduzierungen nachgedacht, zum Beispiel größere Klassen einzurichten, um mit weniger Lehrkräften auszukommen, obwohl dass unserem Schulkonzept mit kleineren Klassen widersprach. Auch mit einer entsprechenden Rechtfertigung: „Weniger ist mehr als nichts", taten wir uns mit dieser Maßnahme sehr schwer. Dennoch blieb uns eine personelle Kostenreduzierung nicht erspart. Nach langem Ringen vereinbarten wir mit Hans-Joachim Völkel einvernehmlich, das Arbeitsverhältnis zum 31. Januar 1991 zu beenden.

Bezüglich der Finanzierung für die Gebäudeinvestition von 1,7 Millionen DM entstand sogar die Überlegung, vielleicht Anteile am Schulkomplex an Interessenten gegen zinslose Darlehen zu übertragen, um die Zinslasten erheblich zu senken. Außerdem planten wir für Anfang Januar 1991 eine Klausurtagung im OKM-Freizeitheim mit dem Lehrerkollegium, Hausmeister Klaus Jasper, Bürohilfe Siegried Nannen und dem Trägerkreis, um alle Anliegen rund um den Unterricht, die Zusammenarbeit mit Eltern, Organisationsfragen, Finanzierungsthemen und den Umgang mit der kritischen Situation zu besprechen.

Mit dem oben erwähnten Rundschreiben vom 21. November mit der Information über die schwierige Situation hatten wir zum Eltern- und Freundeskreistreffen zum 1. Dezember in die Schule eingeladen. In einer sehr harmonischen und entspannten Atmosphäre konnten wir über die ganze Situation und über unsere bisherigen Bemühungen um Klärung informieren. Berichte aus dem Schulalltag mittels eines Dia-Vortrags, Liedvorträge der Lehrer und Gottes Wort vermittelten das Gefühl einer besonderen „Schicksals"-Gemeinschaft. Freunde und Eltern hatten fleißig für ein schönes Basarangebot gebastelt, das sehr gerne angenommen wurde. Die vielen Bekundungen der Freunde, uns in jeder Weise zu unterstützen und für die FCSO zu beten, haben uns besonders in dieser Zeit sehr ermutigt. Ganz besonders hat uns die regelmäßige Teilnahme von älteren Glaubensgeschwistern an den Eltern- und Freundeskreistreffen gut getan. Außer vielen anderen Besuchern war z. B. über viele Jahre Schweer Nannen aus Neermoor fast bei jedem Treffen dabei. Immer wieder brachte er seine Freude über die positive Entwicklung der Schule und seine beständige Fürbitte dafür zum Ausdruck.

In unserer letzten Trägerkreissitzung des Jahres am 13. Dezember mit 17 Teilnehmern - als Gast war erstmals Edzard Agena dabei, der sich künftig sehr intensiv um des Thema Schülertransport kümmern würde - beschäftigten wir uns, außer einem dankbaren Rückblick auf das Eltern- und Freundeskreistreffen mit etwa 200 Personen mit der finanziellen Situation, den Folgen und wie wir darauf in nächster Zeit reagieren müssten.

Die Präsentation der Finanzen bis zum Jahresende ergab folgendes Bild: Einschließlich aller Investitionen für den Schulbau, die Schulausstattung und Fahrzeugbeschaffung hatten wir Bank- Kredite von insgesamt 1,7 Millionen DM aufgenommen, aus dem Freundeskreis wurden uns bis dahin Darlehen in Höhe von 125 TDM zur Verfügung gestellt. Den Ausgaben im Jahr 1990 von voraussichtlich 490 TDM einschließlich rund 100 TDM Zinskosten standen Einnahmen von 365 TDM gegenüber, so dass wir mit einem Fehlbetrag von 125 TDM rechnen mussten.

Uns erstaunte später die Tatsache, dass wir alleine im Monat Dezember rund 60.000 DM Spenden erhielten. Man kann sich vorstellen, welche Ermutigung wir durch diese hohe Spendenbereitschaft aus dem „mitfühlenden, mitleidenden und mitbetenden" Freundeskreis erhielten und wir diesen Menschen zu großem Dank verpflichtet waren und auch heute noch sind.

Das Jahr mit den besonderen Herausforderungen konnten wir leider nicht mit positiven behördlichen Meldungen abschließen. Aber die Erfahrungen mit so vielen Anteil nehmenden Menschen und deren vielfältigen Unterstützungen stärkte das Bewusstsein, an einer guten sinnvollen Arbeit beteiligt zu sein.

Wir spürten, dass Gottes Einfluss und sein Handeln auch in schwieriger Zeit Wunder vollbringen kann. Denn schließlich war er es ja, der uns beauftragt hatte. Und deshalb hielt er auch die letzte Verantwortung über das weitere Geschehen in seinen Händen, was uns entlastete.

1991 Silberstreif am Horizont.

In einem Telefonat am 8. Januar sprach ich mit einem meiner Cousins, der als Oberregierungsrat im Kultusministerium tätig war, über unsere Situation. Er war zwar nicht mit der FCSO-Angelegenheit vertraut, hatte aber schon davon gehört. Er erzählte mir, dass man derzeit an einer allgemeinen Schulgesetzänderung arbeiten würde. Auf meine Frage, ob er etwas für uns tun könne, sagte er mir: „Hier gibt es auch Leute, die euch aus politischer Sicht nicht unbedingt Wohlwollen entgegenbringen. Beispielsweise hörte ich einmal jemand sagen: ‚Diese Schule ist überflüssig wie ein Kropf.' Ich halte es nicht für klug, dass ich mich direkt einmische, weil ich in einem anderen Referat arbeite, aber ich werde mich melden, wenn ich etwas höre, was für euch wichtig ist."

Wir hatten im Laufe der Zeit auch selber schon gemerkt, dass es bei unseren Gesprächspartnern in den Schulbehörden unterschiedliche Auffassungen gab. Zum Glück waren aber die meisten bezüglich unserer Bemühungen neutral oder positiv eingestellt.

Am 10. Januar rief mich ein Herr Carell, Mitarbeiter von Rudolf Seiters, an und erkundigte sich nach dem Stand der Dinge. Er meinte, dass man aus politischen Gründen gewisse Überlegungen im Kultusministerium nicht durch taktisch unkluge Nachfragen stören wolle. Es wäre sinnvoll, vielleicht weitere Politiker aus Ostfriesland anzusprechen, falls sich in unserem Sinne nichts bewegen würde. Wir möchten uns bei ihm melden, sobald sich eine Klärung abzeichnen würde. „Gut", dachte ich, „auch Herr Seiters bleibt an der Sache dran."

Am 15. Januar telefonierte ich mit Herrn Bettsteller im Kultusministerium und fragte nach seiner Einschätzung unseres neuen Schulkonzeptes, das ich ihm am 6. November zugeschickt hatte. Er antwortete, dass er mit dem Kultusminister und anderen Rücksprache gehalten habe und mir deshalb auf der Grundlage der Rahmenrichtlinien der Niedersächsischen Gesamtschulen einige Tipps, die ich notierte, zur Verbesserung geben könne. Die Überarbeitung unseres Konzeptes mit den Veränderungen sollten wir dann an die Bezirksregierung Osnabrück und ihm zwei Kopien schicken. Im Februar würde sich bei uns dann ein Herr Schitkow melden.

In einem weiteren Telefonat am 24. Januar mit Herrn Mehrens im Kultusministerium erkundigte ich mich nach dem Klärungsstand unserer Anträge bzgl. der Finanzhilfe und der Sek I. Er erwiderte, dass für die Gewährung der Landesfinanzhilfe die „Besondere pädagogische Bedeutung" eine evidente Voraussetzung sei und wir dafür einen gesonderten Antrag stellen sollten. „Den haben wir doch schon im letzten Jahr vorgelegt", antwortete ich, „aber wir werden Ihnen diesen Antrag nochmals mit einer ausführlichen Begründung kurzfristig zusenden."

Diesem Antrag fügten wir am 28. Januar nochmals eine ausführliche Gegenüberstellung der Unterschiede zwischen unserer besonderen Pädagogik und der „Pädagogik in den staatlichen Schulen" bei. An 14 individuellen Fallbeispielen belegten wir die mit unserer besonderen Pädagogik erreichten positiven Ergebnisse.

Während der finanziell angespannten Situation bekamen wir eine Mut machende Unterstützung von der Schulgründungsinitiative Hamburg. Mit Schreiben vom 21. Januar wurde uns ein Darlehen von 30 TDM für zunächst ein Jahr zur Verfügung gestellt. Durch die Kontakte innerhalb der AEBS habe man von unserer schwierigen Situation erfahren. Man wolle uns helfen, damit unseren Finanzengpass zu überbrücken. Das sei möglich, weil sich die beantragte Genehmigung für eine Christliche Schule in Hamburg leider verzögert habe.

Am 1. Februar wurde mir um ca. 15.30 Uhr von der Telefonzentrale ein Telefongespräch durchgestellt mit der Bemerkung: „Da ist ein Herr Mehrens vom Kultusministerium dran." Ich dachte: „Das wird ein wichtiges Gespräch", und nahm mir einen DIN A 4-Schreibblock zur Hand, um entsprechende Notizen zu machen. Deshalb kann ich das Telefonat ziemlich wortgetreu wiedergeben. Nach der Begrüßung entspann sich folgender Dialog:

Herr Mehrens: „Herr Bettsteller, Herr Schitkow und ich haben mit dem Kultusminister ein Gespräch geführt. Der Herr Minister hat sich überzeugen lassen, Ihrer Schule die „Besondere pädagogische Bedeutung" beizumessen." „Das ist ja sehr erfreulich", antwortete ich. „Die Anerkennung gilt in der Gesamtheit der übergreifenden Klassen 1 bis 10. Das bedeutet dann auch die Genehmigung für den Sekundarbereich I, Klasse 5 bis 10 und die In-Aussicht-Stellung der Genehmigung für die Finanzhilfe. Sie gilt nach Ablauf von 3 Jahren, wenn Sie den Antrag stellen", erklärte Herr Mehrens. „Aber wir haben sie doch schon beantragt, dann wird also die erste Ablehnung zurückgenommen?" fragte ich. „Ja, aber die Finanzhilfe für die Sek I wird erst nach 3 Jahren gewährt. Etwas muss aber sichergestellt werden, nämlich, das Toleranzgebot muss zum Zuge kommen. Da hat Herr Schitkow zu Ihrem Erziehungskonzept, das ja auch auf der Grundlage der Deutschen Evangelischen Allianz formuliert ist, bezüglich „Sünde" im letzten Absatz der Passage „Wollen und Wesen" noch einige Nachfragen. Aber das wird er Ihnen noch schreiben." „Da sehe ich keine Schwierigkeiten", antwortete ich, „denn die Basis der Evangelischen Allianz ist doch im großen Rahmen der Evangelischen Kirchen anerkannt." Mehrens: „Ich sag` es noch einmal mit meinen Worten, wir möchten keine Indoktrination." „Das wollen wir auch nicht", antwortete ich, „das Evangelium ist immer Angebot und nie Zwang. Die Freiwilligkeit muss unbedingt beachtet werden. Auch das Thema „Sünde" ist kindgerecht zu behandeln. Ich weiß, dass die Bibel unterschiedlich beurteilt wird, doch das ist ja auch hinlänglich bekannt. Aber es wird im biblischen Unterricht nichts unter den Tisch gekehrt, weil wir von der ganzen Wahrheit des Wortes Gottes überzeugt sind. Wer das Evangelium den Kindern indoktrinierend vermitteln will, der hat nichts verstanden. Deshalb finde ich es auch sehr gut, wenn die Schulbehörde darauf achtet, dass Kinder von keiner Seite indoktriniert werden dürfen." „Ja, dann wird es ja auch keine Schwierigkeiten geben", meinte Herr Mehrens, „wir werden nächste Woche Ihnen und der Bezirksregierung ein Schreiben schicken." Ich fragte: „Nächste Woche? Mehrens: „Ja, nächste Woche." „Wie lange dauert es dann noch, bis wir eine endgültige Bestätigung erhalten. Doch sicher keine Monate", fragte ich. „Ich denke, so ungefähr einen Monat. Aber wenn Sie die Aussicht auf Finanzhilfe haben, dann werden Sie die Situation wohl überbrücken, oder?", antwortete Herr Mehrens. „Ja, dann wohl", entgegnete ich, „vielen Dank, Herr Mehrens, für die guten Nachrichten. Ich wünsche Ihnen ein schönes Wochenende." Herr Mehrens: „Danke, ebenso. Auf Wiederhören."

Der SPD-Landtagsfraktionsvorsitzende Johann Bruns, Emden, rief Heinrich Behrends am 5. Februar an und berichtete von einem Gespräch mit dem Kultusminister, der ihm gesagt habe, dass die „Besondere pädagogische Bedeutung" anerkannt sei, die Genehmigung der Sek I und die Finanzhilfe zugesagt würden.

Herr Mehrens berichtete mir in einem weiteren Telefonat am 11. Februar, dass ein Erlass des Kultusministers am 6. Februar nach dem vorgelegten Entwurf geschrieben und an die Bezirksregierung Osnabrück geschickt wurde. Die drei Merkmale unserer „Besonderen pädagogischen Bedeutung" sind: 1. Die Grundschule bildet mit der Sekundarstufe I in den Klassen 1 bis 10 eine Einheit nach Art einer Integrierten Gesamtschule. 2. Innere Differenzierung in den Klassen 5 bis 10. (plus äußere Differenzierung ab 7. Klasse). 3. Der Projekt-Unterricht ist ein wichtiger Aspekt.

Er machte darauf aufmerksam, dass damit aber eine bundesweite Anerkennung nicht in jedem Fall gewährleistet sei. Unter nochmaligem Hinweis, dass für die Sek I eine Finanzhilfe erst nach drei Jahren gewährt würde, bekämen wir jetzt kurzfristig ein Schreiben mit der In-Aussicht-Stellung der Genehmigung der Sek I.

Am gleichen Tag (11.2.) schrieb ich an Kultusminister Prof. Wernstedt einen Dankesbrief. Wir würden uns über die positiven Meldungen, die uns auf verschiedenen Wegen erreicht hätten, sehr freuen und damit die Hoffnung verbinden, nun bald auch die schriftliche Genehmigung der Finanzhilfe für die Grundschule zu erhalten.

Am 4. März fragte ich noch einmal bei Herrn Mehrens im Kultusministerium nach, wieweit die Sache denn nun gediehen sei. „Der Haushaltsreferent hat gemotzt und eine Gegendarstellung geschrieben", antwortete er, „aber die habe ich inzwischen beantwortet. Jetzt liegt die Sache beim Staatssekretär und beim Minister. Außerdem wird noch darüber gesprochen, ob die neu zu genehmigende Schule nochmals eine dreijährige finanzielle Durststrecke aushalten müsse."

Zum Zeitpunkt der Jahreshauptversammlung am 7. März, an der erstmals Heike Schröder teilnahm, lag uns noch keine schriftliche Bestätigung seitens der Schulbehörden vor. Es wurden die üblichen Regularien abgehandelt und in der anstehenden Vorstandswahl Hinrich Troff als 2. Vorsitzender und Elisabeth Herren als Beisitzende wiedergewählt. Heinrich Behrens legte mit der Bitte um Überprüfung und eventueller Korrektur die aktualisierte Liste der einzelnen Arbeitskreise vor, die in der nächsten Sitzung bestätigt werden sollte. Ferner wurden die Trägerkreis-Mitglieder gebeten, wegen der knappen Personaldecke an Verbesserungen bei der Schulaufsicht während der Pausen, der Hausaufgabenhilfe und den Spielstunden mitzuwirken.

Die Finanzlage war nach wie vor sehr angespannt. Von weiteren Nachfragen bezüglich der erwarteten Finanzhilfe bzw. der Genehmigung für die Sek I wollten wir jedoch erst einmal Abstand nehmen. Dennoch baten wir den Arbeitskreis Pädagogik, für die nächste Schulstufe schon einmal den genauen Personalbedarf zu ermitteln. Mit Schreiben vom 8. April erhielten wir vom Kultusministerium, Herrn Bettsteller, folgende Mitteilung:

„Sehr geehrter Herr Trauernicht, auf Ihre Schreiben vom 16.01. und 28.01. teile ich Ihnen nach Prüfung der vorliegenden Konzepte mit, dass eine Genehmigung der beabsichtigten Schule mit besonderem pädagogischen Profil für den Sekundarbereich I dem Grunde nach voraussichtlich erteilt werden kann. Einzelheiten sind mit der zuständigen Bezirksregierung Weser-Ems abzuklären. Der genehmigten Schule messe ich eine „Besondere pädagogische Bedeutung" bei. Das gleiche gilt für die bereits bestehende Grundschule, da sie zu der neuen Schule des Sekundarbereichs I hinführt und diese auf der Grundschule aufbaut. Um das weitere Verfahren zu beschleunigen, rege ich an, sich alsbald mit der Bezirksregierung in Verbindung zu setzen. Mit freundlichen Grüßen Im Auftrage Bettsteller."

Mit Schreiben vom 10. April schickte ich an die Bezirksregierung eine Kopie des o. g. Schreibens und fragte an, ob wir zur Klärung der Einzelheiten in Osnabrück einen Gesprächstermin vereinbaren könnten oder ob das schriftlich erfolgen sollte.

Als ehemaliger Verwaltungs-Beamter kannte unser Trägerkreis-Mitglied Heinrich Behrens die Abläufe in den Amtsstuben. In einem Telefonat am 17. April klärte er schon vorab mit dem zuständigen Sachbearbeiter in der Bezirksregierung, Herrn Kratschmer, die Finanzhilfe-Beträge, die wir zu erwarten hätten. Zunächst bestätigte Herr Kratschmer, dass der entsprechende Erlass vom Kultusministerium vorläge und die Bewilligungsablehnung aufgehoben würde.

Die Berechnungs-Grundlage basiert pro Schulkind auf einem Jahresbetrag von 3.087,33 DM. Bei der Schülerzahl am 15.11.1990 mit 108 und am 15.3.1991 mit 114 ergäbe das im Mittel 111 mal den Schülerbetrag, somit pro Jahr 342.693,63 DM bzw. für den Zeitraum vom 1. August 1990 bis 30. April 1991 insgesamt 257.020,22 DM. Darüber hinaus wäre noch die Rentenversicherung für Lehrer und Arbeitgeber zu berücksichtigen. Am 19. April teilte ich unter Bezugnahme auf das vorgenannte Telefonat der Bezirksregierung die Schülerzahl mit und bat um baldige Bewilligung und Auszahlung der Finanzhilfe.

In dem Schreiben vom 26. April 1991, das uns erst am 2. Mai erreichte, teilte uns Dr. Woltering von der Bezirksregierung mit, dass unserem Widerspruch vom 05.11.1990 gegen die Ablehnungsverfügung vom 24.10.1990 bzgl. des Antrags auf Gewährung von Finanzhilfe stattgegeben sei und für die Grundschule eine Finanzhilfe ab dem 01.08.1990 gewährt würde. Aufgrund der gemeldeten Schülerzahl habe er die Regierungsbezirkskasse Weser-Ems in Aurich angewiesen, eine monatliche Abschlagzahlung von 28 TDM auf unser Konto einzuzahlen. Die Abschläge in Höhe von insgesamt 280 TDM für den Zeitraum August 1990 bis Mai 1991 würden in einer Summe überwiesen.

Was für eine erfreuliche Mitteilung! Was für eine Erlösung aus der Ungewissheit! Was für ein Aufatmen! Ein Dankgebet: „Danke, unser großer Gott, dass du uns so beschenkst!"

Spontan informierten wir die Eltern und Freunde mit einem Rundschreiben am 2. Mai über diese positive Nachricht mit der Überschrift: „Groß ist der Herr!" Wir forderten alle auf, mit uns gemeinsam Gott zu loben und zu danken! Und wir baten um weitere Fürbitte, denn noch warteten wir auf die Genehmigung der Sekundarstufe I. Sobald die mit dieser Genehmigung verbundenen Einzelheiten geklärt seien, würden wir zu einer besonderen Veranstaltung einladen und über alle Aspekte berichten. Außerdem teilten wir mit, dass das nächste Schulfest am 22. Juni stattfinden würde.

In einem Telefonat am 7. Mai mit Herrn Dr. Woltering hieß es, dass wir nicht zu einem Gespräch nach Osnabrück kommen müssten, sondern alle weiteren Abstimmungen schriftlich erfolgen würden. Schließlich erhielten wir mit Schreiben vom 16. Mai (Poststempel 23.05.) eine 4-seitige Mitteilung der Bezirksregierung, in der Dr. Woltering ausführlich die Voraussetzungen zur Genehmigung der Sek I darlegte. Den Inhalt zitiere ich hier auszugsweise:

„Sehr geehrter Herr Trauernicht! Das Nds. Kultusministerium hat mir mitgeteilt, dass es nach der Prüfung der vorgelegten Konzepte die Genehmigung einer Schule des Sekundarbereichs I in Aussicht gestellt hat. Einen entsprechenden Antrag haben Sie unter Beifügung des Erziehungskonzepts und von Aussagen zur Struktur der Schule am 20.02. 91 gestellt. Da das Nds. Schulgesetz auch für den Ersatzschulbereich keine Zusammenfassung einer Grundschule mit einer Gesamtschule vorsieht, gehe ich im Antragsverfahren davon aus, dass - unabhängig von den vielfältigen Verbindungen - eine neue Schule neben der bestehenden Grundschule betrieben werden soll. (Diese Feststellung „neue Schule" hat uns im Laufe der Zeit noch viel Kopfzerbrechen beschert, denn das würde ja tatsächlich bedeuten, wiederum 3 Jahre ohne Finanzhilfe für die Sek. I auskommen zu müssen.) Ich habe die mir vorliegenden Unterlagen geprüft und stelle hierzu - zum Teil auch aufgrund entsprechender Hinweise des Nds. Kultusministeriums - folgendes fest:

1. Der Bildungsauftrag nach § 2 NSchG gilt auch für Ersatzschulen mit besonderer religiöser oder weltanschaulicher Ausrichtung. Auf seine Erfüllung ist besonders zu achten, wenn sich eine Weltanschauungsschule ihren Ideen und ihrem Weltbild so stark verpflichtet fühlt, dass Konflikte mit dem Erziehungsziel „Befähigung, die Beziehungen zu anderen Menschen nach den Grundsätzen der… Toleranz zu gestalten" nicht ausgeschlossen werden können. Im Übrigen soll die Schule die Persönlichkeit des Schülers nicht nur auf der Grundlage des Christentums, sondern auch auf der des europäischen Humanismus und der Ideen der liberalen, demokratischen und sozialen Freiheitsbewegungen weiterentwickeln. Eine Verdeutlichung dieses Bildungsauftrags der Schule ist in diesem Sinne in Ihrem Konzept noch erforderlich. Grundlage für die geplante Schule ist eine entschieden christliche Erziehungskonzeption. So heißt es in dem „Erziehungskonzept": … „Verbindliche Autorität für alle Lehrenden ist die Bibel. Für die Arbeit der Freien Christlichen Schule Ostfriesland werden die Grundsätze der Evangelischen Allianz berücksichtigt"... "Eine Berücksichtigung dieser Grundsätze, die dem Erziehungskonzept beigefügt sind (s. dort besonders: Bekenntnis „zur völligen Sündhaftigkeit und Schuld des gefallenden Menschen"), darf nicht dazu führen, dass Schülerinnen und Schüler moralisch unter Druck gesetzt und verängstigt werden. Eine Klarstellung des Konzeptes in diesem Punkt ist erforderlich, um die erforderliche Gleichwertigkeit der Ersatzschule mit öffentlichen Schulen zu erreichen."

Dann folgte der Hinweis, dass die bundesweite Anerkennung der Abschlüsse der geplanten Sek I aufgrund des besonderen pädagogischen Profils nicht in jedem Fall gewährleistet sei und wir die Eltern darauf hinweisen müssten. Außerdem wurden wir aufgefordert, die Unterrichtsplanung zunächst einmal für das 1. Halbjahr 1991/92 detaillierter vorzulegen und die konkrete Unterrichtsumsetzung auf der Grundlage des vorgelegten Integrationsmodells zu erstellen. Zum Nachweis der Gleichwertigkeit der Ersatzschule mit öffentlichen Schulen seien die Regelungen des Erlasses „Die Arbeit in der Integrierten Gesamtschule" heranzuziehen. In Anlehnung an diese Regelungen sei in einigen Punkten noch eine Präzisierung unseres Konzeptes erforderlich. Es schlossen sich eine Aufzählung vieler Detailpunkte zur Unterrichtsgestaltung aller Schuljahrgänge von 5 bis 10 sowie einige Fragen zu bestimmten Fächern, zum Beurteilungssystem „Lernentwicklungsberichte oder

Notenzeugnisse", wer die Schulleitung übernehmen würde und welche Fachlehrer mit entsprechenden Qualifikationen eingestellt würden, an.

Bezüglich der von uns vorgelegten Bauzeichnung wurde nachgefragt, in welchen Räumen der naturwissenschaftliche Unterricht bzw. der Unterricht in Kunst, Werken, Technik, Hauswirtschaft und Musik stattfinden sollte und welche Sportanlagen oder -hallen wir benutzen wollten und wie die Fachräume ausgestattet würden. Das Schreiben endete mit der Bemerkung: „Sollten Sie zu den einzelnen Punkten Rückfragen haben, bin ich gern zu Auskünften bereit. Soweit es sich um schulfachliche Inhalte handelt, wenden sie sich bitte an Herrn RSD Beisel. Mit freundlichem Gruß Im Auftrage Dr. Woltering

Diese an sich positive Mitteilung zog eine Menge Arbeit nach sich, die jedoch sofort mit Hochdruck von unserem Schulleiter Joachim Heffter, bedarfsweise einigen Lehrkräften und dem Pädagogischen Arbeitskreis unter Leitung von Dr. Walter Vietor in Angriff genommen wurde. Es mussten für die Jahrgänge 5 und 6 und danach für die Jahrgänge 7 bis 10 unter Berücksichtigung der Details des Schreibens von der Bezirksregierung völlig neue Lehrpläne ausgearbeitet werden. Die nach dem Konzept der integrierten Gesamtschule erforderlichen Materialien waren bisher nicht bekannt und mussten beschafft und eingefügt werden. Insbesondere die Beschreibung der Naturwissenschaften Physik, Chemie und Biologie war sehr zeitintensiv und aufwändig. Daneben musste der normale Unterricht durchgeführt und Versetzungen, Elternabende, Bundesjugendspiele und das Schulfest organisiert und vorbereitet werden.

Bereits am 28. Mai beantworteten wir das Schreiben der Bezirksregierung sehr ausführlich mit der Bitte um Rückmeldung, ob damit alle Vorgaben erfüllt und Fragen beantwortet seien.

Vorsorglich rief ich am 4. Juni im Kultusministerium an und fragte Herrn Mehrens nach einer Möglichkeit, vor Ablauf von 3 Jahren eine Landesfinanzhilfe zu erhalten, da für uns eine finanzielle dreijährige Durststrecke im Blick auf die erforderliche Einstellung mehrerer Lehrkräfte und die kostspielige Einrichtung von Fachräumen ohne diese nicht tragbar wäre. Er bestätigte noch einmal die Auffassung des Kultusministeriums, dass trotz der organisatorischen Zusammenfassung der Grundschule mit dem Sek I – Bereich und einem Schulleiter der Schulzweig Sek I eine neue Schule sei und die Finanzhilfe nach dem Nds. Schulgesetz nach § 129 erst nach 3 Jahren möglich sei. Allerdings könnte man vielleicht versuchen, nach § 131 eine Finanzzuwendung zu beantragen, um eine eventuelle Existenz bedrohende Situation auszuschließen.

Am 5. Juni rief Herr Höflinger von der Bezirksregierung im Auftrag von Herrn Beisel und Herrn Menzel an, um im Genehmigungsverfahren noch einige Punkte bezüglich Lehrkräfte, Gymnasiallehrer, Ausstattung der naturwissenschaftlichen

Fachräume, exemplarischer Vorlagen für bestimmte Fächer und Zeugnisinhalte abzuklären.

Es kam uns fast wie ein humorvolles Lächeln Gottes vor, als uns am 21. Juni durch die dunklen „Finanz-Wolken" einige Sonnenstrahlen der Ermutigung erreichten. Ein Notar teilte uns mit, dass der verstorbene Hinderk Troff aus dem Rheiderland sein kleines Anwesen testamentarisch der FCSO vererbt habe. Nach dem Ableben seiner dort noch lebenden Schwester könnten wir darüber verfügen. Ich kannte Hinderk Troff ganz flüchtig aus ein paar Begegnungen bei Veranstaltungen des Ostfriesische Gemeinschaftsverbandes. Er war mir aber aufgefallen durch seine originelle und liebevolle Art, Kindern das Evangelium von Jesus nahe zu bringen. Ich fühlte mich verpflichtet, in den Folgejahren öfter seine auch schon betagte Schwester Toni zu besuchen, die sich darüber immer sehr freute. Nach ihrem Tod gründeten wir eine FCSO-Stiftung. Den Erlös aus dem Verkauf des Hauses zahlten wir als Anfangskapital in die Stiftung ein.

In der Zwischenzeit hatte sich unser Trägerkreis-Mitglied Heinrich Behrends akribisch mit dem Niedersächsischen Schulgesetz beschäftigt, um die Unterschiede zwischen Finanzhilfe und Finanzzuwendung herauszuarbeiten. Das 4-seitige Ergebnis aus dem „Paragrafen-Dschungel" zeigte vielseitige Interpretationsmöglichkeiten, Voraussetzungen, Eventualitäten und Zusammenhänge auf. Einige für uns wesentlichen Gesetzestexte lauteten:

Über die Abkürzung der Dreijahresfrist heißt es im § 129 (2) Satz 2 des Gesetzes: „Ist das Unterrichtsangebot einer Schule lediglich an eine verwandte Fachrichtung oder um eine andere Schulform derselben Fachrichtung erweitert worden, so kann die Finanzhilfe schon vorher gewährt werden." Das war nach unserer Auffassung durch die Zusammenlegung der Grundschule mit der zu genehmigenden Sek I als Erweiterung, als Einheit zu verstehen. Aber in der Auslegung des Kultusministeriums hatte diese Bestimmung „ihre wesentliche Bedeutung für das berufsbildende Schulwesen."

„Gemäß § 131 (1) NSchG kann eine Zuwendung vor Ablauf von 3 Jahren auf Antrag nach Maßgabe des Landeshaushalts gewährt werden, wenn dies zur Sicherung eines leistungsfähigen Bildungsangebots erforderlich ist und die Verwirklichung der Ziele des Schulentwicklungsplans nicht beeinträchtigt wird. Hierbei handelt es sich um eine Kannvorschrift. Ob Zuwendungen gewährt werden, richtet sich in erster Linie danach, ob Mittel hierfür im Landeshaushalt bereitgestellt worden sind."

Mit Hinweis auf diesen Gesetzestext formulierten wir am 11. Juli einen Antrag zur Genehmigung der Finanzhilfe für die Sek I, hilfsweise einer Finanzzuwendung nach § 131 NSschG. an die Bezirksregierung Osnabrück. In diesem Schreiben listeten wir unsere bisher ohne staatliche finanzielle Hilfe erbrachten Leistungen auf: Personal- und Sachkosten, Investitionskosten für Grundstück, Gebäude und

Inventar sowie Schülerbeförderungskosten, die sich inzwischen auf annähernd 3 Millionen DM summiert hatten. Mit dem Hinweis darauf, dass die Schulbeiträge der Eltern nur etwa ein Drittel der Kosten abdecken würden, baten wir dringend, die Finanzhilfe bzw. Finanzzuwendung ab 01.08.91 zu gewähren.

Als ich am 12. Juli telefonisch bei Herrn Mehrens im Kultusministerium nach dem Stand des Genehmigungsverfahrens für die Sek I nachfragte, sagte er mir: „Ich formuliere soeben die Zustimmung für die Bezirksregierung." Auf meine Frage, warum es sich trotz der konzeptionellen Einheit der Grundschule mit dem Sekundarbereich vom 5. bis zum 10. Jahrgang um eine neue Schule handeln solle und wir noch 3 Jahre dafür auf eine Finanzhilfe warten müssten, antwortete er: „Auch wenn es sich um eine didaktische Gesamtkonzeption handelt, so gibt es diese Schulform noch nicht. Es ist eine neue Schulform! Eine sogenannte Erweiterung gibt es nur für berufsbildende Schulen."

In einem weiteren Telefonat am 12. August mit Herrn Meyer von der Bezirksregierung bestätigte dieser, dass das Kultusministerium der Erweiterung auf Sek I zugestimmt habe. Eine Finanzhilfe nach § 129 NSchG würde erst nach 3 Jahren gewährt. Es bliebe aber der Schule unbenommen, einen Antrag nach § 131 NSchG auf Finanzzuwendung zu stellen. Auf seine Frage, ob wir denn auch gleich einen 6. Schulgang einrichten möchten, antwortete ich, dass wir uns das ohne ein Signal der Bezuschussung finanziell nicht leisten könnten. Er meinte dazu, dann können Sie ja nochmal im Kultusministerium nachfragen. Nun, wir hatten unsere Anträge ja bereits auf den Weg gebracht.

Trotz der hinsichtlich der nächsten Schulstufe ungewissen finanziellen Situation waren wir nicht untätig gewesen und hatten vier neue Lehrkräfte: Asmus Meyer, Michael Piorr, Dirk Thomsen und Hans-Martin Urbschat zum August eingestellt. Aufgrund der vermehrten Verwaltungsarbeit stellten wir Sigrid Nannen ab 15. August als Schulsekretärin ein. Sie war bereits ehrenamtlich tätig. Da sie als arbeitslos gemeldet war, konnten wir mit dem Arbeitsamt für sie eine ABM-Maßnahme mit 90 % Zuschuss vereinbaren.

Das Schulfest am 22. Juni bei schönem Wetter war mit über 1000 Besuchern für Jung und Alt wieder ein besonderes Erlebnis und der Überschuss von 4.178 DM ein warmer Regen in die Schulkasse für die Anschaffung von Unterrichtsmaterial.

Asmus Meyer hatte es übernommen, im Freundeskreisbrief Nr. 17 ausführlich über die Einschulung von 29 Erstklässlern zu berichten. Wenn das nun seit Jahren bewährte Programm für die langjährigen Mitarbeiter auch schon eine gewisse Routine angenommen hatte, war es für die Erstschüler, deren Eltern, Großeltern, Freunde und für die neuen Lehrer ein unvergessliches Erlebnis.

Schulfest 1991, Ingrid Husmann, links, Artur Kroon-Husmann, 2.v.r.

Schulfest 1991 u. a. mit Kettcar-Parcours

und Bimmel-Bahn

Das in vielen Jahren bei Schulfesten bewährte Grillteam.

Nach dieser Einschulung und weiteren Zugängen wurden mittlerweile 158 Kinder an der FCSO von nunmehr 10 Lehrkräften unterrichtet. Ehrenamtliche Helfer und Eltern gestalteten den Schulhof mit der Einrichtung von Sport- und Freizeiteinrichtungen.

Um eine zuverlässige Schülerbeförderung sicher zu stellen, waren wir genötigt, einen 20-sitzigen Bus für 80 TDM zu kaufen. Hausmeister Klaus Jasper wurde beauftragt, einen entsprechenden Personenbeförderungsschein zu erwerben.

In den Trägerkreissitzungen wurde stets das Thema Finanzen behandelt und der jeweilige Stand des Genehmigungsverfahrens aufgezeigt. Lehrer und Arbeitskreise berichteten über die verschiedenen Aufgaben, die erledigt wurden oder noch geplant seien: Unterrichtsverlauf, Material-Ausstattung, Pädagogik, Spielstunden-Aufsicht mit ehrenamtlich pädagogischen Mitarbeiterinnen, Verwaltung, Baumaßnahmen, Öffentlichkeitsarbeit, Elternarbeit, Schülertransport, Reinigungsdienst, schulinterne Fortbildung, Projektunterrichts-Planung und die Erstellung von Stoffplänen für den 7. Schuljahrgang.

Mit Blick auf den Ausbau der Sek I mit jährlich wachsender Schülerzahl hatten wir frühzeitig den Bau weiterer Räumlichkeiten zu planen.

Es fiel uns nicht leicht, die Eltern davon in Kenntnis zu setzen, dass wir derzeit wegen der finanziellen Unsicherheit leider keine 6. Klasse einrichten könnten. Dass die betroffenen Eltern darüber sehr enttäuscht waren und sogar ihren Unmut äußerten, konnten wir gut verstehen. Bei den Kontakten mit Politikern haben wir den Ärger und die Argumente der Eltern zur Sprache gebracht: Auch diese Eltern seien normale Steuerzahler, das Grundgesetz befürworte Privatschulen, und man habe kein Verständnis für die kaum zu überwindenden hohen Hürden zur Errichtung einer Schule in freier Trägerschaft, obwohl das Land Niedersachsen durch den Betrieb einer Privatschule in den ersten 3 Jahren erhebliche Kosten einsparen würde.

Wahrscheinlich wurden diese Argumente ernst genommen, denn die Reaktionen unserer hiesigen Politiker waren durchweg positiv und für uns sehr hilfreich. Wir merkten, dass das gesamte Thema „Freie Schulen" in den Amtsstuben sehr intensiv diskutiert wurde.

Über eine vertrauliche Verbindung erhielten wir Kenntnis davon, was im Kultusministerium auf der Tagesordnung stand. Demnach wurden auch die Vorschriften für Schulen in freier Trägerschaft aufgrund unseres Antrages in der bevorstehenden Novellierung des NSchG geändert, insbesondere § 129 Abs. 2 Satz 2 und 3. Diese Änderung sollte am 01.01.1993 in Kraft treten. Uns bliebe derzeit nur die Möglichkeit einer Teilfinanzierung gemäß § 131. Die vertrauliche Person gab uns die Empfehlung, zum gegenwärtigen Zeitpunkt darüber hinaus die Landesregierung nicht mit weiteren Anträgen zu strapazieren, da man zur Zeit unserer Sache sehr wohlwollend gegenüber stünde und die Stimmung sonst umschlagen könnte.

Mit Schreiben vom 19. August 91 erhielten wir von der Bezirksregierung die Genehmigung zur Errichtung einer Schule des Sekundärbereichs I. Auszugsweise hier einige Sätze:

„Auf Ihren Antrag vom 20.02.1991 genehmige ich gem. § 123 Niedersächsisches Schulgesetz (NSchG) – mit Zustimmung des Niedersächsischen Kultusministeriums – rückwirkend ab 15.08.1991 die Errichtung und den Betrieb einer Schule des Sekundarbereichs I (Ersatzschule mit Gesamtschulcharakter) in Moormerland-Veenhusen, beginnend mit der Klasse 5 zum Schuljahresbeginn 1991/92. Gegen die organisatorische Zusammenfassung der bestehenden Grundschule mit der Schule des Sekundärbereichs I bestehen keine Bedenken."

„Die Genehmigung wird unter folgenden Auflagen erteilt: Einige Sätze auszugsweise: 1. Sobald die Klasse 7 geführt wird, also ab 01.08.1993, ist eine Lehrkraft mit gymnasialer Lehrbefähigung einzustellen. Ich bitte, mir die Qualifikationsunterlagen dieser Lehrkraft rechtzeitig vorzulegen. ... 2. Die von Ihnen vorgelegten Unterrichtsplanungen entsprechen in wesentlichen Teilen nicht den niedersächsischen Rahmenrichtlinien für Gesamtschulen. Es sind mir noch überarbeitete bzw. ergänzte Lehrpläne vorzulegen. Ich werde Ihnen hierzu in Kürze (erledigt mit Schreiben vom 07.11.) noch schriftliche Hinweise geben und den Termin für die Vorlage mitteilen. ... Für diese Entscheidung wird gem. § 1 der Verordnung über die Gebühren für Amtshandlungen... eine Verwaltungsgebühr (971,00 DM) erhoben." Mit freundlichem Gruß Im Auftrage Dr. Woltering.

In einem Telefonat zwischen Heinrich Behrends am 18. Oktober mit Regierungs-Oberinspektor Kratschmer, Bezirksregierung Weser-Ems, Dezernat 409, hieß es, dass eine Finanzhilfe nach § 192 (1) NSchG erst nach 3 Jahren gewährt werden könnte und bisher in keinem vergleichbaren Fall eine Ausnahme gemacht worden sei. Deshalb würde die Bezirksregierung einen ablehnenden Bescheid erteilen. Der von uns gestellte Antrag auf Gewährung einer Zuwendung zu den Personal- und Sachkosten nach § 131 NSchG bedürfe noch einer weiteren Begründung. Herr Kratschmer wies aber darauf hin, dass man über keine Erfahrungen in der Anwendung dieser Gesetzesvorschrift verfüge. Der VES müsse einen Einzelnachweis aller Einnahmen (Spenden, Schulbeiträge u. a.) und Ausgaben (Personal- und Sachausgaben) vorlegen (am besten den Haushaltsplan). Dabei müsse erkennbar sein, welche Beträge auf die alten Klassen (Grundschule) und die neuen Klassen (Sek. I) entfielen. Es wäre nachzuweisen, was gedeckt sei und was nicht (Fehlbetrag). Da noch im gleichen Jahr entschieden werden müsse, sei Eile geboten.

Wir haben in den folgenden Wochen/Monaten je nach Entwicklung der Ereignisse immer unsere hiesigen Politiker SPD-Landtagsfraktionsvorsitzender Johann

Bruns, CDU-Landtagsabgeordneter Reinhard Wilken und CDU-Bundesminister Dr. Rudolf Seiters informiert. Die verschiedenen Rückmeldungen zeigten uns, wie konkret man uns durch Kontaktaufnahme mit dem Kultusminister oder anderen Gremien der Schulbehörden unterstützte. Das hat uns derzeit sehr ermutigt und uns auch veranlasst, uns ganz gezielt bei den vorgenannten Politikern zu bedanken.

Wie angekündigt, informierten wir beim Eltern-und Freundeskreistreffen am 3. Oktober über die bisherigen Bemühungen des weiteren Schulausbaus. Nach der Begrüßung der Gäste durch unseren 2. Vorsitzendenden Hinrich Troff konnte ich berichten, dass wir inzwischen nach vielen Gesprächen und Verhandlungen mit den Schulbehörden endlich sowohl die Finanzhilfe für die Grundschule, als auch die Genehmigung zum Start der Sek I erhalten hätten, was uns mit Freude und großer Dankbarkeit erfülle. Dennoch blieben allerdings die Finanzsorgen bezüglich der Sek I bestehen. Mit einem Dank an die Freunde für alle Fürbitte in dieser Angelegenheit wollten wir aber auch darauf hinweisen, dass wir letztlich auf Gottes Hilfe angewiesen seien und ihm auch in schwieriger Zeit vertrauen wollten. Uns sei bewusst, was in Lukas 12, 30b steht: „Unser himmlischer Vater weiß, was wir bedürfen." Im Übrigen wären wir im Auftrag Gottes tätig, denn wir folgten der Aufforderung Jesu Christi, der gesagt hat: „Handelt bis ich wiederkomme."

Die Vorstellung der neuen Lehrer und der Schulsekretärin, die „Jonglier-Predigt" von Dirk Thomsen, die Lied- und Musikbeiträge des Lehrerkollegiums, die „Multi-Media-Show" über die interessanten Entwicklungsstationen der Schule von Nieklaas Swart und nicht zuletzt die reichliche Auswahl an Tee, Getränken und das von Eltern zubereitete Kuchenbuffet sorgten für eine familiäre und gemütliche Atmosphäre.

Zum „Tag der Offenen Tür" am 27. Oktober hatten wir eine Presse-Information über die Schulentwicklung verfasst und öffentlich eingeladen. Am Eingang prangte eine große Tafel mit dem Leitspruch unserer Schule: „In Christus liegen alle Schätze der Weisheit und der Erkenntnis verborgen" Kolosser 2,3. Im inneren Eingangsbereich befanden sich in der stilisierten Baumkrone die einzelnen Klassen in Form von Blättern mit den Fotos der Schüler. Hier war ein bildlicher Wunsch sichtbar geworden, dass dieser Schulbaum so wachsen möge, wie es Psalm 1,3 zum Ausdruck bringt: „Der ist wie ein Baum, gepflanzt an den Wasserbächen, der seine Frucht bringt zu seiner Zeit, und seine Blätter verwelken nicht. Und was er macht, das gerät wohl."

In der Pausenhalle und in den Klassenräumen gab es eine Vielfalt von Informationen an den Ständen des VES und des Elternarbeitskreises, am Büchertisch, der Fotoausstellung über die Bauphase und eine Diaschau aus dem Schulalltag. Die Besucher konnten Einblicke in den Unterricht zu verschiedenen Themen aus dem Textil- und Sachunterricht erlangen. Ungewohnte Töne und fremde Düfte lockten die Besucher durch die Schulräume, wo sie auf verkleidete Schüler trafen und leckere Waffeln aus einer von Schülern betriebenen Waffelbäckerei probieren konnten oder bei der China-AG mit chinesischen Spezialitäten verwöhnt wurden. Selbstverständlich gab es auch ein reichhaltiges Tee- Kaffee- und Kuchen-Angebot. Eine Schautafel über die Entstehung der Bibel sollte verdeutlichen, wie Gott über seinem Wort wacht und es erhält. Seinem Wort zu glauben und zu vertrauen war die Empfehlung. Gottes Wort und Verheißungen würden in aller Zeit fest verankert bleiben, wie Gott es selber versprochen hat: „Himmel und Erde werden vergehen, aber meine Worte werden nicht vergehen." Viel Lob und Anerkennung der Besucher erfreuten nicht nur die Schüler, sondern machten auch alle anderen Beteiligten dankbar und zufrieden.

Am 15. November besuchten uns die Leiter der Schulgründungsinitiativen Buchholz, Hans-Walter Euhus; Hannover, Dr. Eberhard Dachwitz und Hamburg, Norbert Wichmann. Wir kannten uns von den AEBS-Sitzungen in Frankfurt. Es gab einen regen Austausch über die jeweiligen Erfahrungen und Schwierigkeiten bei der Gründung einer christlichen Schule. Insbesondere interessierten sich unsere Gäste für unsere in jüngster Zeit mit den Schulbehörden gemachten Erfahrungen. Herrn Wichmann konnten wir nun auch persönlich herzlich für das uns zur Verfügung gestellte Darlehen danken.

In der letzten Trägerkreis-Sitzung des Jahres am 28. November ließen wir die Ereignisse der letzten Zeit noch einmal dankbar Revue passieren. Wir wussten, dass noch viel Arbeit vor uns lag. Darum waren wir froh und dankbar über die neuen Trägerkreis-Mitglieder, die wir herzlich in unserer Runde begrüßen konnten. Ich war auch persönlich sehr dankbar, denn es handelte sich um meine Tochter Annelie und meinen Schwiegersohn Günther Gerdes, die sich ohne meine Aufforderung dazu entschlossen hatten, in der Schularbeit aktiv mitzuhelfen. Elisabeth Heeren musste sich aus familiären Gründen leider aus der Vorstandsarbeit und dem Trägerkreis verabschieden. Wir dankten ihr ganz herzlich für ihre aktive Mitarbeit und wünschten ihr für ihre neuen Aufgaben viel Kraft und Gottes Segen. Heinrich Behrends war bereit, sich am gleichen Abend als Beisitzer in den Vorstand wählen zu lassen.

Am 5. Dezember hatte sich Regierungsdirektor Beisel von der Bezirksregierung Osnabrück zu einem Besuch angemeldet, um sich einen Überblick über den Unterrichtsverlauf und die Schulräume und -ausstattung zu verschaffen. Im Gespräch mit unserem Schulleiter Joachim Heffter wurden verschiedene Themen des Unterrichts besprochen. Dabei unterstrich Herr Beisel u. a. die Bedeutung des Propriums der FCSO, das in angemessener Weise zum Ausdruck kommen müsse. In der Lehrer-Konferenz am Nachmittag, so berichtete Joachim Heffter, habe Herr Beisel mit einer unpassenden Bemerkung „über das Ziel hinausgeschossen" und damit die Lehrerschaft erheblich verunsichert: „Führen Sie die FCSO bis zum 6.

Schuljahr, denn darüber hinaus werden Sie es nicht schaffen." Diese Äußerung war unqualifiziert und auch unlogisch, denn die Genehmigung galt ja bis zum Jahrgang 10. Um der Verunsicherung des Kollegiums entgegenzutreten, wies Joachim auf das Geschehen um das Volk Israel hin. Auch dort hatten Kundschafter zunächst berichtet, dass das von Gott verheißene Land nicht einzunehmen wäre. Andere Kundschafter hätten dann genau das Gegenteil verkündigt. So sei es auch mit der Entwicklung der FCSO. „Weil wir im Auftrag Gottes an dieser Schule arbeiten, dürfen wir zuversichtlich nach vorne blicken."

Mit Schreiben vom 18. Dezember fragte ich noch einmal bei Herrn Otholt im Kultusministerium nach, wann wir bezüglich unserer Anträge auf Finanzhilfe bzw. Finanzzuwendung mit einer Antwort rechnen könnten.

Ein spannendes, teils sehr belastendes, Jahr ging nun dem Ende entgegen. Einerseits erfüllte uns große Dankbarkeit für die schwer erkämpften und erreichten Ziele unter Gottes gnädiger Führung. Andererseits blieben Fragen offen bezüglich der ungewissen Zukunft aufgrund der angespannten Finanzen und der erforderlichen Baumaßnahmen sowie des zusätzlichen Personalbedarfs. Wie soll das wohl funktionieren? Kann das Unvorstellbare tatsächlich gelingen?

Wie gut, dass wir diese Fragen an unseren Auftraggeber, unseren allmächtigen Gott und liebenden Vater, abgeben durften.

1992 Hoffen - Warten - Planen

Als der König David aus schwierigen Lebenssituationen herausgeführt wurde, lobte er überschwänglich die Macht und Hilfe Gottes, die er erfahren hatte. Sein Glaube und Vertrauen in Gottes souveränes Handeln beschrieb er mit den Worten: „Mit meinem Gott kann ich über Mauern springen. Gottes Wege sind vollkommen, die Worte des Herrn sind durchläutert. Er ist ein Schild allen, die ihm vertrauen. Denn wer ist Gott, wenn nicht der Herr, oder ein Fels, wenn nicht unser Gott?" Psalm 18, 30b -32.

In dieses Lob konnten auch wir einstimmen, als wir im vergangenen Jahr mit Gottes Hilfe zwei hohe „Mauern überspringen" durften: Uns wurde nach langem Hin und Her die zunächst abgelehnte Landesfinanzhilfe für die Grundschule doch noch gewährt und, nach einjähriger Verzögerung, die zunächst verweigerte Weiterführung der Schule ab Klasse 5 schließlich mit der Errichtung der Sekundarstufe I der Klassen 5 bis 10 genehmigt.

Das sollte uns eigentlich ermutigt haben, auch die derzeit sehr angespannte Finanzsituation mit großer Gelassenheit zu ertragen. Doch in einer für uns damals sehr unübersichtlichen Lage ohne konkrete Finanzlösung in den nächsten 3 Jahren war das eine starke Herausforderung. Es blieb unsere einzige Möglichkeit, mit unseren Gebeten Gott „in den Ohren zu liegen", denn wie sonst hätten wir weitermachen können?

Jedenfalls brauchten wir viel Geduld. Das ganze Jahr über waren wir mit Schulbehörden und Politikern ständig in Kontakt. Trotz Ungewissheit über die Finanzentwicklung hatten wir aber diverse Aufgaben zu erledigen, die den organisatorischen Schulbetrieb, die weitere Unterrichtsausstattung, die Elternarbeit und zunehmend auch die Schulgebäudeerweiterung betrafen.

In den ersten Trägerkreissitzungen der Monate Januar und Februar waren verschiedene Punkte bezüglich des Schülertransportes zu klären, so dass wir neben Edzard Agena und Nieklaas Swart auch unseren Hausmeister Klaus Jasper in den diesbezüglichen Arbeitskreis einbezogen. Vermehrte Fahrstrecken und Fahrzeuge waren terminlich mit meist ehrenamtlichen Fahrerinnen und Fahrern abzustimmen. Es mussten mit Eltern Gespräche geführt werden, um die Kostensituation in den Griff zu bekommen, denn der Schülertransport belastete unseren Jahreshaushalt mit ca. 70 TDM.

Vor diesem Hintergrund baten wir die Eltern, damit einverstanden zu sein, die vom Landkreis individuell anteilig vergüteten Schultransportkosten solidarisch in die Gesamtabrechnung der FCSO einzubeziehen. Unser stärkstes Argument war unsere Erklärung, dass der Schülertransport ja eigentlich Sache der Eltern wäre, und wir nur organisatorische Unterstützung leisten wollten. Außerdem gäbe uns das die Möglichkeit, die sehr unterschiedlichen Transportkosten für einzelne Schüler ausgleichend zu gestalten. Die meisten Eltern waren mit dieser Regelung einverstanden. Aufgrund steigender Schülerzahlen wurden mit verschiedenen Busunternehmen neue Preise und Fahrstrecken ausgehandelt.

Der Arbeitskreis Finanzen beschäftigte sich mit Blick auf die nächste Gebäudeerweiterung und die dafür erforderlichen neuen Darlehen damit, für das bestehende Schulgebäude ein Wertgutachten erstellen zu lassen, um entsprechende Absicherungen einschätzen zu können. Im Ergebnis wurde der Verkehrswert mit 2,75 Mio. DM veranschlagt.

Der Arbeitskreis Bau untersuchte die Möglichkeit, in Veenhusen ein stillgelegtes Schulgebäude zu erwerben, um zunächst keinen teuren Neubau erstellen zu müssen. Das erwies sich jedoch aus mehreren Gründen als keine brauchbare Lösung.

Der pädagogische Arbeitskreis ermittelte den Lehrerbedarf und die erforderlichen Räumlichkeiten für die nächsten 2 bis 3 Schuljahrgänge, denn jedes Jahr würde die Schülerzahl stetig wachsen.

Asmus Meyer wurde beauftragt, sich mit der Polizei in Verbindung zu setzen, um in der Schule mit Verkehrserziehung zu beginnen. Eltern spendeten dafür die benötigten Verkehrsschilder und 22 gebrauchte Fahrräder, die teils noch repariert werden mussten.

Mit Schreiben vom 13. Januar berichtete uns SPD-Landesfraktionsvorsitzender Johann Bruns, dass er vom Kultusminister eine Antwort bezüglich der Finanzhilfe nach § 129 NSchG für die Sek I erhalten habe. Diese gäbe es erst nach 3 Jahren. Aber unter bestimmten Voraussetzungen könnte es nach §131 NSchG eine Zuwendung geben. Im Landeshaushalt seien dafür Mittel vorgesehen. Wir bedankten uns mit Schreiben vom 21. Januar bei Herrn Bruns mit einer herzlichen Einladung, uns in der FCSO doch einmal zu besuchen. Wir einigten uns auf den 27. Februar.

Auch bei Herrn Reinhard Wilken, CDU-Landtagsabgeordneter, bedankten wir uns mit Schreiben vom 21. Januar dafür, dass er in unserer Sache eine „kleine Anfrage" an den Landtag gerichtet habe. Sicher haben alle diese Kontakte dazu beigetragen, auf lange Sicht wichtige Impulse für die FCSO-Entwicklung zu setzen.

Mit Schreiben vom 26. Februar erhielten wir von der Bezirksregierung die Nachricht, dass die am 11.07. und 18.12.1991 beantragte Finanzhilfe für die Sek I abgelehnt sei. Ein Auszug aus der Begründung lautete: „Aufgrund der angespannten Finanzlage des Landes Niedersachsen müssen die Haushaltsansätze für Finanzhilfe an Schulen in freier Trägerschaft gekürzt werden, so dass über die gesetzlichen Ansprüche auf Finanzhilfe hinaus für freiwillige Leistungen keine Mittel zur Verfügung stehen. Der Antrag ist daher abzulehnen."

Bei seinem Besuch am 27. Februar fand Herr Bruns anerkennende Worte über das Schulgebäude und äußerte sich lobend über den guten Eindruck, den er gewonnen habe. Er meinte, was er bezüglich unserer Gesamtschulkonzeption gesehen und gehört habe, schiene der Grundidee einer Gesamtschule sehr nahe zu kommen. Offenbar könne sie in einer christlichen Schule sehr gut verwirklicht werden. Im Übrigen begründete er seine positive Unterstützung für die Genehmigung unserer Sek I mit folgenden Argumenten:

1. Kinder gehören den Eltern und nicht dem Staat. Diese hätten das Recht, über die Erziehung der Kinder zu entscheiden. 2. Eltern und Freunde setzen sich für den Aufbau und Erhalt der FCSO ein. Der Staat habe die Pflicht, Hilfe zu leisten. 3. Der Kultusminister habe persönlich über die Genehmigung der Sek I und die Finanzhilfe für die Grundschule entschieden, nachdem die Parteien mit je unterschiedlichen Argumenten die Notwendigkeit und Berechtigung der FCSO bestritten hätten. Die FCSO fördere die Vielfalt und die Wettbewerbsfähigkeit der Schulen in Ostfriesland, was ein positiver Aspekt sei.

Wir verabschiedeten Herrn Bruns mit Dank für die bisherige Unterstützung und baten um Mithilfe, in den nächsten 3 Jahren für die Sek I nicht ohne eine Finanzförderung des Landes auskommen zu müssen.

Mit Schreiben vom 13. März unterrichteten wir Herrn Bruns über die Ablehnung der Finanzhilfe, und dass wir bezüglich einer möglichen Finanz-Zuwendung nach § 131 NSchG noch keine Nachricht bekommen hätten. Daraufhin ließ er am 2. April über seinen Mitarbeiter Dr. Rainer Sontowski mitteilen, dass der Büroleiter des Kultusministeriums, Herr Niermann, ihm zugesichert habe, die Ablehnung durch die Bezirksregierung in der zuständigen Abteilung noch einmal prüfen zu lassen.

Während der Klausurtagung des Lehrerkollegiums mit dem Trägerkreis in den Räumen der Ev. ref. Kirche Neermoor am 14. März befassten wir uns hauptsächlich mit der Umsetzung des Erziehungskonzeptes der FCSO. Hier ging es nicht darum, wie das Konzept zu beurteilen sei, sondern darum, wie der Inhalt in praktischer Weise im täglichen Unterricht und im Umgang mit den Schülern und untereinander verwirklicht werden könne.

Auf dem Schulgelände befand sich neben dem Schulgebäude ein kleines Wohnhaus, das wir an eine Familie vermietet hatten. Zwecks Eigenbedarfs kündigten wir das Mietverhältnis, was sich aber als schwer durchführbar erwies. Die Familie fand so schnell keinen Ersatz. Da wir nicht mit einer Räumungsklage vorgehen wollten, vereinbarten wir mit dem Auktionator Feldhuis, für diese Familie eine Wohnung zu suchen. Spätestens zu Beginn des neuen Schuljahres würden wir diese Räumlichkeiten als Lager für Schulmöbel, Sportgeräte und andere Dinge benötigen.

Allmählich mussten die Planungen für die Gebäudeerweiterung konkret werden. Der Arbeitskreis Bau nahm Kontakt auf zu dem Bauamt des Landkreises Leer und der Gemeinde Moormerland. Es musste geklärt werden, welche Voraussetzungen bezüglich der Erweiterung des Schulgebäudes zu berücksichtigen seien.

Weitere Schulmöbel hatte uns bereits die Freie Evangelische Bekenntnisschule Bremen zur Verfügung gestellt, die vorübergehend in ein Bauernhaus eingelagert wurden.

Eigentlich war es nicht angebracht, dass wir uns konkret mit den Plänen einer Gebäudeerweiterung befassten, denn wir hatten in einer Haushalts-Hochrechnung festgestellt, dass wir für das laufende Jahr voraussichtlich mit einem Fehlbetrag von 230 TDM rechnen müssten, wenn sich keine zusätzlichen Einnahmen ergäben. Außerdem liefen zum Ende des letzten Jahres mehrere befristete monatliche Spendenzusagen aus, was sich in einem deutlichen Einnahmenrückgang bemerkbar machte. Doch blieb uns keine Wahl. Jedes Jahr war mit mindestens zwei zusätzlichen Klassen zu rechnen. Die Hoffnung auf eine Landeszuwendung hatte uns noch nicht verlassen und angesichts einer wachsenden Schule aufzugeben, kam nicht in Frage. Gottes Wort galt auch uns, besonders in der Arbeit für Jesus: „Alle eure Sorge werft auf ihn; denn er sorgt für euch." 1. Petrus 5,7

In einigen Klassen wurde aufgrund von Lernschwächen verschiedener Schüler der Wunsch geäußert, einen Förderunterricht mit Fachkräften einzurichten. Es würde doch gerade einer christlichen Schule gut zu Gesicht stehen, „Lernschwachen" Hilfestellung zu geben. In der Tat, eine gute Idee. Wir hatten später eine treue „Mitarbeiterin der ersten Jahre" durch Rückzug aus der Elternarbeit verloren, die nicht verstehen konnte, dass die Schulleitung ihr Kind aufgrund schulgesetzlicher Vorgaben an einer Sonderschule anmelden musste. Natürlich hat uns das traurig gemacht, aber auch eine Schule in freier Trägerschaft muss Gesetze befolgen. Dass Förderunterricht sinnvoll ist, war uns ganz klar. Aber wie sollten wir angesichts der finanziellen Probleme noch zusätzliche Fachlehrer einstellen? Das war zu der Zeit einfach nicht möglich.

In einem Telefonat am 7. April mit Herrn Kratschmer von der Bezirksregierung ging es um die Klärung, welche Unterlagen wir im Falle einer genehmigten Finanzzuwendung vorzulegen hätten.

Mit Schreiben vom 8. April erhielten wir von Herrn Otholt, Kultusministerium, eine Antwort zu meiner Anfrage vom 18. Dezember. Er bedauerte die späte Antwort wegen anderer dringender Aufgaben. Bezüglich einer Finanzzuwendung nach § 131 NSchG müssten wir noch einen förmlichen Antrag stellen. Er erklärte die

Voraussetzungen für eine solche Zuwendung, und dass sie höchstens zwei Drittel der fiktiven Finanzhilfe nach § 129 NSchG in Verbindung mit § 17 Abs. 8 und 9 des Haushaltsgesetz betragen würde. Wir sollten uns alsbald mit der Bezirksregierung in Verbindung setzen, der er eine Kopie seines Schreibens zusenden würde.

Am 30. April schickte uns der Persönliche Referent des Vorsitzenden der SPD-Fraktion im Nieders. Landtag, Dr. Rainer Sontowski, die Kopie eines Antwortschreibens des Büroleiters des Kultusministeriums, Herrn Werner Niermann, an Herrn Bruns. Der Inhalt war in etwa identisch mit dem vorgenannten Schreiben von Herrn Otholt. Hier waren also zwei verschiedene Amtsträger des Kultusministeriums mit dem gleichen Vorgang betraut.

Das Schulfest am 23. Mai bei sonnigem Bilderbuchwetter wurde vom Elternarbeitskreis in einem noch größeren Rahmen als bisher gestaltet. Es gab ein großes Angebot an lustigen und kreativen Spielständen. Vielfältige Kunstdarstellungen und Sportmöglichkeiten erfreuten die über 1500 Besucher. Kinder, Eltern, Freunde und viele interessierte Besucher aus verschiedenen Orten Ostfrieslands erlebten einen abwechslungsreichen Nachmittag, denn auch lukullische Leckereien und Getränke gab es in reichlicher Auswahl. Es waren auch einige Lehrer aus anderen Schulen gekommen, um sich selber einen Eindruck von der FCSO zu verschaffen. Ebenfalls besuchten uns einige Vertreter der August-Hermann-Franke-Schule Buchholz, um die FCSO kennenzulernen und ein Schulfest der FCSO mitzuerleben.

Das Kollegium mit Schulsekretärin und Hausmeister im Jahr 1992

Im Juni lernten wir Tino König aus Veenhusen kennen. Durch Kontakte mit einigen Trägerkreismitgliedern hatte er schon einen gewissen Einblick in die Arbeit der FCSO gewonnen. Er bot sich an, unserer Bürokraft Siegrid Nannen zu helfen, mit der eingeführten EDV-Technik arbeiten zu können. Später wurde er Mitglied im Trägerkreis und übernahm im Laufe der Zeit immer mehr Verantwortung bis hin zu Leitungsaufgaben. Ein weiteres Beispiel für Gottes großartige „Personalpolitik".

Am 19. Juni fuhr ich, zusammen mit Joachim Heffter, Edzard Günther und Heinrich Behrends zu einer Informationsveranstaltung nach Hannover. Dr. Eberhard Dachwitz von der Freien Evangelischen Schule hatte uns eingeladen, um über unsere bisherigen Erfahrungen beim Aufbau der FCSO zu berichten. Die FESH erwartete für das nächste Schuljahr die Genehmigung zur Errichtung der Sek I. Wunschgemäß konnten wir der FESH einige Wochen später Stoff- und Unterrichtspläne für den 5. und 6. Jahrgang, die inzwischen in der FCSO zum Einsatz kamen, zur Verfügung stellen.

Mit der Einschulung von 28 Erstklässlern am 8. August stieg die Schülerzahl auf 213. Es wurden zwei 1. Klassen eingerichtet. Hilke Bamberger begann sozusagen eine zweite Runde als Klassenlehrerin. Die neue Lehrkraft Angelika Köller übernahm die andere 1. Klasse. Als weitere neue Lehrkraft hatten wir Heike Schröder eingestellt, die eine 5. Klasse als Klassenlehrerin übernahm.

Wieder erlebten alle Beteiligten eine schöne Einschulungsfeier, die Eltern und Freunde begeisterten und die Erstklässler mit Spannung „ertrugen." In meiner kurzen Ansprache verglich ich unsere Lebensreise mit einer Schifffahrt auf dem Meer und wies dabei auf das Wort Gottes als Kompass für unser Leben hin. Als dann Hilke Bamberger später die Kinder fragte, wie der Gegenstand heiße, der für die Schifffahrt besonders wichtig sei, antwortete ein Kind „Kompost", was natürlich große Heiterkeit auslöste.

Antje Walther und Heinrich Behrens berichteten im Freundeskreisbrief u. a. kurz über diesen Einschulungstag: „Mit den beiden neu hinzugekommenen Klassen ist die Raumkapazität des Schulgebäudes erschöpft. Wir sind froh darüber, dass der Arbeitskreis Fahrdienst nach intensiven Planungen und vielen Besprechungen unter aktiver Mithilfe des Schulelternrats Wesentliches für die Schülerbeförderung erreicht hat. Die vielen Kinder aus Leer/Loga können nun mit Linienbussen zur Schule fahren, während der Schulbus zusätzlich für die Kinder aus dem Rheiderland eingesetzt werden kann. Die Finanzierung konnte im Einvernehmen mit den Eltern geregelt werden. Allen Freunden und Helfern, die Kinder zur Schule fahren, sind wir zu großem Dank für diesen verantwortungsvollen Dienst verpflichtet."

Um für den Freundeskreisbrief einen neuen Titel zu finden, wurde dafür schulintern ein Wettbewerb ausgeschrieben. Aus mehreren Vorschlägen kam auf Platz 3 „FCSO-LIVE", auf Platz 2 „Die fröhliche Schultasche" und auf Platz 1 der Titel,

„DIT un DAT", Untertitel „ut uns School," beginnend mit der 21. Ausgabe des Schulmediums.

Im Laufe des Monats Mai hatte Heinrich Behrends einen 11-seitigen detaillierten Haushaltsplan 1992 mit Vergleichszahlen des Vorjahres erstellt, der einen Fehlbetrag am Ende des Jahres von 229.270 DM auswies. Nachdem ich diese Unterlagen mit Schreiben vom 3. Juni an die Bezirksregierung, Herrn Kratschmer, verschickt hatte, telefonierte Heinrich Behrens am 25. Juni mit dem Haushaltsreferenten des Kultusministeriums, Herrn Otholt, um das Prozedere der Voraussetzungen für eine Zuwendung zu besprechen. Eine weitere telefonische Abstimmung erfolgte am 3. Juli. Die dabei angeforderten Schülerzahlen sandten wir am 8. Juli sowohl an die Bezirksregierung als auch an das Kultusministerium.

Mit Schreiben vom 9. Juli wurden wir von der Bezirksregierung mit folgendem Text aufgefordert, die beigefügten Formulare auszufüllen: „Der Niedersächsische Kultusminister benötigt vor seiner Entscheidung über die Gewährung einer Landeszuwendung noch folgende Angaben bzw. Unterlagen: a.) Anlage 1: Übersicht über die Einnahmen und Ausgaben gem. § 26 LHD nach anliegendem Muster für den Bereich Sek I. b.) Anlage 2: Fiktiver Antrag auf Finanzhilfe (bitte nur an den gekennzeichneten Stellen vervollständigen). c.) Schülerlisten Bereich Sek I zum Stichtag 15.03.92 und 15.11.92 (hochgerechnet). Am 23. Juli übersandten wir die angeforderten Unterlagen.

Mit Schreiben vom 11. September erhielten wir von der Bezirksregierung eine Information und eine weitere Aufforderung: „Das Niedersächsische Kultusministerium hat eine Zuwendung in Höhe von 120.000 DM in Aussicht gestellt. Bevor endgültig über die Förderung entschieden wird, ist es notwendig, die Übersicht über die Einnahmen und Ausgaben gem. § 26 LHD nach anliegendem Muster für den Bereich Sek. I unter Berücksichtigung einer Landeszuwendung von 120.000 DM neu zu erstellen. Ich bitte um weitere Veranlassung und Rückgabe. Im Auftrage Kratschmer" Diese angeforderten Daten und Unterlagen übersandten wir am 29. September.

Der Arbeitskreis Pädagogik beschäftigte sich im September mit der Ausgestaltung der ab Klasse 5 durchzuführenden Binnendifferenzierung. Während einer dafür anberaumten Klausurtagung wurden neue Stoff- und Unterrichtspläne entwickelt. Das war eine ziemlich aufwändige Arbeit. Ebenfalls musste ermittelt werden, wie viele zusätzliche Lehrkräfte für die nächsten Jahrgänge erforderlich seien.

Das Redaktions-Team mit Heinrich Behrends, Annelie Gerdes, Herbert Schnau und Antje Walter bereitete die Umstellung und Neugestaltung des neuen Informationsmediums der Schule vor. Die 21. Ausgabe „DIT un DAT ut uns School" sollte ein neues Format erhalten und vielfältige Informationen über die wachsende Schule enthalten.

Die Arbeitskreise Finanzen und Bau hatten zu beraten, wie der ausgeweitete Schülertransport sichergestellt werden könnte. Es wurde entschieden, einen weiteren gebrauchten Personen-Transporter (Kosten 17 TDM) anzuschaffen. Frau Edelhäuser hatte sich bereiterklärt, den Fahrdienst ehrenamtlich zu übernehmen. Des Weiteren wurde mit einem Nachbarn über den Kauf des angrenzenden Gartenbereiches verhandelt, um den Wunsch zur Einrichtung eines Schulgartens realisieren zu können. Das 500 qm große Grundstück war uns für 6.000 DM angeboten worden.

An der Trägerkreissitzung am 3. November nahm erstmals Dieter Hupens teil, der sich als Schulelternratsvorsitzender im Arbeitskreis Elternarbeit schon sehr aktiv eingebracht hatte. Auch Dieter wurde ein treuer Mitarbeiter im Trägerkreis, der die Aufgabe als Vorsitzender des Eltern-Arbeitskreises über Jahrzehnte mit großem Engagement erfüllte. Ebenfalls ein Beispiel dafür, wie Gott Menschen für bestimmte Aufgaben auswählt und befähigt.

Im Rahmen der AEBS besuchte uns am 11. Oktober eine Familie Boguslawski aus Berlin. Die Eltern waren Mitglieder im Trägerkreis der Christlichen Schule Berlin. Auch dort stand man am Anfang des Schulaufbaus. Diese Begegnungen mit gegenseitigem Erfahrungsaustausch waren für beide Seiten immer sehr informativ und hilfreich.

Im Laufe der Zeit hatte sich in der Öffentlichkeit die gute Arbeit und Entwicklung der FCSO herumgesprochen. Auch andere Schulen registrierten, dass sich die FCSO nicht, wie anfangs unterstellt, abkapseln würde, sondern offene Dialogbereitschaft zeigte und praktizierte. So hatten sich beispielsweise am 21. Oktober 7 Referendare mit 2 Studienleitern zu einem Besuch angemeldet, um einen Einblick in den Unterricht der FCSO zu erhalten.

Inzwischen waren die Arbeitsanforderungen der Verwaltung und des Schatzmeisters so umfangreich geworden, dass Abhilfe geschafft werden musste. In dieser Situation konnte mit dem Steuerberater Bernhard Eden eine Vereinbarung getroffen werden, die buchhalterischen Aufgaben für einen kleinen monatlichen Selbstkostenpreis zu übernehmen. Das war der Beginn einer Jahrzehnte langen segensreichen Zusammenarbeit mit Bernhard, der auch als Trägerkreis-Mitglied ehrenamtlich tätig wurde. Auch hier hatte Gott bei unserem Personalbedarf Regie geführt, stellten wir bald mit großer Dankbarkeit fest.

Unser Schatzmeister Günther Vogel bat trotz der Entlastung durch Bernhard Eden darum, zu überlegen, wer in absehbarer Zeit seine Aufgabe übernehmen könnte War es nur Zufall, dass in diesem Zeitraum Erwin Wallenstein sein Interesse an der Mitarbeit im Trägerkreis bekundete? Nein, war es nicht! Es war Gottes vorausschauendes Handeln, der in Erwin den Wunsch nach Mitarbeit ins Herz legte. Erwin wurde zur rechten Zeit unser nächster Schatzmeister. Über zwei Jahrzehnte versah er seinen Dienst engagiert und mit großer Sorgfalt. Auch er war ein großer Gewinn für unsere Mitarbeiterschaft.

Fast wie ein Scherz mutet es aus heutiger Sicht der Null-Zins-Politik an, dass wir uns derzeit über eine Mitteilung der Ev. Darlehensgenossenschaft, Münster, freuen konnten. Es wurde uns mitgeteilt, dass man die Zinsen für unser Darlehen von 9 ¼ auf 9 % gesenkt habe.

An der AEBS-Sitzung am 18. Oktober in Frankfurt nahm ich diesmal mit Günther Gerdes teil. Es waren neue Schulgründungsinitiativen in Chemnitz und Dresden entstanden, die über ihre ersten Erfahrungen berichteten. Vielfach waren die gleichen Probleme zu hören: Raumnot Lehrermangel, Finanznot oder behördliche Behinderungen im Genehmigungsverfahren. Andererseits wurden die Teilnehmer durch positive Berichte aus christlichen Schulen mit langjähriger Erfahrung ermutigt. Am Hamburger Beispiel wurde deutlich, dass sich manchmal auch eine gerichtliche Klärung lohnt. Die Initiatoren hatten gegen die Ablehnung zur Einrichtung einer christlichen Schule geklagt und Recht bekommen. Nach einem Grundsatzurteil des Bundesverwaltungsgerichts gegen den Senat der Freien und Hansestadt Hamburg musste die Genehmigung zur Errichtung der Freien Christlichen Schule Hamburg erteilt werden.

Mit Schreiben vom 30. Oktober informierte uns die Bezirksregierung unter Bezugnahme auf unseren Antrag vom 11.07.1991 (ergänzt durch unsere Schreiben vom 03.06.1992, 08.07.1992, 24.07.1992 und 31.07.1992) über die „Gewährung einer Landeszuwendung bis zur Höhe (Höchstbetrag) von 120.000 DM." Auf über 3 DIN A4-Seiten wurden 1. Die Bewilligungsbedingungen und 2. Besondere Bewilligungsbedingungen bezüglich Auszahlung und Verwendung detailliert erklärt. Vor der „Rechtsbehelfsbelehrung" endeten die Erklärungen mit dem Satz: „Bei schriftlichem Verzicht auf Einlegung des Rechtsbehelfs kann die Auszahlung beschleunigt werden."

Diese Verzichtserklärung sandten wir am 4. November mit Dank für die Bewilligung an die Bezirksregierung, worauf wir am 10. November die schriftliche Bestätigung erhielten, dass die Regierungsbezirkskasse Weser-Ems in Aurich angewiesen sei, 120.000 DM auf unser Konto zu überweisen. Den Verwendungszweck müssten wir bis spätestens zum 30.06.1993 nachweisen, schrieb Herr Janssen, mit dem wir später in regelmäßigem Kontakt standen, wenn es sich um Angelegenheiten der Landeszuwendung bzw. Landesfinanzhilfe handelte.

Wir sahen unsere Aufgabe auch darin, der Elternschaft Hilfestellung bei Erziehungsfragen anzubieten. So luden wir im November zu einem Vortrag mit Dr. Rudolf Willeke zu dem Thema „Christliche Erziehung", ein. Die anschließende lebhafte Gesprächsrunde zeigte uns, wie wichtig es ist, bei der Erziehung grundlegende Erkenntnisse aus Gottes Wort zu beachten.

Unser herbstliches Eltern- und Freundeskreistreffen fand traditionell immer am Samstag vor dem 1. Advent, diesmal am 27. November, statt. Eine gute Gelegenheit, über die einzelnen Schritte, Ereignisse und die finanzielle Situation zu berichten. Mit den Chorbeiträgen der Lehrer, den kurzweiligen Erzählungen aus dem Unterrichtsgeschehen, sowie dem Basarangebot und der gemütlichen Abschlussrunde bei Tee, Kaffee und Kuchen wurde der Abend wieder zu einem Highlight der Schulgemeinde.

Wir erhielten von der Bezirksregierung mit Schreiben vom 10. Dezember eine Aufforderung, für die Bedarfsmeldung zum Entwurf des Haushaltsplanes für das Haushaltsjahr 1994 die Finanzhilfe für Schulen in freier Trägerschaft mittels des beigefügten Formblatt bis zum 05.01.1993 vorzulegen. Mit Schreiben vom 19. Dezember beantragten wir die Finanz-Zuwendung nach § 131 NSchG auch für das Jahr 1993.

Bei der Planung zur Schulgebäudeerweiterung mussten wir angesichts der angespannten Finanzlage eine Zwischenlösung schaffen. Zum Jahresende hin entstand die Idee, einen Übergangsbau zu erstellen. Dazu könnten die Stahlträger der am

Blick von oben auf das Schulgelände. Die demontierte Lagerhallen-Stahlkonstruktion wurde für das „Ersatzgebäude", rechts-oben im Bild, wieder verwendet.

Schulgebäude angrenzenden Lagerhalle, die für eine größere Gebäude-Erweiterung ohnehin zu demontieren wäre, genutzt werden. Mit dieser Stahl-Konstruktion könnte das geplante „Ersatzgebäude" (so wurde es jahrelang bezeichnet) sehr kostengünstig mit mindestens 4 Klassen, sowie den erforderlichen Sanitär- und Funktionsräumen erstellt werden. Sollten diese Räume nach der Realisierung der geplanten größeren Gebäudeerweiterung nicht mehr genutzt werden, sollte das Ersatzgebäude als Turnhalle umfunktioniert werden. Diese Version „Turnhalle" konnte jedoch aufgrund der in den nächsten Jahren stetig steigenden Schülerzahlen niemals realisiert werden. Aber dass konnten wir zu diesem Zeitpunkt noch nicht wissen.

Kapitel 21

1993 Organisieren - Bauen - Finanzieren - Neu: Kein Unterricht mehr am Samstag

Mit den Erfahrungen der Vergangenheit kann zwar nicht die Zukunft gestaltet werden, aber sie sind hilfreich bei der Suche nach Lösungen in angespannter Zeit. Nicht wir waren die Macher beim weiteren Aufbau der FCSO, sondern es war Gottes Handeln auf allen Arbeitsfeldern der Schule und des Trägerkreises.

Es wurde manchmal der Wunsch nach einer personellen Trägerkreis-Verstärkung geäußert. Alle Trägerkreis-Mitglieder wurden gebeten, nach geeigneten Personen Ausschau zu halten. Wie wir das so oft erlebt hatten, wusste Gott genau, wen er in diese Arbeit senden wollte. Das machte uns zuversichtlich und dankbar. In der ersten Trägerkreis-Sitzung am 18. Januar konnten wir z. B. Wolfgang Don und Erwin Wallenstein als neue Mitglieder begrüßen. Ebenfalls stellte sich Gudrun Hollweg als neue Lehrerin vor.

In allen Trägerkreis- und Vorstandssitzungen im Januar und Februar, sowie während einer Klausurtagung warteten viele Aufgaben auf Erledigung. Es mussten der Bezirksregierung bis spätestens zum 30. April die Arbeitspläne für alle Fächer vorgelegt werden. Ebenfalls war der für Anfang Februar angekündigte Besuch der Schulrätin Frau Berghaus vorzubereiten, die vom Kultusministerium den Auftrag hatte, eine Unterrichts-Überprüfung vorzunehmen. Mit der Ausgestaltung der Gesamtschulkonzeption hatten der Arbeitskreis Pädagogik und einige Lehrer unter der Leitung von Joachim Heffter und Dr. Walter Vietor reichlich zu tun. Für Differenzierungen, Stütz- und Förderkurse sowie Projektorientiertes Lernen mussten die entsprechenden Rahmenbedingungen formuliert werden. Dazu war zu überlegen, durch welche Zeitungsanzeigen Eltern für Info-Veranstaltungen eingeladen werden könnten, um Interesse für die Anmeldungen von Schülern zur Sekundarstufe zu wecken. Eine Zweizügigkeit der 5. und 6. Klasse mit insgesamt 92 Schülern war schon realisiert. Bei allen Überlegungen kristallisierte sich die Erkenntnis heraus, dass ein attraktiver Unterricht die beste Werbung sei.

Viele Eltern hatten Fragen zum Konzept der Sek I, zum Beispiel, welche Fremdsprachen unterrichtet oder welche Abschlüsse in der FCSO vermittelt würden. In einer zweiseitigen Informationsschrift wurden alle relevanten Fragen und Antworten von Joachim Heffter zusammengefasst und den Eltern zugeleitet. U. a. wurde erklärt, dass an der FCSO der Haupt-, Real- und Erweiterte Realschulabschluss erreicht werden kann, wobei Letzterer den Übergang in die Oberstufe ermöglicht.

Für die kommenden 7. Klassen hatten wir frühzeitig die Einstellung von Lehrkräften mit der Fachrichtung Französisch und Latein vorzubereiten. Im Nachgang zu unserem Antrag auf Gewährung einer Landes-Zuwendung 1993 für die Sek I vom 19. Dezember 1992 teilten wir der Bezirksregierung am 3. Februar die Anzahl der Schüler sowohl in der Grundschule als auch in der Sek I mit, die an der FCSO unterrichtet würden. In einem klärenden Telefonat am 29.12.92 bat uns Regierungsamtmann Janssen um die entsprechenden Schülerlisten. Die Bezirksregierung forderte mit Schreiben vom 13. März für das Jahr 1993 einen „Finanzierungsplan mit aufgegliederter Berechnung der mit dem Verwendungszweck zusammenhängenden Ausgaben mit einer detaillierten Übersicht über die beabsichtigte Finanzierung (Art der Einnahmen)" an. Nach Vorlage des Finanzierungsplanes würde man den Antrag zur Entscheidung dem Kultusministerium zuleiten. In bewährter Weise ermittelte Heinrich Behrends zusammen mit Erwin Wallenstein die angeforderten Daten, aufgelistet auf 8 DIN A4-Seiten.

Als Voraussetzung für die Genehmigung des geplanten Ersatzbaus hatte der Landkreis Leer einen Grünflächenplan angefordert. Wir beauftragten mit der Erstellung eine Fachfirma in Oldenburg, die solche Planungsarbeiten auch für die Gemeinde Moormerland durchführte. Der Grünflächenplan kostete 6.000 DM.

Um Unannehmlichkeiten während der Bauphase zu vermeiden, luden wir alle Nachbarn zu einem Informationsabend ein. In aller Offenheit stellten wir die Baupläne vor, die wir in den nächsten 2 bis 3 Jahren realisieren wollten. Die vorgebrachten Anregungen und Verbesserungsvorschläge konnten wir teilweise übernehmen. Aufgrund dieser positiven Erfahrung haben wir diese Vorgehensweise auch bei künftigen Bauvorhaben beibehalten, denn uns war ein gutes Verhältnis zu den Nachbarn wichtig.

Das 500 qm große Nachbar-Grundstück von Familie Tuinmann konnten wir für 5.000 DM erwerben und darauf einen Schulgarten anlegen. Eine weitere Verhandlung über den Erwerb eines Grundstücks von 8.500 qm wurde erforderlich, weil die geplante größere Schulgebäude-Erweiterung konkret in Angriff genommen werden musste. Mit dem Nachbarn Heiko Wallenstein vereinbarten wir den Kauf des Grundstücks zu annehmbaren Bedingungen. Er bot uns sogar an, einen Anteil von ca. 30 % bei der Überschreibung sofort und den übrigen Betrag in 8 bis 10 Jahresraten zu begleichen.

Vor dem Hintergrund der immer noch ungeklärten künftigen Finanzsituation, der neuen aufzubauenden Schulform und der vermehrten Verwaltungsarbeit wurden viele Ideen geboren, um die Herausforderungen zu meistern. Dabei blieb es nicht aus, dass bei allen beteiligten Personen manchmal Meinungsverschiedenheiten über diverse Projekte und Vorgehensweisen bestanden. Es war nicht immer leicht, Auseinandersetzungen zu vermeiden, aber dennoch leitete uns Gottes Wort: „Einer komme dem anderen mit Ehrerbietung zuvor", Römer 12,10b oder „Über alles aber ziehet an die Liebe, die da ist das Band der Vollkommenheit." Kolosser 3,14. Wir wussten, dass dies der einzig richtige Weg war, die kleinen und größeren menschlichen Hürden zu überwinden.

Günther Vogel hatte bekanntlich darum gebeten, das Amt des Schatzmeisters jemand anderem zu übertragen, obwohl ihm der Abschied aus dem Amt sichtlich schwer fiel. Doch nun war die Zeit gekommen, dass turnusmäßig Wahlen zum Vorstand anstanden. Erwin Wallenstein erklärte sich auf Anfrage bereit, dieses Amt zu übernehmen. In der Jahreshauptversammlung am 10. März wurde er somit zum neuen Schatzmeister gewählt.

Im Laufe der folgenden Wochen übergab Günther die umfangreichen Unterlagen ordnungsgemäß an Erwin. Während des Eltern- und Freundeskreistreffens am 24. April nutzten wir die Gelegenheit, Günter für seinen Einsatz in den ersten Aufbaujahren herzlich zu danken.

In der Jahreshauptversammlung wurden außerdem die üblichen Regularien abgehandelt. Gemäß meinem Jahresbericht, der in der ersten neu gestalteten „DIT un DAT"- Ausgabe 21 veröffentlicht werden sollte, konnte ein fast ausgeglichener Haushalt 1992 vorgelegt werden. Bei einem Volumen von 1,9 Mio DM musste lediglich ein Fehlbetrag von 1.416,01 DM ausgewiesen werden. Die wesentlichen Positionen in diesem Jahresabschluss lauteten:

Spenden 279 TDM, Schulbeiträge 239 TDM, Landesmittel 579 TDM, Sonstige Zuschüsse und Einnahmen 94 TDM, Lohn und Gehalt 771 TDM, Betriebskosten 75 TDM, Zinsaufwand 161 TDM, Schülertransportkosten 196 TDM, Sachanlagen/Fahrzeuge 1,87 Mio DM, Kassenbestand 121 TDM, Eigenkapital 105 TDM, 11 Freundeskreis-Darlehen mit insgesamt 246 TDM und Bankdarlehen 1,35 Mio DM.

Nach dem Bericht der Kassenprüfer Alfred Dirks, Peter Steiger und Reinhard Troff erfolgte die Entlastung des Vorstandes. Daran schlossen sich, wie bereits vorhin geschildert, die Vorstands-Wahlen an. Erwin Wallenstein wurde zum Schatzmeister gewählt. Wiedergewählt wurden Antje Walther als Schriftführerin und ich als Vorsitzender. Die Veränderungen im Vorstand teilten wir aus vereinsrechtlichen Gründen am 23. März dem Amtsgericht Leer mit. Als weiterer Punkt der Tagesordnung wurde die Büro-Erweiterung des Schulsekretariats beschlossen und der Einstellung von zwei Fahrern mit 380- und 340 DM- Verträgen zugestimmt, da die Suche nach ehrenamtlichen Fahrern sich immer schwieriger gestaltete.

Um an den Elternsprechtagen zu lange Wartezeiten der Eltern zu vermeiden, wurde ein System mit Terminvergabe entwickelt.

Mit Schreiben vom 10. Mai machte uns Herr Janssen, Bez.-Reg., darauf aufmerksam, dass wir die monatlichen Abschlagzahlungen der Finanzhilfe für die Grundschule jeweils zu Beginn eines jeden Schuljahres schriftlich bis spätestens 1. Juli eines Jahres beantragen müssten. Das erledigten wir kurzfristig mit einem Schreiben an die Bezirksregierung.

Mitte Juni schickten wir den angeforderten Finanzierungsplan mit den erwünschten Detailangaben an die Bezirksregierung, worauf noch eine Körperschaftsteuer-Freistellungserklärung des Finanzamts Leer für die Jahre 1990 bis 1993 angefordert wurde. Auch das konnten wir kurzfristig erledigen.

In der Schulleitung ergab sich folgende Veränderung: Edzard Günther hatte darum gebeten, ihn von der Aufgabe des stellvertretenden Schulleiters zu entbinden, weil er sich gerne ausschließlich dem Unterricht widmen wolle. In Gesprächen mit Michael Piorr und Asmus Meyer kristallisierte sich heraus, dass sie diese Aufgabe übernehmen würden. In der Trägerkreissitzung am 16. Juni gaben wir bekannt, dass Michael die stellvertretende Schulleitung und Asmus die Stellvertretung für die Grundschule übernehmen werde. Beiden gaben wir ein Geleitwort für ihre Aufgabe mit: „Euer Vater weiß, was ihr nötig habt, bevor ihr ihn bittet. Darum sollt ihr so beten: Unser Vater im Himmel! Dein Name werde geheiligt" (Matthäus 6,8+9), und „Dienet dem Herrn mit Freuden, kommt vor sein Angesicht mit Frohlocken! Erkennet, dass der Herr Gott ist" (Psalm 100, 2 + 3a).

Edzard Günther dankten wir ganz herzlich für seinen bisherigen segensreichen Dienst und seine Bereitschaft, auch in Zukunft mit ganzer Kraft seine Aufgaben zu erfüllen. Mit einem Blumenstrauß für seine Frau verabschiedeten wir ihn aus seinem Amt als stellvertretender Schulleiter und gaben ihm für seine neue Aufgabe Gottes Worte mit auf den Weg: „Ich habe die feste Zuversicht, dass der, der in euch das gute Werk angefangen hat, es auch vollenden wird bis zum Tag Christi Jesu" (Philipper 1,6), und „Kämpfe den guten Kampf des Glaubens; ergreife das ewige Leben, wozu du berufen bist und für das du das gute Bekenntnis vor vielen Zeugen bekannt hast" (1. Timotheus 6,12).

Mit viel Eigenleistung verwandelte sich das alte Wohnhaus in ein Kochstudio. Alle Eltern und Freunde wurden zu einem Arbeitseinsatz am 31. Juli, dem letzten Samstag vor dem Ende der Sommerferien, eingeladen. Die Schulräume, der Schulhof und die Gartenanlagen sollten für den Beginn des neuen Schuljahres auf Vordermann gebracht werden.

An dem „Ersatzgebäude" wurde mit Hochdruck gearbeitet, so dass die neuen Klassenräume pünktlich zum Schulbeginn bezogen werden konnten. Artur Kroon-Husmann berichtete darüber in der „DIT un DAT", Ausgabe 23, u. a. wie folgt: „Nach dem Bauantrag vom 4. Januar mussten mehrere Planungshürden überwunden werden, so dass erst am 7. Juni mit den Bauarbeiten begonnen werden konnte.

Innerhalb von nur 8 Wochen mussten alle Arbeiten von den Erdarbeiten über den Roh- und den Innenausbau bis zur Einrichtung erledigt werden."

Das „Ersatzgebäude" mit 5 Klassen-, Sanitär- und Nebenräumen im Jahr 1993, 2. Baumaßnahme

Bei der Beschaffung von Schulmöbeln konnte Hinrich Troff erreichen, dass ein Möbelhaus die Kosten von 9.567 DM durch einen Sondernachlass auf 6.567 DM reduzierte. Durch die kurze Bauzeit erhöhten sich allerdings die veranschlagten Baukosten. Die entsprechende Finanzierung vereinbarten wir bei einem Besuch von zwei Vertretern der Ev. Genossenschaftsbank, Münster, in unserer Schule. Erwin und ich konnten dem Trägerkreis berichten, dass wir für das Ersatzgebäude ein Darlehen von 400 TDM in Anspruch nehmen könnten. Außerdem wäre es möglich, das neue mit dem alten Darlehen von 1,6 Mio zusammenzulegen und somit für 2 Mio DM einen ermäßigten Zinssatz von 7,75 % variabel oder einen festen Zinssatz von 7 % für 5 Jahre zu vereinbaren.

Mit der Einschulung von 34 Erstklässlern und weiteren Zugängen in den anderen Jahrgängen stieg die Schülerzahl auf 247. Inzwischen unterrichteten 16 Lehrkräfte an der FCSO. Es kamen neu hinzu: Gerno Schöneich und Ingrid Sjuts zum 1. August, Robert Danzer zum 16. August und Anja Freese zum 1. November. Arno Herdt hatte die FCSO verlassen und eine Stelle an einer staatlichen Schule angetreten.

In bewährter Weise war die Einschulungsfeier am 7. August wieder vorbereitet worden. Den Kindern und Eltern wollten wir stets beim Schulbeginn signalisieren, dass Gottes Wort an der FCSO einen hohen Stellenwert einnimmt. In meiner kleinen Ansprache versuchte ich, lebensnahe Situationen mit biblischen Aussagen zu verbinden, diesmal mit folgender Geschichte:

22 Flugzeuge waren bei hereinbrechender Dunkelheit zu einer Flugübung aufgestiegen, als plötzlich unerwartet dichter Nebel aufkam. 8 Flugzeuge machten

sofort kehrt, 4 gingen zu Bruch und 8 andere landeten unter dramatischen Umständen. Zuletzt waren noch 2 Maschinen in der Luft. Über Rundfunk wurden alle Autofahrer in der Nähe aufgerufen, sofort zum Flughafen zu fahren und sich um die Landebahn herum mit aufgeblendeten Scheinwerfern aufzustellen. Insgesamt sorgten so ca. 2.500 Autos mit viel Licht dafür, dass trotz Nebels die letzten 2 Flugzeuge sicher landen konnten.

In der Gemeinschaft mit vielen Christen kann Jesus auch unser einzelnes kleines Licht gebrauchen. Manchmal sehen auch wir nur Dunkelheit um uns herum. Zum Beispiel wissen wir nicht, was mit der Einschulung alles auf die Kinder und Eltern zukommt. Doch Jesus hat gesagt: „Ich bin das Licht der Welt! Wer mir nachfolgt, wird nicht in der Finsternis bleiben, sondern wird das Licht des Lebens haben", Johannes 8,12. Weil Gott uns also mit seinem Licht eine echte Lebensorientierung gibt, will auch diese Schule gerne mithelfen, dass das Vertrauen in Gottes Wort größer wird oder ganz neu entsteht.

Lieder und Vorträge von Schülern der 2. Klasse, die Schultaschengeschichte von Joachim Heffter sowie die Geschenke an die Erstklässler und die Bewirtung der Eltern machten die Einschulung wieder zu einem besonderen Erlebnis. In der anschließenden Rückschau hieß es u. a.: „Viele Gäste waren zugegen, und viele neue Gesichter waren zu sehen." „Diese Einschulungsfeier war besonders schön." Ein besonderes Lob ging an Ingrid Husmann für die erneut liebevolle und ideenreiche Gestaltung der Geschenke an die Kinder.

In den Trägerkreis-Sitzungen Juli und August hatten wir verschiedene Themen zu behandeln. Unser Hausmeister Klaus Jasper und Gertrud Kramer berichteten über zunehmende Probleme beim Reinigungsdienst, weil einige Eltern sich weigerten, daran teilzunehmen. Wir mussten sie daran erinnern, dass sie sich bei der Anmeldung ihrer Kinder dazu verpflichtet hätten. In diesem Zusammenhang entstand die neue Regelung, sich von dieser Verpflichtung durch Zahlung einer Gebühr von 20 DM pro Einsatz befreien lassen zu können.

Die Einrichtung des Schulgartens war zwar eine gute Idee gewesen, die anfangs auch mit viel Euphorie von Schülern und Lehrern in Angriff genommen wurde. Doch die Natur bringt es mit sich, dass so eine Anlage ohne ständige Pflege bei entsprechender Witterung schnell verwildert. Unser Hausmeister und seine Frau Hanne übernahmen es, mit viel Mühe etwas Grund in die Gartenanlage zu bekommen. Allerdings sollten solche Arbeitseinsätze kein Dauerzustand werden. Es wurde so geregelt, dass Lehrer und Schülern im Rahmen von Unterrichtseinheiten eine beständige Bearbeitung und Pflege sicherstellten.

Mit Abstimmung der Eltern wurde ab August der wöchentliche 5-Tage-Unterricht eingeführt. Der Samstag sollte mehr der Familie gehören. Der Stundenausgleich erfolgte durch Stundenerhöhung an den Wochentagen. Diese Umstellung hatte auch einen finanziellen Vorteil, denn die Fahrleistung verringerte sich entsprechend.

In der Trägerkreis-Sitzung am 11. August konnten wir neue Mitarbeiter begrüßen. Während Elfriede Saathoff nur eine vorübergehende Zeit eine Mitarbeit eingehen konnte, war der Einstieg von Antino (Tino) König wieder ein Beweis für Gottes vorausschauende Personalplanung. Tino war fortan ein beständiger und treuer Mitarbeiter, der in späteren Jahren auch Leitungsfunktionen übernahm.

Aufgrund verschiedener Beobachtungen in der letzten Zeit hielt ich es für geboten, mit einem Beitrag in der 23. Ausgabe „DIT un DAT" unter dem Thema „Anspruch und Wirklichkeit" alle Eltern und Verantwortlichen der Schule daran zu erinnern, dass es eine funktionierende Schule nicht zum Nulltarif geben könne. Einige Auszüge lauteten:

„Das erzieherische Handeln von Eltern und Lehrenden orientiert sich im allgemeinen an eigenen Lebenserfahrungen, an Erlerntem oder am Zeitgeist, also daran, was heute „in" ist. Wenn wir allerdings Wert legen auf eine hohe pädagogische Qualität, so tun wir gut daran, unsere Erziehungsbemühungen grundsätzlich an Gottes Wort auszurichten. Denn darauf basiert die Liebe zum Kind: Einsicht, Kraft und Mut zum Erziehen. Die Freie Christliche Schule Ostfriesland soll ein Ort der Geborgenheit sein für Schüler, Lehrer und Eltern, an dem zu erfahren ist, dass die Botschaft des Evangeliums von Jesus Christus zu einem sinnvollen Leben befreit, ein Ort, wo Maßstäbe vermittelt werden, die dem Leben dienen, und wo Formen des Glaubens zu erleben sind, die Mut zum Leben machen. Mit diesem Anspruch ist unsere Schule gegründet worden. Und dieser Anspruch besteht auch heute noch. Natürlich freuen wir uns darüber, wenn dies nicht nur die beteiligten Eltern, Kinder und Lehrer täglich erleben, sondern dass das auch von der Öffentlichkeit wahrgenommen wird. So wurde unsere Schule z. B. in einer ausführlichen Berichterstattung des „Ostfriesland-Magazins", Ausgabe August 93, unter dem Titel „Danke Herr für diese schöne Schule" vorgestellt. Die Mitarbeiterin vom „Ostfriesland-Magazin", Frau Irmi Hartmann, hörte von der Existenz der FCSO, interessierte sich, recherchierte sorgfältig und verfasste einen informativen Artikel, der als Sonderdruck herausgegeben wurde.

Bei aller Freude über das bisher Erreichte darf aber nicht übersehen werden, dass verschiedene Entwicklungsprozesse noch nicht abgeschlossen sind und wir teilweise noch mit gewissen Mängeln leben müssen. Eine wachsende Schule braucht auch eine größere Mitarbeiterschaft auf allen Gebieten und eine zunehmende Opferbereitschaft in den Bereichen Arbeitseinsatz, Zeit und Geld. Sollte sich der Eindruck breit gemacht haben, es läuft ja alles gut, und wir können uns zufrieden zurücklehnen, dann möchten wir spätestens jetzt mit diesem Irrtum aufräumen. Die Pionierzeit ist noch nicht vorbei! Wir stecken mitten drin!"

Anschließend führte ich auf, welche Aufgaben in der nächsten Zeit noch auf uns zukommen würden und dass wir hofften, dafür von vielen, und nicht nur von wenigen treuen, Leuten unterstützt zu werden.

Bei der konkreten Planung der Schulgebäudeerweiterung hatten wir errechnet, dass wir dafür voraussichtlich rund 3,7 Mio DM aufwenden müssten, ein riesiger Brocken und eine der größten Herausforderungen zu damaliger Zeit

Wie gut, dass wir uns an dem Wort aus 1. Chronik 28,20 orientieren konnten: „Sei getrost und unverzagt und richte es aus! Fürchte dich nicht und lass dich nicht erschrecken! Gott der Herr, mein Gott, wird mit dir sein und wird die Hand nicht abziehen und dich nicht verlassen, bist du jedes Werk für den Dienst im Hause des Herrn vollendet hast." Dieses Mut machende Wort, das David seinem Sohn Salomo angesichts großer Tempelbaupläne zusprach, durften auch wir in Anspruch nehmen.

Im September und Oktober konnten wir wieder neue Mitarbeiter im Trägerkreis begrüßen. Es waren Uwe und Iris Janßen, Maren Schön und Günther van der Wall, die verschiedene Aufgaben übernahmen, wenn auch nur für eine begrenzte Zeit. Unsere Lehrerin Gudrun Hollweg hatte sich bei einem Sturz auf dem Schulgelände so sehr verletzt, dass sie längere Zeit für den Unterricht ausfiel. Die Vertretung übernahm Gritta Elsen und zeitweise auch Elke Frommholz.

Das Unterrichtsfach „Missions- und Völkerkunde" wurde in der Grundschule gelehrt und inzwischen auch in Klasse 5 in den BU (Biblischer Unterricht) integriert.

Im Oktober besuchten uns 6 Lehrerkollegen aus Buchholz, die sich über die Arbeit an der FCSO informieren wollten. Außerdem hatten wir einen Missionar aus China und eine Missionarin von dem Bad Liebenzeller Missionswerk zu Besuch, die in verschiedenen Klassen von ihrer Arbeit berichteten, was bei den Schülern immer auf großes Interesse stieß.

Die Lehrpläne für den Sexualkunde-Unterricht wurden von einem Fachausschuss erstellt. Manche Eltern meinten, dass es an einer christlichen Schule so einen Unterricht nicht geben sollte oder dürfte. Wir erklärten, dass auch unsere Schule die Niedersächsischen Rahmenrichtlinien beachten müsse. Die Eltern könnten sich sicher sein, dass dieses Fach gerade an einer christlichen Schule verantwortungsvoll und angemessen unterrichtet würde.

Die FCSO war selbstverständlich an einer fortschrittlichen Entwicklung interessiert. Computer und Bildschirme sollten zur Standard-Ausrüstung gehören. Einige Geräte waren uns schon geschenkt worden. In einem Aufruf sollte für weitere Spenden geworben werden.

Die Planungen für die nächsten Jahre mussten sehr intensiv weiter vorangetrieben werden. Für das nächste Schuljahr hatten wir, unter der Berücksichtigung, dass

Angelika Köller zum Schuljahresende die FCSO verlassen würde, mindestens 5 neue Lehrkräfte einzustellen.

Der Arbeitskreis Pädagogik bereitete mit der Schulleitung eine mehrtägige Lehrerfortbildung vor. Dazu war die in einem Wald gelegene Freizeitanlage in Ahlhorn, südlich von Oldenburg, angemietet worden. In der schulinternen Fortbildung am 15. und 16. November wollte man eine Bestandsaufnahme des bisher Erreichten machen und die zukünftige Entwicklungsperspektive erarbeiten. Auf Antrag wurden die Unterkunftskosten vom VES übernommen. Am ersten Tag standen folgende Themen auf dem Programm:

1. Projektunterricht in der Sek I,
2. Arbeit in Kleingruppen,
3. Innere Differenzierung in der Grundschule,
4. Fundamentum Additum und
5. Leitlinien für die Arbeit in der Grundschule im Blick auf die Sek I.

Am zweiten Tag standen das Erziehungs- und das Unterrichtskonzept sowie die Erstellung eines Kurz-Infos im Mittelpunkt. Mit dem Rahmen und dem Verlauf dieser Fortbildung war man so zufrieden, dass der Wunsch nach Wiederholung im nächsten Jahr sehr deutlich zum Ausdruck gebracht wurde.

In der letzten Trägerkreissitzung des Jahres am 19. November stellte sich Amanda Blank vor, die im Trägerkreis und in der Schule gerne mitarbeiten wollte. Sie wohnt ganz in der Nähe der Schule und hatte sich schon seit 1991 ehrenamtlich eingebracht. Damals ahnten wir noch nicht, dass sie künftig in großer Treue viele Aufgaben übernehmen würde. Sie erwarb den Busführerschein – was damals für eine Frau sehr ungewöhnlich war - und führte über 13 Jahre Schülertransporte auf verschiedenen Linien durch. Bis heute ist sie im Cateringbereich tätig. Mit viel Geschick sorgt(e) sie für die jeweils passende Bewirtungsart. Sie wurde im Laufe der Zeit auch wegen ihrer bescheidenen und liebevollen Art schlichtweg die „Schulperle" genannt. Ihre Motivation für ihren Dienst begründete sie auf Nachfrage immer mit ihrer Liebe zu Jesus.

Der Vorstand legte in dieser Sitzung dem Trägerkreis einen Vorschlag für eine neue Organisationsstruktur vor. Angesichts der gewachsenen Schularbeit müsse ein übersichtliches und effektives Arbeiten gewährleistet sein. Die einzelnen Arbeitskreise wurden in 5 Arbeitsgruppen zusammengefasst. In jeder Arbeitsgruppe wirkte ein Vorstandsmitglied mit, um eine möglichst lückenlose Kommunikation zwischen den Gremien sicherzustellen. Die neuen Gruppen setzten sich neben der Schulleitung wie folgt zusammen: 1. Verwaltung (Behörden, Sekretariat), 2. Finanzen (Schulbeiträge, Spenden, Versicherungen, Abrechnungen), 3. Technik (Bau, Reinigung, Fahrdienst, Hausmeister), 4. Pädagogik (Erziehung, Geistliche Grundlagen, Elternarbeit) sowie 5. Personal und Öffentlichkeitsarbeit (Personal-Bewerbungs- und Einstellungsgespräche, Freundeskreis). In den einzelnen Arbeitsgruppen arbeiteten jeweils zwischen 7 und 13 Trägerkreismitglieder und Lehrkräfte mit, wobei einige auch in zwei Gruppen tätig waren. Es würde sich zeigen, ob sich unsere Erwartungen in Bezug auf mehr Effektivität erfüllen würde oder Korrekturen nötig seien.

Auf dem traditionellen Eltern- und Freundeskreistreffen am 27. November, also am Samstag vor dem 1. Advent, hatten wir wieder die Gelegenheit, in ausführlicher Weise über die Ereignisse des Jahres zu berichten und miteinander einen schönen, abwechslungsreichen Abend zu erleben.

Einen erfreulichen „Jahresabschluss" vermittelte uns ein Schreiben der Bezirksregierung vom 8. Dezember mit einer sehr positiven Mitteilung wie folgt: „Mit Zustimmung des Nds. Kultusministeriums bewillige ich Ihnen für das Haushaltsjahr 1993 als Fehlbedarfsfinanzierung gem. § 151 Abs. 1 NSchG i. V. m. §§ 23 u. 44 LHO, den hierzu ergangenen Vorl. Verwaltungsvorschriften sowie § 19 Haushaltsgesetz 1993, zu den Kosten der von Ihnen getragenen Freien Christlichen Schule Ostfriesland eine Landeszuwendung bis zur Höhe (Höchstbetrag) von 249.000 DM." Dann folgten auf 2 Seiten die Allgemeinen- und Besonderen Bewilligungsbedingungen mit dem Abschlusssatz: „Bei schriftlichem Verzicht auf Einlegung des Rechtsbehelfs kann die Auszahlung beschleunigt werden." Das erledigten wir natürlich postwendend, so dass uns mit Schreiben vom 21. Dezember mitgeteilt wurde, dass die Regierungsbezirkskasse Weser-Ems in Aurich angewiesen sei, den genannten Betrag auf unser Konto zu überweisen. Obwohl es über ein Jahr gedauert hatte, auf diese Nachricht zu hoffen, bzw. zu warten, kann man sich vorstellen, wie groß unsere Dankbarkeit war, ein weiteres Jahr mit Gottes Hilfe so positiv abschließen zu können.

Kapitel 22

1994 Investitionen - Veränderungen - Großes Schüler- und Lehrkräfte-Wachstum

Grundvoraussetzung für den Betrieb einer Bildungseinrichtung ist eine ausreichende finanzielle Ausstattung. Einerseits wird diese über hohe Schulgelder für einige Privatschulen mit elitärer Ausrichtung und Gewinnabsichten sichergestellt, andererseits erfolgt sie für Allgemein bildende Schulen durch eine gesetzliche staatliche Bildungssubvention. Jedenfalls finanzieren Staat und Kommunen die gesamten Kosten aller öffentlichen Allgemeinbildenden Schulen einschließlich der damit verbundenen Investitionen. Die sogenannten Ersatzschulen werden aber nur anteilig und erst 3 Jahre nach der Genehmigung berücksichtigt, so dass der Staat dadurch von erheblichen Kostenersparnissen profitiert.

Vor diesem Hintergrund mussten wir alle Möglichkeiten nutzen, entsprechende Finanzhilfen bzw. Zuwendungen zu erhalten. Schließlich war die FCSO zwar eine junge, noch im Aufbau befindliche, aber in Bezug auf den Unterricht vollständige Allgemeinbildende Schule. Noch war das zähe Ringen um die gesetzlich zu leistenden finanziellen Hilfen des Landes nicht vorbei.

In einem Schreiben vom 17. Januar an den SPD-Fraktionsvorsitzenden des Nds. Landtags, Herrn Johann Bruns, berichteten wir über die bisherige Schüler- und Personalentwicklung, die geleisteten Investitionsmaßnahmen und über das große finanzielle und ehrenamtliche Engagement von Eltern und Freunden. Wir baten ihn, uns dabei behilflich zu sein, dass uns das Land für die große Schulgebäudeerweiterung eine finanzielle Förderung gewährt. Heinrich Behrends als ehemaliger Verwaltungsbeamter lieferte uns stichhaltige Argumente mit vielen Hinweisen auf gültige Schulgesetze, die uns optimistisch stimmten, z. B.: Das Land kann nach § 151 NSchG den Ersatzschulen Zuwendungen zu den Kosten der Neu-, Um- und Erweiterungsbauten sowie der Erstausstattung gewähren. Auch für weitere Anträge war diese akribische Arbeit von Heinrich eine große Hilfe.

Am 2. Februar antwortete uns Johann Bruns, dass er mit dem Kultusminister Rücksprache gehalten habe. Er schrieb: „Seit Jahren sind solche Zuwendungen eingestellt. Jede Abweichung würde im Zuge des Gleichheitsgrundsatzes zu Forderungen an das Land führen, die nicht mehr erfüllbar wären und den beengten Haushalt überfordern. Deshalb kann eine Förderung von Schulbaumaßnahmen nicht mehr in Betracht kommen."

Mit Schreiben vom 3. Januar forderte uns die Bezirksregierung auf, eine „Bedarfsmeldung zum Entwurf des Haushaltsplanes 1995", einzureichen. Wir erledigten das mit Schreiben vom 7. Januar und meldeten eine voraussichtliche Schülerzahl von insgesamt 299, die wir allerdings im August auf 334 korrigieren konnten.

In den Trägerkreis-Sitzungen der ersten Monate beschäftigten wir uns u. a. mit einer zu verbessernden Gehaltsordnung für unsere Lehrkräfte, mit der Vorbereitung der Klausurtagung am 19. Februar, mit dem Bereich Schülertransport, diversen Anschaffungen, z. B. einem größeren Kopierer oder sonstigen Büroausstattungen, sowie mit unterschiedlichen Finanzierungsmöglichkeiten für den Erweiterungsbau und zusätzlichem Unterrichtsmaterial. Außerdem hatten wir bis zum Beginn des nächsten Schuljahres im August mindestens 9 neue Lehrkräfte einzustellen, weil uns die Lehrerinnen Angelika Köller, Heike Schröder und Ingrid Sjuts im Laufe dieses Jahres wieder verlassen würden.

Als neuer Mitarbeiter im Trägerkreis nahm am 21. Januar erstmals Uwe Janssen an der Sitzung teil. Inzwischen war auch Gudrun Hollweg wieder dienstfähig.

Am 12. Februar besuchte die Schulrätin, Frau Berghaus, im Auftrag des Kultusministeriums die FCSO, um den Unterricht in den Klassen 3, 5 und 7 zu überprüfen. Sie wurde begleitet von dem Fachberater für Evangelische Religion, Herrn Mithöfer. Ihre Aufgabe war es, den Unterricht bezüglich folgender drei Bereiche zu überprüfen:

1. Wird in der Schule ein naiver Wunderglaube gelehrt? 2. Wie verhält man sich zur historisch-kritischen Methode? 3. Fragen zur Evolutionstheorie.

Offensichtlich hatten sie von dem Unterricht in den 3 Klassen einen guten Eindruck erhalten, denn Herr Mithöfer bestätigte im anschließenden Gespräch mit den beteiligten Lehrkräften und dem Schulleiter, dass alle Vorbehalte ausgeräumt seien. Ich verzichte darauf, diesen Vorgang im Nachhinein zu kommentieren, denn in allen Gesprächen mit den zuständigen Personen in der Bezirksregierung und im Kultusministerium waren von uns zu den Grundsätzen des Christlichen Glaubens eindeutige Aussagen gemacht worden.

Wir hatten die Klausurtagung mit Lehrerkollegium und Trägerkreis am 19. Februar sehr intensiv vorbereitet. Die Tagung stand unter dem Thema: „Auftrag und Alltag der Freien Christlichen Schule Ostfriesland." Unser Ziel war es, konkrete Ergebnisse zu erhalten. Deshalb hatten wir für 5 Gruppen folgende Gesprächsthemen mit jeweils 5 bis 10 Unterpunkten vorgegeben:

1. Der biblische Erziehungsauftrag. 2. Praktische Auswirkung des Erziehungskonzeptes auf das Schulkind. 3. Zusammenarbeit zwischen Eltern und Lehrer. 4. Die Schulgemeinde. 5. Öffentlichkeitswirksame Elemente der FCSO.

Die Ergebnisse wurden in Kurzform auf jeweils einer DIN A4-Seite protokolliert und sollten als eine Art „Handreichung" für die zukünftigen Aufgaben in und an der Schule dienen.

Der Schülertransport erforderte aufgrund der ständig wachsenden Schülerzahl eine immer umfangreichere Organisation. Für den 20-sitzigen schuleigenen Bus suchten wir einen Fahrer. Amanda Blank erklärte sich bereit, dafür einen Busführerschein zu erwerben. Wir übernahmen die entsprechenden Ausbildungskosten.

Es wurde darüber diskutiert, einen separaten „Verein Schülertransport" zu gründen, um die eigentliche Schularbeit von den zeitintensiven Beratungen über Schülertransporte zu befreien. Der Vorschlag von Edzard Agena war, einen schuleigenen Fuhrpark aufzubauen, um die Kosten für die Eltern möglichst gering zu halten. Nach eingehender Beratung entschieden wir uns aus folgenden Gründen dagegen: Einerseits wollten wir uns mit einem neuen Verein nicht verzetteln bzw. das Problem nicht „bürokratisieren", und andererseits könnte ein eigener Fuhrpark ein finanzielles Abenteuer werden. Stattdessen beschlossen wir, mit Busunternehmen über Preise und Bedingungen für die einzelnen Fahrstrecken zu verhandeln. Dies hat sich später auch als der richtige Weg erwiesen. Wir konzentrierten uns bei der Lösung auf ein System der Kostenreduzierung für die Schülerbeförderung. Die bisher in unserem Haushalt zu hohen Kosten waren auf Dauer nicht zu verantworten. Wir wollten es zwar den Eltern leichter machen, ihre Kinder bei der FCSO anzumelden, aber im Grunde waren die Transportkosten eine Angelegenheit der Eltern. Unsere Aufgabe sollte künftig darin bestehen, den Eltern eine logistische Hilfestellung zu bieten.

Die Planungsunterlagen für die Gebäudeerweiterung wurden im März beim Bauamt Landkreis Leer zur Genehmigung eingereicht. Architekt Georg Tjards bereitete die umfangreichen Ausschreibungsunterlagen vor, um einen ersten Überblick über die Baukosten zu erhalten. Von den 120 Aussendungen kamen bis Mitte Mai 71 zurück. Die Angebotsergebnisse für die Bauarbeiten einschließlich Material lagen zwischen 2,45 Mio und 3,6 Mio DM.

Zum Tag der offenen Tür am 30. April schalteten wir in verschiedenen Tageszeitungen Einladungsanzeigen. Die Besucherresonanz war entsprechend gut. Manche Interessenten nutzten die Gelegenheit, sich selber einen Eindruck von der FCSO zu verschaffen. Auch das Angebot einer kostenlosen Verpflegung kam gut an. Zur „Normalisierung" der Verhältnisse zwischen den Schulen trug auch der Besuch des Lehrerkollegiums der Grundschule Veenhusen in der FCSO am 25. Mai bei. In einer freundlichen Gesprächsatmosphäre lernte man sich besser kennen. Es wurde vereinbart, sich bei der Aufnahme von Schülern im Bedarfsfall zu kontaktieren, um eventuellen Missverständnissen vorzubeugen.

Das Schulfest am 2. Juli bei strahlendem Sonnenschein besuchten über 1500 Schüler, Kinder und Erwachsene. Ein umfangreiches Programm sorgte für eine rundherum gelungene Schulveranstaltung mit einem Erlös von 2.700 DM. Damit konnte wieder erforderliches Unterrichtsmaterial angeschafft werden. Ebenso erhielten wir an diesem Tag zwei Einzelspenden über 500 und 1.000 DM für die Baumaßnahmen.

Wir hatten beschlossen, die Gehaltsordnung für unsere Lehrkräfte zu verbessern, um den Abstand zu den Gehältern an staatlichen Schulen zu verringern. Unter der Voraussetzung der regulären Finanzhilfe ab dem neuen Schuljahr sollten folgende Veränderungen in Kraft treten: Die Gehaltsgruppe BAT wurde um eine Stufe erhöht, für verschiedene Funktionen Zulagen gezahlt und alle Gehälter unabhängig von Dienstjahren um eine halbe Stufe erhöht. Außerdem zahlten wir ab dem neuen Schuljahr für eine Altersfürsorge-Versicherung zusätzlich 6,9 % zum Gehalt bei einer Selbstbeteiligung von 2,3 %. Einen Teil der Aufwendungen für die Altersfürsorge bekamen wir vom Land erstattet. Pro Jahr rechneten wir aufgrund der verbesserten Gehaltsordnung mit einer Mehrbelastung von 130 TDM.

Mit einer ABM-Maßnahme und der Übernahme von 100 % der Personalkosten für zunächst 1 Jahr durch das Arbeitsamt konnten wir Thomas Hesenius als Büromitarbeiter für verschiedene Aufgaben einstellen. Für ihn war es eine Gebetserhörung, aus der Arbeitslosigkeit herauszukommen und endlich eine Stelle, und sogar sehr gerne bei der FCSO, antreten zu können. Wir wussten allerdings nicht, ob wir ihn aus finanzieller Sicht längerfristig werden behalten können. Aber Gott wusste es und hat es so gelenkt, dass Thomas bis heute einen treuen Dienst an der FCSO leisten kann.

Inzwischen waren alle Bauverträge mit den beteiligten Firmen abgeschlossen. Es war uns mittlerweile vom Bauamt mitgeteilt worden, dass wir die Auflage zum Einbau eines Fahrstuhls erfüllen müssten. Zusätzliche Kosten 100 TDM! Nun warteten wir nur noch auf die Baugenehmigung, die wir schließlich im August erhielten. Damit könnten wir mit dem Bau beginnen, wenn wir nicht nochmals eine Landeszuwendung für den Erweiterungsbau am 3. August beantragt hätten. Sollten wir die Finanzförderung tatsächlich bekommen, dürften wir ohne ausdrückliche Genehmigung des Landes nicht mit den Baumaßnahmen beginnen. Bei den Nachfragen in der Bezirksregierung konnten wir leider keine eindeutige Antwort erhalten. Es hieß sinngemäß: Solange das Antragsverfahren aufgrund der noch nicht erfolgten Klärung zum Urteil des Bundesverfassungsgerichts bezüglich der Landeszuwendungen für Schulbauten noch läuft, kann der Baubeginn nicht genehmigt werden. Weil die Klärung vielleicht noch Monate dauern könnte und die Signale auf Ablehnung standen, einigten wir uns darauf, mit den Baumaßnahmen spätestens Anfang Oktober zu beginnen.

Mit der Einschulung am 3. September durften wir 44 Erstklässler begrüßen. Für uns wurden die Einschulungsfeiern mit dem gut vorbereiteten Programm, ähnlich wie in den Vorjahren so langsam zur Routine. Für die „Neuen" allerdings war es wieder ein besonderes Erlebnis, weil alle Erstschüler einzeln im Mittelpunkt standen und diesmal mit schön dekorierten Brotbrettchen beschenkt und mit der Übergabe der persönlichen Spruchkarten begrüßt wurden. Das Geschenk sollte symbolisch den zitierten Bibelvers unterstreichen: „Jesus sagt: Ich bin das Brot des Lebens. Wer zu mir kommt, wird nie mehr hungrig sein; und wer an mich glaubt, wird keinen Durst mehr haben." Johannes 6,35.

Mit dem Hinweis auf den besonders heißen Sommer in diesem Jahr wollte ich verdeutlichen, dass nur Jesus unseren Durst nach einem erfüllten Leben stillen könne und zitierte den Vers aus Jesaja 44,3: „Ich will Wasser gießen auf das Durstige und Ströme auf das Dürre: ich will meinen Geist auf deine Kinder gießen und meinen Segen auf deine Nachkommen." Jeder, der diesen Zuspruch Gottes auch für sich persönlich in Anspruch nehmen würde, könne mit seiner Zusage rechnen, die in Jesaja 58,11b steht: „Du wirst sein wie ein bewässerter Garten und wie eine Wasserquelle, der es nie an Wasser fehlt."

In den anderen Klassen waren zusätzlich 33 Schüler von außerhalb hinzugekommen, so dass die Schülerzahl auf insgesamt 334 angestiegen war. Damit wurden alle Jahrgänge von 1 bis 8 zweizügig geführt.

Mit der Neueinstellung von 9 Lehrkräften (3 als Nachfolger der ausgeschiedenen Lehrkräfte) und erstmals einer Referendarin unterrichteten 22 Lehrkräfte die 334 Schüler an der FCSO. In der 25. Ausgabe von „DIT un DAT" stellten sich alle 10 „Neuen" persönlich vor: Brigitte Behrmann, Maria Ebner, Karin Böke, Beate Renschler, Ingo Carl, Christine Rogatzki, Sonja Tomaschko, Ute Groen, Jürgen Lohrie und die Referendarin Gritta Elsen.

Mit der Ev. Darlehensgenossenschaft Münster konnten wir mit der Aufnahme eines Darlehens von 3 Mio DM die Finanzierung der Gebäudeerweiterung zu folgenden Konditionen vereinbaren: 1,5 Mio für 5 Jahre fest zu 7,25 %, 1 Mio für 4 Jahre fest und 0,5 Mio variabel zu 6,75 %

Am 17. Oktober wurden die Baumaßnahmen mit Baggerarbeiten begonnen. In der 26. Ausgabe von „DIT un DAT" stellten wir das Bauobjekt skizzenhaft mit dem Aufruf zu einer besonderen Spendenaktion vor. Darin waren in einer Übersicht alle bisher getätigten Investitionen und die dafür aufgenommenen Darlehen, sowie die jährlich bis zunächst 1996 steigenden Zahlungsverpflichtungen für Zinsen und Tilgungen aufgeführt. Wir erklärten, für die jetzt begonnene Gebäudeerweiterung zusätzlich zu den vereinbarten 3 Mio DM Bankdarlehen durch Freundes-Darlehen, Spenden und ehrenamtlichen Arbeitseinsatz eine Eigenfinanzierung in Höhe von

700 TDM aufbringen zu müssen und baten um Mithilfe über die vorgedruckten Formulare mit der Überschrift „Aktion Schulbau".

Baugrube für den Keller des Erweiterungsbaus, Beginn der 3. Baumaßnahme 1994:

In der Angelegenheit Finanzzuwendung und Finanzhilfe des Landes Niedersachsen waren wir nicht untätig geblieben. Am 28. Juli beantragten wir eine Finanzzuwendung für den Zeitraum 1. Januar bis 14. August und nach Ablauf der 3-Jahresfrist die reguläre Finanzhilfe zu Beginn des neuen Schuljahres ab 15. August. Wie bereits in den Vorjahren hatten wir einen ausführlichen Haushaltsplan erarbeitet und fügten dem Antrag einschließlich aller Schülerdaten eine zehnseitige Anlage bei. Wir erwähnten noch einmal die bisher von uns erbrachten Leistungen mit entsprechender Zahlenübersicht und wiesen darauf hin, dass die bisherigen Landesmittel nur 67 % der Personalkosten ausmachen würden. Die öffentliche Hand habe dadurch beträchtliche Mittel eingespart, so dass wir nun eine Zuwendung in Höhe des ausgewiesenen Fehlbetrages erwarten würden. Mit Schreiben vom 7. November teilte uns die Bezirksregierung mit, dass es nach erfolgter Rücksprache mit dem Kultusministerium definitiv keine Zuwendung für Baumaßnahmen geben würde.

Nach mehreren Telefonaten mit Herrn Janssen von der Bezirksregierung bezüglich der inzwischen genehmigten Zuwendung für die Sek I mussten wir wieder diverse Haushaltszahlen zusammenstellen und mit vielen Anlagen an die Bezirksregierung schicken. Mit Schreiben vom 13. Dezember wurde uns dann eine Zuwendung in Höhe von 205.395 DM bestätigt, die dann nach Erledigung der bekannten Prozedur auf unser Konto überwiesen wurde. Trotz dieser Finanzspritze mussten wir das Jahr 1994 mit einem Defizit in Höhe von 138 TDM abschließen, weil ein Betrag aus der Landesfinanzhilfe in Höhe von 51 TDM erst im nächsten Jahr zur Auszahlung kam. Das Defizit im Vorjahr 1993 betrug dagegen „nur" 20.515 DM.

Das Lehrerkollegium und einige Trägerkreismitglieder beschäftigten sich während der Klausurtagung in Ahlhorn vom 20. bis 22. November mit verschiedenen Themen der Unterrichtsgestaltung. Auch die Zusammenarbeit im Alltag der Schule war ein Gesprächsthema. Man war sich einig - Ehrlichkeit im Miteinander ist sehr wichtig. Probleme oder Differenzen solle man nicht hinter vorgehaltener Hand, sondern direkt und offen mit den betroffenen Personen klären. Wie das erste Mal verlief auch diese Klausurtagung in einer sehr entspannten und angenehmen Atmosphäre.

Zum Eltern- und Freundeskreistreffen am 26. November hatten sich 230 Personen eingefunden. Wie gewohnt, gab es ein abwechslungsreiches Programm mit aktuellen Berichten und Darbietungen. Auf die Informationen über das schon angelaufene große Bauvorhaben war man sehr gespannt. Darauf hatten sich viele Besucher offenbar auch schon finanziell eingestellt, denn im Verlauf des Abends wurden für das Bauvorhaben rund 10.000 DM gespendet. Der sehr kreativ gestaltete Basar brachte einen Reinerlös in Höhe von 2.000 DM, der wieder für die Anschaffung von Unterrichtsmaterial verwendet werden konnte. Die bei diesem Treffen spürbare zuversichtliche Stimmung und die viel bekundeten Zeichen der Anteilnahme an dem Schulgeschehen waren für uns eine Wohltat.

Das besonders ausgeprägte Wachstum der Schule in diesem Jahr veranlasste uns, weitere Schritte zum Ausbau der FCSO vorzubereiten. Übereinstimmend waren wir zu dem Entschluss gekommen, uns für die Einrichtung einer gymnasialen Oberstufe einzusetzen. Dafür hatten wir zunächst einmal zu prüfen, welche Voraussetzungen zu erfüllen seien. In nächster Zeit sollten konkrete Planungen beginnen und frühzeitig mit der Schulbehörde Kontakt aufgenommen werden. Spätestens zu Beginn des Schuljahres 97/98 müssten alle Vorbereitungen abgeschlossen sein, wenn unsere FCSO-Schüler mit dem Erreichen des Erweiterten Realschulabschlusses in der eigenen Schule zur 11. Klasse überwechseln möchten.

Kapitel 23

1995 Bauen - Einweihen - Wachsen - Kämpfen - Planen

Der weitere Aufbau der Schule verlangte allen Beteiligten im Trägerkreis, im Kollegium und der Mitarbeiterschaft auch im Jahr 1995 viel Kraft ab, denn noch steckten wir mitten in den Baumaßnahmen des großen Erweiterungsbaus und mussten angesichts enger Finanzgrenzen schon wieder an den Plänen für ein weiteres Schulgebäude für die noch zu beantragende gymnasiale Oberstufe arbeiten. Das Thema Finanzen hielt uns in ständiger Spannung. Das Ringen um die weitere pädagogische Gestaltung in der FCSO hatte nicht aufgehört und verlangte nicht nur vom Kollegium Kreativität und Fantasie.

Doch bei allem Gestalten und Entwickeln wollten wir die biblische Dimension nicht aus den Augen verlieren. Bei aller Arbeit, bei allem Abwägen, bei allem Diskutieren und Ringen um die richtigen Lösungen und Konzepte durften wir uns der Gegenwart und Hilfe unseres Herrn Jesus Christus gewiss sein. In seinem Auftrag taten wir diese Arbeit. Von ihm wollten wir lernen. Von ihm erbaten wir auch für die vor uns stehenden Herausforderungen die nötige Weisheit und Kraft und Ausdauer. Dabei durften wir uns von folgendem Gotteswort inspirieren lassen: „So stehet nun fest, umgürtet mit Wahrheit und gerüstet mit dem Panzer der Gerechtigkeit und tragt als Schuhe die Bereitschaft, das Evangelium des Friedens zu verkündigen. Vor allem aber ergreift den Schild des Glaubens, mit dem ihr alle feurigen Pfeile des Bösen auslöschen könnt und nehmt den Helm des Heils und das Schwert des Geistes, das ist das Wort Gottes. Und betet allezeit mit Bitten und Flehen im Geist und wacht dabei mit aller Ausdauer." Epheser 6, 14 bis 18.

Die Bauarbeiten machten unter der Aufsicht unseres stellvertretenden Vorsitzenden Hinrich Troff gute Fortschritte. Er war fast täglich an der Baustelle und erwies sich nicht nur bei dieser, sondern auch bei den künftigen Baumaßnahmen als ein unverzichtbarer, umsichtiger und verlässlicher Mitarbeiter. Als Koordinator zwischen Kollegium, Trägerkreis und Vorstand war er unser Bauleiter vor Ort. Mit dem Bauleiter des Architekturbüros Georg Tjards, Herrn Onnen, stand er in ständigem Kontakt. Er war der Ansprechpartner für die Handwerker aller am Bau beschäftigten Firmen und für das Architekturbüro. Durch Hinrich waren wir im Vorstand ganz eng dran am Baugeschehen und konnten bei auftretenden kleinen und größeren Problemen oder anstehenden Entscheidungen zügig reagieren.

Nach dem Aufbau des Kellergeschosses konnten die Fundamente hergestellt werden. Es war darauf zu achten, den Bauzeitenplan einzuhalten, denn mit Beginn des neuen Schuljahres musste das Bauvorhaben abgeschlossen und das Schulgebäude komplett eingerichtet sein.

Zur Vorbereitung auf die von uns geplante gymnasiale Oberstufe hatten wir uns am 13. Januar zu einem Besuch bei der Zinzendorfschule in Tossens angemeldet. Außer mir waren Joachim Heffter, Christine Rogatzki und Alfred Dirks dabei. Wir wurden von dem Vorsitzenden des Ev. Schulbundes (Herrnhuter Brüdergemeine) und Schulleiter Dr. Bahn, herzlich begrüßt und nach einem ausführlichen Gespräch durch das Schulgebäude geführt. Es war für uns sehr interessant, die Besonderheiten des relativ überschaubaren Gymnasiums kennenzulernen. Angefangen hatte man mit nur 9 Schülern. Die inzwischen rund 60 Schüler werden in drei Klassen und in den fünf Leistungskursen Deutsch, Englisch, Mathematik, Physik und Religion unterrichtet. Wir bekamen einen ausführlichen Überblick über die Schulkonzeption, die schulbehördlichen Kontakte, die wirtschaftlichen Gegebenheiten, die Personalstruktur und Organisation der Schule. Interessant war auch, dass sich die kleine politische Gemeinde Budjardingen mit rund 5.000 Einwohnern an der Finanzierung dieser Schule beteiligte.

In einer der nächsten Trägerkreissitzungen berichteten wir von diesem Besuch. Joachim Heffter äußerte sich ganz zuversichtlich und meinte, dass die Einrichtung einer gymnasialen Oberstufe an der FCSO als unproblematisch einzuschätzen sei.

Während in den Vorstands- und Trägerkreissitzungen Vorbereitungen für verschiedene Termine, Veranstaltungen und Anträge getroffen wurden, hatten wir uns vorgenommen, auf der ganztägigen Klausurtagung am 25. Februar im Gemeindehaus der Ev. Luth. Kirchengemeinde Firrel die praktischen Auswirkungen der auf der letztjährigen Klausurtagung erarbeiteten Arbeitsgrundlage zu reflektieren. Außerdem wollten wir uns mit der gesellschaftlichen Entwicklung beschäftigen und wie wir als Christen positiv darauf einwirken könnten. Wir hatten dazu Pastor Harm Bernick aus Berumerfehn, Vorsitzender der Bekenntnisbewegung „Kein anderes Evangelium" in Niedersachsen, eingeladen und mit ihm zwei Vortragsthemen für den Vormittag abgestimmt:

1. „Verantwortung im Spannungsfeld zwischen Bibel, Gemeinde und Beruf. – Geistliche Orientierung im Wertewandel der Gegenwart." 2. „Christsein mit gutem Grund: Geistliches Leben in Hülle oder Fülle? - Biblische Begründungen für eine christliche Lebenspraxis."

Das Eltern- und Freundeskreistreffen mit 180 Teilnehmern am 25. März fand in einer sehr guten Atmosphäre statt. Die Besucher lobten den hohen Informationswert dieser Veranstaltung. Der Spendenaufruf für die Einrichtung des neuen Schulgebäudes mit Angabe der Stuhl- und Tischpreise erbrachte an diesem Abend Spenden für 69 Stühle (je 65 DM), 37 Tische (je 104 DM), eine Sammlung in Höhe von 1.600 DM und einen Basarerlös in Höhe von 1.100 DM, also insgesamt rund 11.000 DM.

Zum Richtfest des Schulgebäudes am 31. März hatten wir Johann (Joke) Bruns, Vertreter der politischen Gemeinde Moormerland und der Ortsgemeinde Veenhusen, die Nachbarn, die Schulrätin Berghaus, den Rektor der Nachbarschule, Architekt Georg Tjards, Bauleiter Onnen, die Bauhandwerker und Pressevertreter, die darüber in den Tageszeitungen berichteten, eingeladen. Die rund 75 Gäste erlebten ein buntes Programm mit kurzen Reden und Liedvorträgen der Schüler. Zum Abschluss war ein Imbiss für die geladenen Gäste vorbereitet.

Wenn in den Vorstands- und Trägerkreissitzungen diverse Aufgaben besprochen und neue Themen behandelt werden, ist damit ja nicht alles gleich erledigt. Vielmehr kostet die Umsetzung schlichtweg weitere Arbeit, die man zielgerichtet vorantreiben muss. Da war zum Beispiel ein Rundschreiben an die Eltern zu formulieren, um die erste bescheidene Schulgelderhöhung nach 8 Jahren von 120 auf 130 DM für das erste Kind und von 80 auf 90 DM für das zweite Kind (60 und 40 DM für das 3. und 4. Kind ohne Erhöhung) zu begründen und anzukündigen.

Auch die schulfachlichen Vorgänge waren zu organisieren: Besuch der Schulrätin bezüglich Unterrichtsüberprüfung, Schulreifeprüfungsuntersuchungen für 54 angemeldete Erstklässler, Seminarvorbereitungen, Hospitationen von Praktikanten, Referendar-Einstellung, Ergänzungen im pädagogischen Konzept oder die Personalermittlung für das neue Schuljahr. Außerdem hatte uns die untere Naturschutzbehörde wegen der Baumaßnahme zur Auflage gemacht, eine Ausgleichsfläche zu kaufen, Kosten 11.000 DM. Ein Entwässerungsplan musste erarbeitet, der Vorplatz für den Busverkehr umgestaltet und das alte Wohnhaus auf dem Schulgelände abgerissen werden, um Platz für Parkplätze zu schaffen. Die zusätzlichen Kosten in Höhe von 60 TDM waren durch Einsparungen an verschiedenen Stellen und einer strikten Einkaufssperre auszugleichen.

In der Jahreshauptversammlung am 28. April wurden wieder die vereinsrechtlich vorgeschriebenen Regularien abgehandelt. Nach meinem Jahresbericht, der im nächsten „DIT un DAT", Ausgabe Nr. 28, veröffentlicht werden sollte, folgte der Kassenbericht durch Heinrich Behrends und Erwin Wallenstein. Die Kassenprüfer Günther Gerdes, Peter Steiger und Reinhard Troff hatten die Zahlen kontrolliert und alles in Ordnung befunden. Auch die korrekt durchgeführte Buch- und Belegführung von Bernhard Eden wurde lobend hervorgehoben. Nach dem ausgesprochenen Dank an die vorgenannten Personen wurde dem Vorstand Entlastung erteilt. Heinrich wies darauf hin, dass er demnächst aus Altersgründen seine Arbeit reduzieren möchte und schlug vor, einen 2. Beisitzer in den Vorstand zu wählen. Sodann erfolgten die Wahlen einstimmig bei Enthaltung der Betroffenen mit folgendem Ergebnis: Hinrich Troff, stellvertretender Vorsitzender (Wiederwahl), Heinrich Behrends, 1. Beisitzender (Wiederwahl) und Nieklaas Swart, 2. Beisitzender (Neuwahl). Ebenfalls erfolgte die Wiederwahl der Kassenprüfer.

Zum Schulfest am 17. Juni kamen trotz Regenwetters über 2.000 Besucher. Ein von dem Elternarbeitskreis sorgfältig vorbereites Programm ließ keine Wünsche offen. Für Kinder, Schüler und Erwachsene gab es so viel Angebote, dass der Nachmittag kaum ausreichte, sie alle wahrzunehmen. Der noch nicht ganz fertige Neubau erwies sich als eine willkommene Möglichkeit, dort Spielstände aufzubauen um dem trüben Wetter zu entkommen.

Auf unseren Antrag auf monatliche Abschlagszahlungen der Finanzhilfe vom 28. Juni erhielten wir mit Schreiben vom 6. Juli von der Bezirksregierung den Bescheid, dass diese ab August auf 126 TDM festgesetzt sei.

Als eine besonders freundliche Geste empfand ich, als mir zu dieser Zeit ein Geschäftspartner einen Scheck in Höhe von 845 DM als Spende für die Schule zusandte. Viele Jahre arbeiteten wir in einer Kooperation zusammen. Inzwischen hatte er sich selbstständig gemacht und war einer unserer Lieferanten in unserer Firma geworden. Bei den Begegnungen in unserer langjährigen freundschaftlichen Zusammenarbeit hatte ich manchmal mit ihm auch über den christlichen Glauben und unter anderem über die Gründung und den Aufbau der FCSO gesprochen. Auch in den folgenden Jahren spendete er regelmäßig für diese Schularbeit. Bei dieser Gelegenheit möchte ich erwähnen, dass ich den Namen dieses Spenders und auch die Namen der vielen anderen Spender aus mehreren Gründen nicht nennen möchte. Ich bin froh, dass Gott alle, ohne Ausnahme, auch die anonymen Spender, kennt und es ihnen in seiner großen Güte vergilt. In all den Jahren staunten wir darüber, wie Gott so viele Menschen motiviert hat, einmalig und auch dauerhaft kleine und große Beträge für den Aufbau der FCSO zu spenden. Wer zu diesen Spendern gehört und das hier liest, denen sage ich noch einmal von ganzem Herzen: Danke, Danke, Danke! Damit hast du, habt Ihr, haben Sie Schätze auf das Himmelskonto eingezahlt.

Das neue Schuljahr 95/96 begann am 5. August mit folgenden neuen Lehrkräften: Annette Graß, Stefan Grensemann, Jan Heyen, Iris Hinkelbein, Regina Kratzert, Burghard Wehl und Martin Wolter. Sie stellten sich mit persönlichen Daten in der 29. Ausgabe „DIT un DAT" vor. Die Lehrerin Maria Ebner verließ die FCSO zum Schuljahresende.

Mit der Einschulung am 5. August erlebten 55 i-Männchen (so nannte Joachim Heffter immer die Erstklässler) ihren ersten Schultag. Damit wurde zum ersten Mal eine 1. Klasse dreizügig geführt (mit den Klassenlehrern Asmus Meyer, Herbert Schnau und Gerno Schöneich). Auch die 5. Klasse wurde erstmals dreizügig eingerichtet. Die Einschulungsfeier verlief in gewohnter Weise und für alle „neuen" Kinder, Eltern und Verwandtschaft in einer fröhlichen Atmosphäre. Diesmal hatte unser stellvertretender Vorsitzender des Trägerkreises, Hinrich Troff, die Aufgabe übernommen, alle Kinder herzlich zu begrüßen. In Anspielung auf das Geschenk für die Erstklässler in Form eines gebastelten Vogelnestes, wies Hinrich darauf hin, dass mit einem Vogelnest Schutz, Wärme und Geborgenheit verbunden seien. Liebevolle Aufnahme und „Nestwärme", das sollten auch die Kinder in der Schule erleben, wünschte sich Hinrich im Namen des VES.

Erstmals hatten Schüler der FCSO ein Betriebspraktikum erfolgreich absolviert. Ziemlich alle Auswahlwünsche der Schüler konnten berücksichtigt werden. Alle hatten einen Platz in Firmen und Institutionen bekommen.

Im Trägerkreis begrüßten wir mit Diedrich Kretzschmer einen neuen Mitarbeiter. Im Blick auf die geplante gymnasiale Oberstufe mussten wir uns um den Erwerb der angrenzenden Grundstücke bemühen. In der Trägerkreissitzung am 22. August berichtete Hinrich, dass 2 Nachbarn die hinteren Hälften ihrer bebauten Grundstücke zum Verkauf angeboten hätten.

Ein besonderes Ereignis war die Einweihung des neuen Schulgebäudes am 25. August. Dazu waren neben dem Trägerkreis, den Mitarbeitern und Elternvertretern auch Vertreter der Politik, der Schulbehörde, des Landkreises, der Ev. Darlehnsgenossenschaft, Münster, der bauausführenden Firmen, der Presse sowie benachbarte Schulleiter und Nachbarn eingeladen. Lehrer und Schüler gestalteten die Feier mit. In meiner Begrüßungsrede erinnerte ich an den bescheidenen Anfang der Schule und streifte in einem kurzen Überblick die Entwicklungsjahre mit den finanziellen Herausforderungen und den überwundenen Schwierigkeiten. Die FCSO sei ein Glaubenswerk und hätte angesichts der negativen gesellschaftlichen Entwicklung schon längst ihre Existenzberechtigung bewiesen. Woran denn sollte sich der Mensch orientieren? Die Bibel würde zum Beispiel sagen: „Einer komme den anderen mit Ehrerbietung zuvor" oder „Suchet der Stadt Bestes." Unsere Gesellschaft würde davon nachhaltig profitieren, wenn das Wort Gottes wieder mehr und grundlegend ins Blickfeld geraten und als Leitlinie allen Handelns beachtet werde. In Erinnerung an unsern Leitvers aus Kolosser 2,3: „In Christus liegen alle Schätze der Weisheit und Erkenntnis verborgen" wünschte ich, dass alle Schüler in diesem Sinne an dieser Schule eine erfolgreiche Schatzsuche erleben würden und dass das neue Gebäude dazu einen schönen Rahmen böte.

Selbstverständlich nahm ich die Gelegenheit wahr, allen an der Schulentwicklung beteiligten Personen, Ämtern und Institutionen, Spendern und Darlehensgebern herzlich zu danken. Nicht zuletzt würden wir aber Gott danken für seine Bewahrung während der Bauzeit, die ohne Unfall und Schaden von statten ging und für seine Verheißung gemäß der sehr passenden Tageslosung aus Philipper 1: „… der das gute Werk angefangen hat, der wird's auch vollenden."

Schulleiter Joachim Heffter unterstrich in seiner Ansprache das besondere Anliegen der FCSO, nämlich als Schulgemeinschaft nach biblischen Maßstäben miteinander zu arbeiten, sei es im Unterricht, im Kollegium, mit Angestellten der Schule, in der

Der Erweiterungsbau 1995

Zusammenarbeit mit den Eltern sowie mit dem Schulträger. Neben einer fundierten Wissensvermittlung sei es Ziel und Anliegen der Schule, den Schülerinnen und Schülern Gottes Allmacht und Liebe, die er zu uns Menschen hat, nahezubringen. In seinem Grußwort betonte der Gesamtbürgermeister Anton Lücht, dass sich die FCSO nach anfänglicher Skepsis von Seiten der Behörden zu einer Bereicherung der schulischen Situation in der Gesamtgemeinde entwickelt habe. Er hob die gute Zusammenarbeit zwischen Schulträger und der Gemeinde Moormerland hervor und er habe immer ein offenes Ohr für die Belange der FCSO. Für sein freundliches Verhalten waren wir ihm dankbar. Seine Unterstützung in kommunalen Fragen haben wir gerne in Anspruch genommen.

Die Schulrätin Gerta Berghaus würdigte die gute Ausstattung der gesamten Schule. Ihrer Ansicht nach würde diese beste Voraussetzungen für ein entspanntes Lernen und für eine gute Zusammenarbeit zwischen Lehrkräften und Schülerinnen und Schülern bieten.

Die Redebeiträge wurden umrahmt von einem Liedvortrag des Lehrerkollegiums und dem Auftritt von etwa 100 singfreudigen Schülerinnen und Schülern. Sie überraschten die Gäste mit einem Lied unter der Leitung von Margret Carl, das sie extra für die Einweihung gedichtet und komponiert hatte. Es wurde so fetzig und schwungvoll gesungen, dass es die Zuhörer buchstäblich von den Stühlen riss. Der Liedtext lautete: Neue Schule. Refrain: Schu-u-u-u-le, neue Schu-u-u-u-le. Wir haben eine na-gel-neu-e- Schu-le, ei-ne coo-le Schu-le ha-ben wir, (klatschen) coo-le Schu-le ha-ben wir. Ganz neue Türen, ganz neue Wände, ganz neue Hoffnung, ganz neue Zustände. Ganz neue Tische, ganz neue Stühle, ganz neue Kinder, ganz neue Gefühle. (Klatschen und Stampfen) Refrain: Schu-u-u-u-le, ganz neue Schu-u-u-u-le… Ganz neue Fenster, draußen und drinnen, ganz neue Lehrer und

Lehrerinnen. Ganz neue Flure und Klassenräume, ganz neue Aussicht, ganz neue Träume. (Klatschen und Stampfen) Refrain: Wir danken Gott, dass alles geschafft ist, dass alles so schön und herrlich gemacht ist. Wir danken Gott für seine Güte, für seine Liebe preisen wir IHN. (Klatschen und Stampfen) Refrain: Schu-u-u-u-le, neu-e Schu-u-u-u-le… Mit einem rauschenden Beifall bedankte sich das Publikum für diesen zu Herzen gehenden Auftritt.

Das für die Einweihung gedichtete und komponierte Lied von M. E.-C.

Auf bewährte humorvolle Art brachte unser Architekt und Trägerkreismitglied Georg Tjards seine Anerkennung für Hinrich Troff zum Ausdruck, der fast täglich am Bau anwesend gewesen sei und verlieh ihm unter Beifall und allgemeiner Heiterkeit des Publikums als Dankeschön einen selbstgebastelten funktionellen Schutzhelm mit Beleuchtung. Im Anschluss daran erfolgte die feierliche symbolische Schlüsselübergabe an den Schulleiter. Zur symbolischen Einweihung verlas der stellvertretende Elternratsvorsitzende Nieklaas Swart einen Bibeltext aus 2. Samuel 17. Nach dem abschließenden Segensgebet des Schulleiters bot sich den Gästen die Gelegenheit zu einem Rundgang durch das neue Schulgebäude, wo auch ein leckeres Mittagsbuffet für alle geladenen Gäste vorbereitet war.

Die Öffentlichkeit hatten wir durch Zeitungsanzeigen zu einem „Tag der offenen Tür" am 27. August eingeladen. Dass viele Hunderte Besucher, Eltern, Freunde, Förderer und Interessierte die Gelegenheit nutzten, die gesamte erweiterte Schule zu besichtigen, war sicher auch auf die umfangreiche Berichterstattung der Pressevertreter über die Einweihungsfeierlichkeiten zurückzuführen. Es wurden nicht nur Leckereien angeboten, sondern es konnten auch die Arbeiten von Schülerinnen und Schülern aus dem Kunst- und Werkunterricht bestaunt werden. Über das rege Interesse freuten sich alle Verantwortlichen der FCSO und des Trägerkreises sehr. In zahlreichen Einzelgesprächen konnte auf spezielle Fragen interessierter Besucher eingegangen werden.

Bei einem Besuch der Schulrätin Berghaus fragte sie den Schulleiter u. a. nach den Plänen für die künftige Schulform. Sie riet dazu, das Anerkennungsverfahren kurzfristig in Gang zu setzen. Das ließen wir uns nicht zweimal sagen. Mit Schreiben vom 30. August beantragten wir bei der Bezirksregierung die Verleihung der Eigenschaft einer anerkannten Ersatzschule für den Sekundarbereich I der Freien Christlichen Schule Ostfriesland. Am 17. Oktober berichtete die Schulrätin der Bezirksregierung mit einer 4-seitigen Dokumentation alle relevanten Daten der FCSO. Dazu gehörten die Themen Personal, Unterrichtssysteme, räumliche Ausstattung, Unterrichtszeiten, Organisation von Lernprozessen, Differenzierungen, Leistungsbewertung und Lernkontrollen, Lernentwicklungsbericht und Zeugnisse.

Wir dachten, dass es nur noch eine Formsache wäre, demnächst die Anerkennung zu erhalten. Doch weit gefehlt. Dieser Vorgang würde uns noch sehr lange, sogar bis November des nächsten Jahres, auf Trapp halten.

Mit Schreiben vom 20. November teilte uns die Bezirksregierung u. a. folgendes mit: „Mit dem der Genehmigung dieser Schule zustimmenden Erlass vom 06.08.1991 hat das Nieders. Kultusministerium festgestellt, dass es sich bei der o. g. Schule um eine Schule des Sekundarbereichs I mit besonderem pädagogischen Profil (Ersatzschule mit Gesamtschulcharakter) handelt", und weiter, „dass die Schule zwar wesentliche Merkmale einer integrierten Gesamtschule erfüllt…, aber abweichend von Ziff. 5.3.1 des Erlasses vom 06.05.1992 sieht das Konzept der FCSO in den Fächern und Jahrgängen, in denen die Bildung von Fachleistungskursen vorgeschrieben ist, eine innere Differenzierung auf zwei Leistungsebenen vor. In den Fächern Englisch und Mathematik wird ab dem 9. Schuljahr eine zeitlich begrenzte äußere Differenzierung vorgesehen. Diese Abweichung des Schulkonzepts vom Grunderlass macht eine besondere Regelung hinsichtlich der Anerkennung der Abschlüsse durch das Nieders. Kultusministerium notwendig, weil die Bestimmungen der Ziff.5.3.1 des o.g. Erlasses die Mindestvorgaben der KMK- Rahmenvereinbarungen für die gegenseitige Anerkennung von Abschlüssen an Integrierten Gesamtschulen berühren. Ich habe den Vorgang deshalb dem Nieders. Kultusministerium übersandt mit der Bitte um Entscheidung, ob die durch die in der Sek I der FCSO erteilten Abschlüsse dieselbe Berechtigung verleihen, wie die der öffentlichen Schulen oder die Verleihung der Eigenschaft einer anerkannten Ersatzschule aufgrund der geschilderten Besonderheiten nicht möglich ist. Sie erhalten zu gegebener Zeit weitere Nachricht."

Der Kommentar unseres Schulleiters Joachim Heffter lautete: „Nach der Lektüre dieses Schreibens bin ich der Meinung, dass wir über die Bezirksregierung in Erfahrung bringen sollten, welcher Abteilung unser Antrag z. Z. vorliegt. Da sehr viel auf dem Spiel steht, sollten wir unbedingt um einen Gesprächstermin nachsuchen. Es müsste doch geklärt werden, was wir ändern müssen, damit der Anerkennung nichts im Wege steht. So müsste beispielsweise besprochen werden, ob wir in Klasse 9/10 den Unterricht gemäß der Verordnung - Unterricht an der IGS - durchführen können. Wir würden dann in Deutsch, Naturkunde, Englisch und Mathe nach Leistungen differenzieren, (Äußere Differenzierung) und in diesen 2 Schuljahren auf unser besonderes Konzept verzichten. Würde das die besondere päd. Bedeutung der Schule in Frage stellen?"

Das war in der Tat die „Gretchenfrage." Denn aufgrund dieser besonderen pädagogischen Bedeutung war ja die Finanzhilfe der Sek. I genehmigt worden. Wir mussten also einen Weg finden, einerseits die Grundlage der Finanzhilfe nicht zu verlieren, aber andererseits das Schulkonzept so zu verändern, um die Anerkennung der Sek. I zu erhalten. Wie bereits erwähnt, würde uns diese Sache noch lange beschäftigen.

Nach einigen Recherchen bezüglich der Verordnung über die Arbeitszeit der Lehrkräfte und der Bezahlung nach BAT für Angestellte an öffentlichen Schulen überarbeiteten wir die Gehaltsordnung sowie die Leitlinien für Lehrkräfte der FCSO und formulierten ebenfalls genaue Arbeitsplatzbeschreibungen für die verschiedenen Arbeitsbereiche.

Als wir die traurige Nachricht erhielten, dass unser Gründungsmitglied Dr. Wilhelm Wübbena im November verstorben ist, stellte sich Helga Lambertus als neue

Mitarbeiterin im Trägerkreis vor. So lagen Abschied und Neuanfang, wie so oft im Leben, dicht beieinander.

Auch in diesem Jahr traf sich das Lehrerkollegium zu einer Lehrerfortbildungs-Klausurtagung vom 19. bis 21. November in Ahlhorn. Es gab reichlich Gesprächsstoff über die Themen geplante gymnasiale Oberstufe, Konzeptveränderung als Voraussetzung einer Anerkennung der Sek I, die Gehaltsordnung und diverse Veränderungen infolge des Schulwachstums.

Ein guter Kontakt zu anderen Schulen wurde durch den Besuch des Kollegiums des Schulzentrums Moormerland am 29. November hergestellt. Bei dem Rundgang durch das Schulgebäude und in kollegialen Gesprächen konnten Vorurteile gegenüber der FCSO abgebaut werden.

Das Eltern- und Freundeskreistreffen am 2. Dezember gestaltete sich wieder einmal als eine Art Abschlussveranstaltung der diesjährigen Schulentwicklung. Die Schülerzahl hatte sich weiter kräftig auf nunmehr 423 erhöht, unterrichtet von 29 Lehrkräften. Nicht nur die von verschiedenen Trägerkreismitgliedern vorgetragenen Informationen, sondern auch die Liedvorträge des Lehrerchores, Sketche, Vorstellung der neuen Lehrkräfte und ein Filmbeitrag bestimmten das Programm, sondern auch der Dank mit Übergabe schöner Blumensträuße an mehrere ehrenamtlichen Mitarbeiterinnen und Mitarbeiter, sowie ein reichliches Basarangebot und die Gespräche bei Tee, Kaffee und Kuchen.

Mit einem 5-seitigen Schreiben vom 1. Dezember beantragten wir bei der Bezirksregierung die Genehmigung zur Errichtung einer gymnasialen Oberstufe. Wir hatten in der Trägerkreissitzung am 23. November einstimmig, ohne Enthaltung oder Gegenstimmen, beschlossen, diesen Antrag noch in diesem Jahr auf den Weg zu bringen. Damit setzten wir einen wichtigen Schlusspunkt unter die Schularbeit des Jahres 1995

Die Weihnachtszeit spiegelte sich auch in der Gestaltung des Unterrichts wider. Weihnachtsfeiern in den verschiedenen Jahrgängen rückten die Bedeutung der Geburt Jesu ganz bewusst in den Mittelpunkt. Unsere Lehrkräfte hatten ein Weihnachtskonzert zur Aufführung am 15. Dezember vorbereitet, zu dem Eltern, Freunde, Förderer und Gemeindemitglieder herzlich eingeladen wurden.

Kapitel 24

1996 Geduldsprobe - Warten auf Anerkennung Sek. I und Genehmigung Sek. II

Mit der Zeit entwickelte sich in den wiederkehrenden Abläufen eine gewisse Routine. Das heißt aber nicht, dass die Arbeit dadurch leichter oder weniger wurde. Ganz im Gegenteil! Wir hatten uns ständig mit ungelösten Fragen und Themen zu beschäftigen. Neue Aufgaben suchten wir nicht, sondern sie drängten sich geradezu ungefragt auf. In dieser Zeit fragten wir uns selbstkritisch, ob wir bei dieser Vollbeschäftigung noch das Reden Gottes vernehmen würden, denn darauf kam es ja an. In 5. Mose 4, 10b lesen wir, dass wir zu aller Zeit auf Gott hören sollen: „Versammle mir das Volk, dass sie meine Worte hören und so mich fürchten lernen alle Tage ihres Lebens auf Erden und ihre Kinder lehren." Das also sollte unsere Haltung ausmachen: Menschen einladen, gemeinsam auf Gottes Wort hören, jeden Tag gottesfürchtig leben und unsere Kinder lehren. Um Missverständnissen vorzubeugen: Gottesfurcht heißt nicht Angst haben zu sollen, sondern in kindlichem Vertrauen Gott den höchsten Rang einzuräumen, der ihm zusteht bzw. Gott in allem Recht zu geben. Auf dieser Grundlage geschah die Arbeit an und in der Schule. Diese Investition in die Zukunft war bei Gott gut aufgehoben, weil sie unter seiner Verheißung stand. Er segnet die, die seinen Auftrag und den Dienst an Kindern gehorsam erfüllen. Damit das auch praktisch funktionierte, war es auch im Jahr 1996 nötig, dafür entsprechende Voraussetzungen zu schaffen und viele Aufgaben zu erledigen. Es ist erstaunlich, was alles in so ein Jahr hineinpasste.

In der ersten Trägerkreissitzung am 15. Januar stellte sich Bernhard Behrens als neues Mitglied vor. Er war Pastor der Ev. Luth. Kirchengemeinde in Firrel. Ich kannte ihn persönlich schon seit unserer Jugendzeit. Sein Vater Folkmar Behrens war seinerzeit Vorsitzender des Ev. Ostfriesischen Gemeinschaftsverbandes, als ich dort Mitglied im Brüderrat war.

In dieser Sitzung berichtete ich von einem Telefongespräch, das ich noch am 21. Dezember mit Herrn Ocken von der Bezirksregierung bezüglich der Anerkennung der Sek. I geführt hatte. Er selbst habe den Antrag zustimmend kommentiert, aber das Kultusministerium müsse darüber entscheiden, ob die innere Differenzierung zur Anerkennung der Bildungsabschlüsse in allen Bundesländern führen könnte, wie zum Beispiel bei der IGS in Geismar. Im Hinblick auf die Genehmigung der Oberstufe gab Herr Ocken zu bedenken, dass die geringe Schülerzahl die Achillesferse sei. Falls die Oberstufe trotz dieser Bedenken genehmigt werde, sei er der für uns zuständige Dezernent. Er würde unserer Schule positiv gegenüberstehen. Dafür waren wir sehr dankbar, denn als wir das erste Mal von ihm hörten, wurde uns ja das Gegenteil berichtet. Offensichtlich hatte sich inzwischen seine Meinung aufgrund der guten Arbeit der FCSO geändert.

In einem Dringlichkeitsschreiben vom 23. Januar an den Vorstand machte unser Lehrer Dirk Thomsen im Auftrag der Fachkonferenz Sport darauf aufmerksam, dass in den höheren Klassen der Sportunterricht nach den Anforderungen der Stoffpläne nur zu 60 % erfüllt werden könne. In der angemieteten Sporthalle Nüttermoor sei aufgrund fehlender Sportausrüstung Leichtathletik nur mangelhaft und Geräteturnen nur unzureichend durchführbar. Man möge den Bau einer Turnhalle und weiterer Außensportanlagen mit Priorität vorantreiben. Obwohl wir wussten, dass im Sportbereich nicht alles ideal lief, standen wir nach diesem Hilferuf wieder einmal vor einer neuen „Baustelle" und wussten nicht, wie wir das in Kürze arrangieren sollten. Der „Ersatzbau" konnte die ihm zugedachte Funktion als Turnhalle leider nicht erfüllen, weil er für andere Unterrichtszwecke gebraucht wurde.

Mit einem Schreiben vom 23. Januar teilte uns die Bezirksregierung mit, dass das Kultusministerium die Verleihung der Anerkennung einer anerkannten Ersatzschule für die Sekundarstufe I der FCSO nicht für zulässig hält. „Das Ziel der Anerkennung könne unter Beachtung der Vorgaben der ‚KMK-Vereinbarung über die Schularten und Bildungsgänge im Sekundarbereich I' vorliegend nur erreicht werden, wenn die Schule eine durchgängige äußere Fachleistungsdifferenzierung (Fachleistungskurse auf mindestens 2 Anspruchsebenen) in Englisch und Mathematik ab 7. Schulgang, in Deutsch und im Bereich Naturwissenschaften insgesamt oder nur in Physik oder Chemie spätestens ab 9. Schuljahr praktiziert. Damit werde der Schule also zugestanden, dass sie in Deutsch nicht - wie es die Regel ist – schon ab 8. Schulgang, sondern erst ab 9. Schuljahrgang eine äußere Fachleistungsdifferenzierung vorhalten muss… Es ist Ihnen anheimgestellt, hinsichtlich der äußeren Fachleistungsdifferenzierung eine Änderung des Schulkonzeptes vorzunehmen, um mindestens die Vorgaben der KMK - Vereinbarung zu erreichen oder aber die Erziehungsberechtigten der Schülerinnen/Schüler der Schule des Sekundarbereichs I darauf hinzuweisen, dass durch die Ablegung einer Nichtschülerprüfung (§ 27 NSchG) der Erwerb von Schulabschlüssen möglich ist. Ich bedaure, Ihnen z. Z. keinen günstigeren Bescheid geben zu können." Mit freundlichem Gruß Im Auftrage Dr. Woltering

Die Lehrerkonferenz am 15. Februar hat mehrere Möglichkeiten der Konzeptveränderung beraten und dem pädagogischen Arbeitskreis vorgelegt. Mit großer Mehrheit wurde beschlossen, im Kern die bisherige Konzeption so zu verändern, dass die Schule eine äußere Fachleistungsdifferenzierung ab August 1996 in den Klassen 7 bis 10 durchführt.

Damit waren wir bezüglich der Finanzhilfe nicht aus der Zwickmühle. Vorsorglich versuchte ich in einem Telefonat am 23. Februar mit der Bezirksregierung zu klären, ob durch die Veränderung des Schulkonzeptes die Finanzhilfe gefährdet sei. Man sagte mir, dass ich diese Frage bitte schriftlich vorbringen möchte. Herr Dr. Woltering würde uns dann schriftlich antworten. Mit Schreiben vom 27. Februar informierte ich dann die Bezirksregierung über die durchzuführende Veränderung des Schulkonzeptes nach den KMK-Vorgaben. Gleichzeitig bat ich um die Bestätigung, dass sich diese - lediglich auf die äußere Fachleistungsdifferenzierung bezogene - Veränderung keineswegs negativ auf die Finanzhilfe auswirken würde, denn ohne Finanzhilfe könne die Schule nicht existieren. Daraufhin antwortete Dr. Woltering mit Schreiben vom 6. März, ob nach der Veränderung des Schulkonzepts das besondere pädagogische Profil bestehen bliebe, könne erst nach Vorlage des geänderten Konzeptes entschieden werden. Sofern allerdings die Anerkennung durch die angestrebte konzeptionelle Veränderung erreicht werden könnte, würde die Finanzhilfe nach § 149 Abs. 1 NSchG weiterhin gewährt.

Mit Schreiben vom 15. März erhielten wir von der Bezirksregierung, Herrn Gruben, die endgültige Absage einer finanziellen Zuwendung für den Schulerweiterungsbau. Darin wurde ausführlich begründet, dass trotz des anderslautenden Bundesgerichtsurteils keine Förderung gezahlt würde, weil im Landeshaushalt weder für öffentliche noch für Ersatzschulen Mittel zur Verfügung ständen. Diese Nachricht war für uns keine Überraschung mehr. Aber eine Behörde muss ja gründlich arbeiten und jeden Antrag beantworten, auch wenn darüber Monate vergehen.

Am 20. und 21. März prüfte Herr Janssen von der Bezirksregierung unsere Buchhaltung bezüglich der bisherigen Finanzhilfe für die Grundschule in den Jahren 1992 bis 1994 und die Zuwendungen für die Sek. I in Höhe von insgesamt 575 TDM. Aufgrund einer im Sinne der zuwendungsgemäßen verminderten Ausgabe mussten wir lediglich 14,66 TDM zurückzahlen. Herr Janssen lobte während der Prüfung ausdrücklich die sorgfältige Buchführung des Steuerbüros Bernhard Eden.

Am 22. März besuchten uns Regierungsschuldirektorin Frau Nordhues und Regierungsschuldirektor Ocken zu einem ausführlichen Beratungsgespräch über die beantragte Oberstufe. Alle Aspekte der pädagogischen Konzeptgestaltung, der personellen Besetzung sowie der Raum- und Materialausstattung kamen zur Sprache. Beide befürworteten den Unterrichtsbeginn zum 1. August 1997. Es war spannend und interessant, sich einmal in ganz lockerer Form über so eine wichtige Angelegenheit unterhalten zu können.

In der Jahreshauptversammlung am 19. März wurden die üblichen Regularien abgehandelt und der Entwurf des Haushaltsplanes beraten. Verschiedene Themen wie Schülertransport/ Fuhrpark, Klassenfrequenz, Anschaffungen für den Schulbetrieb und Schulgeld wurden durchgesprochen und folgende Veranstaltungen vorbereitet: Informationsabend am 23. März in Weener, Klausurtagung am 20. April in Neermoor sowie das Eltern- und Freundeskreistreffen am 27. April. Während dieser Veranstaltungen standen die geplante Oberstufe, die Konzeptveränderung der Sek. I, Finanzfragen, Ergänzung des Erziehungskonzepts und natürlich das Schülerwachstum sowie das Unterrichtsgeschehen im Mittelpunkt des Interesses.

So ganz nebenbei wurde eine Schulhofgestaltung mit viel ehrenamtlicher Unterstützung und einem relativ überschaubaren Kostenvolumen von 6.700 DM durchgeführt. Es entstand auf dem Schulhof u. a. der legendäre 2,5 m hohe Reifenberg, der sich zum Sitzen, Klettern und Spielen sowie der Aufnahme von kleinen und großen Gruppenfotos sehr gut eignete. Mit viel Kraft und Spaß hatten 36 fleißige Schülerinnen und Schüler mit Hilfe von 2 Frontladern der Familien Klock und Troff und unter der Leitung von Margret und Inge Carl 160 Kubikmeter Sand und 162 LKW-Reifen bewegt.

In einem Schreiben der Bezirksregierung vom 25. April bezog sich Herr Dr. Woltering auf das mit uns am 22. März geführte Gespräch mit Frau Nordhues und Herrn Ocken mit der Feststellung, dass die organisatorische Zusammenfassung der Grundschule und der Sekundarstufe I auch mit der Sekundarstufe II denkbar wäre. Allerdings müssten die vorliegenden Planungen, insbesondere in Bezug auf die Organisation des Schulkonzeptes, noch ergänzt bzw. überarbeitet werden. Darüber hinaus seien zu gegebener Zeit Unterrichtsplanungen für die einzelnen Fächer und eine namentliche Liste der Lehrkräfte, aus der die jeweilige Qualifikation und Fächerzuordnung ersichtlich ist, vorzulegen. Außerdem sei zu erklären, wer die Schulleitung des Sekundarbereichs II bzw. der erweiterten Schule übernehmen solle. Mit einem 4-seitigen Schreiben vom 8. Mai haben wir, nachdem Joachim Heffter und einige Kollegen wieder einmal eine aufwändige Fleißarbeit neben ihren normalen Aufgaben vollbracht hatten, die gestellten Anforderungen erledigt.

Am 13. Juni besuchte der Kulturausschuss der niedersächsischen CDU-Landtagsfraktion die FCSO. Auf dem Programm stand eine Schulbesichtigung mit anschließender Fragerunde bei Tee, Kaffee und Kuchen. Die 9 Gäste, unter ihnen auch der frühere CDU-Kultusminister Hoormann, interessierten sich sehr für die bisherige Schulentwicklung. Bei der Beantwortung von Fragen betonten wir auch ganz deutlich, dass wir die mit dem Ausbau verbundenen Herausforderungen nur mit Gottes Hilfe annehmen konnten.

Das Schulfest am 15. Juni fand erstmals auch auf der an den Schulhof angrenzenden Wiese statt. Ein nochmals vergrößertes Festprogramm sorgte für viel Spaß der über 2500 Besucher aller Altersgruppen. Während beim Aufbau der Stände genügend Helfer mit angepackt hatten, waren beim Abbau und den Aufräumarbeiten nur wenige Personen dageblieben. Das müsse beim nächsten Mal besser organisiert werden, meinte Artur Kroon-Husmann. Er regte deshalb an, das Team in Zukunft zu vergrößern und vor allen Dingen jüngere Eltern für den Elternarbeitskreis zu gewinnen. Besonders viele Sponsoren sorgten diesmal für eine auskömmliche Vorfinanzierung, so dass am Ende nach Abzug der Kosten ca. 8.000 DM für die Anschaffung von Unterrichtsmaterial übrig blieb.

Aufgrund der noch fehlenden Anerkennung der Sek. I mussten die Prüfungsthemen beim Schulaufsichtsamt eingereicht werden. Die Zusammenarbeit mit den Behörden sei ausgezeichnet gewesen, berichtete Joachim Heffter. Im Durchschnitt seien die Prüfungen nach Meinung der Schulbehörde besser ausgefallen, als an anderen Schulen.

Während der ersten Entlassungsfeier am 20. Juni verabschiedeten wir 13 Schülerinnen und Schüler, die den Hauptschulabschluss geschafft hatten und in die Berufsausbildung überwechselten. In den kurzen Reden des Schulleiters, der Schulrätin, des Elternratsvorsitzenden, des Schülersprechers Dennis Herold und von mir wurden den Abgängern gute Wünsche für die Zukunft mitgegeben. Den Rahmen der Feier bildeten Musikbeiträge, Lieder des Schulchores und ein lustiger Geigenvortrag „Schule ade, scheiden tut weh" von Beate Renschler. Ein Teil der Hauptschüler blieb der FCSO erhalten, um den Unterricht in der 10. Klasse fortzusetzen. Die Abgänger erhielten als Abschiedsgeschenk zur Erinnerung je einen Weinstock überreicht.

Erfahrungsgemäß können sich die Schülerinnen und Schüler in der Aufregung des Tages später kaum an den Inhalt der Reden bei so einer Feier erinnern. Deshalb nahmen wir uns vor, bei diesem Anlass und auch künftig die Redebeiträge in schriftlicher Form mit dem Abschlussgeschenk zu überreichen, um all die Anregungen und guten Wünsche in Ruhe später nachlesen zu können. Bei Tee, Kaffee und Kuchen wurden die letzten Erinnerungen über die Schulzeit ausgetauscht. Damit endete eine erste denkwürdige Abschlussfeier an der FCSO.

8 neue Lehrkräfte begannen ihren Dienst an der FCSO am 8. August zu Beginn des neuen Schuljahres: Dorothea Blank, Katrin Drton, Bärbel Ismer, Wolfgang Kröner, Christoph Renschler und Elke Visser, und ab 1. November folgten Bettina Knoke und Karsten Litty.

Bei schönem Wetter konnte die Einschulung am 10. August draußen stattfinden. Für 43 neugierige und etwas aufgeregte Erstklässler – darunter auch unser jüngster Sohn Marco - begann mit dem ersten Schultag der „Ernst des Lebens." Für uns war es wieder eine gut vorbereitete Routineveranstaltung, für die Kinder und Eltern mit Verwandtschaft allerdings ein unvergessliches Erlebnis.

In der Trägerkreissitzung am 16. August stellte sich Helmut Steen als neuer Mitarbeiter vor. Die Schulleitung berichtete, dass inzwischen das eingeführte neue Kurssystem (äußere Differenzierung) gut angelaufen sei und positiv bewertet werde. In einem Gespräch mit Joachim Heffter habe Herr Ocken angeregt, kurzfristig schon mal die Unterrichtspläne für die Oberstufe zu erstellen. Im Übrigen wurden nach den Berichten aus den Arbeitsgruppen verschiedene Punkte und die Inhalte der kommenden Veranstaltungen durchgesprochen.

Große Ereignisse werfen bekanntlich ihre Schatten voraus. Es wurde ein Festausschuss aus vier Trägerkreismitgliedern und einigen Lehrkräften gebildet, um für das 10-jährige Schuljubiläum im nächsten Jahr frühzeitig Inhalte, Termine und mehrere Veranstaltungen zu planen. Mit dem Landkreis Leer vereinbarten wir schon einmal die Termine für das Theater der Berufsschule an der Blinke, wo auch die Einweihung der FCSO im Jahr 1987 stattgefunden hatte.

Inzwischen waren die Stoffpläne für die 11. Klasse fertig und an die Bezirksregierung geschickt worden. Die für den 12. und 13. Jahrgang noch zu erstellenden Stoffpläne mussten bis spätestens Ende des Jahres der Bezirksregierung zugeleitet werden.

Der Betriebsausflug des Lehrerkollegiums am 20. September eignete sich nicht nur zur Förderung eines guten Betriebsklimas, sondern bot auch eine gute Gelegenheit, sich persönlich näher kennenzulernen.

Mit Schreiben vom 27. September übermittelten wir der Bezirksregierung mit einer 6-seitigen Anlage das Konzept der „Änderung der Struktur der Sekundarstufe I" mit dem Hinweis, dass der Unterricht bereits ab 1. August auf dieser Basis stattfinde. Ende September fanden die ersten Projekttage im Unterricht statt. Die Arbeitsergebnisse sollten bei dem nächsten Eltern- und Freundeskreistreffen in angemessener Form präsentiert werden. Das Betriebspraktikum verlief aus Sicht der Lehrer und Schüler ganz gut.

In den Trägerkreis- und Vorstandssitzungen im Oktober stand eine Vielzahl von Aufgaben, Klärungen und Planungen auf der Tagesordnung:

Schülertransport, erfolgreiche Verhandlung mit dem Landkreis und dem Ergebnis, dass wir monatliche Abschlagszahlungen in Höhe von 8.000 DM erhielten, Finanzhilfeanträge für Abschlagszahlungen, Haushaltssituation, Überlegungen, die Spendenrückgänge durch verschiedene Sponsoring-Aktivitäten zu kompensieren, Versicherungsfragen, Gespräche mit der Gemeinde Moormerland wegen Verkehrsberuhigungsmaßnahmen im Straßenbereich der Schule, Unterrichtsthema Sexualkunde im Biologieunterricht, Raum- und Personalplanung für die Oberstufe und vieles mehr.

Der Reinigungsdienst durch Eltern erwies sich zunehmend als schwierig. Alleine schon das Problem der unterschiedlichen Vorstellung von Eltern, was sauber ist oder nicht, war schwer lösbar. Das veranlasste uns zu einer grundsätzlichen Veränderung.

Wir beauftragten Reinigungsfirmen mit dieser Aufgabe. Die damit verbundene Kostensteigerung würden wir bei der nächsten Schulgelderhöhung einrechnen.

Zu einem Schulkonzert am 1. November, das auch als Sponsoring-Veranstaltung dienen sollte, wurden alle Eltern, Freunde und nahestehenden Gemeinden ganz besonders eingeladen. Auch mit Plakaten und Handzetteln wurde dafür geworben.

Wir warteten täglich darauf, den Bescheid zur Anerkennung der Sekundarstufe I zu erhalten. Doch mit dem Schreiben der Bezirksregierung vom 8. November erhielten wir einen kräftigen Tiefschlag, der uns zunächst fast die Luft zum Atmen nahm. Darin teilte man uns mit, dass wir aufgrund der Konzeptveränderung den Status der „Besonderen pädagogischen Bedeutung" der Sek. I verloren hätten und deshalb die Zahlung wegen fehlender Rechtsgrundlage eingestellt wäre. Und nicht nur das. Auch die Abschlagszahlungen in Höhe von monatlich 50 TDM für die Grundschule würden eingestellt, damit man für die bereits getätigten Abschlagzahlungen des Schuljahres 1996/97 in Höhe von 660 TDM für die Sek. I eine Möglichkeit der Verrechnung hätte. Der Abschlusssatz von Herrn Janssen irritierte uns sehr, denn er lautete: „Ich hoffe, mit den getroffenen Maßnahmen auch in Ihrem Interesse gehandelt zu haben." Was könnte denn das bedeuten?

Was nun? Den Vorstand informierte ich sofort telefonisch. Mit dieser am selben Tag eingegangenen Nachricht fuhren wir nach Ahlhorn zu der geplanten Klausurtagung mit Lehrerfortbildung vom 13. bis 15. November. Ich erinnere mich nicht mehr, ob wir außer der Schulleitung und den anwesenden Trägerkreismitgliedern jemanden von dieser schockierenden Nachricht erzählt haben, um diese wertvollen Tage der Besinnung und der Zurüstung zum Dienst nicht zu vergrämen.

Verständlicherweise führte uns diese Situation besonders ins Gebet. Gott zeigte uns erneut, dass wir keine andere Möglichkeit hatten, als sein Eingreifen zu erbitten. Als uns Verantwortlichen das in dieser Situation so bewusst wurde, konnten wir mit dem Vertrauen auf Gottes souveränes Handeln versuchen, schrittweise eine Klärung zu finden. Durch unsere vorsorgliche schriftliche Nachfrage bei Dr. Woltering wollte ich diese denkbare Gefahr vermeiden und erhielt von ihm die Antwort, dass mit der Anerkennung nach § 149 Abs. 1 NSchG die Finanzhilfe weiterhin gewährt würde. Also mussten wir darauf drängen, endlich die Anerkennung für die Sek. I zu erhalten. Am 14. November telefonierte ich deshalb mit Frau Brockmeyer bei der Bezirksregierung und schilderte unser Dilemma. Sie erkannte sofort die Kommunikationslücke zwischen den Abteilungen der Behörden und versprach, sofort einen entsprechenden Bericht an das Kultusministerium zu schicken. Wir möchten uns noch eine Woche gedulden.

Am 20. November rief ich in der Bezirksregierung an und fragte Herrn Janssen nach dem Stand der Dinge. „Ja", antwortete er, „ich warte auf den Ministererlass bezüglich der pädagogischen Bedeutung und der Anerkennung. Dr. Woltering muss mitziehen und das Papier unbedingt vorlegen, dann kann ich weiter zahlen. In den nächsten 14 Tagen muss das alles geklärt sein, sonst habe ich dieses Jahr keine Mittel mehr. Rufen Sie am Freitag (22.11.) nochmals an." Jetzt verstand ich den letzten Satz seines „Schockschreibens" bezüglich der Zahlungseinstellung, dass er in unserem Interesse gehandelt habe: Er wollte wohl Druck machen, um eine schnelle Klärung herbeizuführen.

Am gleichen Tag, 20.11., telefonierte ich mit Herrn Redeker im Kultusministerium. Er bestätigte mir, dass das Schreiben bezüglich der „Anerkennung mit Wirkung zum 1. August" an die Bezirksregierung verschickt worden sei. Wir unterhielten uns über die verschiedenen Konzepte einer Gesamtschule und die Verpflichtung der Landkreise zur Übernahme der anteiligen Beförderungskosten. Auf meine Frage nach dem Stand der Genehmigung bezüglich der gymnasialen Oberstufe antwortete er, dass die Bezirksregierung seit 1993 die Entscheidungskompetenz habe, aber dass er da keine Schwierigkeit sehe. Dann fragte er mich, warum wir nicht von Anfang an die Form der Gesamtschule nach Art der IGS gewählt hätten. Über diese Frage war ich sehr erstaunt, denn was sollte ich ihm darauf antworten? Ich wusste es einfach nicht. Waren wir in all den Jahren vielleicht doch zum Spielball zwischen der Bezirksregierung und dem Kultusministerium oder auch der verschiedenen Abteilungen in diesen Häusern geworden?

Schließlich und endlich erhielten wir von der Bezirksregierung das am 25. November datierte Anerkennungsschreiben. Einige wesentliche Kernsätze will ich hier zitieren:

1. Nach Abstimmung mit dem Kultusministerium verleihe ich hiermit gem. § 148 Nieders. Schulgesetz (NSchG) der von Ihnen betriebenen Schule des Sekundarbereichs I (Ersatzschule mit Gesamtschulcharakter) der freien Christlichen Schule Ostfriesland mit Wirkung vom 01.08.1996 die Eigenschaft einer anerkannten Ersatzschule. Die Anerkennung wird ausnahmsweise rückwirkend und mit der Maßgabe verliehen, dass das Recht, Hauptschulabschlüsse zu erteilen, erstmalig ab dem Schuljahr 1998/99 und das Recht, Sekundarabschlüsse I zu erteilen, erstmalig ab dem Schuljahr 1999/2000 ausgeübt werden kann. Die Erziehungsberechtigten der Schülerinnen/Schüler der Schule des Sekundarbereichs I sind deshalb darauf hinzuweisen, dass der Erwerb von Sekundarabschlüssen I nur durch die Ablegung einer Nichtschülerprüfung (§27 NSchG) möglich ist. Bei Abschlussprüfungen werden Beauftragte oder ein Beauftragter der Schulbehörde den Vorsitz ausüben, wie bereits im Juni bei den Hauptschulprüfungen schon einmal praktiziert.

2. Das Niedersächsische Kultusministerium hat darüber hinaus mit Erlass vom 26.07. und 17.09.1996 erklärt, dass die Veränderung der bisherigen Konzeption der Schule des Sekundärbereichs I mit der starken Orientierung an der „KMK-Vereinbarung über die Schularten und Bildungsgänge im Sekundarbereich I" vom

03.12.1993 und an dem Grundsatzerlass „Die Arbeit in den Schuljahrgängen 5 – 10 der Integrierten Gesamtschule (IGS)" vom 28.06.1996 für die Schule des Sekundarbereichs I (Ersatzschule mit Gesamtschulcharakter) der FCSO nicht mehr die Feststellung rechtfertigt, hierbei handele es sich um eine Ersatzschule mit besonderer pädagogischen Bedeutung. Das gelte insoweit auch für die Grundschule, als diese Feststellung seinerzeit hinsichtlich des organisatorisch-konzeptionellen Verhältnisses dieser beiden Schulzweige untereinander getroffen worden sei. Das Niedersächsische Kultusministerium hat darauf hingewiesen, dass die Grundschule - wie bisher – eine gem. § 124 Abs. 1 S. 2 NSchG (a.F.) i. V. m. Art. 7 Abs. 5 GG als „Weltanschauungsschule" genehmigte und nach § 128 Abs. 2 NSchG (a.F.) staatlich anerkannte Ersatzschule bleibt. Der Schule des Sekundarbereichs I der FCSO messe ich nunmehr aufgrund der organisatorischen und konzeptionellen Verbindung mit der Weltanschauungsschule errichteten Grundschule ebenfalls den Status einer „Weltanschauungsschule" bei.

Mit Schreiben der Bezirksregierung vom 29.November bestätigte Herr Janssen nach Vorlage der Anerkennung, dass die Verfügung über die Einstellung der Abschlagzahlung entfallen sei. Er habe die Regierungskasse Aurich angewiesen, die Abschlagzahlungen in bisheriger Höhe wieder aufzunehmen.

Was für eine Erleichterung! Was für eine Freude über das Ende der langen Ungewissheit! Im Nachhinein fühlt sich das alles gar nicht so schlimm an. Aber in den Jahren des Aufbaus der Schule war jede Station der Weiterentwicklung ein starkes Erlebnis, das uns immer wieder deutlich werden ließ, dass Gott das Heft des Handelns in seinen Händen hielt.

Mit großer Dankbarkeit konnten wir den Eltern- und Freundeskreis während des traditionellen Treffens am 30. November an dieser erlösenden Nachricht teilhaben lassen. Ein abwechslungsreiches Programm mit Lob- und Dankliedern, Erlebnisberichten aus dem Schulalltag, Vorstellung neuer Lehrkräfte, Blumensträußen an ehrenamtliche Helferinnen und Basar mit Tee und Kuchen umrahmte diesen fröhlichen Tag.

Mit dem Wachstum der Schülerzahl auf 474 hatte sich auch die Anzahl der Lehrkräfte auf 35 erhöht.

Im Schulalltag machte sich bei einigen Lehrkräften, die wir in den letzten Jahren eingestellt hatten, eine Verhaltensweise bemerkbar, die wir mit etwas Sorge betrachteten. Sie sahen die Existenz der Schule als etwas Selbstverständliches an. Auch die Umsetzung der geistlichen Grundsätze und Zielsetzungen in Bezug auf den Unterricht und den Umgang mit den Schülerinnen und Schülern war in Einzelfällen korrekturbedürftig. Mit den betreffenden Lehrkräften sprachen wir offen darüber. Dabei stellte sich heraus, dass sie nicht auf dem gleichen Informationsstand bezüglich der Grundlagen und geistlichen Zielsetzungen sowie der schwierigen

Startbedingungen der Schule waren, wie die Lehrkräfte, die von Anfang an dabei waren. Offensichtlich reichte es bei einigen nicht aus, dass wir sie auf das Erziehungskonzept hin verpflichtet hatten. Eigentlich war das keine Überraschung, denn jeder weiß, dass Theorie und Praxis nicht immer übereinstimmen. Im Übrigen war uns bewusst, dass es an der Uni im Lehramtsstudium auch keine Ausbildung für die besondere Arbeit an einer christlichen Schule gab.

Wir überlegten, wie wir auch bei neuen Lehrkräften eine innere Übereinstimmung mit den Grundlagen und Zielsetzungen der FCSO erreichen könnten. Joachim Heffter bat mich, eine Art „Handreichung" mit unseren Erwartungen an die Lehrkräfte in Bezug auf das Verhalten im normalen Schulalltag zu formulieren. Diese würden wir dem Lehrerkollegium und ebenso auch allen neu einzustellenden Lehrkräften überreichen, damit alle über die gleichen Informationen verfügten.

Wie sollte das gelingen? Kann man überhaupt die Erwartungen an das Verhalten der Lehrer, die sich als Christen bekennen, formulieren, ohne missverstanden zu werden oder als anmaßend aufzutreten? Ganz gewiss nicht! Aber aus Verantwortung gegenüber den Kindern blieb uns keine andere Wahl. Auf alle Fälle müssten sich unsere Erwartungen an Gottes Wort ausrichten und selbstverständlich auch für uns alle gelten. In diesem Sinne entstand unter Gebet und mit Gottes Hilfe das nachstehende Schriftstück, das wir in den folgenden Jahren jeder neuen Lehrkraft, zusammen mit dem Erziehungskonzept und anderen Unterlagen, mit der Bitte um intensive Kenntnisnahme überreichten:

Geistliche Grundlage und Zielsetzung der Freien Christlichen Schule Ostfriesland - Worauf Gründer und Trägerkreis Wert legen.

Die FCSO ist eine Schule auf biblischer Basis. Die geistliche Grundlage und Zielsetzung der Schule sind deshalb von der Bibel her zu definieren.

Sicher ist auch das Anliegen wichtig, dass unsere Schülerinnen und Schüler an unserer Schule alles Wissenswerte richtig und gut lernen und sie aufgrund der besonderen Schulatmosphäre gerne diese Schule besuchen. Aber noch wichtiger ist die geistliche Grundlage, auf der das Vorgenannte geschieht. Denn es geht darum, Gottes Erziehungsziele und -anweisungen zu beachten, weil sie am besten dazu geeignet sind, der jungen Generation zur Lebenstüchtigkeit zu verhelfen. Inzwischen hat die FCSO eine fast 10-jährige Geschichte hinter sich. Das Wachstum der Schule bringt es mit sich, dass wir in jedem Jahr eine neue Situation haben:

- mehr Schüler und Eltern, - mehr Aufwand und mehr Platzbedarf, - mehr Lehrkräfte. - mehr Personal, Doch nach wie vor haben wir: - den gleichen Auftrag, - die gleiche Glaubensgrundlage, - die gleichen Ziele.

Unser heutiges Thema, Geistliche Grundlage und Zielsetzung der FCSO, soll dazu dienen, Informationsdefizite aufgrund zeitlich unterschiedlicher Zugehörigkeit zu beseitigen, damit wir uns auf dem zukünftigen gemeinsamen Weg einmütig bewegen, uns neu an unseren Auftrag erinnern lassen, einander ermuntern, ermahnen, annehmen, stärken und möglicherweise uns von Gott neu beauftragen lassen.

Zunächst wollen wir uns kurz an die Anfangsphase der Schulgründung erinnern. Die Entstehungsgeschichte der FCSO ist die Geschichte eines Glaubenswerkes. Nichts anderes trifft zu. Gott hat beauftragt, Menschen waren gehorsam, haben gebetet, gearbeitet und geschwitzt. Alles war Neuland. Stets waren Entscheidungen fällig, die auf Glauben hin gewagt wurden. Aus Unwissenheit sind sicher auch Fehler gemacht worden. Aber das hat uns nicht gehindert, daraus zu lernen und weiter zu machen. Die öffentliche Herausforderung begann damit, dass wir die Gefahren der Gottlosigkeit in den Schulen, in der Gesellschaft und die damit einhergehenden negativen Folgen kompromisslos und undiplomatisch formuliert und zu Papier gebracht haben. Dass wir aus dieser Erkenntnis heraus eine christliche Schule gründen wollten, unseren Kindern eine christliche Erziehung zu ermöglichen und gleichzeitig eine missionarische Aufgabe zu erfüllen, hat natürlich Widerspruch und Widerstand erzeugt.

Die geistig-geistlichen Auseinandersetzung aus der Zeit der Gründerjahre ist in den beigefügten ersten Informationsblättern nachzulesen. In den weiteren Unterlagen finden sich einige Beispiele über die öffentlichen Verlautbarungen in der Presse. Die Schulgründung fand also statt, weil wir als Christen in dieser Welt beauftragt sind, „Licht und Salz" zu sein. Dazu brauchen wir die Orientierung aus dem Wort Gottes. Unser Kampf in dieser Welt ist primär ein Kampf mit den Mächten der Finsternis. Deshalb können wir nur gewinnen, wenn unsere Kraftquelle Gott selber ist. So ist auch das Verständnis für die geistliche Grundlage und die Zielsetzung der FCSO aus dem Wort Gottes herzuleiten. Dies verschafft uns die Möglichkeit, trotz unserer unterschiedlichen persönlichen Prägung zu einer einheitlichen Ausrichtung in unserer Arbeit zu gelangen. Jesus Christus ist unser gemeinsamer Herr. Wenn Er durch den Heiligen Geist unser Leben bestimmt, unser Denken und Handeln beeinflusst, wirkt sich das immer auch auf unser Verhalten aus. In diesem Sinne wollen wir uns bei der Frage nach der geistlichen Grundlage und Zielsetzung der FCSO am Wort Gottes orientieren.

Die Erwartung der Schulgründer und des Trägerkreises an das Lehrerkollegium besteht darin, dass es mit Gottes Hilfe in der täglichen Arbeit gelingt, dem Evangelium gemäß vorbildlich zu leben. Ein hoher Anspruch - aber weniger geht nicht. Hilfreich dabei ist Gottes Wort, Galater 5, 22 u. 23: „Die Frucht des Geistes aber ist Liebe, Freude, Friede, Geduld, Freundlichkeit, Güte, Treue, Sanftmut, Selbstbeherrschung."

Liebe ist das Grundelement des Evangeliums. Gott liebt dich und den anderen. Johannes 3, 16 ist die Statik der Verbindungsbrücke zwischen Gott und den Menschen (Stützbogen). Die Liebe ist die Grundlage allen Handelns, Hoffens und Glaubens, 1. Korinther 13. Die Ausübung der Liebe (Agape) gelingt, weil sie ohne egoistische Absicht geschieht. Sie wendet sich selbstlos dem anderen zu, Römer 12, 9 u.10: „Die Liebe sei ohne Falsch. Hasst das Böse, haltet fest am Guten. Eure brüderliche Liebe sei herzlich. Einer komme dem anderen mit Ehrerbietung zuvor."

Wer das Rettungsangebot Gottes persönlich annimmt, ist Gottes Kind, hat ewiges Leben. „Wer Jesus hat, der hat das ewige Leben; wer Jesus nicht hat, der hat das Leben nicht", 1. Johannes 5, 12. Er befindet sich in einem Entwicklungsprozess: „Wachset aber in der Gnade und Erkenntnis unseres Herrn und Heilands Jesus Christus", 2. Petrus 3, 18 bzw. „Er muss wachsen, ich aber muss abnehmen", Johannes 3, 30. Dies geschieht zunächst ganz persönlich und wirkt sich dann aus in der Familie, im Beruf, im Nachbar-, Freundes- und Bekanntenkreis, in der Gemeinde, in der Gesellschaft. Die Umsetzung erfolgt so oder so. Fragt sich nur, wie? Geschieht sie unauffällig oder sichtbar?

Ihr als Lehrer an der FCSO steht unter einer besonderen Beobachtung. Ihr befindet Euch sozusagen auf der Bühne der Öffentlichkeit, im Rampenlicht, wie im Schaufenster. Weshalb? Weil die christlichen Eigenschaften und Werte, die durch die Arbeit an der FCSO zum Zuge kommen sollen, prospektiert und deklariert sind. Sie sind Grundlage und Programm zugleich. Die realistische Umsetzung ist sichtbar und kontrollierbar. In unserem 1. Infoblatt heißt ein wichtiger Kernsatz:

„Die Atmosphäre und der Geist einer Schule werden zum großen Teil durch die Persönlichkeit der Lehrer geprägt."

Ich bin überzeugt, dass das in allen Bereichen der FCSO gelingt, wo die vom Geist Gottes geschenkte Liebe zum Zuge kommt. Wo nicht, da geht es an die Substanz der FCSO. Darum sollten wir alle ein ständiges Motto haben: Liebe üben, üben, üben!

Freude. „Die Freude am Herrn ist eure Stärke" heißt es in Nehemia 8, 10b. Freude entwickelt sich aus der Mitte des Denkens, des Herzens, des Erlebens mit Gott und den Menschen, Römer 12, 12a: „Seid fröhlich in Hoffnung ...!" Freude kann man nicht verordnen, nicht befehlen. Freude ist Geschenk. Aber ich kann Anlass zur Freude sein, Freude forcieren, vermitteln, vorleben. Freude artikuliert sich in vielfältiger Weise. Lehrer können Kinder zur Freude ermuntern, zur Freude verhelfen und den Kindern Freude schenken, z. B. in der Art und Weise ihres Unterrichtstils, ihrer Einstellung, wie es in dem 1. Infoblatt heißt:" Die Schule wird die Freude an der eigenen Leistung bei den Kindern wecken und fördern."

Friede. In der Welt wird sehr viel von Frieden gesprochen. Doch der Mensch ohne Gott ist nicht friedensfähig. In 3000-jähriger Geschichte gab es nur ca. 200

Jahre Frieden. Ca. 8000 Friedensverträge wurden geschlossen, die im Durchschnitt allerdings nur 2 Jahre hielten.

Gottes Geist wirkt die Gabe des Friedens in unserem Herzen. Dies wird dann spürbar, wenn unser Egoismus nicht mehr die Oberhand behält, wenn unser Vertrauen in Gottes rechtes Handeln unbegrenzt ist, unabhängig von unserer äußeren Situation, z. B. Druck, Krankheit, Beleidigung, wirtschaftliche Not, aber auch Sonnentage, Höhepunkte und die Freuden des Lebens. In Psalm 34,15b heißt Gottes Auftrag: „Suche Frieden und jage ihm nach!"

Der Friede fängt also im eigenen Herzen an und umfasst meine Arbeit und meine Begegnungen mit anderen Menschen, hier besonders mit den Schülern.

„Die Lehrer wollen im Unterricht und im Zusammensein mit den Schülern eine Atmosphäre des Vertrauens, der Hilfsbereitschaft und der Geborgenheit schaffen", lesen wir in dem schon zitierten 1. Infoblatt unserer Schule.

Geduld „Ihr braucht aber Geduld, damit ihr den Willen Gottes tut und die Verheißung empfangt", heißt es in Hebräer 10, 36. Römer 12,12 sagt: „Seid fröhlich in Hoffnung, geduldig in Bedrängnis ...!" Wenn wir angespannt sind, weil uns etwas nicht gelingt oder weil sich bei anderen Erwartetes nicht einstellt, liegt es vielleicht daran, dass wir Gottes Geist nicht zum Zuge kommen lassen. Im Umgang mit Kindern und Jugendlichen sind Geduld und Gelassenheit besonders nötig. In ihrem Verhalten sind sie spontan, lieb, frech, unbeherrscht, nervig, gehorsam oder ungehorsam. Doch das ist normal. Deshalb haben wir ja die Aufgabe des Erziehens. Wir brauchen dazu in der Tat viel Geduld, manchmal Nachsicht und immer Einfühlungsvermögen.

Gerade wenn die Leistung ausbleibt, das Erlernte schnell wieder verflogen ist und trotz wiederholter Mahnungen die gleichen Fehler oder Unartigkeiten geschehen, könnte man „aus der Haut fahren", wenn wir nur emotional handeln. Gottes Wort sagt uns: Sein Geist schenkt uns die Gabe der Geduld. Wollen wir diese Hilfe mit neuem Bewusstsein in Anspruch nehmen und Gott wieder mehr zutrauen, weil er doch alle Situationen kennt und beeinflussen kann? Ich denke, die Bitte um mehr Geduld ist immer angebracht.

Freundlichkeit kostet nichts, sagt man. Doch! Zumindest kostet es die Bereitschaft, anderen Menschen gegenüber freundlich aufzutreten. Im Geschäftsleben kann der einpacken, der unfreundlich ist. Immer wieder wird in Verkaufsschulungen auf den Wert des Lächelns hingewiesen. Dadurch fühlt sich der Kunde als willkommener Gast angenommen. Das gelingt aber nur, wenn das Lächeln mit der inneren Haltung übereinstimmt. Andernfalls würde man es schnell als aufgesetzt und unnatürlich entlarven. Darum muss das Herz mit einbezogen sein. Nun wollen wir ja keine Ware oder Dienstleistung verkaufen, sondern die wichtigste Nachricht Gottes überbringen, zunächst den Kindern und dann über die Kinder den Eltern. Was hinterließe das für einen Eindruck, wenn wir im Gespräch mit Eltern, egal ob Christ oder Nicht-Christ, oder mit Schülern, mit Kolleginnen und Kollegen unfreundlich oder überheblich umgehen? Das könnte unsere gute Absicht ins Gegenteil verwandeln. Prüfen wir einmal unsere Art der Umgangssprache, unser Auftreten mit den Augen Gottes. Hat der Heilige Geist bei uns die Gelegenheit zur Korrektur oder denken wir nur: „Ich bin nun mal so!"? Wir sollten die Wirkung nicht unterschätzen, die wir durch eine freundliche oder unfreundliche Umgangsform ausüben.

Güte Die Frucht des Heiligen Geistes ist auch Güte. Ein Begriff, der heute kaum noch in der gesellschaftlichen Umgangssprache zu hören ist. Doch, in einem Zusammenhang wohl und zwar in Verbindung mit Qualität. Viele Firmen, ob Hersteller oder Dienstleister, möchten die Qualität ihrer Produkte oder Dienstleistung mit dem europäischen Gütesiegel ISO 9000 oder 9001 beweisen. Ist das mit diesem Wort gemeint? Wenn wir damit unsere Lebensqualität beschreiben wollten, trifft es zu. Aber Güte im biblischen Sinn ist anders zu verstehen: Dem anderen etwas gönnen, ihm verzeihen, nicht kleinlich sein, von Herzen den liebhaben, der vielleicht oberflächlich gesehen nicht so sympathisch, so liebenswürdig erscheint. Dies kommt im ersten Infoblatt so zum Ausdruck: „Das Kind soll in unserer Schule als Ganzheit erfasst werden, d. h. als ein Geschöpf Gottes, das auf seinen Schöpfer hin geschaffen ist." Es ist unsere Verpflichtung, zu jedem anvertrauten jungen Menschen zu sagen: „Du bist wertvoll, einzigartig und liebenswert, unabhängig von deiner Leistung und von deinem Wissen, weil du ein Geschöpf Gottes bist." Spüren die Schülerinnen und Schüler etwas von dieser Güte, die Gottes Geist bewirken will?

Treue ist ebenfalls eine Frucht des Geistes. Der Duden erklärt Treue wie folgt: Zu treuen Händen übergeben (ohne Rechtssicherheit, also nicht einklagbar), anvertrauen, vertrauensvoll zur Aufbewahrung übergeben. Ist das nicht sehr passend in Bezug auf das Anliegen unserer FCSO, dass uns Eltern ihre Kinder treuhänderisch überlassen, dass sie uns ihre Kinder anvertrauen, weil sie erwarten, dass wir vertrauensvoll mit ihnen umgehen? Weil Eltern sich etwas kosten lassen, ihre Kinder in die FSCO zu schicken, dürfen wir ihre berechtigten Erwartungen nicht enttäuschen. Trifft es noch zu, was Eltern in unseren Infos gelesen haben. „Die Schule legt Wert auf einen Unterricht, in dem Gottes Wort und das Gebet einen festen Platz haben und gemeinsames Singen und Musizieren gepflegt werden sowie Stärkung des Vertrauens, des Angenommen-seins und der individuellen Wertschätzung?

Wie weit reicht unsere oder Eure Fantasie, in den verschiedenen Unterrichtsfächern, außer im Biblischen Unterricht bzw. Werte und Normen, Gottes Wort und Gebet einzubeziehen, ohne dass es als aufgesetzt oder überzogen wirkt? Das lernt man nicht an der Uni.

Umso wichtiger ist es, in die „Uni Gottes" zu gehen, um auch diese Ausbildung zu genießen. Wie geschieht das? Nun, in dem ich treu bin im täglichen Gebet und Bibellesen. Auch das ist Treue, an den täglichen Andachten im Kollegium teilzunehmen, sich einzubringen in die Gemeinschaft der täglichen Fürbitte und des Dankens. Gebetsgemeinschaft hat nichts mit Leistung zu tun, nichts mit der Verpflichtung des aktiven Betens, sondern mit der Treue, sich in die Verheißung Gottes hinein nehmen zu lassen, seine Gemeinschaft zu erleben, denn er hat gesagt: „Wo zwei oder drei in meinem Namen beisammen sind, da bin ich mitten unter ihnen." Dann wird auch die Frucht des Geistes sichtbar in der Treue zueinander, füreinander, in den Aufgaben, die Gott uns neben oder in unserer Berufsausübung stellt.

Sanftmut. Wir kommen zu einer weiteren Frucht des Geistes, die Sanftmut. Jesus sagt einmal von sich in Matthäus 11, 29: „Nehmt mein Joch auf euch und lernt von mir; denn ich bin sanftmütig und von Herzen demütig; so werdet ihr Ruhe finden für eure Seele." Oder denken wir an die Aufforderung in Epheser 4, 1 u. 2: „Führt euer Leben gemäß eurer Berufung in aller Demut und Sanftmut und in Geduld. Ertragt einander in Liebe", oder Sprüche 15, 1a: „Eine linde Antwort stillt den Zorn, aber ein hartes Wort erregt Grimm."

Wie ist das mit dem Schimpfen? Ist das die Folge von Ungeduld und Gefühlsausbruch oder eine rein rhetorische Angelegenheit? Das Erste darf eigentlich gar nicht oder nur selten vorkommen. Das Zweite ist sicher eine manchmal wirkungsvolle pädagogische Variante, um etwas erreichen zu wollen. Wie sieht es aus in unseren Diskussionen, in dem Ringen um den richtigen Weg, um die richtige Methode in Erziehungsfragen? Gehen wir in sanftmütiger Weise miteinander um? Oder drücken wir unsere Meinung, ja auch unsere geistliche Meinung mit Härte durch? Zum Vorbild Jesu heißt es: Er hat einen harten Geist und ein weiches Herz. Das bedeutet: Absolute Klarheit im Denken, in der Zielsetzung seines Wirkens, aber äußerst sensibel und einfühlsam in der Umsetzung und in der Begegnung mit Menschen. Kurzum: Sanftmut hat nichts mit Gefühlsduselei oder mit Weichheit zu tun, sondern mit „Menschen gewinnen", „die Herzen erreichen", mit „heilsamer zielgerichteter Verhaltensweise". Das schafft Gottes Geist.

Die Selbstbeherrschung (Keuschheit) fehlt noch in der Aufzählung der Geistesfrüchte.

Sie sagt aus, dass wir zunächst ehrlich zu uns sein können. Wir sind nicht die vollkommenen Christen, die alles im Griff haben. Nein, wirklich nicht. Aber die Selbstbeherrschung setzt das Wissen voraus, was es zu beherrschen gibt. Das Wort Keuschheit bedeutet wohl, seinen Körper in Bezug auf das andere Geschlecht im Griff zu haben, in ganzer Entschiedenheit auf Gottes Ordnungen zu achten, sich von Einflüssen fernzuhalten, die uns dazu verleiten könnten, vor Gott und Menschen schuldig zu werden. Wenn ich weiß, was gefährlich ist oder werden kann, werde ich entsprechende Vorsichtsmaßnahmen ergreifen. Keuschheit heißt auch, mit den Gefühlen anderer Menschen sehr sensibel umzugehen.

Meiner eigenen Schwächen bewusst, will ich mit Gottes Hilfe anders handeln, als ich es von Natur aus tun würde. Und das bezieht sich nicht nur auf die sittlichen, sondern auf alle Bereiche meines Lebens: - Wie gehe ich mit meiner Zeit um? Lasse ich mich nur treiben oder teile ich sie verantwortlich ein? - Wie reagiere ich auf Nichtbeachtung oder Diffamierung durch andere, insbesondere durch Christen?

- Bin ich schnell beleidigt? - Bin ich empfindlich, wenn mein Vorschlag nicht angenommen wird? - Wirkt sich eventuell eine schwierige Lebensphase negativ auf meine Arbeit oder den Umgang mit anderen Menschen aus? Oder kann ich mit Gottes Hilfe auch solche Situationen beherrschen?

Wenn die FCSO im Auftrag Gottes entstanden ist, so wird sie nur weiter bestehen und wachsen können, wenn Gottes Wort die geistliche Grundlage bleibt.

Unser Handeln soll dem einen Ziel dienen, nämlich Gottes Wort aufzunehmen, in uns wirken zu lassen, es täglich zu leben und umzusetzen, es weiterzugeben an die uns anvertrauten Menschen, zum Segen der Kinder und Eltern und auch zum eigenen Segen, zur Verherrlichung unseres Herrn Jesu Christi… „bis er wiederkommt."

Wir lesen eine Mut machende Aufforderung in Römer. 12, 11 die lautet: „ Seid nicht träge in dem was ihr tun sollt. Lasst euch vom Geist entzünden. Dient dem Herrn."

Der Schlüssel, nicht müde zu werden, liegt in der Aussage, dass wir nicht aus uns selbst, sondern durch Gottes Geist in Bewegung kommen und bleiben.

Unsere eigene Kraft ist wie Wasser, das nach unten läuft, weil es der Schwerkraft unterliegt. Wenn es aber erhitzt wird, steigt es nach oben, wird leicht, schwebend. Das schafft Gottes Geist in uns, wenn wir uns von ihm entzünden lassen. Und bitte denkt daran: Ihr dient nicht uns, nicht dem Trägerkreis, nicht zunächst den Kindern, sondern zuerst dem Herrn.

Dies gilt im Übrigen für uns alle, den Trägerkreis, die Mitarbeiterschaft und insbesondere euch im Kollegium. Wir wünschen euch Gottes Segen und Erfolg bei der praktischen Verwirklichung der geistlichen Grundlage und Zielsetzungen der FCSO."

Kapitel 25

1997 Gymnasiale Oberstufe - Jubiläum 10 Jahre FCSO - Planung Sek. II - Schulgebäude

Die intensiven Gesprächskontakte mit der Bezirksregierung setzten sich auch im Januar fort. Am 8. Januar rief Frau Brockmeyer an, um zu einigen Fragen von Joachim Heffter an Frau Nordhues Stellung zu nehmen: Die Prüfung der Stoffpläne sei noch nicht abgeschlossen, die aktuelle Schülerzahl für die Sek. II müsse noch gemeldet werden und bezüglich einer Finanzhilfe für die Sek. II könne sie keine Auskunft geben. Frau Nordhues würde demnächst zur FCSO kommen, um die Schulräume zu besichtigen und die Stoffverteilungspläne durchzusprechen. Außerdem müssten wir noch einen Finanzierungsplan für den Zeitraum der Schuljahre 1997/98 bis 1999/2000 vorlegen und die Namen der Lehrkräfte mit der jeweiligen fachlichen Qualifikation für den Sek. II - Bereich auflisten.

Einen Tag später meldete Frau Nordhues ihren Besuch für den 21. Januar an. An diesem Gespräch nahmen der stellvertretende Schulleiter Michael Piorr in Vertretung des erkrankten Schulleiters Joachim Heffter, Beate Renschler, Christine Rogatzki und ich teil. Alle Fächer wurden detailliert durchgearbeitet. Als Nichtlehrer war ich erstaunt über die Vielzahl der für die Fächer sehr unterschiedlichen Vorschriften, Durchführungsbestimmungen und Auslegungsmöglichkeiten. Alle notwendigen Korrekturen, Ergänzungen und Empfehlungen von Frau Nordhues wurden notiert und sollten in die bisher vorgelegten Stoffpläne eingearbeitet werden. Die besichtigten Räume befand Frau Nordhues als in Ordnung. Nach ihrer Gesamteinschätzung würde sie die Genehmigung der Sek. II empfehlen.

Im Vorfeld hatte die Fachkonferenz „BU" (Biblischer Unterricht) beschlossen, dass aus rechtlichen Gründen in der Oberstufe nicht das Fach „Evangelische Religion", sondern „Werte und Normen" unterrichtet werden solle. Gemäß dem Vertrag zwischen dem Land und der Evangelischen Kirche müssten die Schulaufsichtsämter im Auftrag der Kirche (Loccumer Vertrag) das Aufsichtsrecht über den Religionsunterricht wahrnehmen. Demzufolge seien die inhaltlichen Rahmenbedingungen, z. B. eine intensive Beschäftigung mit der Bibel unter historisch-kritischer Fragestellung zu beachten.

Diese theologische Sichtweise teilen wir grundsätzlich nicht. Der Mensch soll sich nicht anmaßen, sich beurteilend über das Wort Gottes zu erheben. Genau das Gegenteil ist geboten, nämlich sich unter Gottes Wort zu stellen und sich von Gott beurteilen zu lassen. Wohin die historisch-kritische Bibelauslegung führt, kann man an den glaubenszersetzenden Folgen erkennen: Immer mehr Theologen und Kirchenführer verlassen biblische Grundlagen, folgen dem Zeitgeist und erfüllen gar nicht mehr oder nur noch lückenhaft den Missions- und Lehrauftrag unseres Herrn Jesu Christi gemäß Matthäus 28,18-20. Darüber hinaus dürften nur solche Lehrkräfte den Ev. Religionsunterricht durchführen, die Mitglieder der Evangelischen Kirche seien. Aufgrund der breiten konfessionellen Streuung des Kollegiums wäre die Besetzung des Faches Religion nicht gewährleistet. Uns blieb deshalb keine andere Wahl, als das Fach „Werte und Normen" einzuführen. In diesem Fach werden ethische Themenkomplexe unter Heranziehung philosophischer, religiöser, gesellschaftswissenschaftlicher und kultureller Erkenntnisse behandelt, wobei sich immer wieder die Chance bietet, auch die biblische Sichtweise zum Zuge kommen zu lassen. Kein Problem wäre es, wenn man wie bisher, den biblischen Unterricht beibehalten würde, der übrigens im Sekundarbereich I auch unter die Kategorie „Werte und Normen" fällt.

Im Wesentlichen hatte Ingo Carl im Auftrag der Schulleitung und des pädagogischen Arbeitskreises den Stoffplan „Werte und Normen" ausgearbeitet. Frau Nordhues berichtete, dass Herr Frenker, Fachberater für Philosophie, diesen Stoffplan sehr gelobt habe. Der Entwurf sei eine Meisterleistung. Der sei völlig übereinstimmend mit den bisherigen und zukünftigen Forderungen des § 33, 2. 3.

Mit Schreiben vom 23. Januar an die Bezirksregierung erledigten wir die von Frau Brockmeyer am 8. Januar telefonisch aufgetragen Aufgaben (Haushaltsentwurf für die nächsten 3 Jahre, Lehrerlisten usw).

Am 14. Februar informierten wir Dr. Woltering über den weiteren Anstieg der Schülerzahlen und baten darum, das Genehmigungsverfahren für die Sek. II zu beschleunigen, um die permanente Unsicherheit bezüglich weiterer Schüleranmeldungen, Lehrereinstellungen und sonstiger organisatorischer Planungen zu beenden. Eine Kopie dieses Schreibens bekam Herr Redeker im Kultusministerium.

Am 13. Februar erhielt ich einen denkwürdigen Anruf von Kurt Plagge aus Weener. Zu der Zeit war er Vorsitzender des EC-Kreisverband Ostfrieslands. Wir kannten uns persönlich durch Begegnungen im Rahmen der Veranstaltungen des Ostfriesischen Gemeinschaftsverbandes. Er erzählte mir, dass er bei der Sparkasse Leer angestellt sei und nach seiner Ausbildungszeit als Bankkaufmann und Betriebswirt bereits 10 Jahre in der gewerblichen Betriebsabteilung gearbeitet habe. Derzeit denke er über eine berufliche Veränderung nach. Am liebsten würde er mit Menschen, zum Beispiel im kaufmännischen Bereich einer sozialen Einrichtung, arbeiten. Er fragte, ob ich ihm aufgrund meiner beruflichen und vielseitigen ehrenamtlichen Tätigkeiten einige Tipps geben könne. „Oh", dachte ich, „dieser Anruf ist ein deutliches Zeichen dafür, dass Gott ganz genau unsere Situation kennt."

Mir wuchs so langsam die Arbeit über den Kopf. Auch meine Frau Hanna hatte schon mahnend geraten, nach einer Arbeitsentlastung in der ehrenamtlichen Tätigkeit Ausschau zu halten. Spontan antwortete ich mit einer Gegenfrage: „Kannst du dir vorstellen, in der Verwaltung der FCSO mitzuarbeiten?"

Er meinte, mit einem so schnellen Vorschlag hätte er nicht gerechnet. Darüber würde er gerne nachdenken und sich in Kürze wieder melden. In dieser Situation merkte ich erneut, wie präzise Gottes vorsorgliches Handeln ist. Auf die Idee, dass Kurt vielleicht doch nicht interessiert sein könne, kam ich überhaupt nicht.

In einem Telefonat mit Herrn Redeker am 20. Februar fragte ich noch einmal nach dem Stand des Genehmigungsverfahrens. Er meinte, die Genehmigung würde an der Schülerzahl wohl nicht scheitern. In den Gesprächen mit Dr. Gallas und Dr. Habermetz wäre darüber diskutiert worden, dass die Schule eine bestimmte Form haben müsse. Es würde wohl auf eine Gesamtschule mit IGS-Charakter hinauslaufen. Und für diese Form mit einer kleinen Oberstufe könne man keine dreijährige Durststrecke vorsehen. Die Entscheidung würde in der Bezirksregierung gefällt werden. Das könnte voraussichtlich noch etwas dauern, aber wir sollten dort am 3. März ruhig einmal bei Dr. Woltering nachfragen.

Anfang des Jahres wurde aus dem Kollegium der Wunsch geäußert, Prof. Dr. Werner Gitt zu einem Vortrag zum Thema" Naturwissenschaft und Bibel" einzuladen. Da ich aufgrund unserer freundschaftlichen Beziehung wusste, dass er in der Zeit vom 28. Februar bis 3. März zu Vorträgen in Remels weilte, konnte ich mit ihm einen Vormittagstermin zum 1. März in der FCSO vereinbaren. Wir begannen diese „Mini-Klausurtagung" um 9.00 Uhr mit einem Frühstück in den Räumen der Ev. freik. Gemeinde in Veenhusen. Danach hielt Werner Gitt einen Vortrag über das Thema: „Die Bibel auf dem Prüfstand des 20. Jahrhunderts. Möglichkeiten und Grenzen biblischer und naturwissenschaftlicher Erkenntnisse." Anschließend nahmen wir uns Zeit zu einer Aussprache.

Als ich am 3. März das Büro meiner Arbeitsstelle betrat, informierte mich meine damalige Sekretärin Kerstin Beekmann über einen Anruf um 11.07 Uhr eines Herrn Redeker vom Kultusministeriums, der um Rückruf gebeten habe. Über diesen Rückruf um 11.15 Uhr habe ich folgende Notiz angefertigt:

Herr Redeker: Die FCSO muss eine exakte Schulform erhalten. Wir schlagen folgende Bezeichnung vor: **Gesamtschule in freier Trägerschaft mit gymnasialer Oberstufe.** Die Einrichtung der Oberstufe wird als Fortführung der bisherigen Sek. I gewertet (fiktive Annahme). Damit hat die Oberstufe von Anfang an den Status der Anerkennung, wenn Sie die für die Anerkennung der Sek. I vereinbarte Außenprüfung nach wie vor akzeptieren." Dies habe ich bestätigt mit dem Hinweis, dass auch die Schulleitung die Außenprüfung eher als Chance denn als Problem einschätzen würde. Redeker weiter: Diese Fortführung bzw. Aufstockung der Sek.

I auf Sek. II würde bewirken, dass wir für die Sek. II keine dreijährige finanzielle Durststrecke hätten und von Anfang an die Landesfinanzhilfe gezahlt würde. Die Abiturprüfungen wären selbstverständlich unter Vorsitz des Schulamtes vorzunehmen. Das Risiko wäre die Möglichkeit einer negativen Beurteilung durch den Prüfungsvorsitzenden. Aber damit könnten wir sicher leben. Er sehe allerdings auch keine andere Möglichkeit, wie das Ganze sonst laufen solle. Auf meine Nachfrage nach IGS meinte er, dass unser Konzept IGS eine interne Angelegenheit sei und keine rechtliche Wirkung hätte (Kooperative Form ginge auch). „Sie haben ja das Konzept nach IGS-Richtlinien so vorgelegt." Es wäre auch gut, dass mit der klaren Einstufung (Gesamtschule in freier Trägerschaft mit gymnasialer Oberstufe) das bisherige Hickhack beendet sei. Rücksprache mit Dr. Gallas sei erfolgt. „Die Bezirksregierung wird unsere Vorlage sicher so genehmigen", meinte Herr Redeker. Wir würden sicher daran denken, auch von außen Oberschüler aufzunehmen. Das bejahte ich. Außerdem wies ich darauf hin, dass wir an einer guten und soliden Arbeit interessiert seien und für uns ein gutes Verhältnis mit den Schulbehörden wichtig wäre. Es sei auch unser Bestreben, einen offenen Dialog mit anderen Schulen, mit dem Ausbildungsseminar Aurich, zu Frau Nordhues oder dem Schulamt zu pflegen. Herr Redeker bestätigte den positiven Eindruck unserer Schularbeit mit der Bemerkung: „Alle Berichte, die hier vorliegen, bestätigen das, was Sie mir sagen. Es gibt hier übrigens niemand, der die Oberstufe nicht genehmigen möchte." Abschließend dankte ich Herrn Redeker für sein Bemühen herzlich und sagte, dass wir uns über seine positive Mitteilung sehr freuen würden.

Unmittelbar nach diesem Gespräch informierte ich mit großer Freude den Schulleiter Joachim Heffter und die Vorstandsmitglieder über diese gute Nachricht.

Auf der Jahreshauptversammlung am 13. März standen neben den üblichen Regularien auch wieder Vorstandswahlen auf der Tagesordnung. Antje Walther wurde als Schriftführerin, Erwin Wallenstein als Schatzmeister und ich als Vorsitzender wiedergewählt. Unter dem Eindruck der Arbeitsüberlastung erklärte ich, das nächste Mal für den Vorsitz nicht wieder zu kandidieren.

Mit Dank für seine treue Mitarbeit verabschiedeten wir aus Altersgründen Alfred Dirks aus dem Trägerkreis. Anno Steevens hatte erklärt, dass er wegen anderer vielfältigen Aufgaben nicht mehr aktiv im Trägerkreis mitarbeiten könne, der Schule aber weiterhin verbunden bleiben möchte. Hinzu kam später, dass sich am 24. Juni mit einem freundlichen Brief aus ähnlichen Gründen auch Iris und Uwe Janssen vom Trägerkreis abmeldeten.

Inzwischen hatten Edzard Günther, Wolfgang Kröner und Hilke Wehl den Entwurf einer 6-seitigen detaillierten Schulordnung überarbeitet und zur Entscheidung vorgelegt.

Mit Schreiben vom 13. März erhielten wir von der Bezirksregierung die Genehmigung zur Einrichtung einer Oberstufe mit folgendem Wortlaut: „Bezug nehmend auf Ihren Antrag vom 01.12.95 erkläre ich mich einverstanden, dass die mit Wirkung vom 15.08.91 genehmigte und mit Wirkung vom 01.08.96 anerkannte Schule des Sekundarbereichs I (Ersatzschule mit Gesamtschulcharakter) der Freien Christlichen Schule Ostfriesland ab dem 01.08.97 als Gesamtschule in freier Trägerschaft (mit gymnasialer Oberstufe) fortbesteht."

Es folgten noch einige Verfahrenshinweise. „Die anerkannte Grundschule und die anerkannte Gesamtschule in freier Trägerschaft (mit gymnasialer Oberstufe) sind im Verhältnis zueinander schulorganisatorische Schulzweige der Freien Christlichen Schule Ostfriesland. Mit freundlichen Grüßen Im Auftrage Dr. Woltering."

Joachim Heffter informierte alle Eltern über die Genehmigung der gymnasialen Oberstufe, die mit der Klasse 11 zum 01.08. 997 beginnen würde. Der Unterricht in der Oberstufe würde sich nach den staatlichen Richtlinien richten, und das Abitur sei bundesweit anerkannt. Er bat die Eltern, in ihrem Verwandten- und Bekanntenkreis für Anmeldungen an die Oberstufe zu werben.

Auch die Tageszeitungen erhielten eine ausführliche Pressemitteilung über den Unterrichtsbeginn der Oberstufe zum neuen Schuljahr. Die folgenden Zeitungsberichte standen unter den Überschriften: „Oberstufe jetzt auch auf dem flachen Land", oder „Christliche Schule bekommt Oberstufe." Mit Plakaten und Rundschreiben an Gemeinden starteten wir eine intensive Werbung und luden per Zeitungsanzeigen zu Veranstaltungen mit Informationen über die Oberstufe ein.

Mit einem Schreiben vom 25. März an die Herren Redeker und Dr. Woltering bedankten wir uns ganz herzlich für die Genehmigung und brachten unsere besondere Freude darüber zum Ausdruck, dass wir genau zum 10-jährigen Jubiläum mit der Oberstufe beginnen könnten. Diese Genehmigung würden wir auch als Vertrauensbeweis und als eine besondere Anerkennung der bisherigen Aufbauarbeit werten, die vom Kollegium mit Herz und Engagement und dem Trägerkreis mit großem ehrenamtlichem Einsatz und mit aktiver Unterstützung der Eltern und Freunde geleistet worden sei.

Während der Klausurtagung am 20. April im Gemeinderaum der Ev.- ref. Kirche Neermoor hielt Bernhard Behrens einen Vortrag über das Thema: Die Wahrheit und die Wahrheiten. Weitere Schwerpunkte unserer Tagung waren:
- allgemeine Organisationsfragen,
- Unterrichtsentwicklung in der Sek I,
- Zwei- oder Dreizügigkeit,
- Entwicklung der Oberstufe,
- Öffentlichkeitsarbeit im Blick auf die Werbung für die Oberstufe,
- ergänzendes Erziehungskonzept,

- Eltern- und Informationsgespräche,
- Schüleraustausch, sowie Schulhofgestaltung mit zusätzlichen Bänken und
- Fußballtoren.

In den nächsten Vorstands- und Trägerkreissitzungen kristallisierte sich heraus, dass aufgrund einer erheblich angestiegenen Schülerzahl die 5. und 6. Klasse dreizügig geführt werden müssten. Der Bauplan für das nächste größere Bauvorhaben war schon mit den Nachbarn besprochen worden. Sie hatten sich mit der notwendigen Bauteppichverschiebung einverstanden erklärt. Das Ziel der Fertigstellung bis zum Beginn des nächsten Schuljahres im Jahr 1998 musste in jedem Fall erreicht werden. Unter Berücksichtigung der Rückzahlung eines Freundeskreisdarlehens im nächsten Jahr in Höhe von 300 TDM müssten wir ein neues Bankdarlehen in Höhe von 2,5 Mio DM aufnehmen. Zur Finanzierung des Neubaus (Kosten ca. 3 Mio DM) wäre darüber hinaus noch mindestens ein Betrag von 500 TDM an Freundeskreisdarlehen erforderlich. Die Themen Reinigungsdienst, Schülertransport, Haushaltszahlen und Personal standen ständig auf der Tagesordnung.

Ab Mai beschäftigten wir uns zunehmend mit den Vorbereitungen zum 10-jährigen Schuljubiläum.

Nachdem sich im März vier ehemalige Trägerkreismitglieder verabschiedet hatten, sorgte Gott wieder einmal für den notwendigen Personalnachschub im Trägerkreis: Während der Trägerkreissitzung am 23. Mai stellte sich Konrad Huismann aus Emden als neuer Mitarbeiter vor. Auch Bernhard Eden wurde Mitglied im Trägerkreis. Beide leisteten über Jahrzehnte einen wertvollen und engagierten Einsatz.

Das Schulfest am 21. Juni war thematisch auf das 10-jährige Jubiläum ausgerichtet. „Es war wieder rundum ein gelungenes Fest. Wie in jedem Jahr ermöglichten der Elternarbeitskreis und viele Helfer Spiele und Aktionen, Essen und Trinken, Tombola und Spanferkel."

Im Zuge der vom Schulamt geleiteten Prüfungen am 26. Mai mit anschließenden Korrekturen erreichten alle 10 Hauptschüler den Abschluss. Von den 36 Prüflingen des 10. Jahrgangs schafften 16 den qualifizierten Realschulabschluss und damit die Versetzung in die 11. Klasse, wovon 10 Schüler das Abitur anstrebten. Die übrigen hatten den Realschulabschluss erworben. Insgesamt wurden unter Aufsicht von Frau Nordhues, Bezirksregierung, 246 Prüfungen abgelegt. Die Leistungen entsprachen denen der öffentlichen Schulen.

Unter Einbeziehung des Elternarbeitskreises hatten wir allen Eltern ein Schreiben bezüglich einer beabsichtigten Veränderung des Putzdienstes zugeschickt: Von den angeschriebenen Haushalten befürworteten 282 die Zahlung von 25 DM pro Monat zur Ablösung des Putzdienstes, und 90 wollten diesen Dienst weiterhin selber übernehmen. 15 Eltern waren bereit, das Putzen zu organisieren. Dieses Ergebnis erforderte ein neues Organisationskonzept. Wir stellten erleichtert fest, dass die Umstellung problemlos verlief.

Während der Trägerkreissitzung am 30. Juni befassten wir uns auf Empfehlung des Vorstands erstmals offiziell mit der Überlegung, aufgrund der immer umfangreicheren Aufgaben einen Verwaltungsleiter einzustellen.

Das erste Vorstellungsgespräch zum Kennenlernen führten wir in der Vorstandssitzung am 3. Juli mit Kurt Plagge. Wir unterhielten uns sehr ausführlich über seinen bisherigen Lebensweg, über seinen geistlichen Werdegang und die damit gemachten Erfahrungen, über seine berufliche Ausbildung und Entwicklung sowie über seine Motivation und sein Interesse an der Arbeit in der FCSO-Verwaltung. Wir einigten uns darauf, nach Klärung aller weiteren Fragen in absehbarer Zeit eine verbindliche Vereinbarung zu treffen. In diesem Fall wäre es für ihn auch selbstverständlich, schon vor seinem Dienstantritt ehrenamtlich mitzuarbeiten, da aufgrund seiner längeren Kündigungszeit erst mit einer Einstellung zum Frühjahr des nächsten Jahres zu rechnen war.

Die zweite Schulentlassungsfeier der FCSO mit 43 Schulabgängern der Klassen 9 und 10 (wovon 13 in die nächste höhere Klasse überwechseln) fand am 10. Juli statt.

Erstmals würden nun also FCSO-Schüler die genehmigte Oberstufe besuchen. Deshalb konnten wir auch die Regierungsschuldirektorin Frau Nordhues mit einer engagierten Rede für diese Feier gewinnen. An dem vielseitigen Programm waren der Schülerchor unter der Leitung von Margret Carl, Beate Renschler mit einem Schülerlied der Lateingruppe, Eva-Maria Meyer mit einem Klavierstück, der Schulleiter, der Schulelternratsvorsitzenden Dieter Hupens, der Schülersprecher Dennis Herold und ich als Trägerkreisvorsitzender mit Redebeiträgen beteiligt.

Mir war es wichtig, das Anliegen der FCSO deutlich herauszustellen. Unsere Gesellschaft braucht Menschen mit Ideen, guten Grundsätzen und die Bereitschaft, nicht nur sich selbst zu leben, sondern auch Verantwortung für andere, für das Gemeinwohl, zu übernehmen. Die Bereitschaft zur Mitgestaltung unserer menschlichen Gemeinschaft würde die eigene Lebensqualität erhöhen und zufriedener machen. Darin sei uns Jesus Christus das beste und großartigste Vorbild, denn er ist nicht nur unser Schöpfer, sondern auch unser Lebensgestalter. Durch seine liebende Selbsthingabe bis in den Tod hat er kraft seiner Auferstehung auch uns den Weg zum Leben, ja zum ewigen Leben freigemacht. Jeder von uns kann selbst entscheiden und das Angebot Gottes für sich persönlich in Anspruch nehmen. Dass könne kein Mensch, keine christliche Gemeinschaft, keine Kirche oder Institution für uns stellvertretend übernehmen. Die FCSO würde schulisches Wissen vermitteln und gleichzeitig versuchen, mit Hinweisen auf Gottes Wort wichtige Orientierungshilfen zu geben.

Natürlich habe ich bei dieser Gelegenheit sehr herzlich den Lehrkräften, der Mitarbeiterschaft, den Eltern und den Trägerkreismitgliedern für ihren Einsatz und nicht zuletzt Frau Nordhues für ihre positive Beratung und Begleitung im Genehmigungsverfahren für die Oberstufe gedankt.

Das Kollegium im Jubiläumsjahr 1997

Für 67 Erstklässler begann mit der Einschulungsfeier am 30. August der sogenannte Ernst des Lebens. Wir verzeichneten den bisher größten Schülerzuwachs in der Grundschule. Um den persönlichen Charakter der Einschulung für die Erstklässler und Eltern beizubehalten, wurde pro Klasse in zeitlich versetzten Veranstaltungen jeweils das gleiche feierliche Programm geboten. Immer wieder hörten wir von Eltern und deren Freunden Komplimente über den herzlichen und lockeren Ablauf der Einschulung.

Auch in den anderen Jahrgängen verzeichneten wir in diesem Jahr die meisten Neuanmeldungen. Die Schülerzahl erhöhte sich hierdurch von 474 im Jahr 1996 auf insgesamt 595 in diesem Jahr.

Um alle Unterrichtsaufgaben ordnungsgemäß durchführen zu können, mussten genügend Lehrkräfte zur Verfügung stehen. Das war in den Monaten vor einem neuen Schuljahr stets eine bange Frage. In manchen Jahren hatten wir bis kurz vor Ende der Sommerferien das Problem noch nicht gelöst. Doch immer wieder erlebten wir, dass durch das wunderbare Handeln Gottes der Unterricht mit allen erforderlichen Lehrkräften starten konnte.

In diesem Jahr stellten wir 9 neue Lehrkräfte ein: Agnes Beyen (zunächst als Referendarin), Ulrike Bronsema, Johanne Geppert-Enriques, Christian Hunsmann, Susanne Mrosek, Karin Nebel, Norbert Niederhagen, Tabea Park und Antje van der Wall. Sonja Tomaschko hatte die Schule verlassen, und Karsten Litty würde im November gehen.

Insgesamt waren nun 42 Lehrkräfte an der FCSO tätig, die 595 Schüler unterrichteten. Elke Visser übernahm im Juli das Amt der stellvertretenden Schulleiterin für die Oberstufe.

Dass Christian Hunsmann in unserer Schule noch einmal eine besondere Rolle spielen würde, konnten wir derzeit noch nicht ahnen. Nach der Pensionierung von Joachim Heffter sollte er der neue Schulleiter werden.

Am Beispiel der Einstellung von Christian Hunsmann sei hier einmal das Bewerbungs- und Einstellungsprozedere geschildert. Zunächst ist festzuhalten, dass wir Gott auch in Personalfragen grundsätzlich immer gebeten haben, uns die Menschen zuzuführen, die nach seinem Plan für den Dienst an der FCSO in Frage kämen, denn es war und ist sein Werk. Er ist der Chef, der Inhaber dieses Glaubenswerkes. Deshalb vertrauten wir darauf, dass er auch die richtigen Einstellungen einfädeln würde. Wir erhielten zu jeder Zeit Lehrerbewerbungen, entweder ohne unser Zutun oder aufgrund von Stellenanzeigen, die wir bei Bedarf bundesweit in christlichen Zeitschriften schalteten. Bezug nehmend auf die Urlaubsregion Ostfrieslands trugen manche Anzeigen die Überschrift: „Dort arbeiten, wo andere Urlaub machen" oder „Wenn Sie als überzeugter Christ mit entsprechender Lehrbefähigung den Ausbau einer christlichen Schule mitgestalten wollen, dann bewerben Sie sich bitte" usw.

Die Stellenbeschreibung enthielt Termine der gewünschten Einstellung sowie die Schulstufen, Gehaltsangaben und Unterrichtsfächer, für die wir Lehrkräfte suchten. Wir forderten dazu auf, den üblichen Bewerbungsunterlagen auch einen „geistlichen Werdegang" beizufügen. Daran konnten wir in der Regel erkennen, ob eine Einladung zum Vorstellungsgespräch erfolgversprechend sein könnte. Solche Gespräche fanden meistens bei Hinrich und Dietrike Troff in Neermoor statt. Den Ablauf des Vorstellungsgespräches (ca. 1 Stunde) versuchten wir immer in lockerer Form zu gestalten. Es sei kein Verhör, betonten wir, sondern eine gute Gelegenheit, sich näher kennenzulernen. Wir baten den/die Bewerber/innen darum, einfach zu erzählen, aus welcher Überzeugung heraus er/sie Christ geworden sei und welche praktischen Erfahrungen er/sie dabei gemacht hätte. Manchmal gab es zu biblischen Grundlagen oder zu der Bedeutung Jesu Christi einige Nachfragen. Das Ergebnis dieser Unterhaltung im ersten Teil bestimmte dann mehr oder weniger, wie ausführlich die weiteren Punkte besprochen wurden, z. B. die Motivation für die Bewerbung an einer christlichen Schule, die fachlichen Kompetenzen, besondere Neigungen, Fähigkeiten und Wünsche. Im dritten Teil ging es um Gehaltsthemen, Stellenumfang und Einstellungstermine. Zum Schluss räumten wir dem/der Bewerber/in die Gelegenheit ein, an uns Fragen zu stellen. Unmittelbar nach der Verabschiedung des/der Bewerber/s/in äußerte sich jeder einzeln über den gewonnenen Eindruck und votierte für oder gegen die Einstellung.

Christian Hunsmann hatte sich mit Schreiben vom 18. April beworben. An dem Vorstellungsgespräch mit ihm am 30. Mai nahmen teil: Schulleiter Joachim Heffter, die Lehrer Michael Piorr und Asmus Meyer sowie vom Trägerkreis Hinrich Troff, Walter Vietor und ich. Antje Walther fehlte bei diesem Gespräch. (Es war von Vorteil, wenn sie, insbesondere bei Bewerberinnen, als weibliche Person bei den Vorstellungsgesprächen mit dabei war.)

Christian kam in Begleitung seiner Frau Anne-Laure. Auch sie wurde in späteren Jahren als Lehrerin an der FCSO angestellt. Wir gewannen in der Unterhaltung ganz schnell einen positiven Eindruck und erkannten eine große Übereinstimmung in den angesprochenen Themen. Auf die Frage von Christian, ob es auch für seine Frau eine Beschäftigung geben könne, antworteten wir zuversichtlich, dass wir für sie sicher etwas Passendes finden würden. Für Christian gab es ein deutliches Votum mit 6 Ja-Stimmen für die Einstellung. Da er erst im Oktober das 2. Staatsexamen abschließen würde, vereinbarten wir auf seinen Wunsch hin eine Teilzeitanstellung als Praktikant vom 3. November bis 14. Dezember und die Festanstellung ab 15. Dezember.

Viel Zeit nahm die umfangreiche Vorbereitung des 10-jährigen Jubiläums in Anspruch. Wir wollten mit mehreren Veranstaltungen die Bedeutung dieses großen Ereignisses hervorheben.

Die farbige „DIT un DAT" Nr. 34 trug den Titel Jubiläumsausgabe und wurde Anfang September veröffentlicht. Nach den einleitenden Grußworten von Bürgermeister Anton Lücht und dem Ersten Gemeinderat Johann Schnau sowie

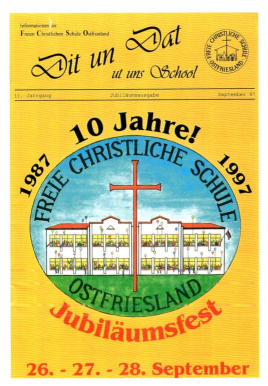

Die erste farbige „Dit un Dat"-Ausgabe zum 10-jährigen Schuljubiläum

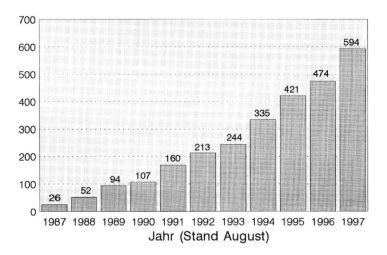

Die Entwicklung der Schülerzahlen bis 1997

von Schulleiter Joachim Heffter und von mir wurde auf Seite 6 zu folgenden Jubiläumsveranstaltungen eingeladen:

Freitag, 26. September 1997, 19.30 Uhr Vortragsveranstaltung in der Aula der Emsschule, Leer, Blinke 39 mit Prof. Dr. Werner Gitt, Braunschweig, Thema: Naturgesetze und Bibel - Ein neuartiger Zugang zur Bibel - Musik: Chor des Lehrerkollegiums der FCSO, Instrumentalbeiträge

Samstag, 27.September 1997 von 11.00 bis 16.00 Uhr Tag der offenen Tür in Veenhusen: Die Schule stellt sich vor

Abendveranstaltung um 19.30 Uhr in der Aula der Emsschule, Leer, Blinke 39, Schülerinnen, Schüler und Lehrerkollegium präsentieren ein buntes Jubiläumsprogramm

Sonntag, 28. September 1997 14.00 Uhr In der Aula der Emsschule, Leer, Blinke 39. Die Jubiläumsveranstaltung u. a. mit einem Vortrag von Prof. Dr. Werner Gitt, Braunschweig Thema: Superlative in der Bibel, Musik: Schulchor, Jugendposaunenchor Spetzerfehn.

In der Jubiläumsausgabe waren die Gebäude abgebildet, in denen in den ersten Jahren der Unterricht stattfand und Bilder von dem Umbau des früheren Baumarktgebäudes zum ersten eigenen Schulgebäude sowie der im Jahr 1995 bezogene Erweiterungsbau. Die nächsten Seiten zeigten u. a. ein Diagramm mit den Zahlen der Schülerentwicklung in den ersten 10 Jahren und ein Schreiben an Eltern und Freunde mit den Plänen und Planskizzen des nächsten größeren Erweiterungsbaus für die Oberstufe. Hier schilderten wir detailliert, warum wir 20 zusätzliche Klassen- und Fachräume benötigten und die Baumaßnahmen bis zum Schuljahresbeginn im nächsten Jahr 1998 abgeschlossen sein müssten. Wir baten um finanzielle Mithilfe in Form von Freundeskreisdarlehen und Spenden in Höhe von 800 TDM, die wir als Eigenmittel zu dem Bankdarlehen in Höhe von 2,5 Mio DM vorweisen mussten. Es folgten mehrere Schülerfotos mit Szenen aus dem Schulalltag, eine Strukturübersicht über die drei Schulstufen, Lehrervorstellungen und diverse Hinweise. Die Rückseite zeigte vor dem Hintergrund des neuen Schulgebäudes ein Gruppenfoto mit allen Schülerinnen und Schülern.

Am 25. September trafen sich alle Trägerkreismitglieder, das Lehrerkollegium und die Mitarbeiterschaft in der Aula der Emsschule zu abschließenden Vorbereitungen.

Über den Verlauf der Jubiläumsveranstaltungen berichtete Konrad Huismann in der 35. „DIT un DAT"- Ausgabe wie folgt:

„Das Jahr 1997 bedeutet für die FCSO ein Jahr der Freude und Dankbarkeit, denn wir konnten im September unser zehnjähriges Bestehen feiern. Zum Auftakt der Jubiläumsveranstaltungen in der Aula der BBS Leer wurde mit dem Grußwort des ersten Vorsitzenden des Trägerkreises begonnen. Eine Überraschung war die gute und harmonisch vorgetragene Darbietung des Lehrerkollegiums der FCSO als „Lehrerchor" unter der Leitung von Hans-Martin Urbschat. Unterstrichen wurde die erste Veranstaltung von einem niveauvollen und lehrreichen Vortrag, den Prof. Dr. Werner Gitt zum Thema „Naturgesetze und Bibel" hielt. Für die physik- und chemiebegeisterten Schüler war dieser Vortrag ein „Leckerbissen". Er regte auf der einen Seite sehr zum Nachdenken über die Beziehung zwischen Naturgesetzen und der Bibel an. Auf der anderen Seite verlockte er auch zum Staunen und Schmunzeln.

Am Samstag kamen zahlreiche interessierte Besucher zum „Tag der offenen Tür" nach Veenhusen, um vor Ort das Schulgebäude sowie die Ergebnisse der Projektwoche ihrer Schüler und Lehrer zu besichtigen. Bei der abendlichen Jubiläumsveranstaltung waren hauptsächlich die Schüler und Lehrer der FCSO gefragt. Sie brachten mit eigens komponierten Liedern unter der Leitung von Margret Erichsen-Carl die Zuhörer mit ihren musikalischen Darbietungen in Bewegung. Mit schwierigen, jedoch bühnenreifen Vorstellungen, wurden die Zuschauer an diesem zweiten Abend regelrecht verwöhnt. In diesen drei Abendstunden wurde die FCSO in Playbackshows, Sportwitz- und Akrobatiknummern, Schulorchester, Anspielen und vielem mehr dargestellt und „gelebt".

Am letzten Tag der Jubiläumsveranstaltung warf der Trägerkreisvorsitzende in einer Vortragsreihe einen kurzen Blick in die Vergangenheit, Gegenwart und Zukunft der FCSO. Begleitet von etlichen Grußworten, u. a. von der Regierungsdirektorin Nordhues, und von Musikeinlagen des Jugendposaunenchor Spetzerfehn stellte sich die Schule mit den Mitgliedern des Trägerkreises, dem obersten Organ der FCSO, vor. Als Referent an diesem Nachmittag hielt Prof. Dr. Werner Gitt nochmals einen hochinteressanten Vortrag über „Superlative in der Bibel". Die positiven Rückmeldungen von vielen Teilnehmern honorierten diese Veranstaltungen, die mit viel Einsatz, Aufwand, Zeit und Freude von Schülern, Lehrern, Freunden, Förderern und nicht zuletzt den verschiedenen Mitgliedern der Arbeitskreise und dem Trägerkreis ausgeführt wurden."

Wie die FCSO nach 10 Jahren von der Bezirksregierung eingeschätzt und beurteilt wurde, erfuhren wir während der Jubiläumsveranstaltung durch das Grußwort der Regierungsdirektorin Frau Angelika Nordhues:

„Im Namen der Bezirksregierung Weser-Ems gratuliere ich dem Schulträger, dem Verein für Evangelische Schulerziehung in Ostfriesland e. V., der Eltern- und Schülerschaft, dem Kollegium und den Mitarbeiterinnen und Mitarbeitern aus Anlass des 10-jährigen Jubiläums der Schule. Die Freie Christliche Schule Ostfriesland ist eine besondere schulische Einrichtung: Sie nahm im August 1987 den Unterrichtsbetrieb mit den ersten beiden Klassen der Grundschule am Standort Leer auf und erhielt drei Jahre später den Status einer staatlich anerkannten Ersatzschule als „Weltanschauungsschule". Auch die Ersatzschule mit Gesamtschulcharakter hat heute diesen Status. Dass diese Schule im Regierungsbezirk Weser-Ems einzigartig ist, liegt an ihrem Status, Weltanschauungsschule mit Gesamtschulcharakter zu sein, der geringen Schülerzahl pro Jahrgang im Sekundarbereich I und der besonderen inneren Gestaltung. Wichtiges Konzeptelement ist, dass Schüler, Eltern und Lehrer sich einer Schulfamilie zugehörig fühlen. Schulische Erziehung und schulisches Leben sollen auf der Basis christlicher Erziehung und Überzeugung stattfinden. Die Schule nimmt Schülerinnen und Schüler unabhängig vom religiösen, weltanschaulichen oder politischen Bekenntnis der Erziehungsberechtigten auf. Die Freie Christliche Schule Ostfriesland ist erfolgreich und leistungsfähig, was sich in den Anmeldezahlen ablesen lässt und sich durch die Abnahme und das Ergebnis der „Nichtschülerprüfungen" am Ende des letzten Schuljahres bestätigt hat. Die Schule hat erstmalig im Schuljahr 1998/99 das Recht, Hauptschulabschlüsse zu erteilen, und kann ab dem Schuljahr 1999/2000 selbst Sekundarabschlüsse I erteilen. Die Akzeptanz und Attraktivität im ostfriesischen Raum haben die Schule bewogen, den Antrag auf Errichtung einer gymnasialen Oberstufe zum 01.08.1997 zu stellen. Die Genehmigung ist erfolgt. Die Freie Christliche Schule ist seit Beginn dieses Schuljahres eine Grund- und Gesamtschule in freier Trägerschaft mit gymnasialer Oberstufe. Eine solche Schule ist einmalig im Regierungsbezirk Weser-Ems. Ein rühriger Schulverein, der sich ehrenamtlich und mit großem persönlichen Einsatz

u. a. um die wichtigen Bereiche der finanziellen und baulichen, aber auch administrativen Seite des Betriebes kümmert, fällt ebenso auf wie eine Elternschaft, die sich in vielfältiger Weise in Schule „einmischt" und sich auf unterschiedliche Weise - nicht zuletzt bei der Organisation des Fahr- und des Reinigungsdienstes – engagiert. Die Bereitschaft von Lehrerinnen und Lehrern, das Schulkonzept mitzutragen, mitzugestalten und weiterzuentwickeln, ist ein wichtiger Beitrag zum Erfolg der Schule. Die Schule arbeitet nach dem Organisationsmodell einer integrierten Gesamtschule und will durch die soziale Organisation und die didaktisch-methodische Organisation des Unterrichts gewährleisten, dass jedes Kind sich mit seiner individuellen Begabung einbringen kann und entsprechend gefördert wird. Sie hat sich die Devise „Förderung statt Auslese" auf die Fahnen geschrieben, was sie mit Maßnahmen der inneren und äußeren Differenzierung zu erreichen versucht. Ich wünsche der Schule weiterhin viel Erfolg bei der Umsetzung ihres schülerorientierten Konzeptes. Es möge ihr auch zukünftig gelingen, die Schülerinnen und Schüler zu befähigen, die Beziehungen zu anderen Menschen nach den Grundsätzen der Gerechtigkeit, der Solidarität und Toleranz sowie der Gleichberechtigung der Geschlechter zu gestalten. Den Lehrerinnen und Lehrern, den Mitarbeiterinnen und Mitarbeitern, den Eltern und den Schülerinnen und Schülern wünsche ich, dass sie auch zukünftig durch aktive Mitgestaltung und Mitverantwortung Qualität, Schwung, Spaß und Zufriedenheit bei der Arbeit erhalten. Zum Schluss wünsche ich der FCSO im Namen der Bezirksregierung Weser-Ems beim Aufbau der gymnasialen Oberstufe ähnliches Geschick und Umsicht wie bisher, so dass am Ende des Schuljahres 1999/2000 auch die letzte Hürde, die der Abiturprüfung, genommen werden kann."

Nach 10 Jahren des intensiven Ringens mit der Bezirksregierung haben wir uns über dieses anerkennende Grußwort sehr gefreut. Die inhaltlichen Aussagen betrachteten wir als „amtlichen Rückenwind" für den weiteren Aufbau der FCSO.

Die Resonanz unseres Aufrufs zur finanziellen Hilfe bei dem nächsten größeren Erweiterungsbau war überaus positiv. Bereits bis Ende September hatten sich aus dem Freundeskreis 16 Personen bereit erklärt, Darlehen in Höhe von 620.000 DM zur Verfügung zu stellen. Es wurden 8.850 DM gespendet und zusätzliche monatliche Dauerspendenaufträge in Höhe von 355 DM eingerichtet. Bis Anfang November erhöhten sich die Darlehenszusagen auf insgesamt 818 TDM. Wir waren überwältigt von so viel Hilfsbereitschaft und voller Dankbarkeit über Gottes vielfältige und „wunder-bare" Führungen. Inzwischen hatte uns auch die Ev. Darlehnsgenossenschaft, Münster, den ausgehandelten Bankkredit in Höhe von 2,5 Mio DM schriftlich bestätigt. Nun konnten wir Architekt Georg Tjards mit der konkreten Planung und Durchführung der Baumaßnahmen beauftragen.

In der Vorstandssitzung am 15. November fassten wir den Beschluss, in der nächsten Trägerkreissitzung vorzuschlagen, Kurt Plagge zum nächstmöglichen Termin als Verwaltungsleiter einzustellen.

Vom 16. bis 18. November fand in Ahlhorn wieder eine Lehrerfortbildung statt, in der an einem Vormittag Bernhard Behrens über das Thema „Missionarischer Auftrag an der FCSO" referierte.

Das Eltern- und Freundeskreistreffens am Vorabend des 1. Advents war nach dem ereignisreichen Jahr eine willkommene Gelegenheit, mit großer Dankbarkeit über die aktuellen Fortschritte zu berichten. Die meisten Teilnehmer hatten natürlich schon durch die Jubiläumsveranstaltungen einen guten Überblick bekommen. Das Treffen stand

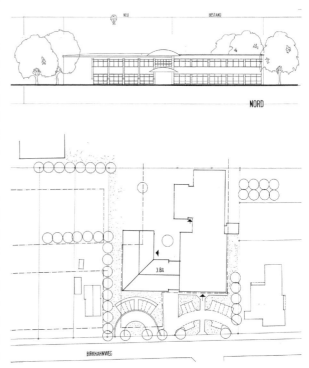

Bauplan für den Sek II- Anbau

unter dem Thema: „Vergiss nicht zu danken dem ewigen Herrn." Davon waren auch die Andacht und die verschiedenen Wortbeiträge geprägt. Musikalische Darbietungen und das Überreichen von Blumensträußen als Zeichen des Dankes für ehrenamtliche Mitarbeiterinnen und Mitarbeiter standen ebenso auf der Tagesordnung, wie auch die Vorstellung neuer Lehrkräfte. Da ich dabei aus Zeitgründen manchmal dazu aufforderte, sich persönlich mit drei Sätzen vorzustellen, gab es oft Gelächter über die mehr oder weniger gelungenen „Bandwurmsätze".

Das reichhaltige Basarangebot wurde aufgrund der Advents- und Weihnachtszeit sehr gut angenommen. Erstaunlich, mit welchem Engagement Hildegard Behrends mit Ursel Ciedlow, Karin Gellmers, Annemarie Kupp, Sylke Reerhemius Gertrud Schoon, Antje Sutorius und andere Frauen, deren Namen ich nicht alle kenne, immer wieder schöne Sachen gebastelt hatten, um sich damit durch den erzielten Verkaufsüberschuss an der Finanzierung von Unterrichtsmaterial zu beteiligen, zumal solche Aktivitäten ohne Auftrag des Trägerkreises, sondern aus Freude an dem Ganzen in geschwisterlicher Weise stattfanden.

1998 Großer Lehrkräfte-Zuwachs - Gebäudeerweiterung für die Oberstufe

Das 10-jährige Jubiläum und die genehmigte und gleichzeitig staatlich anerkannte gymnasiale Oberstufe im letzten Jahr waren ganz wichtige Meilensteine beim Aufbau der FCSO. Nun konnten wir ungehindert nach vorne blicken. Viele Aufgaben lagen vor uns und mussten zielstrebig angepackt werden. Wir stellten ganz schnell fest, dass es nicht nur viele Aufgaben, sondern eher zu viele waren, um sie noch in ehrenamtlicher Weise bewältigen zu können. Wie gut war es daher, dass wir bereits mit dem Vorstandsbeschluss, einen Verwaltungsleiter einzustellen, die richtige Entscheidung getroffen hatten, um eine professionelle Organisation im VES und in der FCSO aufzubauen.

Der zukünftige Verwaltungsleiter Kurt Plagge stellte sich auf der Trägerkreissitzung am 19. Januar vor und beantwortete gern alle Fragen der anwesenden Mitglieder. Nachdem wir Kurt verabschiedet hatten, wurde an der umfangreichen Aufzählung seiner zukünftigen Tätigkeiten sehr deutlich, wie dringend diese Verwaltungsstelle zu besetzen ist. Dem Vorstand wurde vollstes Vertrauen dafür ausgesprochen, mit Kurt die Anstellung nunmehr verbindlich zu vereinbaren.

Hinrich Troff berichtete in dieser Sitzung, dass Ende Januar mit der Baugenehmigung für das 3-Mio-DM-Objekt zu rechnen sei und Mitte Februar bei passender Witterung mit den Bauarbeiten begonnen werden solle. Er appellierte an alle, möglichst viele Eltern und Freunde für die praktische Mitarbeit am Bau zu motivieren. Dabei wurde auch darauf hingewiesen, dass bei solchen Aufrufen fast immer nur dieselben Leute kämen und man darum bemüht sein sollte, auch neue Mithelfer zu gewinnen.

Der Landkreis Leer zögerte noch, die üblichen Beförderungskosten für die Schüler aus dem Landkreis zu übernehmen. Wir versuchten mit Unterstützung des auf Schulrecht spezialisierten Prof. Dr. Johann Peter Vogel eine juristische Klärung herbeizuführen, womit wir später auch Erfolg hatten. Er war Vorsitzender der „ARBEITSGEMEINSCHAFT FREIER SCHULEN in Niedersachsen" mit 83 Mitgliedschulen und vertrat gegenüber den Schulbehörden die Interessen der „Schulen in freier Trägerschaft" in Niedersachsen. Dort wurden auch wir Mitglied, was sich in den folgenden Jahren als positiv erwies.

Aufgrund der zunehmenden Schüleranmeldungen überlegten wir auf Vorschlag des pädagogischen Arbeitskreises in der Vorstandssitzung am 30. Januar, die Sek I vierzügig einzurichten. Ausführlich diskutierten wir in Anwesenheit von Joachim

Heffter, Michael Piorr und Ingo Carl die Pro- und Kontraargumente. Wir wollten im Hinblick auf ein einmütiges Ergebnis sorgfältig und sachlich um die richtige Entscheidung ringen. Joachim trug u. a. zwei wesentliche Punkte vor, die für eine Vierzügigkeit sprachen: Erstens: Die Vierzügigkeit ist die Voraussetzung für eine dauerhaft funktionierende Oberstufe. Zweitens: Die geistliche Perspektive muss berücksichtigt werden, denn bislang wurde immer um Schüler gebetet. Jetzt kommen zu viele Kinder und bei einer Dreizügigkeit müssten viele abgewiesen werden. Dagegen standen u. a. zwei gravierende Argumente: Erstens: Die Raumkapazitäten sind schon jetzt mit der Dreizügigkeit bei Baubeginn voll ausgelastet. Die Kostensituation ist so angespannt, dass eine zusätzliche Finanzierung für einen erforderlichen Grundstückserwerb und eine weitere Baumaßnahme derzeit nicht realisierbar erscheint. Zweitens: Eine zu große Schule würde möglicherweise bezüglich des Lehrerkollegiums und der Schülerschaft unübersichtlich werden und der bisherigen Vorstellung einer überschaubaren Größenordnung entgegenstehen.

Nachdem alle Punkte zusammengetragen waren, kamen wir zu folgender Erkenntnis, (Protokollzitat): „Zum jetzigen Zeitpunkt sehen wir uns nicht in der Lage, eine abschließende Entscheidung in dieser so wichtigen Frage zu treffen. Uns wurde bewusst, dass sowohl der Trägerkreis als auch die Lehrerschaft in die Problematik mit einbezogen werden sollten. Insbesondere wollen wir weiterhin um Gottes klare Wegweisung beten und auch den Trägerkreis um weitere Gebetsunterstützung bitten. Wir wollen bis nach der Informationsveranstaltung am 5. Februar 1998 abwarten, ob noch weitere Schüleranmeldungen eintreffen. Joachim Heffter soll die Hospitationen für die 5. Klassen zunächst bis zur Dreizügigkeit normal weiter abwickeln. Eine Entscheidung wird auf die nächste Sitzung am 12. Februar vertagt."

Aber auch zu diesem Zeitpunkt konnte noch keine Entscheidung getroffen werden, weil verschiedene Berechnungen noch nicht vorlagen, die in die Entscheidung einfließen sollten.

Vor vielen Jahren baten wir, wie erwähnt, um mehr Schüleranmeldungen. Nun aber bewirkten die überaus positiven Anmeldezahlen einen starken Handlungsdruck. Derzeit lagen uns folgende vorläufigen Anmeldungen für die kommenden Jahre vor:

für die 1. Klasse im Schuljahr 1999/2000 = 98, 2000/2001 = 55, 2001/2002 = 45, 2002/2003 = 26, 2003/2004 = 33, 2004/2005 = 3.

für die 5. Klasse im Schuljahr 1999/2000 = 41, 2000/2001 = 29, 2001/2002 = 23, 2002/2003 = 6, 2003/2004 = 4

Es sprach sich herum, dass die FCSO mit Wartelisten arbeiten würde. Einige Eltern nutzten ihre Chance zur „garantierten" Aufnahme vorsorglich dadurch, dass sie ihre Kinder unmittelbar nach der Geburt anmeldeten. In der Regel hatten sie damit auch die Übernahme in Klasse 5 sichergestellt.

Gewöhnlich entdeckt man bei einer größer werdenden Mitarbeiterschaft bei näherem Kennenlernen verschiedene Charaktere. Das auffällige und inakzeptable Verhalten einer bestimmten Lehrkraft veranlasste uns, durch Korrekturgespräche möglichst eine positive Veränderung zu bewirken. Einzelheiten möchte ich nicht nennen. Unser Bemühen blieb leider wegen Uneinsichtigkeit erfolglos. Um Schaden von einem bis dahin guten Betriebsklima abzuwenden und Dauerdiskussionen mit dieser Lehrkraft zu vermeiden, kündigten wir innerhalb der Probezeit das Arbeitsverhältnis. Dass die Lehrkraft trotz klarer Situation das Arbeitsgericht bemühte, bestätigte nur die problematische Verhaltensweise. Die Klage auf Rücknahme der Kündigung beim Arbeitsgericht hatte keine Chance und wurde erwartungsgemäß abgewiesen. Im Nachhinein betrachtet, war es falsch, diese Lehrkraft nicht am Tag der Kündigung freizustellen, denn durch Aufwiegelung einiger Schüler und Eltern brachte diese Personen erhebliche Unruhe in den Schulbetrieb. Auf die betont forschen Nachfragen eines Elternteils nach den Gründen antworteten wir, dass wir keine Einzelheiten nennen würden und verwiesen darauf, dass die Kündigung nicht willkürlich von einzelnen Personen, sondern von allen beteiligten Entscheidungsgremien beschlossen sei und man das respektieren möge. Allerdings spürten wir, dass auch bei einigen Lehrkräften eine gewisse Unruhe entstanden war. Deshalb luden wir zu einer Dienstversammlung mit dem gesamten Kollegium ein, um zu erklären, dass diese Kündigung aus Verantwortung gegenüber den Schülern und Eltern, aber auch im Interesse eines dauerhaften Betriebsfriedens erfolgt sei.

Mir persönlich bescherte dieser Vorgang eine neue Erkenntnis. Während meiner langjährigen beruflichen Tätigkeit mit Verantwortung für viele Mitarbeiterinnen und Mitarbeitern hatte ich bisher mit keinem Arbeitsgerichtsprozess zu tun. Dass ich nun in meiner ehrenamtlichen Tätigkeit eine solche Erfahrung machen sollte, musste ich auf das Konto „Neue Lebenserfahrungen" buchen.

In den Vorstands- und Trägerkreissitzungen im Frühjahr beschäftigten wir uns mit vielen grundsätzlichen Themen des Schulbetriebs, dem weiteren organisatorischen Aufbau und mit Personalfragen. Weitere zwingend notwendige Baupläne aufgrund des starken Schülerwachstums mussten mit Finanzierungsmöglichkeiten in Einklang gebracht werden. Außerdem waren die Klausurtagung des Kollegiums am 7 März sowie das Eltern- und Freundeskreistreffen am 23. März vorzubereiten. Wir registrierten mit Freude die Einrichtung eines Schülergebetskreises, den Schüler initiiert hatten und der von Ingo Carl begleitet wurde.

Als wir in der VES-Jahreshauptversammlung am 17. März neben den üblichen Regularien - Jahresbericht des Vorsitzenden, Kassenbericht und -prüfung sowie Vorstandsentlastung - über das Thema Drei- bzw. Vierzügigkeit sprachen, kamen wir zu folgendem Ergebnis. Allen Beteiligten war klar, dass eine Vierzügigkeit aus pädagogischer Sicht und aufgrund der Anmeldesituation realisiert werden müsse. Es entstand die Idee, die Grundschule auszulagern, um die dann freiwerdenden

Räume für eine Vierzügigkeit der Sek. I nutzen zu können. Während Hinrich Troff also berichtete, dass die laufende Baumaßnahme voll im Zeitplan sei, hatten wir uns mit einer neuen Planungsaufgabe, nämlich dem neuen Baukomplex „Grundschule", zu beschäftigen.

Es war nicht möglich, alle anstehenden Aufgaben im normalen Tagesrhythmus und in den abendlichen Sitzungen zu erledigen. Daher kamen wir am 4. April zu einer ganztägigen Vorstands-Klausurtagung im Hause von Erwin und Sandra Wallenstein zusammen, um erst einmal alle Aufgaben nach Priorität A (sofort zu erledigen), B (terminieren oder delegieren) und C (langfristig) zu sortieren. An dieser Klausur, zu der wir auch Kurt Plagge eingeladen hatten, nahmen außer mir Hinrich Troff, Erwin Wallenstein, Heinrich Behrends, Nieklaas Swart und Antje Walther teil. Die unter Priorität A eingestuften Punkte bearbeiteten wir sehr detailliert. Es ging hier um: Auslagerung der Grundschule, Arbeitszeitregelung, Funktionsämter an der FCSO, Personalführung/Mitarbeitergespräche, Auswahlkriterien für Schüleranmeldungen, Neubau-Einrichtung, Sicherheitsfachkraft und Verwaltungsleiter- Stellenbeschreibung.

Die unter Priorität A/B eingestuften Punkte sollten vornehmlich in den nächsten Sitzungen bearbeitet werden, nämlich: Gehaltsgruppierung der Lehrkräfte, Stellenbedarfsbeschreibung, Erziehungskonzept und Frömmigkeitsformen, Schulordnung und Personalvertretungsfragen. Unter B wurden folgende Bereiche eingestuft: Satzungsänderung, Gehaltsordnungsfragen, Schülerzeitung, Schulgelderhöhung/Anträge auf Ermäßigung, Elternmitarbeit sowie Kontakte zwischen Trägerkreis und Kollegium.

Unter B/C oder C fielen die Punkte: Lehrerfortbildung/AEBS sowie weitere Standorte in Ostfriesland.

Ich hatte es übernommen, den erarbeiteten Aufgabenkatalog für den Verwaltungsleiter zu sortieren und möglicherweise mit Ergänzungen zusammenzufassen. In der Vorstandssitzung am 7. Mai legte ich den folgenden Entwurf „Stellenbeschreibung für den Verwaltungsleiter Kurt Plagge" vor:

1. Der Verwaltungsleiter hat seine Aufgaben unter Beachtung der Satzung des VES zu erfüllen. 2. Er ist beauftragt: 2.1. am weiteren Aufbau der FCSO mitzuarbeiten, 2.2. an der Realisierung der Ziele der FCSO auf Grundlage des Erziehungskonzeptes mitzuwirken, 2.3. in Zusammenarbeit mit der Schulleitung für einen reibungslosen organisatorischen Ablauf des Schulbetriebes zu sorgen, 2.4. den verwaltungstechnischen Ablauf sowohl im Verein als auch im Schulbetrieb systematisch zu gestalten, zu organisieren und zu kontrollieren, 2.5. die ehrenamtliche Mitarbeit innerhalb des VES und der FCSO zu stärken und in ihrer Effizienz auszubauen. 3. Er ist beauftragt, die Zusammenarbeit zwischen dem VES und der Schulleitung, dem Kollegium und der Mitarbeiterschaft, den Gremien, der

Elternschaft und dem Freundeskreis des VES zu koordinieren und für einen angemessenen Informationsfluss zu sorgen. 4. Er ist beauftragt, als Kontaktperson zwischen dem VES sowie allen Personen und Institutionen nach innen und außen zu fungieren und die Interessen des VES und der FCSO wahrzunehmen. 5. In der Dienststellung ist der Verwaltungsleiter 5.1. dem Vorstand des VES unterstellt. 5.2. Er arbeitete als Beauftragter des Schulträgers (VES) vertrauensvoll mit der Schulleitung zusammen, die nach dem Schulgesetz für die unterrichtlichen und schulamtlichen Belange zuständig ist. 5.3. Er ist im Rahmen seiner Zuständigkeit allen Mitarbeiterinnen und Mitarbeitern gegenüber weisungsberechtigt. 6. Einzelne Aufgaben und Prioritäten werden mündlich abgestimmt oder schriftlich verfasst und als Anlage angefügt. (Diese Anlage umfasst 10 Haupt- und 15 Unterpunkte sowie 40 Detailbeschreibungen). 7. Die spezifischen Aufgaben des Verwaltungsleiters im VES erfordern hohes Verantwortungsbewusstsein, umsichtiges Verhalten, sicheres Auftreten, integratives und kreatives Arbeiten, zielstrebige und klare Vorgehensweise bei standhafter Gelassenheit. Gez. W. T. VES Ostfriesland e. V. 27. 04. 1998.

Die Initiative Christliche Schule (ICS) in Großheide bat uns im April um Unterstützung, im Landkreis Aurich eine weitere Christliche Schule zu gründen. In dem Nachbarort Berumerfehn hatten wir wiederholt Informationsveranstaltungen durchgeführt. Nach einem ausführlichen Beratungsgespräch, u. a. mit Ralf Homberg aus Hage und Gerhard Schäfer aus Großheide in unserem Haus erklärten wir uns damit einverstanden, bei der Bezirksregierung nachzufragen, ob wir in Großheide eine Dependance unserer Schule einrichten könnten. Alle anderen Aufgaben der Schulgründung und -entwicklung wie Finanzierung, Raumbedarf und Personalausstattung würde die Initiative selber eigenverantwortlich übernehmen.

Von der Bezirksregierung erhielten wir am 5. Mai einen ablehnenden Bescheid mit der Begründung, dass der geplante Standort zu weit weg wäre und das Niedersächsische Schulgesetz keinen „reisenden" Schulleiter zuließe. Eine Kopie dieses Ablehnungsschreibens schickte ich Herrn Homburg zu, worauf er mitteilte, dass man den Plan zur Gründung einer Christlichen Schule nicht aufgeben wolle. Im August wurde ich von der Initiative noch einmal zu einem Gespräch nach Großheide eingeladen, um über die einzelnen Schritte einer Schulgründung zu berichten. Leider ist es der Initiative nicht gelungen, im Norden Ostfrieslands einen weiteren Standort für eine Christliche Schule aufzubauen, so dass die Kinder aus diesem Raum weiterhin den langen Weg zur FCSO nach Veenhusen auf sich nehmen mussten.

Das Richtfest am 20. Mai war wieder eine gute Gelegenheit, die FCSO in den öffentlichen Fokus zu bringen. Wir informierten die Zeitungen mit einer Pressemitteilung über den aktuellen Stand der Schulentwicklung und luden zum Richtfest ein. In der „OZ" erschien am 22. Mai ein Bericht mit der Überschrift „Richtkranz weht über Schulneubau, Freie Christliche Schule erweitert." Am 24. Mai titelte

„Report" unter Moormerland: „Richtfest für 16 Schulräume, Erweiterungsbau der Christlichen Schule soll bis zum neuen Schuljahr fertig sein." Wir hatten in der Pressemitteilung erwähnt, dass sich die erforderliche Eigenleistung in Höhe von 800 TDM aus Freundesdarlehen und Spenden zusammensetzt. In beiden Berichten hieß es aber: „Insgesamt investiert der Trägerverein über 3 Millionen Mark. Öffentliche Zuschüsse für den Anbau gibt es nicht. Der Schulträger finanziert das Vorhaben aus eigenen Mitteln und 800.000 Mark an Spenden."

Interessanterweise gab es zu dieser irrtümlichen Spenden-Meldung von keiner Seite eine Rückfrage. Offensichtlich traute man den Ostfriesen - und das in vielerlei Hinsicht mit Recht - eine hohe Spendenbereitschaft zu.

Die Einbeziehung der Eltern in das Schulleben hatte sich als sehr wertvoll herausgestellt. Das Wachstum der Schule erforderte auch in diesem Bereich eine personelle Erweiterung. Unter der Leitung von Dieter Hupens formierte sich der Elternarbeitskreis neu mit folgenden Mitarbeitern: Hildegard Behrends, Amanda Blank, Jenny Blank, Regina Herdt, Thomas Hesenius, Klaus Jasper, Artur Kroon-Husmann, Alfred Mansholt, Marina Menninga, Heinz-Otto Tieden, Ewald Weber und Gritta Elsen. Sie formulierten ihre Dienstmotivation mit dem Kernsatz: „Es soll Liebe sichtbar werden durch gewissenhaftes Tragen von Verantwortung, durch Verlässlichkeit und Sorgfalt, Organisation, Hand-in-Hand- Arbeiten, umfangreiche Beteiligung aller Eltern und alles getragen im Gebet." Und weiter: „Wir alle möchten uns für unsere Schule einsetzen und auch hier Gottes Liebe durch uns in der Schule und bei den Arbeiten an der Schule sichtbar machen. Gott möchte uns gebrauchen. Das wird auch im Elternarbeitskreis konkret durch Zusammenarbeit mit der Schule und dem Trägerkreis, Hilfeleistung bei Schulfesten, Entlassungs- und Einschulungsfeiern, Eltern- und Freundeskreistreffen, Tagungen u.v.a.m."

Auf Anregung des Elternarbeitskreises entstand ein Schulgebetskreis für Eltern, Schüler und Lehrer, der sich erstmals am 9. Juli im Musiksaal der FCSO traf, um für alle Belange der Schule zu beten, und damit auch öffentlich die Abhängigkeit von Jesus zu dokumentieren.

Der Schulelternrats-Vorstand: v. l. Helmut Diekmann, Hilda Kühnle, Gisela Günther, Jan Akkermann und Dieter Hupens. Nicht auf dem Bild. B. Drath, M. Falk und J. Held

In den Vorstand des Schulelternrat wurden folgende Personen gewählt: Jan Akkermann (stellv. Vorsitzender), Helmut Diekmann, Bernhard Drath, Manfred Falk, Giesela Günther, Jürgen Held, Dieter Hupens (Vorsitzender) und Hilda Kühnle (Schriftführerin).

Das Schulfest am 20. Juni brachte wieder einmal einen neuen Rekord! Der Elternarbeitskreis hatte eine sehr breite Angebotspalette an Spielständen, Fahrgeräten, Glücksspielen sowie Getränke- und Speiseangeboten vorbereitet. Einige Tausend Besucher mit „Kind und Kegel" nutzten das großartige Schulfest bei sonnigem Wetter. Mit rund 8.000 DM Überschuss konnte wieder viel Unterrichtsmaterialien angeschafft werden.

Am 1. Juli trat Kurt Plagge seinen Dienst als Verwaltungsleiter an. Er hatte bereits in ehrenamtlicher Weise an verschiedenen Sitzungen teilgenommen und einen guten Einblick in die vielseitigen Aufgaben bekommen. Am gleichen Tag übernahm er bereits das Protokollieren der Vorstandssitzung. Es kam auch zur Sprache, dass die benachbarte Baptistengemeinde ein neues Gemeindezentrum planen würde und den bisherigen Gebäudekomplex verkaufen wolle. Der Arbeitskreis Bau wurde beauftragt, sich mit diesem Thema zu befassen. Ein Kauf wurde jedoch abgelehnt, weil das Gebäude für eine Grundschule ungeeignet war. Für die geplante Auslagerung der Grundschule hatte die politische Gemeinde ein passendes Grundstück in ungefähr 1 km Entfernung an der Hauptstraße ins Spiel gebracht.

Diverse Personalangelegenheiten waren ebenfalls Thema dieser Sitzung. Bereits am 16. Juli übernahm in der Trägerkreissitzung Kurt Plagge die einleitende Andacht und vertretungsweise die Protokollführung. Es ging in der Tagesordnung um den Bericht der Schulleitung, um den Haushaltsplan, Personalangelegenheiten, Rückblick Schulfest, Stand der Baumaßnahme, die Anmeldesituation und um den neuen Standort der geplanten Grundschule.

Dass Kurt Plagge nun vor Ort die vielen Aufgaben bündeln und vorantreiben konnte, war für mich und meine Frau Hanna eine echte Entlastung. Bisher gab es bei uns zu Hause kaum Tage oder Abende ohne Telefonate in Sachen FCSO. Auch die Durchführung von Schreibarbeiten, manche Gespräche mit außenstehenden Personen, Firmen oder Institutionen verlagerten sich mehr und mehr zu Kurt Plagge ins Schulbüro. Dafür waren wir sehr dankbar. Damit wich bei uns so langsam das Gefühl der Überlastung. Es veränderte die Art der Aufgaben. Sie wurden erträglicher, aber nicht langweiliger. Es gab ehrenamtlich noch genug zu tun, was bei immer weiter wachsenden Schülerzahlen nicht verwunderlich war.

Bei den durchgeführten Abschlussprüfungen unter Vorsitz des Schulamtes erreichten 8 Schüler den Haupt- und 40 den Realschulabschluss. Davon wechselten 14 Schüler in die 11. Klasse. Dass diesmal 3 Schüler nicht den Realschulabschluss erreichten, war im Wesentlichen darauf zurückzuführen, dass Eltern darauf bestanden hatten, ihre Kinder trotz gegenteiliger Empfehlung am Unterricht der 10. Klasse teilnehmen zu lassen.

Die Entlassungs- und die Einschulungsfeiern wurden wieder mit Unterstützung der Eltern durchgeführt. Die Einschulung von 67 Erstklässlern erfolgte aus Platzgründen in zwei Etappen im Gemeindesaal der Baptistengemeinde. Dennoch gab es aufgrund der vielen Besucher Platzprobleme, die deutlich machten, wie sehr uns noch eine Aula fehlte.

Ein Geschäftsmann in Leer hatte verlauten lassen, dass er eventuell bereit wäre, eine Sporthalle zu bauen und sie zu günstigen Bedingungen an die FCSO zu vermieten. Bei meinem Besuch in seinem Büro nannte ich ihm die von uns recherchierten Kosten für eine Dreifachhalle in Höhe von ca. 3,5 bis 4 Mio DM. Darauf antwortete er, dass ein solches Engagement auch für ihn zu hoch sei. Somit war auch diese Idee vom Tisch.

Im Laufe des Jahres hatten wir 20 Bewerbungsgespräche mit Lehrkräften geführt. Wir stellten 14 neue Lehrkräfte ein. Zum Schuljahresbeginn am 1. September: Bernd Achtermann, Johanna Deppner, Esther Goudefroy, Susanne Kramer, Thomas Leuschner, Brigitte Lohrie, Ulrich Landes, Susanne Mrosek, Christine Niebuhr, Regina Orth, Manuela Reiter, Udo Rudisile, Mareke Schmidt und Claudia Stützer-Balschun. Am 1. November kam noch Carolin Steppat als Referendarin hinzu.

Damit konnten wir auch einige Abgänge ausgleichen. Gudrun Hollweg wurde am 16. Juli pensioniert. Dagmar Iturizaga war am 1. Mai eingetreten und beendete am 31. Juli ihren Dienst, ebenso Norbert Niederhagen und Gerno Schöneich.

Das Kollegium vergrößerte sich in diesem Jahr auf 51 Lehrkräfte, die 680 Schülerinnen und Schüler in 12 Jahrgangsstufen unterrichteten.

Mit einer neuen Gehaltsordnung wollten wir uns dem Niveau an staatlichen Schulen annähern. Durch neue Gruppeneinstufungen und zusätzliche Leistungen erhöhten sch die jährlichen Personalkosten damit um 156.000 DM auf insgesamt 3.390.000 DM im Jahr 1998.

Die Einweihung des neuen Schulgebäudes feierten wir als großes Ereignis mit Einladungen an Politiker, Gemeindevertreter, Schulbehörden und Pressevertreter. Natürlich waren auch Architekt Georg Tjards und die am Bau beteiligten Firmen mit Handwerkern sowie das Kollegium, Mitarbeiter und Trägerkreismitglieder dabei. Einmal mehr dankten wir während der Feier unserem stellvertretenden Vorsitzenden Hinrich Troff ganz herzlich für seine großartige Bauleitung. Fast täglich war er auf der Baustelle zugegen, um im Auftrag des VES nach dem Rechten zu sehen und auftauchende Fragen bzw. Probleme kurzfristig zu klären.

Der Schülerchor unter der Leitung von Margret Carl hatte passende Lieder eingeübt und erfreute mit seinen Vorträgen die geladenen Gäste. Das Lied „Wir haben eine neue Schule" war einigen noch bekannt von der Einweihung des ersten großen Erweiterungsbaus. Aber offensichtlich ging auch das neu gedichtete und komponierte Lied: „Liebe ist das A und O" sehr zu Herzen. In dem OZ-Zeitungsbericht

Das Schulgebäude mit dem Sek II- Anbau, 4. Baumaßnahme 1998

hieß es dazu: „Der Schülerchor der 5. und 6. Klassen bekam für den gelungenen Auftritt begeisterten Beifall. Liebe ist einer der Grundwerte, an denen sich die Freie Christliche Schule in Veenhusen orientiert." Die OZ veröffentlichte zwei Sonderseiten mit Berichten über die FCSO und 17 Werbeanzeigen der am Bau beteiligten Firmen.

In fünf weiteren Zeitungen wurde über die Schulerweiterung sehr positiv mit folgenden Überschriften berichtet: „Neuer Schultrakt für die gymnasiale Oberstufe", "Christliche Schule hat jetzt Abitur", „Schon 680 Schüler an Christlicher Schule", „Positiver Entwicklung wurde mit Anbau Rechnung getragen", „Neues Schulgebäude für die gymnasiale Oberstufe", „Christliche Schule weiht Neubau ein" oder „Aufbauphase endet im Jahre 2000."

Diese Veröffentlichungen machten die FCSO noch mehr bekannt. Steigende Schülerzahlen sollten uns nicht zur Ruhe kommen lassen und würden uns bezüglich der Annahme, dass die Aufbauphase im Jahr 2000 beendet sei, eines Besseren belehren.

Zum Tag der Offenen Tür am 3. Oktober strömten ca. 500 Besucher durch die Schule und zeigten sich beeindruckt von den bisherigen und neuen Räumlichkeiten. Die Schulleitung und der VES waren im Eingangsbereich mit Informationsständen präsent. Das Lehrerkollegium stand den Besuchern in den Klassen- und Fachräumen für Fragen zur Verfügung. Der vergrößerte Lehreraufenthaltsraum bot nach einem Rundgang Gelegenheit, sich zu erholen und bei Tee/Kaffee und Kuchen zu stärken, der wie gewohnt vom Elternarbeitskreis angeboten wurde.

Verschiedene dringende Aufgaben warteten auf Erledigung. So musste unter dem Druck der vielen Anmeldungen die Vierzügigkeit des 5. Jahrgangs schon für das nächste Schuljahr vorbereitet werden. Infolge der verbesserten und notwendigen Gehaltsstruktur kamen wir nicht umhin, zum Beginn des nächsten Jahres das Schulgeld zu erhöhen, und zwar von 130 auf 150 DM, von 90 auf 100 und von 60 auf 70 DM. Unverändert blieb es bei 40 DM ab dem 4. und dem 5. Kind bei der Schulgeldbefreiung.

Nach mehreren Verhandlungen konnten wir den Kauf des Grundstückes für den neuen Grundschulstandort an der Hauptstraße zu folgenden Bedingungen vorbereiten:

Das Grundstück bis zu einer Tiefe von 40 Meter kostete pro qm 55 DM, die dahinter liegende Grünfläche 10 DM/qm. Hinzu kamen 20 DM/qm Erschließungskosten. Die Gesamtfläche betrug 1,8 Hektar. Für die Grundschule inklusiv Zuwegung, Schulhof und Spielflächen wurden 6.000 qm oder mehr benötigt. Wir beabsichtigten, auch das 958 qm große Nachbargrundstück zu erwerben, um mehr Platz für eine größere Busschleife zu bekommen.

Bald sollten auch die Planungsgespräche mit den Grundschullehrkräften beginnen, um die Wünsche für den Neubau zu berücksichtigen. Außerdem war für die Auslagerung der Grundschule frühzeitig die Genehmigung der Bezirksregierung einzuholen.

Thema der Klausurtagung des Kollegiums vom 22. bis 24. November in Ahlhorn war die praktischen Umsetzung des geistlichen Profils an der FCSO. Die Vergewisserung des biblischen Auftrags war eine beständige Herausforderung der bisher an FCSO tätigen Lehrkräfte, zugleich aber auch eine gute Gelegenheit für die neuen Kolleginnen und Kollegen, eine gemeinsame Sichtweise zu erhalten.

Unser Trägerkreismitglied Dr. Walter Vietor, ausgebildeter Pädagoge und Leiter unseres pädagogischen Arbeitskreises verfasste zum Thema Vorbilder folgende Ausarbeitung: „In der Schule gilt das Lernen durch Vorbild und Nachahmung seit Jahrhunderten als ein grundlegendes und bewährtes Lernmodel. Leider ist diese Erkenntnis über die Effizienz dieser Lernstrategie in den letzten Jahrzehnten weitgehend an den Rand der wissenschaftstheoretischen, aber auch der schulpraktischen Überlegungen gedrängt worden. Insbesondere im Gefolge der emanzipatorischen Strömungen wurde vor allem die Unterrichtsmethodik in das Zentrum des Interesses gestellt, während die personalen Bezüge zunehmend an Bedeutung verloren. Anfang der 70er Jahre diskutierten ernstzunehmende Wissenschaftler über die Möglichkeit eines fernsehgestützten Unterrichts, der methodisch besonders gut aufbereitet werden sollte. Zweifellos sind wichtige Zusammenhänge über die Lernmethodik und auch über die Lernpsychologie erkannt und erprobt worden, wie beispielsweise die Möglichkeiten der sogenannten offenen Unterrichtsverfahren. In die aktuelle pädagogische Diskussion mischen sich indes mehr und mehr Stimmen, die eine Revision der etablierten Konzepte fordern. Immer deutlicher manifestiert sich die Erkenntnis, dass die Lehrperson eine entscheidende Bedeutung im Prozess der Erziehung und Bildung spielt. Unter der Überschrift „Was ist ein guter Lehrer" wurde eine vielschichtig geführte Diskussion in Gang gesetzt, allerdings bisher ohne tiefgreifende Konsequenzen für die Unterrichtspraxis. Die Sichtweise beginnt sich immer mehr durchzusetzen, dass in einer Zeit, wo die familiale Erziehung immer mehr ihre prägende Kraft verliert (Stichwort: vaterlose Gesellschaft), die personale

Bedeutung in der Erziehung in den Mittelpunkt unseres Interesses rücken muss, um unseren Kindern und Jugendlichen eine Orientierung in einer immer unübersichtlicheren Welt zu ermöglichen. Unser Schulalltag schreit geradezu nach glaubwürdigen Vorbildern, sowohl der Eltern als auch der Lehrer. Die Ausrichtung an Eltern und Lehrern hat aber nicht nur in der Erziehung und Bildung einen herausragenden Stellenwert, sondern ebenso in geistlicher Hinsicht. Viele Christen, insbesondere junge Christen, können davon berichten, wie prägend es für sie gewesen ist, bei einem reifen Christen den Glauben in Aktion erlebt zu haben. Eine konkret miterlebte Krankenheilung wirkt sehr viel nachhaltiger, als wenn man davon in einem Buch oder durch Erzählung erfährt. Biblische Beweise einer Glaubenspraxis, die vor allem durch Vorbild und Nachahmung ihre Dynamik erhielt, finden wir beispielsweise bei Elia und Elisa. Elisa erfährt, wie sich der konkret gelebte Glaube in der Alltagspraxis manifestiert. Auch die Jünger Jesu sehen konkret, was der tätige Glaube vermag und wie er augenscheinlich zur Tat drängt. Dieses Glaubensmodell von Vorbild und Nachahmung ist in demselben Maße auch in der Familie wirksam. Kinder erfahren, wie ihre Eltern und ihre Lehrer ihren Glauben leben, und sie orientieren sich bewusst oder unbewusst an diesem Vorbild. Je früher ein Kind einem Vorbild in seinem Tun und Denken folgt, desto tiefer spurt sich dieses Denken und Tun ein. Dabei geht es nicht um ein soziales Engagement, sondern um die Suche nach Gott. Es geht darum, Jesus nachzufolgen. Wo Jesus in den Mittelpunkt rückt, verändert sich das Verhalten in allen Bereichen des Lebens. Kinder brauchen das Vorbild von Erwachsenen auch hinsichtlich ihres Umgangs mit Sünde. Wir haben alle das Bedürfnis, Dinge, die uns wichtig sind, aus der Nähe zu betrachten. Wir möchten uns gerne darüber austauschen und darüber berichten. Die großen Väter und Mütter des Glaubens taten es bei ihren Kindern. So blieben die Zeugnisse des Glaubens im Herzen der Kinder lebendig."

Das Eltern- und Freundeskreistreffen am 28. November stand wieder einmal unter dem Thema „Lob und Dank". Im Gegensatz zu früher wollten wir zwar auch über die organisatorischen und baulichen Fortschritte und die wirtschaftliche Situation berichten, aber nicht ausdrücklich zu Spenden aufrufen. Wir hatten so oft erlebt, dass durch Gottes Einfluss zur rechten Zeit Menschenherzen zum Geben bewegt wurden. Deshalb sollte diesmal ganz bewusst das Gotteslob im Vordergrund stehen. Natürlich wollten wir auch wieder mehreren ehrenamtlichen Mitarbeitern in Worten und symbolisch mit einem Blumenstrauß danken. Für die Vorstellung der vielen neuen Lehrkräfte hatten wir mehr Zeit einzuplanen. Doch auch Berichte aus dem Schulalltag durften ebenso wenig fehlen, wie musikalische Beiträge oder das traditionelle Basarangebot. Und was wäre ein solches Treffen ohne die interessanten und lebhaften Gespräche bei Tee, Kaffee und Kuchen? Viele zwischenmenschliche Kontakte, die über Jahre Bestand hatten, wären ohne diese Begegnungen nicht entstanden.

Kapitel 27

1999 Schülerzuwachs - Wartelisten - Pläne: Neuer Grundschulstandort - Mehrzweckhalle

Im letzten Jahr haben wir wiederholt feststellen dürfen, dass es in allen Fragen der äußeren und inneren Gestaltung der Schule am besten ist, sich an Gottes Wort zu orientieren. Nicht, dass es immer sofortige Antworten gab. Nein, das nicht, aber die segensreiche Entwicklung der Schule ließ sich hierauf zurückführen. Insbesondere das ungewöhnlich starke Wachstum der Schule musste uns vor Hochmut bewahren. Das „Demütig-sein vor Gott" wollten wir gemäß Micha 6,8 nicht aus den Augen verlieren: „Es ist dir gesagt, Mensch, was gut ist und was der Herr von dir fordert, nämlich Gottes Wort halten, Liebe üben und demütig sein vor deinem Gott." Je mehr dieses Wort im täglichen Unterricht zwischen Lehrern und Schülern, in der Mitarbeiterschaft der Schule und im Trägerkreis umgesetzt würde, desto mehr könnte Gott die FCSO zum Segen werden lassen.

So erfreulich auch die vielen Schüleranmeldungen waren, brachten sie uns doch in eine arge Bedrängnis. Uns erreichten zum Beispiel für die 1. Klasse des nächsten Schuljahres über 130 Voranmeldungen, wobei wir nur eine Aufnahmekapazität von 66 Plätzen hatten. Es war uns zwar schon aufgefallen, dass auch „Hamsteranmeldungen" dabei waren. Dennoch mussten wir am Ende noch 30 Schüler auf eine Warteliste setzen. Eine Situation, die uns Magendruck bescherte. Ähnlich sah es für die Anmeldungen zur 5. Klasse aus. Von den 80 Anmeldungen konnten wir nur 33 berücksichtigen.

Diese Situation veranlasste uns, die Planungen für die Auslagerung der Grundschule intensiv voranzutreiben. Die Verhandlungen mit drei Grundstücksbesitzern an der Hauptstraße dauerte ihre Zeit. Wir konnten aber im Laufe des Jahres eine Einigung erzielen. Für insgesamt 9300 qm Grundfläche mussten wir inklusiv Erschließungskosten rund 320 TDM aufwenden. Schließlich stimmte auch die Bezirksregierung der Verlagerung zu, ebenso auch die Gemeinde Moormerland mit einer entsprechenden Bebauungsplanänderung. Die übrigen Nachbarn an der Hauptstraße freuten sich über diese Entwicklung, denn der Wert ihrer Grundstücke erhöhte sich wesentlich durch den neuen Bebauungsplan und die Ansiedlung einer Grundschule.

Die Klausurtagung mit dem Kollegium und dem Trägerkreis am 27. Februar fand diesmal in den Räumen der Ev. Luth. Kirchengemeinde Firrel statt. Nach einer Andacht des Gemeindepastors, Bernhard Behrens, hielt der CVJM - Landessekretär Burghard Hesse einen Vortrag zu dem Thema: „Echt abgedreht" zur Situation der

Jugendlichen in unserer Gesellschaft. Er konnte aufgrund seiner eigenen Erfahrungen Denkweisen und Einstellungen von Jugendlichen schildern. Jugendliche sollten vor allem ernst genommen werden. Echtheit und Authentizität seien wichtige Bestandteile im Umgang mit ihnen. In anschließenden Gruppengesprächen wurde diskutiert, wie die praktische Umsetzung der geistlichen Grundlage der FCSO im Schulalltag angesichts der geschilderten Situation der Jugendlichen verwirklicht werden kann. Nach dem Mittagessen und einem ausgiebigen Spaziergang durch das Dorf konnten die Gespräche fortgesetzt und allgemeine Themen des täglichen Schullebens behandelt werden.

In der Jahreshauptversammlung am 17. März berichtete unser Schatzmeister Erwin Wallenstein über den Haushaltsabschluss des Vorjahres, der das bisher größte Volumen in Höhe von 4,5 Mio DM enthielt. Mit Freude und Dankbarkeit konnte ein positives Ergebnis vermeldet werden. Auf der Tagesordnung standen u. a. auch wieder Vorstandswahlen. Heinrich Behrends hatte uns wissen lassen, aus Altersgründen nicht mehr zur Wahl zur Verfügung zu stehen. Wiedergewählt wurden Hinrich Troff als stellvertretender Vorsitzender und Nieklaas Swart als Beisitzer. Neu in den Vorstand kam als Beisitzer Artur Kroon-Husmann. Wir dankten Heinrich Behrends ganz herzlich für seinen kompetenten, fachlich versierten und treuen Dienst in den schwierigen Aufbaujahren. Sein wesentlicher Anteil am Aufbau der Schule, insbesondere in den Kontakten mit den Schulbehörden, werde unvergessen bleiben. Er blieb uns jedoch im Trägerkreis noch erhalten. Dabei sollte ihn ein Vers aus Psalm 37,4 begleiten: „Habe deine Lust am Herrn, der wird dir geben, was dein Herz wünscht."

Es war zwar nicht üblich, im Rahmen des Eltern- und Freundeskreistreffens Mitgliedern des Trägerkreises öffentlich zu danken, aber bei Heinrich machten wir bei dem Treffen am 20. März in den Gemeinderäumen der Baptistengemeinde eine Ausnahme. Wir schilderten seine wertvolle Mitarbeit und überreichten ihm sowie auch Frau Engelke für ihre ehrenamtlichen Dienste unter großem Beifall je einen Dankes-Blumenstrauß.

Natürlich berichteten wir u. a. auch über die Pläne der Grundschulverlagerung und den weiteren Ausbau der Sek I zur Vierzügigkeit. Das Programm dieses Treffens wurde bereichert durch einen Harfenvortrag von Anne-Laure Hunsmann, Lehrerchorvorträge unter Leitung von Hans-Martin Urbschat und einen Musikvortrag der Oberschülerinnen Johanne Klock und Claudia Brouwer mit Violine und Klavier. Zusätzlich gab es eine lustige Überraschung, als vier verkleidete Lehrer ein Nachtwächterlied vortrugen. Am Frühlingsbasar konnte man dekorative Bastelarbeiten erwerben. Und wie gewohnt hatte der Elternarbeitskreis wieder für ein Getränke- und Kuchenbuffet gesorgt, dass vom Publikum gerne in Anspruch genommen wurde.

Das Schulwachstum erforderte eine neue Schulleiterstruktur. Nach mehreren Gesprächen mit den Beteiligten setzte sich die neue Schulleitung wie folgt zusammen: Schulleiter Joachim Heffter Stellvertr. Schulleiter Michael Piorr, Grundschulleiter Asmus Meyer, Stufenleiter Sek I Christian Hunsmann und Stufenleiterin Sek II Elke Visser.

Die Zahl der Teilnehmer an den Trägerkreissitzungen variierte stark. Es verabschiedeten sich aus dem Trägerkreis Edzard Agena, Hinrich Blank, Elisabeth Heeren und Elfriede Saathoff. Wir dankten ihnen ausdrücklich für ihren bisherigen Dienst und wünschten ihnen Gottes Segen in ihren jeweiligen neuen Lebenssituationen. Fast alle blieben uns im Rahmen des Freundeskreises verbunden. So zum Beispiel auch unser ehemaliges Vorstandsmitglied Elisabeth Heeren, die es bedauerte, aus familiären Gründen im Trägerkreis nicht länger aktiv dabei sein zu können. Dafür bot sich im Laufe des Sommers Elke Eilers an, ehrenamtlich verschiedene Aufgaben im Umfeld der Schule zu übernehmen. Zum Beispiel hat sie viele Jahre in aller Treue den Versand der Informationsschrift „DIT un DAT" organisiert. Sie wurde dabei regelmäßig viele Jahre unterstützt von Sini Ahrends, Hilke Harms, Sine Nannen und Rena Schmidt. Dieser stille Dienst stand auch als Beispiel für viele Menschen, die in beständiger Fürbitte die Entwicklung der Schule begleiteten, deren Namen ich nicht kannte oder wieder vergessen habe. Manche haben mir das in Begegnungen bei verschiedenen Veranstaltungen bekundet. Das habe ich stets mit einem herzlichen Dankeschön zur Kenntnis genommen. Ich weiß, dass auch christliche Gemeinden und viele uns unbekannte Christen für die Schule gebetet haben. Wie gut ist es, dass Gott diese Menschen kennt, die auf diese Weise die Entwicklung der Schule mitgetragen haben.

Das Schulfest am 19. Juni wurde wieder vom Elternarbeitskreis vorbereitet und begleitet. Artur Kroon-Husmann berichtete, dass in einer Telefonaktion mit 86 Personen die Standbesetzungen und verschiedene Aufgaben abgestimmt wurden. Es war wieder ein besonderer Tag der Freude für die Kinder. Auch gab es viele froh machende Begegnungen zwischen den Besuchern auf dem Schulgelände.

Der tägliche Schulbetrieb forderte von den Lehrkräften und den Mitarbeitern ganzen Einsatz. Manchmal wurde von Überlastung gesprochen oder der Wunsch nach noch mehr Lehrerfortbildungs-Maßnahmen geäußert. Wir überlegten, diesem Bedürfnis mit Zeitmanagement-Seminaren oder seelsorgerlichen Angeboten nachzukommen. Allerdings zeigte sich auch, dass die überwiegende Mehrheit des Kollegiums ihre Aufgaben mit Freude und Engagement verrichtete. Es wurden mit einzelnen Lehrkräften Gespräche geführt, um eine Überlastung wegen schwächerer körperliche Konstitution oder Überforderung im disziplinarischen Bereich zu vermeiden. Das scheint an allen Orten und in allen Betrieben so zu sein, dass man bestimmten Mitarbeitern durch besondere Zuwendung oder konstruktiver Kritik helfen muss, mit den beruflichen Herausforderungen besser klar zu kommen. Vor diesem Hintergrund überlegten wir im Vorstand, dem Kollegium zu empfehlen, eine Mitarbeitervertretung zu bilden, um auftauchende Fragen oder Probleme gemeinsam zu behandeln und merkten diesen Punkt für die Ahlhorner Klausurtagung des Kollegiums am 14. bis 16. November vor.

Wie jedes Jahr standen wieder Schulabschlussprüfungen an. Alle 42 Prüflinge erreichten den Realschulabschluss. Davon wechseln 19 Schüler zur Oberstufe. Mit den 8 Neuanmeldungen bestand der 11. Jahrgang aus 27 Schülern.

Es galt wieder, Entlassungen und Einschulungen vorzubereiten. In der Abschlussfeier am 9. Juli mit Ansprachen, Orchester und Chorbeiträgen sowie Geschenken wurden 29 Schüler verabschiedet.

Eingeschult wurden am 4. September 68 Erstklässler. Für die I-Männchen und deren Eltern, Freunde und Verwandte war die Feier mit dem sorgfältig vorbereiteten Programm ein besonderes Erlebnis.

Um für das neue Schuljahr gut gerüstet zu sein, stellten wir zusätzliche Lehrkräfte ein: Dorothea Blank, Esther Eißler, Martin Finschow, Werner Frers, Ralf Göbel, Ute Groen, Bettina Hunsmann, Inka Lübbers, Christine Nöldeke, Eva Rautenberg-Spielberg, Martin Rehaag, Olaf von Sacken, Brigitte Synowski, Stephan Zander, und 2 Referendarinnen. Es verließen die Schule: Claudia Stützer-Balschun, Johanne Deppner, Bettina Knoke, Esther Eißler, Antje van der Wall und Gritta Elsen.

Im Jahr 1999 unterrichteten nunmehr 59 Lehrkräfte insgesamt 763 Schüler in 31 Klassen.

Eine neue Art der Begegnung und des näheren Kennenlernens von Lehrkräften und Trägerkreismitgliedern war der Grillabend in der Köhlerhütte des OKM-Freizeitheimes in Großsander. Abseits von Arbeit, Unterricht und Büro in lockerer Atmosphäre miteinander zu essen und zu singen, war eine gute Gelegenheit, auch mit den neuen Lehrkräften ins Gespräch zu kommen. Die Kontaktpflege untereinander war wichtig und hilfreich, um die gemeinsamen Aufgaben und Ziele besser zu erkennen und umsetzen zu können.

Bei der Konkretisierung der geplanten Grundschulverlagerung kam die Frage auf, ob es angebracht wäre, mit der Gebaudeplanung nicht nur Georg Tjards, sondern eventuell einen anderen Architekten mit vielleicht neuen Ideen zu beauftragen. Eigentlich war die bisherige Zusammenarbeit mit Georg Tjards sehr zufriedenstellend gelaufen. Aber um jeglichen Verdacht auf „Vetternwirtschaft" auszuschließen, beschlossen wir, einen Architektenwettbewerb auszuschreiben. Gesagt, getan. Wir listeten auf vier DIN A 4-Seiten alle Leistungen auf, fügten Grundrisszeichnungen bei und schickten Mitte Dezember diese Unterlagen mit gleichlautenden Schreiben an ein Architekturbüro in Leer und an Georg Tjards, Friedeburg. Den Präsentationstermin hatten wir auf den 15. März 2000 festgelegt. Wir waren gespannt, wie die Bauvorschläge und Kostenaufstellungen im Vergleich ausfallen würden. Den Wettbewerb gewann schließlich Georg Tjards sehr überzeugend, sowohl bezüglich des Gebäudekonzeptes als auch in der günstigeren Kosteneinschätzung.

Wir hielten es für wichtig, auch den Eltern der Schüler die wesentlichen Grundlagen des christlichen Glaubens nahezubringen. Dafür organisierten wir Vortragsabende und luden dazu alle Eltern ein. Der Besuch war allerdings mit manchmal nur 20 Teilnehmern sehr gering. Natürlich waren wir darüber etwas enttäuscht. Aber den teilnehmenden Eltern konnten wir wertvolle Informationen mitgeben. Bei dieser Aktion ist jedoch auch deutlich geworden, dass Schule keine Gemeindeveranstaltung ersetzen kann.

Der vielseitige Schulalltag bestand nicht nur aus Unterricht, sondern aus vielen Elementen in der Ausbildung der Schüler zu verantwortungsvollen Persönlichkeiten der Gesellschaft. Dazu gehörten zum Beispiel Klassenfahrten der verschiedenen Jahrgänge zu unterschiedlichen Zielen, die organisiert werden mussten. Mit viel Aufwand wurde außerdem dafür gesorgt, dass alle Schüler einen Praktikantenplatz in der Wirtschaft oder in Institutionen erhielten. Auffallend waren nach dem Ende der Praktikumseinsätze die positiven Rückmeldungen über die Schüler der FCSO. Es war wichtig, den Schülern in den Klassen 9 und 10 verschiedene Berufsperspektiven zu eröffnen. Jürgen Lohrie kümmerte sich nicht nur um eine ständige Verbesserungen im Fach Arbeit/Wirtschaft/Technik, sondern auch um eine intensivere Kooperation mit Betrieben und die Durchführung von Betriebsbesichtigungen. Unter dem Begriff „Berufsorientierung an der FCSO" sollten noch mehr Aktivitäten auf diesem Gebiet unternommen werden.

Die Dringlichkeit einer Sport- bzw. Mehrzweckhalle rückte immer mehr in den Vordergrund. Allerdings hatten wir einen Spendenrückgang von 159 auf 139 TDM zu verzeichnen, was die Sache nicht einfacher machte. Deshalb überlegten wir verschiedene Möglichkeiten, die Spendenentwicklung in eine positive Richtung zu lenken, was jedoch nicht kurzfristig erreichbar war. Zunächst aber beabsichtigten wir, dieses Anliegen auf dem Eltern- und Freundeskreistreffen am 27. November zur Sprache zu bringen. Hinrich Troff stellte die Situation sehr ansprechend dar und ermunterte die Zuhörer, uns mit Rat und Tat, aber auch mit Ideen und Vorschlägen bei der Suche nach finanziellen Lösungen zu unterstützen. Unterstrichen wurde die Notwendigkeit einer Mehrzweckhalle durch Michael Piorr und Jan Heyen. Sie demonstrierten mit einem von Klaus Jasper erstellten Video und einer Grafik den Organisationsaufwand, der nötig war, um in verschiedenen Hallen den Sportunterricht aller Klassen zu ermöglichen. In Kürze würde man an Kapazitätsgrenzen stoßen.

Sehr positiv wirkten sich bei dieser Zusammenkunft ein erfrischendes Gospel-Medley des Schülerchores unter Leitung von Margret Erichsen-Carl und die Premiere des Lehrerorchesters der FCSO unter der Leitung von Iris Hinkelbaum aus. Die vom Publikum stürmisch geforderte Zugabe musste aus Zeitgründen auf das nächste Treffen verschoben werden, denn der vom Elternkreis liebevoll gestaltete Adventsbasar und das leckere Getränke- und Kuchenbuffet warteten bereits.

Über dieses Treffen und andere Themen wurde der Freundeskreis mit der 42. Ausgabe „DIT un DAT", die erstmals im Farbdruck erschien, ausführlich informiert. Durch das neue Layout sollten die Nachrichten und Informationen der FCSO künftig optisch noch anschaulicher vermittelt werden.

Hanna und ich wollten uns einmal in besonderer Weise für den vorbildlichen Einsatz der engsten ehrenamtlichen Mitstreiter bedanken, und zwar mit einer Einladung zu einer gemütlichen „Vorstandssitzung" mit Ehepartnern am 11. Dezember in unserem Haus. Die „Tagesordnung" enthielt diesmal folgende Punkte:

1. Herzliche Begrüßung
2. Gemütliches Hinsetzen
3. Besinnliche und fröhliche Unterhaltung
4. Leckeres Essen und Trinken
5. Diese und jene VES/FCSO-Punkte erörtern
6. Tee, Kuchen, Getränke und Knabbereien
7. Nicht zur Uhr schauen
8. Gemütlichkeit und Kurzweil beliebig ausdehnen und herzliche Gemeinschaft pflegen.

Dieses entspannte Beisammensein war nach einem arbeitsreichen Jahr ein schöner Abschluss. Es hat allen so gut gefallen, dass wir in den folgenden Jahren solche Dezember-Einladungen wiederholten. Auch die Schulleitung mit Ehepartnern luden wir später jeweils im Dezember mit dem zeitlichen Abstand von einer Woche zum feierlichen „Jahresabschlusstreffen" zu uns ein.

Wir freuten uns darüber, dass sich vornehmlich in der Adventszeit an mehreren Orten verschieden großen Gruppen mit Trägerkreismitgliedern und/oder einigen Lehrkräften im privaten Kreis zu ähnlich gemütlichen Zusammenkünften trafen. Dadurch entstanden freundschaftliche Verbindungen, die über eine lange Zeit anhielten.

Mit Blick auf den Jahrtausendwechsel kursierten sonderbare skurrile Vorstellungen, die auch uns berührten, denn wir hatten in der FCSO aufgrund der Marktentwicklung in der Computertechnologie diverse PC angeschafft und an verschiedenen Stellen eingesetzt. Computerexperten warnten, dass der Jahrtausendwechsel ein weltweites Chaos auslösen könnte. Viele Computer wären nicht in der Lage, das

Jahr 2000 vom Jahr 1900 zu unterscheiden. Die Folgen wären falsche Berechnungen oder Computerabstürze. Die Szenarien über mögliche Folgen von Jahr 2000-Fehlern reichten von apokalyptischen Prophezeiungen bis zur Meinung, das Problem würde überdramatisiert und wäre eine Werbekampagne cleverer Geschäftemacher. Natürlich war dieser Jahreswechsel etwas Besonderes, denn ein Jahrtausendwechsel hat in der Tat einen Seltenheitswert.

Nun, wir haben erlebt, dass die befürchteten spektakulären Vorgänge ausblieben. Für uns Christen gab es keine dramatischen Befürchtungen, was die Zukunft bringen würde. Gott selbst hat alle Zeit in seinen Händen. Wir richteten unser Augenmerk auf die Tatsache, dass Gott in dem nun zu Ende gehenden Jahr wieder viele Wunder getan hatte. Er würde auch für die Zukunft der FCSO sorgen. Deshalb galt unser Dank dem Herrn aller Herren, der uns zum Dienst berief, beauftragte und befähigte, mit den Worten aus Psalm 106,1: „Danket dem Herrn, denn er ist freundlich und seine Güte währet ewiglich."

Kapitel 28

2000 Abitur - Baubeginn Grundschule - Planungsentwurf Mehrzweckhalle

Besser ließ sich Auftrag und Ziel der Schule sowie unsere Motivation und Verantwortung in der Schularbeit kaum ausdrücken, als in dem Vers aus 1. Thessalonicher 2,4: „Gott hat uns für Wert geachtet, uns das Evangelium anzuvertrauen, darum reden wir, nicht, als wollten wir den Menschen gefallen, sondern Gott, der unsere Herzen prüft." Wenn Gott uns für Wert erachtete, an seinem Werk mitzuwirken - und die FCSO war, ist und bleibt ein Glaubenswerk - dann durften wir trotz Arbeitsfülle und stets neuer Herausforderungen zuversichtlich bleiben. Welche Vorhaben in diesem Jahr realisiert werden sollten, hatte sich schon in den letztjährigen Planungen abgezeichnet. Im Mittelpunkt unserer Aufmerksamkeit standen die ersten Abiturprüfungen, der Baubeginn eines Grundschulgebäudes und die Planungen für eine Mehrzweckhalle. Wie in der Vergangenheit mussten wir uns aufgrund des starken Schülerwachstums damit sehr konkret beschäftigen. Die Finanzierung der Baumaßnahmen allein schon für die Grundschule war eine enorme Herausforderung. Wie die dringend benötigte Mehrzweckhalle finanziert werden sollte, war unvorstellbar und noch völlig offen.

Die Erweiterung oder der Neubau von Klassenräumen war mit den wachsenden Schülerzahlen und der damit steigenden Landesfinanzhilfe und den Schulbeiträgen teilweise finanziell realisiert, eine Mehrzweckhalle jedoch nicht. Hier waren wir auf ein Wunder Gottes angewiesen, ohne eine Vorstellung davon zu haben, wie das wohl geschehen könnte. Wir konnten dafür nur bei jeder Gelegenheit um Gebetsunterstützung bitten, denn wir wussten, dass Gottes Möglichkeiten unbegrenzt sind. Es war spannend, in diesem Bewusstsein an der Planung zunächst einmal weiterzuarbeiten.

Viele Ideen wurden für eine denkbare Finanzierung der Mehrzweckhalle entwickelt und zusammengetragen. Kurt Plagge meldete sich zu einer Tagung am 18. und 19. Februar mit dem Thema „Fundraising und Sponsoring für Schulen" an. Außerdem sollte eine Sponsoring-Fahrradrally vorbereitet werden, zu der Freunde und Politiker eingeladen werden sollten. Wir baten Bürgermeister Anton Lücht um Kontaktaufnahme zum Regierungspräsidenten Theilen, um nachzufragen, ob es für diese Baumaßnahme EU-Fördermittel geben könnte. Auch beim Landessportbund wurden wir vorstellig, ob man etwas für uns erreichen könnte.

Nicht nur diese, sondern auch weitere Vorschläge brachten keine Ergebnisse. Es blieb aber bei dem Vorhaben, eine groß angelegte Sponsoring-Rally zu veranstalten.

Angesichts aller ungelösten Finanzierungsfragen bezüglich einer Mehrzweckhalle löste eine Nachricht große Freude aus. Hinrich Troff berichtete, dass ein Nachbar das an unserem Schulgelände angrenzende Grundstück für die Mehrzweckhalle spenden wolle und dass wir lediglich die Erschließungskosten übernehmen müssten. Sollte das ein untrügliches Zeichen dafür sein, dass Gott eine grundlegende Lösung vorbereitete?

In der Jahreshauptversammlung am 13. März beschäftigten wir uns außer mit den üblichen Regularien mit der Gehaltsordnung. Nach dem Jahresbericht, dem Haushaltsbericht und der Bestätigung einer ordnungsgemäßen Bearbeitung der Buchführung durch die Kassenprüfer Günther Gerdes und Helmut Steen wurde dem Vorstand Entlastung erteilt. Reinhard Troff, der als Fachkenner für die Prüfung der Gehaltsabrechnungen zuständig war, bestätigte ebenfalls eine korrekte Abrechnung. Allerdings war ihm aufgefallen, dass es für Mehrarbeitsstunden einer zusätzlichen Regelung in der Gehaltsordnung nach BAT bedurfte. Deshalb erfolgte der Beschluss, einen entsprechenden Passus einzufügen und gleichzeitig eine weitere Verbesserung in der Gehaltsordnung, insbesondere für die Gymnasiallehrer, vorzunehmen. Der Vorstand möge sich um die Einzelheiten kümmern. Die drei Kassenprüfer wurden wiedergewählt.

Ebenfalls wurde die Vierzügigkeit der 5. Klassen beschlossen. Als Ersatz für mindestens zwei Klassenräume sollten 2 Container angeschafft oder mit der Baptistengemeinde über die Nutzung der Gemeinderäume verhandelt werden. Letzteres führte schließlich zum Erfolg. Wir vereinbarten eine Monatsmiete für mehrere Räume mit insgesamt 100 qm, die hauptsächlich von Oberstufenschülern genutzt wurden.

Nach dem von Martin Wolter vorgelegten Konzept sollte zum nächsten Schuljahr der Informatikraum zusätzlich mit entsprechenden Rechnern für den Internetunterricht ausgestattet werden. Der Trägerkreis war sich darin einig, den Schülern einen kritischen und vernünftigen Umgang mit dem Medium Internet zu vermitteln. Dieses Thema sollte im Rahmen des Informatikunterrichts sowie in Projektgruppen behandelt und die Eltern zu Beginn des neuen Schuljahres darüber informiert werden.

Um nicht noch zusätzliche Teilzeitkräfte einstellen zu müssen, vereinbarten wir mit Hinrich Troff neben seiner ehrenamtlichen Tätigkeit für zusätzliche Aufgaben bei der Bauplanung und Baubetreuung eine geringfügige Bezahlung.

Beim Eltern- und Freundeskreistreffen am 8. April konnte wieder ausführlich über den derzeitigen Stand der Bauplanungen berichtet werden. Das interessante Programm mit Berichten aus dem Schulbetrieb und dem Trägerkreis, den musikalischen Beiträgen, dem Frühlingsbasar und der angenehmen Gesprächsatmosphäre bei Tee, Kaffee und Kuchen lockte viele an der Schularbeit interessierte Besucher in unsere „Schulgemeinde".

Zu der Klausurtagung am 6. Mai im Landhaus Oltmanns, Neermoor, hatten wir den theologischen Referenten der Deutschen Evangelischen Allianz, Rudolf Westerheide, eingeladen, der einen Vortrag über die Bekenntnisgrundlage der Allianz hielt. Es sollte deutlich werden, was die biblische Basis der Schule mit der Grundlage der Allianz zu tun hat und wie die Inhalte an der FCSO zum Zuge kämen. Die Gruppengespräche schlossen sich an mit den Fragen: Wie fing alles an? Was ist heute dran? und Worauf steuern wir zu?

In den Vorstands- und Trägerkreissitzungen beschäftigten wir uns, meist in Gegenwart unseres Schulleiters Joachim Heffter, mit verschiedenen Themen der Schularbeit. Die vollzogene verbesserte Gehaltsordnung mit dem Ziel der Angleichung an die Bezahlung von Lehrkräften an staatlichen Schulen erhöhte merklich die Personalkosten auf inzwischen 280 TDM pro Monat. Vorstellungsgespräche fanden hinsichtlich weiterer erforderlichen Lehrkräfte-Einstellungen zu jeder Jahreszeit statt.

Am 25. Juni verstarb unverhofft unser Trägerkreismitglied Diedrich Kretschmer kurz vor Vollendung des 60. Lebensjahres. Im Vertrauen auf Gottes Führung lagen ihm immer die biblischen Leitlinien der Schule am Herzen. Es machte uns nachdenklich, dass Gott seine Leute auch mitten aus der Arbeit in die Ewigkeit abruft. Wen würde Gott als Nächsten zu sich rufen? Wir sollten jedenfalls bereit sein.

Viele Aufgaben warteten auf Erledigung. So musste z. B. die Sprunggrube für den Sportunterricht verbessert werden. Außerdem wollten wir gern die Kontakte zu den Nachbarn des neuen Grundschulstandortes pflegen. Unser Vorstandsmitglied Antje Walter informierte uns darüber, dass sie demnächst aus beruflichen Gründen und wegen Überlastung aus dem Vorstand aussteigen werde. Sie war bereits 10 Jahre lang eine wertvolle und treue Mitarbeiterin gewesen. In den letzten Jahren erfüllte sie ihre Aufgabe als tüchtige Schriftführerin mit viel Geschick. Sie fand das richtige Maß, nicht zu viel in die Protokolle hineinzuschreiben, sondern nur die Kernanliegen angemessen zu formulieren. Ihr Ausscheiden würden wir sehr bedauern, hatten aber für ihre Situation volles Verständnis.

Für ein fantastisches Schulfest am 24. Juni zog der Elternarbeitskreis wieder einmal alle Register, um in erster Linie den Kindern ein großartiges Erlebnis zu bieten. Aber auch die Eltern und Besucher kamen auf ihre Kosten.

Ein immer größeres Angebot an Kreativ- und Spielständen sowie eine reichhaltige Getränke- und Speiseauswahl verwöhnten alle gleichermaßen. Der erwirtschaftete Überschuss von rund 6.000 DM kam wieder der Anschaffung von Unterrichtsmaterial zugute. Artur Kroon-Husmann berichtete, dass leider immer weniger Eltern bereit wären, nach dem Ende des Schulfestes bei den Aufräumarbeiten mitzuhelfen und diese Last auf immer weniger Schultern läge. Diese Situation veranlasste uns zu der Überlegung, ob es dafür machbare Lösungen geben könnte oder das Programm

Schulfest im Jahr 2000 mit vielen Angeboten und Besuchern

der Schulfeste im Umfang merklich reduziert werden müsste. Andererseits wurde berichtet, dass dem christlichen Glauben fernstehende Besucher von dem Angebot und der Atmosphäre beim FCSO-Schulfest sehr beeindruckt gewesen seien.

Die ersten Abiturprüfungen an der FCSO begannen am 4. Mai mit Klausurarbeiten. Danach folgten am 15. und 16. Mai die mündlichen Prüfungen. Am 19. Juni wurden die Klausurergebnisse bekanntgegeben, und am 26. Juni gab es zusätzliche mündliche Prüfungen. Am 30. Juni erhielten 10 Abiturienten in einer Feierstunde, die Elke Visser moderierte, ihre Abiturzeugnisse.

Nach der Begrüßung durch Joachim Heffter und einem gemeinsamen Lied bot Joachim einige humorvolle Szenen aus dem Schulalltag dar. Der Abiturient Hilko Behrends hielt einen teils ernsten, teils lustigen Rückblick auf seine Schulzeit. Die musikalische Darbietung „Aria" aus der Wassermusik von G. F. Händel, gespielt von Beate Renschler und Hans-Martin Urbschat, bereicherten das Programm. Nach einem Grußwort des stellv. Bürgermeisters Hinrich Baumann überreichte der Schulelternratsvorsitzender Dieter Hupens Abschiedsgeschenke an die Abiturienten. Es folgte ein weiterer Musikbeitrag von Beate Renschler und Hans-Martin Urbschat, bevor ich die Glückwünsche des Trägerkreises übermittelte. Zunächst wies ich darauf hin, dass dieses Ereignis Premierencharakter hätte: Der 1. Abiturabschluss an der FCSO, das 1. Abitur in der Gemeinde Moormerland und der 1. komplette Durchgang des Schülers Nils Held von Klasse 1 bis Klasse 13 an der FCSO. Nach anerkennenden Worten wünschte ich den Abiturienten ein gutes Gedächtnis für das, was ihnen die Schule außer Wissen und Fertigkeiten an guten biblischen Werten vermittelt hätte. Das käme u. a. auch in dem Leitvers der Schule aus Kolosser 2,3 zum Ausdruck: „In Christus liegen alle Schätze der Weisheit und der Erkenntnis verborgen." Von Jesus Christus könnten wir lernen, wie unser Leben eine feste Orientierung bekäme und mit Gottes Hilfe gelingen könnte. Vergangenheit, Gegenwart und Zukunft lägen in seiner Hand. Das würde auch der Vers aus Hebräer 13,8 bestätigen: „Jesus Christus ist derselbe, gestern und heute und bleibt es auch in Ewigkeit." Es sei unser Wunsch, dass jeder Abiturient den Wert dieser Worte im eigenen Leben selbst erfahren möge.

Als Zeichen der Anerkennung und des Dankes erhielt Elke Visser als Verantwortliche für den ersten Abiturdurchgang und stellvertretend für alle beteiligten Lehrkräfte einen Blumenstrauß überreicht. Am gleichen Abend gab es den ersten Abiball der FCSO, der für einige Begleiter und Eltern der FCSO etwas gewöhnungsbedürftig und neuartig war.

Wie dieses Ereignis von der Schulbehörde gesehen wurde, kam in dem Schreiben des Ltd. Regierungsdirektors Herrn Uflerbäumer, der inzwischen Frau Nordhues in der Bezirksregierung abgelöst hatte, zum Ausdruck. Sein Brief wurde auch bei der Abi-Abschlussfeier verlesen:

„Die Freie Christliche Schule Ostfrieslands entlässt in diesem Jahr erstmalig Schülerinnen und Schüler nach dem 13. Jahrgang mit dem höchsten Schulabschluss, der an allgemeinbildenden Schulen in der Bundesrepublik zu vergeben ist. Hiermit wurde der Aufbau der Freien Christlichen Schule Ostfriesland abgeschlossen. Dies ist ein Erfolg des Schulträgers, des Vereins für Evangelische Schulerziehung in Ostfriesland e. V., der Eltern, die an diese Schule geglaubt haben, und vor allem auch derjenigen, die für diesen Erfolg - wie ich mitbekommen habe - hart gearbeitet haben. 10 Schülerinnen und Schüler haben an der FCSO das Abitur bestanden. Hierzu gratuliere ich den Schülerinnen und Schülern und der Schule ganz herzlich. Das Abitur wurde unter dem Vorsitz eines Dezernenten der oberen Schulbehörde abgenommen. Hierdurch und durch die Beteiligung von Landesfachberatern und abiturerfahrenen Lehrkräften aus den Gymnasien in Leer wurde sichergestellt, dass die Bewertung der Leistungen der Schülerinnen und Schüler im Rahmen des Abiturs mit der Bewertung an Gymnasien und Gesamtschulen im Land Niedersachsen vergleichbar ist. Somit kann die Schule und können die Abiturientinnen und Abiturienten mit Fug und Recht sagen, dass das von den Schülerinnen und Schülern an der FCSO erworbene Abitur dem an einem Gymnasium oder einer öffentlichen Gesamtschule vergebenen Abitur gleichwertig ist.

Aus den Gesprächen mit Vertreterinnen und Vertretern der Schule wurde deutlich, dass ein von christlichen Grundsätzen geprägtes Schulklima, in dem sich Schülerinnen und Schüler in ihrer Verschiedenheit angenommen und gestützt fühlen, wichtige Grundlage für das Lernen und für die Schulgemeinschaft in der FCSO ist. Dass dieses nicht nur erklärte Absicht, sondern Alltagsrealität an der FCSO ist, habe ich an vielen Stellen gespürt. So gewann ich den Eindruck, dass sich alle Lehrer und Lehrerinnen des zu verabschiedenden Abiturjahrganges um jede einzelne Schülerin und jeden einzelnen Schüler intensiv Gedanken gemacht haben und sich auch um Einzelne in besonderer Weise aktiv gekümmert haben. Ich wünsche den Abiturientinnen und Abiturienten, dass sie die an der Freien Christlichen Schule gemachten Erfahrungen und die dort erworbenen Kenntnisse und Fähigkeiten für ihr weiteres Leben erfolgreich nutzen können. Meine Erfahrung ist, dass den meisten Menschen erst viel später, nachdem sie die Schule verlassen haben, klar wird, welchen Wert der Unterricht und die menschlichen Begegnungen während der Schulzeit für ihr Leben haben. Es wäre für die Schule sicher sehr schön, wenn sie dieses dann auch früher oder später von ihren ehemaligen Schülerinnen und Schülern erfährt. Der Freien Christlichen Schule wünsche ich in den nächsten Jahren, dass nach der Aufbauphase, die neben der Chance, etwas Neues zu verwirklichen, auch erschwerte Arbeitsbedingungen mit sich bringt, eine Zeit kommt, in der die Schule die Verwirklichung ihrer besonderen Ziele in Ruhe und mit nachhaltiger Gestaltungskraft sichert und weiter voranbringt."

Am 7. Juli stand die Abschlussfeier der 9. und 10. Klassen auf der Tagesordnung. In der feierlichen Verabschiedung in einem würdigen Rahmen erhielten 17 Schüler, die die Schule verließen, ein Abschiedsgeschenk. 20 Schüler von 42 hatten den erweiterten Realschulabschluss geschafft und wechselten in die Oberstufe, 5 Schüler von der 9. in die 10. Klasse. Auch bei dieser Feier mit Ansprachen und musikalischen Beiträgen hatte der Elternarbeitskreis eine aufwändige Bewirtung organisiert.

Durch den Weggang von Elke Visser und den Wunsch von Asmus Meyer, die Grundschulleitung zugunsten von mehr Unterricht abzugeben, wurde mit Wirkung zum neuen Schuljahr eine neue Schulleitung mit folgender Besetzung gebildet: Es blieben Joachim Heffter Schulleiter, Michael Piorr stellv. Schulleiter und Christian Hunsmann Leiter der Sek. Olaf von Sacken übernahm die Leitung der Sek. II und Johannes Köster die Grundschulleitung.

Das war wieder ein eindrücklicher Einschulungstag für 68 Erstklässler am 28. August. Um für alle Familienangehörigen und Freunde genügend Platz zu bieten, mussten für die 3 Einschulungsklassen drei Veranstaltungen zu unterschiedlichen Zeiten organisiert werden. Der auszugsweise wiedergegebene lustige Bericht des 6-jährigen „Fritz Steppke" (sicher mit Hilfe von Erwachsenen formuliert) zeigte, wie er seine Einschulung erlebt hat: „Meine Einschulungsfeier werde ich nie vergessen. Mama und Papa hatten sich fein gemacht. Oma hat mich noch einmal an den Ohren gezogen und gesagt: „Mach bloß keinen Blödsinn und zappele nicht, wenn die Erwachsenen sprechen!" Das sagt sie ständig, dabei ist doch klar, dass ich in der Schule keinen Unsinn mache, ich bin ja jetzt kein Baby mehr. Neben der Schule ist so eine Kirche ohne Kirchturm und da kamen auch die anderen Kinder hin. Als es endlich losging, kam der Chef von der Schule nach vorne, und wir haben ein schönes Lied gesungen: „Lobe den Herrn, den mächtigen König der Ehren!" Nach dem Lied stellte sich dann so ein Mann hin, der „Trauer nicht!" hieß. Der Name passte gut, denn der Typ wirkte überhaupt nicht traurig, und wir Kinder waren auch bald sehr fröhlich. Herr Trauernicht dachte zuerst, er wäre im Kindergarten, weil er nicht seine gute Brille auf hatte. So was Doofes! Er hat gesagt, wenn wir Hunger haben, sollten wir was essen und dann hat er Duplo und Hanuta an uns verteilt. Echt cool!

Herr Trauernicht hat uns dann noch den Tipp gegeben, wenn wir noch mehr Hunger haben, sollten wir in die Schule gehen und in der Bibel lesen. Das habe ich nicht so genau kapiert, aber Mama hat die ganze Zeit gestrahlt, und Papa hat so seine Lippen nach oben gestülpt, was er immer macht, wenn er nachdenken will, was nicht so häufig vorkommt. Dann mussten wir ganz alleine nach vorne hingehen, und da haben wir von unserem Lehrer eine Blume beklommen. Da war auch eine Maus drin, und außerdem gab es eine Postkarte, aber eine kleine. Mein Lehrer hat mir gesagt, das wäre, damit ich mich immer an diesen Tag erinnere. Ich glaube, das werde ich wirklich nie vergessen, wie ich in die Schule gekommen bin. Es war echt erste Sahne! Dann hat wieder der Chef von der Schule was gesagt und uns gezeigt, was er alles in seinem Schulranzen hat. Als ob man eine Babyflasche oder einen Schnuller mit in die Schule nehmen würde. Aber ich glaube, er hat nur so getan… Auf einmal sollten wir wieder nach vorne kommen, meine Mama hat mich richtig hin geschupst. Zum Glück wollten unsere Mamas und Papas in der Schule auf uns warten! Bevor wir losgingen, hat Herr Rektor noch gebetet, dass wir viel lernen und dass uns die Schule Spaß macht und dass wir uns nicht wehtun. Das fand ich schön. Als wir hinter unserem Lehrer hergingen, und dann allein in der Klasse waren, hatte ich trotzdem erst ein bisschen Angst. Zum Glück musste ich nicht flennen, denn ich bin ja jetzt kein Baby mehr..."

Wir stellten in diesem Jahr 12 neue Lehrkräfte ein, um einen vollständigen Unterricht zu gewährleisten: Thomas Endreß, Dieter Garlich, Alexander Hanschke, Johannes Köster, Michael Mahn, Alfred Massar, Maria Pfaus, Silke Schmidt, Angela Schumacher, Almuth Stiegler-Garlich, Gertraud Vennegeerts und Dr. Fritz Weischedel. Ausgeschieden waren Agnes Beyen, Katrin Drton und Elke Visser. Damit unterrichteten 66 Lehrkräften 845 Schüler

In den Herbstferien wurden die Blumen- und Strauchbeete vor dem Schulgebäude verkleinert, um mehr Platz für eine größere Busschleife zu schaffen. Wegen der größeren Schülerzahl mussten 3 Busse nebeneinander parken können, um den Ablauf des Schülertransportes zu beschleunigen.

Die Planungen für die neue Grundschule waren soweit gediehen, dass Anfang Oktober die Baugenehmigung beim Bauamt des Landkreises Leer beantragt werden konnte. Mit der Ev. Darlehensgenossenschaft hatten wir über ein Darlehen in Höhe von 3,3 Mio DM verhandelt. Die Gesamtkosten würden 3,6 Mio DM betragen. Wir rechneten damit, dass wir den Eigenanteil in Höhe von 300 TDM über Freundeskreisdarlehen und Spenden finanzieren könnten, und das angesichts der Tatsache, dass sich bis Ende September der Rückgang der Spenden von 139 TDM auf 118 TDM fortgesetzt hatte. Wir mussten also wieder konkret um Spenden und Freundeskreisdarlehen werben.

Im Dezember wurden die ersten Bauaufträge erteilt, sodass zum Jahreswechsel mit dem Bau begonnen werden konnte. Gleichzeitig legte Artur Kroon-Husmann die ersten Pläne für eine Mehrzweckhalle vor. Wer wollte dafür schon eine fundierte Finanzierung prognostizieren? Der Druck trieb uns intensiv ins Gebet, denn aus unserer Sicht sahen wir keine Lösung. Aber wir durften nicht aufgeben, denn die vielen Schulanmeldungen ließen keine andere Möglichkeit zu, weiter zu planen.

Das Eltern- und Freundeskreistreffen sahen wir als eine gute Gelegenheit, die gegenwärtige Finanzsituation mit dem Baubeginn der Grundschule und der unbedingt erforderlichen Mehrzweckhalle zu schildern. Hinrich Troff übernahm es, die Baupläne und den momentanen Stand der Bauarbeiten für die Grundschule vorzustellen. Er betonte, dass jede Mark an Spenden wertvoll sei. Der Neubau müsse bis zum Beginn des nächsten Schuljahres fertiggestellt sein. Erwin Wallenstein bedankte sich bei den Spendern, die auf eine besondere Aktion von April bis November reagiert hatten, wodurch jährlich zusätzlich 16.000 DM zur Verfügung standen. Allerdings wies er darauf hin, dass die Finanzierung einer Sporthalle aus dem laufenden Haushalt nicht möglich sei.

Michael Piorr erklärte sehr einleuchtend, dass eine Sporthalle dringend nötig sei, um die Qualität des Sportunterrichts zu verbessern bzw. überhaupt in dem erforderlichen Rahmen durchführen zu können. Kurt Plagge stellte schließlich den ersten Plan einer Mehrzweckhalle vor und erläuterte, dass die Halle außer für den Sportunterricht auch für verschiedene Schulveranstaltungen genutzt würde.

Danach wurden verschiedene Spendenprojekte vorgestellt, bevor ich eine Überraschung präsentierte. Aufgrund eines eigens für dieses Projekt gespendeten Betrages verteilten wir an jeden der 200 Besucher eine 5 DM-Münze als Startkapital für die Aktion „Bausteine für die Mehrzweckhalle - Mit 5 Mark sind Sie dabei!" Mit dem Hinweis auf das biblische Gleichnis von den anvertrauten Pfunden baten wir die Empfänger, damit zu handeln und den Betrag zu vervielfältigen. Das erregte Aufmerksamkeit und erzeugte interessante Ideen und private Aktionen. Beispielsweise machte der von Frau Edith Prange geschriebene Brief vom 15. Dezember zweierlei deutlich: Einerseits waren wir dankbar für diese originelle Art der Unterstützung, andererseits zeigte er uns, wie die FCSO von - bis dahin uns unbekannten - Menschen in der Gemeinde eingeschätzt und anerkannt wurde. Der Brief war an Mitunternehmer der Gemeinde Moormerland gerichtet und lautete:

„Sehr geehrte Damen und Herren Mitunternehmer aus Moormerland, sicher werden Sie sich fragen, warum Sie ausgerechnet Post von mir bekommen, und dann auch noch um diese Jahreszeit….. „Sicher wieder so ein Bettelbrief!" werden Sie denken. Da liegen Sie nicht ganz so falsch. Aber betteln würde ich es nicht nennen. Ich sammle kein Geld für eine anonyme Organisation, sondern für ein ganz konkretes Projekt in Ihrer Nähe. Es geht um die Mehrzweckhalle der FCSO in Veenhusen. Die Freie Christliche Schule Ostfriesland hat sich seit ihrem Bestehen rasant entwickelt. Wenn auch nicht sofort sichtbar, so bringt diese Institution unserer Gemeinde und Region eine Menge Vorteile. So sind schon viele Lehrerfamilien aus ganz Deutschland nach Moormerland gezogen. Die Schule bereichert unser Leben sowohl in ökonomischer als auch in kultureller Hinsicht. Aber das ist nicht der Punkt: Diese Schule versucht, Bewährtes zu bewahren und den Kindern ein Weltbild sowohl in christlicher Tradition als auch durchaus modern im Umgang mit neuen Technologien und Lehrinhalten zu vermitteln. Sicher, nicht jeder mag die Schule, sehen sie als Eliteanstalt für Kinder der Reichen, oder als Kaderschmiede für Sektierer. Dass dem nicht so ist, weiß jeder, der ein Kind dort unterrichten lässt. Bildung und Erziehung sind eine Investition in die Zukunft. Welcher Lehrherr/frau wünscht sich nicht gut ausgebildete und halbwegs umgäng-

liche Auszubildende? Welches Unternehmen fürchtet sich nicht schon jetzt vor Mangel an qualifiziertem Nachwuchs? **Warten Sie nicht- tun sie was!** Mit ihren 840 Schülern, (max. ca.1000 in 2002) hat die Schule immer noch keine Sporthalle bzw. Aula. Standortbestimmung und Baugenehmigung sind in Arbeit, Unterhalt und ein großer Teil der Kapitalkosten sind aus der Kostenersparnis durch Wegfall von Hallenmieten und Bustransporte finanzierbar. Allein, es fehlt an Startkapital. Daher bitte ich Sie, einen Ihnen angemessenen Betrag auf das Konto 588 988, BLZ 285 500 00 Stichwort „Startkapital für Mehrzweckhalle", zu überweisen. (Bis 100 DM gilt der Überweisungsträger als Spendenbeleg, bei mehr als 100 DM erhalten Sie eine gesonderte Spendenquittung.) Als ich in den Siebziger Jahren als „Landei" nach Leer zum Gymnasium gehen durfte und dort neben den Stadtkindern im Klassenzimmer saß, hätte mir mal einer sagen sollen, dass heute die Stadtkinder in meinem Geburtsort eine Gesamtschule mit gymnasialem Zweig besuchen! **Dass das so ist, erfüllt mich mit gewissem Stolz, und dieses Gefühl möchte ich gerne mit Ihnen teilen.**
Ich danke Ihnen für Ihre Hilfe, mit herzlichen Grüßen. Edith Prange, geb. Badewien"

Ein ähnliches Schreiben mit der Schilderung der Arbeit des gemeinnützigen Vereins VES für die FCSO hatte jemand an die/den Landgerichtspräsidentin/en geschickt mit der Bitte, ob aus den in Strafsachen verhängten Bußgeldern ein Betrag für die Mehrzweckhalle zur Verfügung gestellt werden könnte. Ein anderer verfasste einen „positiven" Kettenbrief mit einem Plädoyer für die Mehrzweckhalle für die FCSO. Weitere „Mitstreiter" haben in der Fußgängerzone Leer musiziert, Nachhilfestunden gegeben oder Süßigkeiten verkauft. In den folgenden Wochen erbrachten diese Aktivitäten rund 15.000 DM, also eine 15-fache Steigerung der in diese Aktion investierten 1.000 DM. Als Startkapital reichte das zwar noch nicht aus. Dass uns aber so viele Personen auf verschiedene Weise geholfen haben, war für uns eine ermutigende Erfahrung.

Am Ende des Jahres befanden wir uns in einem Arbeitsmodus der vielschichtigen organisatorischen Form von erfüllten und angefangenen neuen Aufgaben und Baumaßnahmen, von Planungen mit ungewissem Ausgang und sich aufdrängenden Fragen der zukünftigen Aufnahme so vieler Schüler, für die wir nicht genügend Platz hatten. Es wurde schon sehr intensiv daran gedacht, die 5. Klasse nicht nur vier- sondern sogar fünfzügig einrichten zu müssen, um zumindest die meisten angemeldeten Schüler aufnehmen zu können. Mehr als 60 Schüler abweisen zu müssen, war nicht akzeptabel. Aber wie wären so schnell die dazu benötigten Räume zu erstellen, und woher kämen die dazu benötigten Finanzen? Das war derzeit eine schier unübersichtliche Situation.

Wir konnten dieses alles nur der Hilfe Gottes anbefehlen in der Gewissheit des Liedtextes: „Der Herr kennt den Weg, der vor uns liegt, wir brauchen nur zu folgen…." Es blieb spannend.

2001 Verlegung und Einweihung der neuen Grundschule

Die rasante Entwicklung in der Kommunikationsbranche war auch an uns nicht spurlos vorübergegangen. Wir hatten uns sowohl von Telefonapparaten mit Wählscheibe als auch von tickernden Telefaxgeräten verabschiedet. Tastaturgeräte mit ABC-Registern und ISDN- bzw. DSL- Anschlüssen wurden installiert. Man kommunizierte drahtlos mit Handys und via UMTS mit beweglichen Bildern der verbundenen Gesprächspartner. Dieser Umstand animierte mich, auch den Jahresbericht 2001 in einer modernen Form zu präsentieren, denn es sollte bei allem Ernst der spannenden Zeit auch etwas zum Schmunzeln geben. Ich zitiere aus der „DIT un DAT"- Ausgabe Nr.51: „Die mathematische Formel des Jahresberichtes 2001 lautet: aw +mslp = maap + nggub - nkm: amgm = zp + fio x dg = hwagh. Alles klar? Wenn nicht, bemühen wir doch noch einmal den fast vergessenen Telegrammstil, um diese Formel einigermaßen verständlich zu machen: anhaltendes Wachstum - stop - mehr schüler lehrer personal - stop - mehr anmeldungen als plätze - stop - neue grundschule gebaut und bezogen - stop - noch keine mehrzweckhalle - stop - aktive menschen gestalten mit - stop - zusammenarbeit prima - stop - finanzen in ordnung - stop - dankbarkeit groß - stop - hoffen weiterhin auf gottes hilfe - stop. Nun wissen wir, dass auch neue Methoden gewöhnungsbedürftig sind. Deshalb soll es diesmal noch einige zusätzliche Erläuterungen geben…." Ende des Zitats.

Lassen wir nun also noch einige Ereignisse des Jahres 2001 etwas genauer Revue passieren: Das milde Winterwetter im Januar ermöglichte einen zügigen Start der Bauarbeiten. Zunächst begannen die Bauunternehmen Oltmanns aus Lammertsfehn und Ubben aus Hollen mit Baggerarbeiten, so dass die Kuhweide, wo wenige Tage vorher noch Schnee lag und der Boden von Frost hart gefroren war, wie eine Kraterlandschaft aussah. Dabei stellte sich leider heraus, dass durch ungünstige Bodenschichten zusätzliche Gründungsarbeiten um ca. 100 TDM teurer wurden, als veranschlagt. Es musste erheblich mehr Sand herangeschafft werden, um stabile Fundamente und die Sohlplatte herzustellen. Danach konnten große Innenwandelemente montiert und gleichzeitig mit dem Mauern des Verblendmauerwerks begonnen werden. Die Arbeiten mussten wegen Schnee und Frost nur zwei Tage unterbrochen werden. Der Bauzeitenplan wurde früher als vorgesehen abgearbeitet, so dass bereits im April mit Elektro- und Sanitärinstallationen sowie Zimmerer- und Dachdeckerarbeiten begonnen werden konnte. Am 20. April feierten wir Richtfest. Außer dem üblichen Handwerker-Richtspruch stand das Wort aus Psalm 127,1 über diesen Tag: "Wenn der Herr nicht das Haus baut, so arbeiten umsonst, die daran bauen."

In der Jahreshauptversammlung am 14. März standen u. a. Vorstandswahlen auf der Tagesordnung. Bis dahin waren keine Wahlvorschläge eingegangen. Allerdings hatte Antje Walther ja angekündigt, aus dem Vorstand ausscheiden zu wollen. Nieklaas Swart war schon wiederholt als Protokollführer eingesprungen. Er trat die Nachfolge von Antje an und wurde als Schriftführer gewählt. Erwin Wallenstein wurde als Schatzmeister wiedergewählt.

Aufgrund der Einstellung von Kurt Plagge konnte ich viele Aufgaben an ihn abgeben. Deshalb hatte ich mich nochmals zur Wiederwahl als 1. Vorsitzender bereiterklärt. Auch die drei Kassenprüfer Günther Gerdes, Helmut Steen und Reinhard Troff wurden erneut wiedergewählt. Da sich beim Bau der Grundschule weitere Kostensteigerungen ergeben hatten, beschäftigten wir uns mit Einsparungsmöglichkeiten an anderen Stellen. Auch auf die vielen Schüleranmeldungen mussten wir reagieren, obwohl wir dafür keine einfache oder schnelle Lösung fanden.

Bei den Eltern- und Freundeskreistreffen am 17. März und 1. Dezember zeigte sich nach wie vor ein sehr starke Zuspruch. Bei einem abwechslungsreichen Programm erfuhren die Besucher alles Wissenswerte über die Arbeit der Schule und erfreuten sich an Musik, Vorträgen und heiteren Einlagen sowie an dem Basar und guten Gesprächen bei Tee, Kaffee und Kuchen. Auch für das großartige Schulfest am 16. Juni hatte der Elternarbeitskreis wieder vieles vorbereitet. Eine genaue Aufzählung der Angebote würde Seiten füllen. Jemand meinte, die besondere Stimmung und die vielseitigen Angebote könne man nur richtig erleben, wenn man daran persönlich teilnehmen würde.

Das Schulleben ist ebenso wenig vollständig zu beschreiben. Nicht nur der allgemein übliche Unterricht in den Klassen bestimmte die Arbeit der FCSO. Viele Aktionen und besondere Einsätze im Laufe des Jahres dienten dazu, den Schülern gute Gelegenheiten zu bieten, sich auf das Leben nach der Schulzeit, auf den Beruf oder auf ein Studium vorzubereiten. Schüler der 10. Klasse beteiligten sich zum Beispiel an einem Wettbewerb der Bundeszentrale für politische Bildung unter der Schirmherrschaft des Bundespräsidenten mit der Themenstellung: „Berühmt, verehrt, vergessen – Idole früher und heute". Daran nahmen weit über 80.000 Schüler teil. Die Schüler der FCSO erhielten einen mit 1.000 DM dotierten Hauptpreis.

Daraufhin besuchten Schüler des Wahlpflichtkurses Gesellschaftslehre der 10. Klassen unter der Leitung von Dieter Garlich den Landtag in Hannover. Sie konnten ungefähr eine Stunde im Plenarsaal den damaligen Ministerpräsidenten Gabriel, den Oppositionsführer Wulff und die hiesigen Abgeordneten Hedwig Pruin (CDU), Anton Lücht (SPD) und Meta Janssen-Kucz (Bündnis 90/ Die Grünen) live erleben.

Einen 4. Platz belegten FCSO-Schüler der Klasse 7 bei dem Wettbewerb „Rettet die Nordsee!" der Aktionskonferenz Nordsee e. V. unter der Schirmherrschaft von Prof. Elisabeth Mann-Borgese, Gründungsmitglied des Club of Rome und

Vorsitzende des internationalen Ocean Institute, Halifax und Christine Wischer, Senatorin für Bau und Umwelt in Bremen. Am 11. November fand in Bremen die Preisverleihung statt, bei der Urkunden und CD-Roms im Wert von 300 DM an die FCSO-Schüler überreicht wurden.

Bürgermeister Palm ehrte und beschenkte Schüler des Erdkundeleistungskurses der 12. Klasse für einen Bericht über den Strukturwandel der Landwirtschaft in Malchow nach der Wiedervereinigung. Er nannte den Besuch der Schüler mit ihrem Lehrer Jürgen Lohrie in Malchow und ihre Recherchen ein gutes Beispiel für gelebte Partnerschaft. Dafür erhielt die FCSO sogar nachträglich noch einen Zuschuss von der Gemeinde.

Ein Benefiz-Schulkonzert der FCSO mit vielen Besuchern in der Aula des Schulzentrums Moormerland am 29. März mit humoristischen Einlagen erbrachte 2.300 DM für die Mehrzweckhalle. Bei einem weiteren Benefizkonzert am 8. Juni, gestaltet von Lehrern und Eltern, konnte ein Erlös von 1.500 DM für die Mehrzweckhalle erzielt werden.

Aber auch 70 Schüler wollten sich für den Bau einer Mehrzweckhalle ins Zeug legen. Bei sommerlicher Hitze "erliefen" die motivierten Schüler bei einem Sponsorenlauf rund 15.000 DM. Wenn irgendwann die Halle steht, könnten sie mit Fug und Recht behaupten, diesen oder jenen Stein oder Quadratmeter im wahrsten Sinne des Wortes „erschwitzt" zu haben.

Auch in den Projekttagen spiegelte sich die Vielfalt der Interessen und Begabungen wider oder gab Einblicke in kreative Unterrichtsarten: Es wurde gebastelt, gesungen oder musiziert, genäht, gekocht, geschrieben oder geschwitzt. Einige Projekte seien hier genannt: „Der Traum vom Fliegen", „Denk- und Gesellschaftsspiele", „Entdecken in der Mikrowelt", „Musical: Arche Noah", „Projektzeitung", „River Dance", „Speckstein", „Fahrzeuge zwischen Luft und Wasser", „Klang und Technik", „Mission in Südafrika", „Rugby", „Erste Hilfe", „Geheimschrift-Geheimsprache", „Patchwork-Wandbild", „Schreibmaschine schreiben", „Chemie des Alltags", „China", „Russland", „Tischtennis", „Wo heet de Boom?", „Auf nach Island", „Internet für Anfänger", „Mexiko", „Schulorchester", „Troja", Spaß beim Backen" usw, usw, usw…! Wer will da noch sagen, dass Schule langweilig ist?

Schüler des Schülerbibelkreises mit Begleitung von BU-Lehrern veranstalteten erstmals einen Prayday. An dieser seit 1999 angefangenen landesweiten Aktion nahmen an einem Dienstagvormittag in der großen Pause etwa 100 Schüler in der Baptistenkapelle teil. Nach einer kurzen Einführung folgte eine Lobpreiszeit, danach standen Gebete im Vordergrund. Nach Aussage der Schülerin Esther Susemihl gab es nur positive Kommentare. Sie war überzeugt, dass sich die Gebete auch auf die Schule auswirken würden.

Parallel zu den Grundschulbaumaßnahmen waren im Hauptgebäude einige Veränderungen vorzunehmen. Die Räume für Naturwissenschaften mussten erweitert, Bio-, Physik- und Kunstraum umgebaut werden. Dr. Fritz Weischedel bat um die Aufstockung von Geräten für den Chemieunterricht. Daraufhin rief mich der Seniorchef einer Firma aus Weener an und lud mich ein, eine größere Menge diverser Chemiegeräte und Reagenzgläser abzuholen. Das war uns zu der Zeit eine große Hilfe und Kostenersparnis.

Nach den Abiturprüfungen konnte mit 11 Abiturienten und den Abgängern der 10. Klassen am 22. Juni eine Abschlussfeier gestaltet werden. Von den 65 Schülern der Klasse 10 erreichten 4 (plus 3 aus Klasse 9) den Hauptschul-, 34 den Realschul- und 27 den Erweiterten Realschulabschluss, von denen 21 in die Oberstufe wechselten.

Am 11. August feierten wir das erste Mal die Einschulung in der unter Hochdruck pünktlich fertig gestellten neuen Grundschule an der Hauptstraße. Das war ein ganz besonderer Tag für die 72 Erstklässler, denn in einer nagelneuen Schule den ersten Schultag erleben zu können, hat Seltenheitswert. Mit jeweils 24 Erstklässlern in 3 Klassen war die maximale Belegung erreicht. Die Bühne im Foyer bestand ihre erste Probe. Vom Elternkreis wunderbar geschmückt, war sie ein Blickfang für die Gäste und ein gern genutzter Hintergrund für Fotos mit ihren Kindern. Mit dieser Einschulung begann ich meine Begrüßung - auch in den Folgejahren - in verkleideter Aufmachung, diesmal mit Hut, einer alten Jacke und einem Regenschirm, passend zu den Ausführungen, die in erster Linie die Kinder verstehen sollten.

Verlagerung und Neubau der Grundschule, 5. Baumaßnahme 2001

Zu der offiziellen Einweihungsfeier am 17. August kamen viele geladene Gäste: Vertreter der Baufirmen, Behörden und Banken, Nachbarn, Elternvertreter und natürlich auch das Kollegium, die Mitarbeiter, Trägerkreismitglieder und die Presse. Dass auch Schüler der 2. und 4. Klasse mit ihren Liedvorträgen dabei waren, versteht sich von selbst. Ich durfte alle ganz herzlich begrüßen und unterstrich zunächst unsere Dankbarkeit gegenüber Gott. Die ganze Schulentwicklung der FCSO sowie die Errichtung der neuen Grundschule wären ohne Gottes Hilfe nicht möglich gewesen. Die Losung des Tages aus Josua 3, 10 passte ausgezeichnet zu diesem Anlass: „Ihr sollt merken, dass ein lebendiger Gott unter euch ist."

Der erste Kreisrat und neu gewählte Landrat Bernhard Bramlage überbrachte die Grüße vom Landkreis Leer und drückte seine Anerkennung für die bisherige Schularbeit nicht nur in Worten, sondern auch mit einem Scheck für die Anschaffung bestimmter Schulgeräte aus. Bürgermeister Palm und Ortsbürgermeister Fecht hoben die gute Zusammenarbeit mit dem VES als Schulträger hervor und freuten sich über die Verschönerung des Ortsbildes sowie die Bereicherung der Schullandschaft durch den errichteten Neubau der Grundschule. Für die sieben Grundschulen Moormerlands überbrachte Frau Niemann (Grundschule Neermoor) Glückwünsche und eine große Schultüte mit einem Basketball für den Sportunterricht.

Musikalisch umrahmt wurde die Veranstaltung von Beate Renschler (Violine) und Hans-Martin Urbschat (Klavier) sowie den Schülern der 2. und 4. Klasse. Fehlen durfte natürlich nicht das humorvoll dargebotene Grußwort des Architekten Georg Tjards und die Schlüsselübergabe. Als Kunst am Bau stiftete er ein überdimensionales Spinnennetz mit beleuchteter Spinne, das unter dem Dach des Foyers angebracht wurde. Schatzmeister Erwin Wallenstein und Verwaltungsleiter Kurt Plagge stellten am Schluss der Feier mit einem Bibelwort und Gebet das Gebäude ganz bewusst unter Gottes Segen.

In der dreizügigen Grundschule wurden rund 300 Kinder in 12 Klassen unterrichtet.

Das Gebäude beinhaltete außer 12 Klassenräumen auch Lehreraufenthalts-, Verwaltungs- und Differenzierungsräume für kleine Lerngruppen, einen Musik- und Bastelraum sowie ein Spielzimmer, eine Schulküche und entsprechende Sanitärräume. Die Presse berichtete in verschiedenen Zeitungen ausführlich über den Einzug in die neue Grundschule. Die Überschriften lauteten:

„Neue Grundschule in nur sieben Monaten – Der Schulverein investierte 3,5 Millionen", „Christliche Grundschule mit 12 Klassen – Nach sieben Monaten Bauzeit ist das Gebäude in Veenhusen fertig/ Gestern offizielle Eröffnung", "Hier büffeln jetzt 300 Kinder – Freie Christliche Schule Veenhusen hat neues Gebäude feierlich eingeweiht", „Lebendiger Gott unter euch – Neue Grundschule vom Verein für Evangelische Schulerziehung Ostfriesland in Veenhusen".

Mit einem Tag der offenen Tür am 15. September mit vielen Attraktionen, Beiträgen und Informationen aus der Schularbeit sowie einem Luftballonwettbewerb beendeten wir die Feierlichkeiten der Neubaueinweihung.

Folgende Lehrkräfte haben wir im Laufe des Jahres eingestellt: Hanno Garthe, Frank Grote, Christoph Hobrack, Alexander Kahle, Dr. Johannes Kisch, Imke Köster, Dr. Andreas Müller, Brigitta Müller, Sabine Scholz und Anja Uden. Ausgeschieden sind Christoph Renschler und nach kurzer Zeit auch wieder Sabine Scholz. Als Hausmeister für die neue Grundschule stellten wir Johannes Hinrichs ein.

Sigrid Nannen wechselte als Schulsekretärin zur Grundschule, und ihre bisherige Stelle im Hauptgebäude nahm die neu eingestellte Schulsekretärin Simone Kolthoff ein.

Ein lang gehegter Wunsch der FCSO ging im September mit der Eröffnung einer Schulbibliothek in Erfüllung. Es wurde lange Zeit an diesem Projekt gearbeitet. Verschiedene Lehrkräfte und Frau Hildebrand hatten sich am Aufbau beteiligt, Bücher sortiert und foliiert. Der Bestand vergrößerte sich durch Spenden und günstige Einkäufe bei Buchbörsen und Büchereiauflösungen. Außerdem wurde nach und nach entsprechende Fachliteratur für Referate und Facharbeiten angeschafft. Im Frühjahr stieß Frau Heins, Dipl.-Bibliothekarin, zu dem Team, die von ihrem Ehemann Heinz, Pastor der Ev. luth. Gemeinde Warsingsfehn, unterstützt wurde. Neben dem Sachbuchbestand gab es auch Freizeitliteratur, die donnerstags und freitags während der großen Pausen ausgeliehen wurde.

Im gleichen Monat, nämlich am 11. September 2001, erschütterte ein grausamer Anschlag auf das World-Trade-Center in New York die ganze Welt. Islamistische Selbstmordattentäter von Al- Kaida steuerten zwei entführte Passagierflugzeuge in die New Yorker Zwillingstürme und brachten sie zum Einsturz. Zwei andere Flugzeuge griffen militärische Ziele an, eines beschädigte das Pentagon. Bei diesem schrecklichen Massenmord starben etwa 3.000 Menschen. Seither verübten islamistische Terroristen im Namen ihrer Religion Anschläge auf zumeist westliche Länder und brachten Tod und Verderben in die Städte. Dieser Tag veränderte die Welt. Nichts blieb mehr so wie es vorher war. Deutschland blieb von der Weltkrise auch in wirtschaftlicher Hinsicht nicht verschont.

Eine solche Religion kann mit unserem liebenden dreieinigen Gott nichts zu tun haben. Nur das Böse verbreitet in der Welt Angst und Schrecken. Auch wenn immer mehr Christen verfolgt und sogar durch fanatische islamistische Terroristen getötet werden, bleibt unser Herr Jesus als gekreuzigter und auferstandener Herr der Sieger über Tod und Teufel. Er wird mit seiner Wiederkunft einmal alles Leid dieser Welt beenden und alles neu machen. In dieser Hoffnung dürfen Christen ihr Leben in einer lebendigen Beziehung zu Jesus Christus gestalten. Das ist eine hoffnungsvolle Botschaft und Perspektive. Dieses wunderbare Evangelium zu vermitteln, war und ist auch eine wichtige Aufgabe der FCSO.

Anfang November startete die große Elternarbeitsaktion: „Die Pflanzung der 5000".

„Pflanzung der 5.000" an der Grundschule

Es war eine Anlehnung an das Speisungswunder nach Johannes, Kapitel 6, was sich am 3. November auf dem Gelände der Grundschule ereignete. Zwar wurden nicht 5000 satt, sondern stattdessen knapp 5000 Boden bedeckende Gewächse, Sträucher und Bäume gepflanzt. Um das Gelände hinter der neuen Grundschule durch eine Gartenbaufirma in einen grünen Garten verwandeln zu lassen, fehlte uns das Geld. Voller Dank blickten wir auf das, was dann geschah: Ein Gärtner spendete 60 Bäume und beteiligte sich mit viel Fachwissen und Arbeitsstunden an der Aktion. Ein anderer Gärtner plante die Gesamtanlage und steuerte diverse Pflanzen als Spende bei. Ein Metallbauer entwickelte unter Beachtung sicherheitstechnischer Normen ein Klettergerüst und baute es ein. Ein Landschaftsgärtner meldete sich zu einem 5-wöchigen ehrenamtlichen Einsatz und half bei der Vorbereitung des Pflanztages. Unter den 90 Grundschuleltern befanden sich ortskundige Organisationstalente, die allerhand Werkzeuge und Maschinen mitbrachten. Außerdem kamen Fahrer mit Traktoren. Gespendet oder zu günstigen Bedingungen wurde Mutterboden, Beton- und Füll-Sand sowie Holz für ein zweites Klettergerüst geliefert. Die Mütter brachten kiloweise Kuchen, Frikadellen, Schnitzel und 100 Euro für die Bewirtungsküche mit. Es wurde bis zum Einbruch der Dunkelheit geschuftet. Doch die gute Stimmung, die gute Küche und etliche Kinder sorgten dafür, dass der Tag zu einem Pflanzfest geriet. Alle sahen gespannt dem nächsten Frühling entgegen.

Die 50. Ausgabe „DIT un DAT ut uns School" erschien im Dezember 2001. Das war schon ein denkwürdiger Anlass, als das Informationsmedium der FCSO zum 50. Mal erschien. War das ein goldenes Jubiläum? Ja und Nein! Ja, bezüglich der Anzahl der veröffentlichten Mitteilungen über die FCSO. Nein, in Bezug auf den Namen „DIT un DAT", der erst mit der 21. Ausgabe das erste Mal erschien. Dem zu dieser Zeit aktiven Redaktionsteam Silke Schmidt, Johannes Köster, Kurt Plagge, Olaf von Sacken, Nieklaas Swart und Konrad Huismann dankten wir ganz herzlich für ihre Arbeit.

Auf der Klausurtagung des Kollegiums vom 25. bis 27. November in Ahlhorn lautete das Leitthema: „Bausteine der Begegnung", diesmal ohne Gastvortrag. Elf Themenfelder - vom veränderten Raumangebot bis hin zu geistlichen Gemeinschaften - kristallisierten sich heraus, an denen in Gruppen sehr eifrig gearbeitet wurde.

Das Haushaltvolumen stieg in diesem Jahr auf ca. 7,5 Mio DM. Die Zahlen lagen mit den Einnahmen und Ausgaben in einem ausgewogenen Verhältnis. 882 Schüler (295 in der Grundschule und 587 in der Sekundarstufe I und II) wurden von 69 Lehrkräften unterrichtet.

Für das nächste Schuljahr waren für die 1. Klassen 130 Kinder angemeldet; es konnten aber nur 73 aufgenommen werden. Bei 90 Anmeldungen für die 5. Klassen gab es nur 35 Plätze. Eine höchst positive aber zugleich auch eine sehr bedrückende Situation, ohne dass dafür eine Lösung in Sicht war.

Zum 15-jährigen Jubiläum der FCSO im nächsten Jahr 2002 wurde erstmals ein Kalender mit Kunstwerken von Schülern aus allen Jahrgangsstufen herausgegeben, der sich ideal auch als Geschenk eignete. Er wurde für 19,95 DM verkauft. Der Erlös, wie kann es anders sein, kam der Schularbeit zugute

Wie im Vorjahr, trafen wir uns am 6. Dezember mit dem Vorstand und Ehepartnern und am 7. Dezember mit der Schulleitung und Ehepartnern bei uns zu Hause zu einem gemütlichen adventlichen Jahresausklang.

Kurt Plagge übermittelte in der 50. Jubiläumsausgabe „DIT un DAT" einige besinnliche Gedanken zum Jahresabschluss, die ich hier auszugsweise wiedergeben möchte:

„Weihnachten steht vor der Tür und das Jahr geht zu Ende. Diese Zeit am Ende eines Jahres ist eine gute Gelegenheit, Bilanz zu ziehen, nicht nur finanziell: einmal innehalten und das vergangene Jahr Revue passieren lassen; Gott danken für die vielen Dinge des Lebens, die wie empfangen dürfen und die wir in der Hektik des Alltags oftmals gar nicht entdecken. Aber wir sollten auch erkennen, wo wir Fehler gemacht haben und falsche Wege gegangen sind. Dann gilt es umzukehren, ungeregelte Angelegenheiten zu bereinigen und sich mit anderen zu versöhnen, wo es nötig ist. Wenn wir auf das zu Ende gehende Jahr zurückblicken, wird fast jeder auch an die schrecklichen Ereignisse des 11. September denken. Viele Fragen und Sorgen begleiten uns. In dieser Situation dürfen wir an das Ereignis denken, dass diese Welt vor ca. 2000 Jahren grundlegend verändert hat und zwar ganz anders, als das Ereignis vom 11. September. Damals wurde Gott Mensch und kam als Kind auf die Welt, um Licht in die Dunkelheit dieser Welt zu bringen. In Jesaja 9 sagt der Prophet: „Das Volk, das im Finstern wandelt, sieht ein großes Licht, und über denen, die da wohnen im finsteren Lande, scheint es hell. Denn uns ist ein Kind geboren, ein Sohn ist uns gegeben, und die Herrschaft ruht auf seiner Schulter; und man nennt seinen Namen: Wunderbarer Ratgeber, starker Gott, Vater der Ewigkeit, Fürst des Friedens." Gott kommt uns in Jesus Christus entgegen, möchte sich mit uns versöhnen und unserem Leben Sinn, Ziel, Zukunft und Hoffnung geben. Er hat auch die Zukunft dieser Welt in seiner Hand, so dass wir ruhig werden können, weil wir wissen, dass wir in ihm geborgen sind. Das lässt uns trotz der weltweit schwierigen Lage mit Freude Weihnachten feiern und getrost in das neue Jahr blicken.

Kapitel 30

2002 Der Wert des Schülers - Wohnkonzept für Abiturschüler - Neue Stiftung

Ab 1. Januar 2002 wurde der Euro als neue Währung eingeführt. Die harte DM, die vom 21. Juni 1948 bis 31.12.2001 gültig war, hatte ausgedient. Es dauerte eine längere Zeit, sich an den Euro zu gewöhnen. Viele Bundesbürger hatten das Gefühl, dass das neue Geld nur noch die Hälfte wert ist, sicher auch deshalb, weil der Umrechnungskurs mit 1,95583 DM für 1 Euro festgelegt wurde. Faktisch wurden allerdings z. B. Einkaufs- und Verkaufswerte nach dem gleichen Umrechnungskurs behandelt. Dass manche Marktteilnehmer diese Umstellung nutzten, um den Ertrag zu verbessern, war sicher auch zutreffend und hat damals hitzige Diskussionen ausgelöst. Lange Zeit, ja sogar bis in die Gegenwart hinein, hat man bei Geschäftsabwicklungen den Euro in DM umgerechnet.

Im Schulalltag der FCSO stellten wir uns immer wieder die Frage, ob sich Anspruch und Wirklichkeit unserer Schule in einem ausgewogenen Verhältnis zu einander befinden. Wenn zum Beispiel der Wert eines jungen Menschen während seiner Schulzeit ausschließlich über Schulnoten definiert wird, ist es um unsere Gesellschaft schlecht bestellt. Nun wird man das natürlich abstreiten. Doch bei genauerer Betrachtung ist diese Einschätzung leider nicht von der Hand zu weisen. An der FCSO sollte und soll der Wert des Schülers nicht nach Noten gemessen werden. Hier müssen andere Wertmaßstäbe gelten. Das ist ja geradezu ihre Grundlage, ihr Auftrag, im Unterricht und im Umgang miteinander biblische Leitlinien zu beachten. Deshalb wird sie ja auch als „Schule auf biblischer Basis" bezeichnet.

Die FCSO möchte einen ganzheitlichen Erziehungsstil mit „Kopf, Herz und Hand" praktizieren. Sie will junge Menschen anleiten und ermutigen, ihre Persönlichkeit unter Gottes Zuspruch zu entfalten. Dabei soll deutlich werden, dass jeder Mensch als einzigartige Schöpfung Gottes mit unterschiedlichen Begabungen und Anlagen ausgestattet ist. Dankbar und erstaunt betet der Psalmist: „Ich danke dir dafür, dass ich wunderbar gemacht bin; wunderbar sind deine Werke; das erkennet meine Seele wohl", Psalm 139,14. Diese Bewusstseinsbildung war und ist bei aller Vermittlung von Wissen und Fertigkeiten eine der vornehmsten Aufgaben der FCSO.

Doch Hand aufs Herz. Sind nicht auch Schüler und Lehrkräfte dem Diktat der schulamtlich verordneten Schulnoten unterworfen? Reduziert sich der Wert des Schülers nicht doch auf die Zahlen 1 bis 6?

Ich stellte absichtlich diese Fragen, um zu verdeutlich, in welchem Spannungsbogen zwischen Anspruch und Wirklichkeit sich die FCSO bewegt. Bei aller Gestaltungsfreiheit wollten wir die Ziele der FCSO nicht aus den Augen verlieren. Nur in der Abhängigkeit von Gottes Führung würden wir auf der richtigen Spur bleiben.

Uns war bewusst, erst nach längerer Zeit, vielleicht erst nach Jahren, würde sich herausstellen, ob nur die Zeugnisse die Ergebnisse der Schullaufbahn an der FCSO widerspiegeln, oder ob die Vermittlung anderer lebenstragender und lebensbejahender Werte wirksam geworden ist. Ob es sich nun um das Lernen der Schüler, das Unterrichten der Lehrkräfte, die Mitarbeit in der Schulorganisation, die Aufgaben des Trägerkreises oder die Mitarbeit der Eltern und die Unterstützung der Schulförderer handelt, unser ganzes Tun und Lassen unterliegt dem unbestechlichen Urteil der Jahreslosung 2002: „Ein Mensch sieht, was vor Augen ist; aber der Herr sieht das Herz an." 1. Samuel 16,7b.

Wie klar, wie tröstlich, wie korrigierend und motivierend war dieses Wort Gottes für die weitere Arbeit des vor uns liegenden Jahres.

Die steigende Zahl der Schüleranmeldungen setzte sich auch im Jahr 2002 fort. Über 900 Schülerinnen und Schüler wurden von 76 Lehrkräften unterrichtet. Die Wartelisten wurden immer länger, was einerseits als gutes Qualitätsmerkmal galt, uns andererseits aber auch weh tat, so vielen Schülern keinen Platz anbieten zu können. Erstmals lag die Zahl der Schulabschlüsse mit 101 in den dreistelligen Bereich (12 Hauptschul-, 39 Realschul-, 28 Erweiterte Realschul- und 22 Abiturabschlüsse). 53 Schüler verließen die Schule und begannen einen neuen Lebensabschnitt. In festlichen Schulentlassungs-Veranstaltungen, wie aus den Vorjahren schon mehrfach geschildert, wurden die Schulabgänger verabschiedet.

Das Personalkarussell drehte sich auch im Jahr 2002. Es wurden acht neue Lehrkräfte eingestellt: Esther Aeilts, Dr. Lothar Beyer, Achim Drath, Luise Hagmann, Norbert Hess, Martina Müller, Gabriele Rabe, Anne Vietor und Michael Hoffmann als Referendar. Bärbel Ismer und Esther Goudefroy verließen die Schule.

Man kann sich vorstellen, wie viel Planungen, Kontakte und Gespräche erforderlich waren, um alle Stellen zeit- und fachgerecht zu besetzen. Wie gut, dass unser Verwaltungsleiter Kurt Plagge vor Ort neben vielen anderen Aufgaben auch die Personalangelegenheiten koordinierte. Immer wieder wurde uns bewusst, dass besonders für den Personalbereich Dank und Fürbitte einen wichtigen Stellenwert haben.

Als Projektstudent und Praktikant kam Frank Helmers zu uns, um als Schulsozialarbeiter einen neuen Arbeitszweig zu besetzten.

Nach sorgfältiger Vorbereitung verbesserten wir die Gehaltsordnung durch leistungsbezogene Zulagen im Sekundarbereich II. In Gehaltsfragen bewegten wir uns ständig auf einer Gratwanderung zwischen dem Bemühen um eine zufriedenstellende Bezahlung unserer Lehrkräfte und Mitarbeiter und den begrenzten finanziellen Möglichkeiten.

Unserer Aufmerksamkeit war es nicht entgangen, dass die FCSO auch ein Ort partnerschaftlicher und schicksalhafter Begegnung war und ist. In „DIT un DAT" konnte gelegentlich über Verlobungen, Hochzeiten und Geburten aus dem Kreis des Kollegiums berichtete werden. Interessant, wie weit die Harmonie im Lehrerkollegium in das Private übergehen kann. Auch in den Folgejahren hielt dieser Trend an. Manchmal fragte ich mich, was wäre gewesen, wenn es diese Schule nicht gegeben hätte. Gottes Wege sind unerforschlich und für viele Menschen zugleich wunderbar.

Unsere „Schulperle" Amanda Blank durfte in diesem Jahr das 10-jährige Dienstjubiläum feiern.

Die vielfältigen Veranstaltungen der FCSO waren auch im laufenden Jahr aus dem Schulleben nicht wegzudenken. Mit viel Elternengagement wurden die Eltern- und Freundeskreistreffen im Frühjahr und Herbst organisiert, desgleichen das Benefizkonzert mit „Lifeline" unter Leitung von Cyra Vogel im Mai zugunsten der dringend benötigten Mehrzweckhalle, das Werteseminar mit Claudia und Eberhard Mühlan vom „Team F" oder das große Schulfest am 1. Juni. Aber auch in den AGs waren Eltern aktiv. Einige halfen mit Sonder-Spenden den allgemeinen Spendenrückgang spürbar abzubremsen.

Der Unterricht an der FCSO wurde durch verschiedene Fördermaßnahmen und durch gute Ideen und Besucher von außerhalb bereichert. Beteiligt waren u. a. der Liedermacher Arno Backhaus, der blinde Musiker Thomas Steinlein mit seinem Gitarristen, die Amerikaner Dr. Harvey und Nina Taylor, die seit 20 Jahren in China und Tibet als Englischlehrer an verschiedenen Hochschulen tätig waren und als Christen in einer Hilfsorganisation mitarbeiteten, Missionare oder Fachleute verschiedener Berufszweige etc. Projekttage und AGs, sowie Berufsinfotage, Klassenfahrten und besondere Wettbewerbe trugen zu einem vielseitigen und interessanten Schulleben bei. Dass in Computerkursen unter Leitung von Martin Wolter sogar ein „Europäischer Computer Führerschein" erworben werden konnte, stellte eine Besonderheit in der schulischen Berufsvorbereitung dar.

Am 3. August war die Einschulung für 68 Erstklässler mit ihren Eltern, Freunden und Verwandten wieder ein besonderes Ereignis, einen neuen Lebensabschnitt zu beginnen. In drei hintereinander durchgeführten Veranstaltungen erlebten alle Teilnehmer ein abwechslungsreiches Programm. An diesem Tag hatte ich mich als Imker verkleidet, um den Kindern und Erwachsenen am Beispiel der fleißigen Bienen anschaulich zu erklären, wie genial und kreativ Gottes Schöpferkraft ist und was die Bienen alles leisten, um den süßen Honig zu produzieren. So könne

Gott auch mit jedem Kind etwas Besonderes vorhaben, wenn sie ihr Leben nach Gottes Wort ausrichten und in der Schule fleißig lernen.

Ein medienwirksames Ereignis war die Eröffnungsveranstaltung „Zisch", (Zeitung in der Schule) am 19. August mit der Ostfriesenzeitung (OZ) im Forum der Grundschule. Ich hatte schon kurz davon im Zusammenhang mit dem zunächst sehr kritischen Beitrag des Chefredakteurs Bernhard Fokken berichtet. Unter Leitung von Olaf von Sacken haben unsere Schüler diese Veranstaltung ideenreich in Szene gesetzt und dafür verdientermaßen viel Lob und Anerkennung erhalten.

Von Erfolg gekrönt, war auch der lange und mühevolle Weg zum Erwerb eines Konzertflügels, worüber sich unser Musiklehrer Christoph Hobrack besonders freute.

Durch diverse Sach- und Geldspenden sowie den Erlös aus Basarveranstaltungen konnte der Etat für die Lehrmittel aufgestockt werden.

Die Schulbibliothek unter sachkundiger Leitung von Frau Heins wuchs weiter und umfasste schon ca. 3000 Bände. Sie wurde vermehrt in Anspruch genommen und nahm mittlerweile einen wichtigen Platz ein.

Im Rahmen einiger kleiner Umbaumaßnahmen konnte das Schulleiterbüro vergrößert und neu ausgestattet werden. Nun hatte unser Schulleiter Joachim Heffter endlich mehr Platz für Besucher und diverse Besprechungen.

Inzwischen konnte man sich via Internet weltweit Informationen über die FCSO beschaffen. Erstmals wurde die von Michael Mahn vorbereitete ausführliche Homepage, anzuklicken unter www.fcso.de, auf dem Eltern- und Freundeskreistreffen am 30. November vorgestellt.

Um mehr Schüler für die noch kleine Oberstufe zu gewinnen, wurde ein Schul-Wohn-Konzept vorbereitet. Dieses von Olaf von Sacken initiierte Vorhaben sollte Abiturschülern von außerhalb des Einzugsbereichs, zum Beispiel auch für Schüler von den ostfriesischen Inseln, den Besuch der Oberstufe an der FCSO ermöglichen. Mit mehr Schülern könnte die Oberstufe kostengünstiger gestalten werden. Größere Investitionen waren dafür nicht erforderlich. Nachdem in der Nähe der Schule eine entsprechende Wohnung für eine Wohngemeinschaft eingerichtet war, zogen die ersten Schüler dort ein. Die Verantwortung und Aufsicht übernahm Olaf von Sacken. Nach einer gewissen Zeit erreichte uns die Anfrage, ob wir bereit wären, hier auch Schüler aus China aufzunehmen, die in Deutschland eine Schulausbildung planten. Das erschien uns aus zwei Gründen sehr interessant. Erstens hätten wir einen merklichen Schülerzuwachs für die Oberstufe, und zweitens sahen wir hier eine missionarische Möglichkeit, für den Glauben an Jesus Christus zu werben. Die Schulbehörde riet uns auf Anfrage jedoch davon ab, denn es gäbe noch viele politische Unwägbarkeiten, die zu Problemen führen könnten.

Da sich im Laufe der nächsten Jahre herausstellte, dass das Wohnkonzept nicht wie erwartet angenommen wurde, beendeten wir dieses Angebot. Der Ausbau der Oberstufe entwickelte sich erfreulicherweise trotzdem positiv und kontinuierlich weiter.

Erneut beschäftigten wir uns mit der Frage zur Einrichtung eines Betriebs-Kindergartens. Es schien eine gute Lösung in Zusammenarbeit mit der nachbarschaftlichen Baptistengemeinde zu geben. Bald stellte sich jedoch heraus, dass die Planungen der Gemeinde schon so weit gediehen waren, einen Kindergarten in eigener Regie zu betreiben. Auch Kinder aus dem FCSO-Schulumfeld könnten dort aufgenommen werden.

Wir wollten möglichst bald mit dem Bau der so dringend benötigten Mehrzweckhalle beginnen. Durch konkrete Planungen, Gespräche mit Vertretern der Gemeinde Moormerland und weiteren Behörden kamen wir dem Ziel etwas näher, obwohl die finanzielle Decke noch sehr dünn war. Alle möglichen Wege zur Mitfinanzierung wurden geprüft. Bürgermeister Palm konnte sich auch eine eventuelle gemeinsame Finanzierung und Nutzung vorstellen, was sich dann allerdings zerschlug. Über Dr. Rudolf Seiters, der auch in der „Willi Daume/Sepp-Herberger-Stiftung" mitarbeitete, sollte um eine finanzielle Hilfe nachgefragt werden. Ebenfalls versuchten wir es bei der „EU-Bußgeldstelle" und der „Lotto- und Bingo-Stiftung". Doch leider ohne Erfolg.

Immerhin brachte das Benefiz-Konzert von Lifeline am 8. Juni einen Spendenzuwachs in Höhe von 1.800 Euro.

Unser Vorstandsmitglied Artur Kroon-Husmann hatte angeboten, in seinem Stahlbaubetrieb kostenfrei einen Bauplan-Entwurf mit entsprechender Statik zu erstellen und auch den Bauantrag zu formulieren. Ein sehr ermutigendes Zeichen für uns war das Angebot von Willi Wallenstein, das angrenzende Grundstück zu spenden. Somit konnten alle Planungsschritte bezüglich Bauteppich, Nutzungsänderung und baurechtlicher Abstimmungen sehr konkret angegangen werden.

Mit dem Landkreis Leer konnte nach langen Verhandlungen endlich eine Vereinbarung für die Mitfinanzierung am Schülertransport für Schüler aus dem Landkreis Leer positiv abgeschlossen werden. Auch eine zusätzliche Buslinie am Nachmittag verbesserte die Transportsituation für manche Schüler erheblich.

Im Zuge der abflauenden Spendenentwicklung ergab sich ein Kontakt zur Cornhouse Stiftung International in Heilbronn. Durch die Zusammenarbeit mit dieser Stiftung konnten Spender Steuervorteile in Anspruch nehmen, die für die FCSO pro Jahr zusätzlich bis zu 20.450 Euro Mehreinnahmen bringen würden. Diese Stiftung wurde gegründet, um christliche Gemeinden und Einrichtungen zu fördern. In der „DIT un DAT", Ausgabe 54, konnte man sich über Einzelheiten in der Zusammenarbeit mit der Cornhouse Stiftung informieren.

Joachim Heffter und verschiedene Trägerkreis-Mitglieder nahmen an Veranstaltungen der „AEBS", Arbeitsgemeinschaft Evangelischer Bekenntnisschulen, teil und nutzten die Möglichkeit der pädagogischen Orientierung und Weiterbildung. Kurt Plagge beteiligte sich regelmäßig an den Sitzungen der „Arbeitsgemeinschaft Freier Schulen in Niedersachsen". Hier setzte man sich stets dafür ein, die Situation aller Schulen in freier Trägerschaft zu verbessern.

Die gemeinsamen Sitzungen des Schulelternratsvorstands mit dem VES-Vorstand waren sehr effektiv, da hier interessierende Themen und Fragen zeitnah diskutiert und geklärt werden konnten. Insbesondere ging es in dieser Zeit manchmal um die Frage, ob die christliche Ausrichtung der Schule auch angemessen und deutlich zum Zuge käme. Einige Beteiligte nahmen eine tolerante Haltung in dieser Frage ein. Andere wiederum vertraten den Standpunkt, dass man auf allen Arbeitsfeldern der Schule den christlichen Glauben offensiv vertreten müsse. Zum Beispiel hielt man es aus Sorge um die zu erhaltende Grundlage der Schule für wichtig, dass die zu wählenden Klassen-Elternvorsitzenden bekennende Christen sein müssten. Dafür gab es aber keine Zustimmung. Allerdings würde sich das auch als schwierig erwiesen haben, denn es waren in einer Klasse oft überwiegend Eltern vertreten, die nicht in einer christlichen Gemeinde zu Hause waren oder sich als praktizierende Christen äußerten. In dieser Situation war es mir wichtig, dass sich keine „gegenseitig agierenden Fraktionen" bildeten. Ich bat darum, diese Fragen mit viel Weisheit und Einfühlungsvermögen zu behandeln und andersdenkenden Menschen mit Respekt zu begegnen. Insbesondere wies ich darauf hin, dass man Nichtchristen nicht mit Vorbehalten begegnen, sondern sich ihnen gegenüber offen und gewinnend verhalten sollte. Dabei dürften wir mit großer Gelassenheit auf Gottes Hilfe und Führung vertrauen.

Wir hatten vereinbart, dass die Klassen-Elternratsversammlungen immer mit einer Andacht beginnen sollten. Es zeigte sich, dass auch bisher darin ungeübte Eltern mit interessanten positiven Andachten ihren Beitrag leisteten. Entscheidend für eine gute Schulatmosphäre war stets die Fürbitte, zu der wir alle an und in der Schule Beteiligten, aber auch die christlichen Gemeinden immer wieder aufforderten.

Dankbar konnten wir auch dieses Jahr mit einem geordneten Haushalt in der Größenordnung von ca. 4,4 Mio Euro abschließen. Erstaunlich, dass es trotz der bisherigen finanziellen Herausforderungen gelungen war, die Übersicht zu behalten. Dennoch beschäftigte uns ständig die Frage, wie die komplette Finanzierung einer Mehrzweckhalle ermöglicht werden könnte.

Den VES-Vorstand mit Ehepartnern hatten wir zum 5. Dezember und die Schulleitung mit Ehepartnern zum 13. Dezember zu einem gemütlichen „Feier"-Abend zu uns nach Hause eingeladen. Endlich wieder mal eine gute Gelegenheit, sich auch ohne das Abarbeiten von Tagesordnungspunkten privat auszutauschen. Mit einem dankbaren Rückblick auf das arbeitsreiche Jahr und einem spannend-zuversichtlichen Blick auf die vor uns liegende Zeit stellten wir uns auf das Weihnachtsfest und den Jahreswechsel ein.

2003 Anhaltendes Wachstum - Neue Angebote - Veränderungen - Kontakte zur Wirtschaft

Oft hört man den Satz: „Das einzig Beständige ist die Veränderung". Gerne füge ich dann den Satz hinzu: „Wir wollen Veränderungen nicht erleiden, sondern gestalten." Das führte uns manchmal zu der Frage, was sind denn vergängliche und unvergängliche Werte?

Es ist nicht nur heute so, sondern auch im Jahr 2003 wurde viel über politische, wirtschaftliche und gesellschaftliche Probleme diskutiert. Viele vermeintliche Sicherheiten gerieten ins Wanken. Ob es sich nun um die Kranken-, Sozial-, Renten- oder Pflegeversicherung oder um Politik und Wirtschaft handelte, die Menschen spürten, dass auch vermeintliche Sicherheiten in Wirklichkeit unsicher waren.

Auch unser allgemeines Bildungssystem stand auf dem Prüfstand. Welche Bildungsstandards waren eigentlich noch richtig? Waren die gegenwärtigen wissenschaftlichen Erkenntnisse noch gültig? Der Alltag weist darauf hin, dass die meisten Dinge vergänglich sind: Die Zeit, die jugendliche Frische, Freundschaften, Familienbande etc. Ja, sogar unser biologisches Leben unterliegt der Vergänglichkeit. Wir lebten und leben also auf dem Fließband der Vergänglichkeit.

Und was sagt Gott dazu? Ja, sagt er, so ist es und setzt noch einen oben drauf, wie es in der Jahreslosung 2003 zum Ausdruck kam: „Jesus Christus spricht: „Himmel und Erde werden vergehen, aber meine Worte werden nicht vergehen." Markus 13,31. Unglaublich direkt, dieses Wort. Alles ist vergänglich. Hat denn nichts Bestand? Soll uns das in Angst versetzen und die Freude am Leben rauben? Nein, ganz und gar nicht. Denn Jesus setzt der Vergänglichkeit sein deutliches „Aber" entgegen: „Aber meine Worte werden nicht vergehen." Das ist gewiss! Darauf durften und dürfen wir uns felsenfest verlassen. Gottes Wort hat Bestand in Zeit und Ewigkeit. Hier finden wir die Antwort auf die grundlegenden Fragen, woher kommen wir, wozu leben wir, und wohin entwickelt sich unser Leben? Die biblische Mitteilung über Glaube, Liebe und Hoffnung vermag uns im Leben Sinn und Ziel zu geben. Christen können aus der Kraft des Evangeliums gelassen mit den vielen Vergänglichkeiten des Lebens umgehen, weil sie dem großen „Aber" Gottes vertrauen, denn Gottes Heiliger Geist schafft und gestaltet Leben mit Ewigkeitswert.

Auf der Grundlage dieser unvergänglichen Werte durfte und darf die FCSO ihren Auftrag wahrnehmen. Eine schöne Aufgabe. Eine lohnenswerte Investition in die Zukunft junger Menschen. Die Schule hat durch das Lernen, Experimentieren und Einüben von Fertigkeiten die Persönlichkeit der anvertrauten Kinder zu entwickeln.

Eine der vornehmsten Aufgaben dabei ist es, auch zum Glauben an Jesus Christus zu ermutigen und das Vertrauen in das unvergängliche Wort Gottes zu fördern. Auch in dem laufenden Jahr gab es dazu wieder viele Möglichkeiten.

Das über Jahre ungebrochene Wachstum hatte sich weiter fortgesetzt. 960 Schüler wurden von 80 Lehrkräften unterrichtet. Über 90 Jugendliche haben ihren Schulabschluss erreicht. 150 Schülerinnen und Schüler wurden neu an der FCSO eingeschult. Damit waren die räumlichen Aufnahmekapazitäten wieder einmal ausgeschöpft. Außer der geplanten Mehrzweckhalle hatten wir uns bald wieder mit neuen Baumaßnahmen für den Unterricht zu befassen. Für die Halle waren inzwischen konkrete Planungsschritte erfolgt. So wurde der Flächennutzungsplan der Gemeinde Moormerland zwar verabschiedet, aber bezüglich des vorgesehenen Hallenstandortes hatte die Bezirksregierung andere Vorstellungen. Hier gab es noch Klärungsbedarf. Auch der Parkplatzbedarf für mehr Personal und Oberstufenschüler war größer geworden. Mit der benachbarten Ev. freik. Gemeinde vereinbarten wir durch Zahlung eines anteiligen Betrages ein zehnjähriges Mitbenutzungsrecht an dem neu eingerichteten Gemeindeparkplatz.

Die letzte Lehrer-Klausurtagung, Ahlhorn, im November 2002 hatte aufgrund von Kapazitätsgrenzen und der höheren Kosten gezeigt, dass diese Veranstaltung wohl in der gewohnten Form nicht beibehalten werden konnte. Als wir später in einer Sitzung den Beschluss fassten, diese Klausur in anderem Rahmen und nicht mehr in Ahlhorn stattfinden zu lassen, ernteten wir von einigen Lehrkräften deutlichen Protest. So ist das. Wenn man Liebgewonnenes loslassen muss und sich manche Dinge ändern, ist das für einige ärgerlich. Doch manchmal muss man damit leben, dass nicht alle Entscheidungen mit Beifall bedacht werden.

Das Schulleben wurde immer vielfältiger. Dazu gehörten Projekttage, AGs und Sonderveranstaltungen. Ein Berufsinfotag sollte z. B. den jungen Menschen Einblicke in die Berufswelt ermöglichen. Über 330 Schülerinnen und Schüler der Klassenstufen 8 bis 13 konnten sich am 24. Februar in 53 Veranstaltungen über ca. 30 Berufe informieren. Kooperierende Schulen, viele Betriebe und Einzelpersonen referierten über Ausbildungswege, Anforderungsprofile sowie den Alltag der jeweiligen Berufe und standen den Neugierigen für ihre Fragen rund um die Berufswelt zur Verfügung. Von den Schulen aus Leer waren teils mehrere Referenten der BBS II, die Berufsakademie Ostfriesland und „Die Schule für Ergo- und Physiotherapie" vertreten. Während in den vergangenen Jahren soziale Berufe im Vordergrund standen, wurden diesmal auch technische Berufe vorgestellt.

Der inzwischen schon zur Tradition gewordene Berufsinfotag wurde durch Vor- und Nachbereitung in die Fächer Arbeitslehre und Politik eingebunden.

Schüler des 12. und 13. Jahrgangs hatten sich vom 6. bis 13. Januar nach Österreich aufgemacht, um dort einen Sportkurs „Alpines Skifahren" zu absolvieren. Dem ausführlichen Bericht in „DIT un DAT", Ausgabe 55, konnte man entnehmen, dass die sportliche Gruppe eine sehr abwechslungsreiche Woche erlebt hatte.

Erstmals nahmen Schüler der FCSO am 11. Februar an dem Schulschachwettbewerb in der Nordseehalle teil. Unter den ca. 350 15/16-jährigen Schülern erkämpften sich die FCSO-Teilnehmer beachtliche Plätze. Trotz der verlorenen Spitzenplätze war die Stimmung heiter und gelöst.

Die Kunstlehrerin Magret Erichsen-Carl stellte im ersten Halbjahr mit 10.-Klässlern in der WPK Kunst unter dem Thema „Anfänge der Bildhauerkunst" 60 cm hohe Pinguine her, die sehr lebensecht wirkten. Die von den Eltern gesponserten Gasbetonsteine wurden abgeschlagen, geraspelt, gesägt und geschliffen. Die aufrechte Haltung und der „Frack" der Pinguine verliehen den Figuren andeutungsweise ein menschliches Äußeres. Die Schüler machten dabei wertvolle neue Erfahrungen in Sachen künstlerischer Ausdrucksmöglichkeiten. Die Ergebnisse konnten sich nach dem Urteil der Kunstlehrerin sehen lassen.

Pinguine im Kunstunterricht

Von Anfang März bis Ende Mai fand in der FCSO unter dem Thema „Figuren und Gesichter" eine Ausstellung mit 23 Original-Graphiken der Ostfriesischen Landschaft statt. Erarbeitet wurde diese Schulausstellung vom Arbeitskreis „Ostfriesische Graphothek und Schule" des Regionalen Pädagogischen Zentrums in Aurich unter der Leitung von

Heiko Jörn. Der Arbeitskreis, der sich aus Kunstlehrern der unterschiedlichsten Schulformen und –stufen Ostfrieslands zusammensetzt, hatte aus den 870 Originalen in den verschiedenen graphischen Techniken wie Holzschnitt, Kupferstich, Radierungen, Lithographie und Siebdruck 23 Blätter ausgesucht, die in den Darstellungen vom realistischen Porträt über Metamorphosen zu Fantasiegestalten bis zu literarisch-illustrativen Formen reichten. Die Schüler konnten anhand dieser Ausstellung für den Kunstunterricht unter den verschiedenen Stilrichtungen eine eigene künstlerische Ausdrucksform finden.

Zu den Sonderveranstaltungen gehörten am 2. und 3. Februar Informationsangebote zum Thema ADS (Aufmerksamkeitsdefizitsyndrom), ein regelmäßig sich treffender Eltern-Gebetskreis, Elterninfoabende bezüglich der Entwicklungsmöglichkeiten in der Sek I und Sek II sowie ein Drogen-Informationsabend am 7. Mai für Eltern mit Herrn Neerhut von der Polizei Leer. Eine seiner zentralen Aussagen in dem sehr informativen Vortrag lautete: „Jugendliche mit einem stabilen Ich, die seelisch ausgeglichen und selbstbewusst sind, haben die besseren Chancen, nicht süchtig zu werden."

Unter dem Thema „Eltern stark machen" hatte die FCSO zu einem Seminartag am 8. März mit dem Ehepaar Claudia und Eberhard Mühlan eingeladen. Der Elternarbeitskreis wartete mit vorbildlicher Gastfreundschaft auf. Die 130 Mütter und Väter erlebten nach eigenem Bekunden einen sehr informativen, erfrischenden, motivierenden und nachdenklichen Tag. Die Resonanz war so positiv, dass man für das Folgejahr plante, an drei Samstagen ein ähnliches Seminar mit Christian Böhnert unter dem Thema „Kinder stark machen" durchzuführen.

Mit Frank Hellmers erlebten Schülerinnen und Schüler ein Schüler-Bibelkreis-Wochenende in froher Gemeinschaft mit geistlichen Impulsen.

Dass Schülern das Singen Spaß machte, bewies der Grundschulchor, der sich unter Leitung von Martina Müller fest etabliert hatte und der sich zu regelmäßigen Übungsstunden traf.

Viele werden sich noch an die Elbe-Flutkatastrophe im Großraum Dresden erinnern, als Wohn- und Werkstatt-Gebäude in Flussnähe 1,80 bis 2,50 Meter überflutetet wurden. Unter dem Motto „Schulen helfen Schulen" hatten Schüler der Klasse 10c die Idee, fleißig Kuchen und Waffeln zu backen und zu verkaufen. Mit dem Erlös von 850 Euro unterstützte man zwei Familien der Freien Evangelischen Schule Dresden. Die Familien Opitz und Müller erhielten diese Unterstützung als direkt Betroffene über das Flutopfer-Sonderkonto der AEBS. Beide Familien bedankten sich in einem Brief an die 10.-Klässler nicht nur für die finanzielle Hilfe, sondern auch für die Ermutigung, die sie durch diese Aktion erfahren durften.

Bei einem Benefizkonzert am 17. Mai mit "Lifeline" unter Leitung von Cyra Vogel und mit Unterstützung der Theatergruppe der Baptistengemeinde erbrachte zugunsten der Mehrzweckhalle 1.426 Euro. Als Folge der Auftritte von „Lifeline" entwickelte sich ein FCSO-Elternchor, Leitung Cyra Vogel, zu dem sangesfreudige Eltern eingeladen wurden.

Die Musical-Aufführungen „Joseph" am 3. April, „Auf der Suche" am 4. April, „Die sonderbare Nacht" am 17. und 18. Dezember, sowie die Projekttage vom 26. bis 28. Mai unter dem Motto „Planet of Visions" oder das umfangreiche Angebot mit insgesamt 33 Präsentationen anlässlich des Tages der offenen Tür am 20. September zeigten die vielseitigen Aktivitäten, woran sich die FCSO- Schüler meist begeistert beteiligten.

Zwei neue Projektkurse bereicherten die Angebotspalette: Dieter Garlich und Thomas Leuschner engagierten sich in dem Projekt „Theaterspiel" für die jahrgangsübergreifenden Klassen sieben bis zwölf. Zu Proben trafen sich zunächst 20 Schülerinnen und Schüler, Tendenz, jeweils am Mittwochnachmittag. Der Projektkurs "Spanisch" mit Frau Geppert-Enriques mit 10 Oberstufenschülern war so angelegt, dass über einen Zeitraum von zwei Schuljahren die Sprache in ihren Grundzügen erlernt werden konnte. Der Unterricht, der jeweils montags und mittwochs in der 7. Stunde stattfand, wurde praxis- und handlungsnah vermittelt, so dass man als Tourist in spanisch sprechenden Ländern gut zurechtfinden konnte.

Unser langjähriger Mitarbeiter im Trägerkreis, Alfred Dirks, verstarb am 23. Juni. Er wurde 72 Jahre alt. Alfred war von Anfang an dabei und meistens bei den Informationsveranstaltungen der ersten Jahre mit dem Info- und Büchertisch präsent. Ihm war die Schularbeit ein wichtiges Herzensanliegen. So traurig auch der Abschied war, er war am Ziel bei Jesus in der ewigen Heimat angekommen.

Im Sommer fand der erste Verkehrssicherheitstag an der Grundschule statt. Herr Eden von der Polizei Leer hatte einen Fahrrad- und Rollerparcours mitgebracht, an dem die Schüler ihre Verkehrskenntnisse beweisen bzw. trainieren konnten. Unter dem Motto „Rund um den Verkehr" hatten sich für die 10 Prüfstationen auch verschiedene Mitgestalter von außerhalb der Schule eingefunden: Augenoptik Blank, Fahrradgeschäft Erlenborn, die Feuerwehr, Busunternehmen Andreesen und die Johanniterunfallhilfe mit einem Rettungswagen. Hier konnten die Kinder unter der Leitung des Schulsozialarbeiters Frank Hellmers und einer der „Johanniter" einen anschaulichen und praktischen „Erste Hilfe Kurs" erleben. Auch verschiedene Aktionen, in denen die Kinder aktiv mitmachten, ließen den Verkehrssicherheitstag zu einem besonderen Erlebnis werden. Natürlich wäre das ohne die engagierte Hilfe der Eltern - vom Frühstück bis zur Mithilfe an den Stationen - nicht möglich gewesen.

Mit gewohnt vielseitigen Programm-Punkten waren das großartige Schulfest, die Entlassungs- und Einschulungsfeiern, sowie die Eltern- und Freundeskreistreffen wieder besondere Höhepunkte im Schulleben der FCSO.

Erwachsene, Lehrer und Schüler treffen sich zur Sponsorenrallye

Das Kollegium konnte durch folgende neuen Lehrkräfte verstärkt werden: David Enderby, Helga Grude, Elisabeth Heyen, Anne Laure Hunsmann, Andreas Krümmling, Elke Park und Dr. Frank Terjung. Es pausierten Susanne Krümmling und Silke Noll. Norbert Hess und Brigitte Synofzik verließen die Schule.

Erneut wurde am 28. August mit ehrenamtlicher Hilfe wieder ein Schulkiosk eröffnet, der dienstags und donnerstags frische Brötchen, warme Brezeln, verschiedene Backwaren und einige Snacks im Angebot hatte. Bei der Auswahl brachte die Hauswirtschaftslehrerin Brigitta Müller natürlich ihre Fachkenntnisse ein. Eventuell erwirtschaftete Überschüsse sollten für die Verbesserung des Pausenhofes eingesetzt werden.

Die steigende Schülerzahl würde bald zu einer Vierzügigkeit der Sekundarstufe I führen. Gleichzeitig erfuhr die Oberstufe verstärkten Zulauf. Aufgrund der unterschiedlichen Fächerkombination konnten die Unterrichtsstunden nicht mehr nur am Vormittag abgeleistet werden. Die Konsequenz: Der Nachmittagsunterricht wurde zur Regel.

Aber was macht man mit dem Hunger, der sich bei jungen Leuten um die Mittagszeit mehr oder weniger heftig meldet? Eine Lösung musste her. Zum neuen Schuljahr sollte somit eine Schulmensa eingerichtet sein. Nach vielen Verhandlungen mit unterschiedlichen Anbietern konnte das Mensaangebot im „Haus am Königsmoor" genutzt werden. Der dortige Berufskoch bot allen Teilnehmern der FCSO ein warmes Stammessen für 3,50 Euro an. Nach der sechsten Unterrichtsstunde konnte man also nach einem Fußweg von 500 Metern Schülern und Lehrkräften „Guten Appetit" wünschen.

Die Freie Christliche Internatsschule, Tryggheim vidaregaande Schule aus Narbo, in der Nähe von Stavanger hatte angefragt, ob die FCSO einen Schüleraustausch befürworten würde. Das wurde positiv beantwortet, und so kamen 4 Mädchen und ein Junge am 15. September für vier Wochen aus Norwegen nach Veenhusen. Für fünf FCSO-Familien bedeutete das einen vierwöchigen Familienzuwachs. Der Schüleraustausch ist immer eine gute Gelegenheit, u. a. ein wenig die Sprache des jeweiligen Landes kennenzulernen.

Am 20. September lud der Schulelternrat zu einer Sponsoren-Fahrradrally zugunsten einer Mitfinanzierung der Mehrzweckhalle ein. Gleichzeitig fand ein „Tag der offenen Tür" statt, für den in Zeitungsanzeigen geworben wurde. Die Lehrerschaft hatte mit den Schülern ein umfangreiches Programm für die vielen Besucher vorbereitet.

Schüler und Freunde waren dem Aufruf des Schulelternrates gefolgt, Sponsoren zu suchen, die bereit waren, für jeden gefahrenen Kilometer auf dem 5 km langen Rundkurs einen Betrag zu spenden. Die teilnehmenden 358 Schüler „erfuhren" über 7.000 km. Der Schüler Heiko Abbas aus der Klasse 10b schaffte es mit 22 Runden sogar auf 110 km. Auch die hiesigen Bundestagsabgeordneten Gitta Connemann (CDU), Michael Goldmann (FDP) und Reinhold Robbe (SPD), die Landtagsabgeordneten Meta Janssen-Kucz (Grüne), Johanne Modder (SPD) und Ulf Thiele (CDU) sowie Bürgermeister Heinz Palm und die stellvertretende Ortsbürgermeisterin Bettina Stöhr waren der Einladung gefolgt und staunten über das enorme Engagement von Eltern, Lehrer- und Schülerschaft der FCSO. Nachdem alle zwei Runden auf dem Fahrrad absolvierten und sich dabei selbst sponserten, trafen sie sich zu einem Informationsgespräch im Schulgebäude mit Vertretern des Schulträgers, der Schulleitung und der Presse. Dabei erlebten sie auch den Schülerchor unter Leitung von Margret Erichsen-Carl, der sich eigens für diesen Tag gebildet hatte. Wie bereits zum Start der Rallye am Vormittag sang der Chor auch bei dem Treffen mit den Politikern das selbst gedichtete und komponierte Lied: „Wir brauchen eine Halle, eine Halle für uns alle" und machte dabei auf die Dringlichkeit dieses Vorhabens aufmerksam.

Start am Schulgelände. Im Hintergrund das spätere Lehrerzentrum

Unterwegs durch die Gemeinde Moormerland. Vorne der Koordinator der Sponsoren-Rallye Helmut Diekmann, dahinter links von mir Reinhold Robbe, SPD-MDB von 1994 bis 2010, anschließend bis 2015 Wehrbeauftragter des Bundestages und 2005 bis 2010 Präsident der Deutsch-Israelischen Gesellschaft

Nach einem Rundgang durch das Schulgebäude beteiligten sich die Volksvertreter auch an dem abschließenden Fahrradkorso vom Standort der Schule durch den Ort am Rathaus vorbei und zurück zur FCSO. Dieser großartige Einsatz mit insgesamt 7.324 gefahrenen km sowie Einzelspenden von 50 verschiedenen Firmen, Geschäften, Rechtsanwalts- und Steuerberatungsbüros, Apotheken, Banken, verschiedenen Institutionen, Privatleuten, der Gemeinde Moormerland über Busunternehmen bis hin zur OZ, erbrachte insgesamt 64.500 Euro für die Finanzierung unserer Halle. Die Überschriften in Zeitungen und Berichten lauteten: „Schüler radelten für eine eigene Turnhalle 7.324 Kilometer" oder „Von Veenhusen nach Peking".

Eine gute Gelegenheit für die Schüler, mehr zum Thema „Wirtschaft" zu erfahren, war der erste Wirtschaftskontakttag, zu dem die FCSO am 17. November eingeladen hatte. Achim Draht konnte im Foyer der Grundschule zahlreiche Gäste aus der Wirtschaft begrüßen. Er lud ein zu einem Austausch und einer Diskussion über die gegenseitigen Erwartungen, um auch dem falschen Eindruck in der Öffentlichkeit entgegenzutreten, dass mit „Wirtschaft und Schule" zwei Welten aufeinander träfen. Herr Bäcker, der in der Geschäftsleitung der Firma Rolf Janssen, Elektrotechnische Werke, in Aurich für den Personalbereich mit 360 Mitarbeitern verantwortlich war, unterstrich in seinem Referat vor den über 40 Zuhörern die Wichtigkeit guter Schulbildung. Seine Ausführungen wurden in der anschließenden Diskussion vertieft. In Auszügen waren die Erwartungen der Ausbildungsbetriebe, wie sie von Herrn Bäcker formuliert wurden, auch in der IHK-Broschüre unter dem Thema „Was sichert Schulabsolventen Chancen in der Wirtschaft" nachzulesen. Die Zusammenfassung der Erwartungen lautete:

Persönliche Kompetenzen: Zuverlässigkeit, + Lern- und Leistungsbereitschaft, + Selbstständigkeit und Verantwortungsbereitschaft, + Ausdauer, Durchhaltevermögen und Belastbarkeit, + Kreativität und Flexibilität, + Sorgfalt und Gewissenhaftigkeit, + Konzentrationsfähigkeit, + Fähigkeit zur Kritik und Selbstkritik. Soziale Kompetenzen: Kooperationsbereitschaft und Teamfähigkeit, + Höflichkeit und Freundlichkeit, + Konfliktfähigkeit, + Toleranz.

Beim Buffet gab es lebhafte Unterhaltungen über den Nutzen solcher Dialoge. Aufgrund des positiven Verlaufs sollten weitere Treffen dieser Art organisiert werden.

Einen besonderen Gast konnten wir im Dezember in der Schule begrüßen. Wir luden den ehemaligen SPD-Landtagsfraktionsvorsitzenden Johann Bruns ein, um ihm noch einmal für sein Engagement für die FCSO in den 90er Jahren ganz herzlich zu danken und ihm zu zeigen, wie sich die Schule räumlich und inhaltlich entwickelt hatte. Er hatte das Gespräch mit dem damaligen Kultusminister Dr. Wernstedt in Emden vermittelt und dazu beigetragen, dass wir die Genehmigung der Sekundarstufe I erhielten.

Bei einem Imbiss tauschten wir so manche Erinnerungen über die ersten schwierigen Jahre der FCSO aus. Herr Bruns zeigte sich nach dem Rundgang durch die Schule sehr beeindruckt von der positiven Entwicklung. Er machte deutlich, dass es bei einem pensionierten Politiker relativ selten vorkäme, dass man ihm in dieser Form noch für seine Bemühungen aus der aktiven Zeit danke. Wir waren froh, ihn eingeladen zu haben.

Im Trägerkreis freuten wir uns über das neue Mitglied Hilda Kühnle. Sie begann im Herbst ihre Mitarbeit und übernahm viele Jahre später im Vorstand das Amt der Schriftführerin. Auch hier erfuhren wir Gottes vorausschauende „Personalplanung". Er wusste genau, dass Hilda sehr viele Jahre als treue Mitarbeiterin in der Schularbeit einen guten Dienst tun würde.

Es freute uns, dass in der Jahreshauptversammlung Artur Kroon-Husmann und Hinrich Troff in den Vorstand wiedergewählt worden waren.

Das ehrenamtliche Engagement mit den vielschichtigen Aufgaben vollzog sich auf vielen Ebenen. Allein im Trägerkreis, Vorstand, Personal-, Finanz-, Pädagogischen- und technischen Arbeitskreis blickten wir auf über 50 Sitzungstermine zurück. Davon waren allein für die Lehrer-Vorstellungsgespräche 11 Termine erforderlich, und im Laufe des Jahres bearbeiteten wir in 17 Trägerkreis- und Vorstandssitzungen die Anliegen der Schule. Hinzu kamen die Einsätze des Elternarbeitskreises, des Elternratsvorstands, des Redaktionsteams von „DIT un DAT" sowie unzählige Einsätze einzelner Personen. Die zahlreichen schulüblichen Klassentreffen und Termine wurden außerdem von Eltern wahrgenommen, die bereits an anderer Stelle im ehrenamtlichen Bereich der Schule aktiv waren. Also an Arbeit und Betätigungsmöglichkeiten mangelte es nicht.

v.l.n.r.: Hinrich Troff, Johann Bruns, Joachim Heffter, Werner Trauernicht

Johann Bruns zu Besuch in der FCSO

Wie in den Vorjahren „feierten" wir in gemütlicher Runde bei uns zu Hause die gute Zusammenarbeit des auslaufenden Jahres, und zwar am 12. Dezember mit dem Vorstand und den Ehepartnern sowie am 19. Dezember mit der Schulleitung und Ehepartnern.

Wir waren sehr dankbar für den guten Jahresverlauf. Das überwiegend harmonische Zusammenspiel so vieler Menschen in so unterschiedlichen Aufgaben empfanden wir als Geschenk Gottes. Seine gute Führung und Bewahrung in der Einheit seines Geistes machte uns sehr dankbar. Wir wollten offen bleiben für Gottes Leitung in allen Fragen der Schularbeit. Denn er ist der Unvergängliche. Er ist der Allmächtige und der liebende Vater Jesu Christi. Aus seiner Kraft durften und dürfen wir leben und handeln mit Aufmerksamkeit und Gelassenheit, motiviert gemäß der biblischen Empfehlung aus Psalm 100,2: „Dienet dem Herrn mit Freuden."

Kapitel 32

2004 Antrag auf Mittel aus dem Investitionsprogramm des Bundes für Zukunft, Bildung und Betreuung - Leitlinien für Personal - 1000 - Schüler- „Schallmauer" durchbrochen

Unterwegs zum Ziel: Im Februar 2004 besuchte ich aus beruflichen Gründen eine Messe im spanischen Valencia. Die Eindrücke auf dieser Zweitagesreise inspirierten mich zu einem Vergleich mit unserer Lebensreise.

In aller Frühe startete das Flugzeug in Bremen bei noch absoluter Dunkelheit. Bis zum Zwischenstopp in München war der faszinierende Wechsel zwischen dunkler Nacht zur Morgendämmerung ein einprägsames Erlebnis. Beginnen wir nicht auch manchmal eine Lebensphase unter sehr dunklen Rahmenbedingungen, jedoch in der Gewissheit, ein klar definiertes Ziel zu erreichen?

So wie wir uns in absoluter Abhängigkeit einer „fliegenden Kiste" mit gut ausgebildeten Piloten anvertrauen, so dürfen wir uns mit noch größerem Vertrauen dem Herrn unseres Lebens, nämlich Jesus Christus, anvertrauen. Jünger Jesu wissen: Er bringt mich sicher an das wunderbare Ziel meines Lebens. Manchmal geht es allerdings auch mal abwärts. Zwischenstopp ist angesagt. Umsteigen. Natürlich wäre es gemütlicher, auf seinem gewohnten Platz sitzen zu bleiben. Aber wenn man das richtige Ziel erreichen will, dann sollten wir uns dem Fahrplan Gottes anvertrauen. Dann müssten wir nicht über manche Schwierigkeiten des Lebens klagen. In der Bibel entdecken wir Gottes Fahrplan für unser Leben. Gottes Absicht mit uns ist Liebe, Vergebung, heil werden und ein erfülltes Leben. In Johannes 10,10 sagt Jesus: „Ich bin gekommen, damit sie das Leben und alles in Fülle haben sollen."

Zurück zur Reise: Nach dem Start in München bei 13 Grad Frost und den ersten Sonnenstrahlen breitete sich unter uns eine weiße schneebedeckte Landschaft aus, die, je höher sich der Airbus in die Lüfte schwang, desto deutlicher einem märchenhafte Puzzle glich. Die durch feine Linien gekennzeichneten Grundstücke, Straßen, Flüsse und die wie hingeklecksten Ortschaften verwoben sich zu einem künstlerisch anmutenden Gemälde. Und in den „Flecken" - kleine und große Dörfer sowie Städte - wohnen Hunderttausende von Menschen. Mir kam der Gedanke, was haben wir für einen großen Gott, der jeden Einzelnen gewollt hat. Mehr noch:

Er liebt und kennt jeden. Ja, „er kennt sogar ihre Gedanken von ferne." Ps. 139,2b. Unbegreiflich und doch wahr.

Sollten wir diesem Gott, der unser ganzes Leben in einem Bild - gewissermaßen wie einen ausgebreiteten wunderschönen Teppich - sieht, nicht noch mehr vertrauen und ihm die Regie überlassen? Nicht wir selbst, sondern Gott „sitzt am Webstuhl meines Lebens", wie es in einem alten Lied heißt. Und eines ist sicher: Er bringt uns ans Ziel. Das unterstreicht auch die Jahreslosung 2004: Jesus Christus spricht: „Ich aber habe für dich gebeten, dass dein Glaube nicht aufhört" Lukas 22,32.

Als wir über die schneebedeckten Alpen flogen, sah ich in den dunklen Waldflächen und dem zerklüfteten Gebirgspanorama mit den Bergspitzen und den tiefen Tälern Parallelen zu unserem Leben, das von Höhen und Tiefen begleitet ist. Freude und Trauer, Hoffnung und Angst durchziehen unser Leben wie die Berge und Schluchten das Alpenmassiv. Aber was für ein Unterschied, ob wir von oben zuschauen oder uns mitten in der jeweiligen Situation befinden.

Doch Gott ist nicht nur Zuschauer, sondern er hat sich durch Jesus in die tiefsten Tiefen unserer menschlichen Existenz hineinbegeben. Darum versteht er uns auch so gut. Wir dürfen uns darüber freuen, dass er mit dir und mit mir unterwegs sein will. Dann wird so manche raue Lebensphase leicht und luftig, wie die von der Sonne beschienene Wolkenlandschaft über dem Mittelmeer, die man aus einem 12 km hoch fliegenden Flugzeug heraus bei einer Tasse Tee unter sich vorbeiziehen sieht.

Auf unserer Lebensreise ist Gott mit uns unterwegs, denn Jesus Christus hat uns versprochen: »Und siehe, ich bin bei euch alle Tage bis an der Welt Ende". Matthäus 28,20. Das gilt uns ganz persönlich, und das gilt ganz gewiss auch für unseren Dienst in und an unserer Schule.

Mit Dankbarkeit durften wir im Jahr 2004 den Durchbruch der „Schallmauer" von 1000 Schüler/Innen erleben.

Erstmals wurde landesweit im Pisa-Vergleich ein Mathetest der 3. Klasse durchgeführt. Die Durchschnittsnote der FCSO-Schüler mit 2,8 lag erfreulicherweise über dem Niedersachsen-Durchschnitt von 3,18. Ebenso positiv war auch die bessere Abiturdurchschnittsnote im Landesvergleich.

Geändert hatte sich auch die Schulbuchsituation. Die Lernmittelfreiheit endete zum Schuljahresabschluss 2004. Dafür wurde ein Ausleihverfahren eingeführt, das Schülern den Zugriff auf Schulbücher für ca. ein Viertel des Ladenpreises ermöglichte.

Zur Freude der Schüler eröffnete in einem Blockhaus ein Schulkiosk, der von ihnen eigenverantwortlich betrieben wurde.

Mit der neuen Initiative „Schülerpatenschaften" sollte versucht werden, finanziell schwachen Familien den Schulbesuch ihrer Kinder zur FCSO zu ermöglichen. In einem Rundschreiben wurden den Eltern Einzelheiten erklärt. Wir hatten schon eine längere Zeit Kontakt zu dem Unternehmer Evert Heeren aus Bad Zwischenahn, der vor seiner Pensionierung einen großen Schrotthandel in Leer betrieb. Er hatte uns signalisiert, eventuell einen großen Betrag in eine Stiftung einzubringen. Aus den Erträgen der Stiftung sollten finanzschwache Eltern unterstützt werden, um ihren Kindern den Schulbesuch an der FCSO zu ermöglichen. Es vergingen allerdings viele Jahre ohne eine konkrete Umsetzung.

Von der Evangelischen Allianz, Oldenburg, Herrn Onken, wurden wir zu einer Informationsveranstaltung am 12. März eingeladen, um über unsere Erfahrungen mit der Schulgründung und -entwicklung zu berichten. Wir trafen uns um 16.00 Uhr in der Landeskirchlichen Gemeinschaft, Ziegelhofstraße 29, und wurden von dem mir persönlich bekannten Gerhard Kuhlmann begrüßt. Er war ein gebürtiger Ostfriese und der Bruder von Friedrich Kuhlmann, der auch ein langjähriger Förderer der FCSO war. Das Thema des Treffens lautete: „Braucht Oldenburg eine Freie Evangelische Schule?" Ich hatte einen Ordner mit umfangreichen Unterlagen als „Fahrplan für eine Schulgründung" zusammengestellt. Nach meinem einführenden Referat über die Hintergründe, den biblischen Auftrag und die einzelnen Entwicklungsschritte berichtete Joachim Heffter über den Unterrichtsverlauf und das allgemeine Schulleben der FCSO. Anschließend stellte Kurt Plagge mittels Overheadprojektors diverse Zahlendiagramme, Bilder von den Schulbauten und die Finanz- und Organisationsstruktur dar. In der anschließenden Diskussion zeigte man sich sehr beeindruckt. Man könne sich eine solche Schule auch für Oldenburg vorstellen. Aber die Frage, wer denn wohl bereit wäre, sich konkret für eine Gründungs-Initiative einzusetzen, blieb offen. Wahrscheinlich war das dann auch der Grund dafür, dass eine entsprechende Schulgründung in Oldenburg leider nicht realisiert wurde.

Die alljährlich stattfindende Klausurtagung mit dem Kollegium, der Mitarbeiterschaft und dem Trägerkreis fand diesmal am 16. April im Haus der Christlichen Versammlung statt. In seiner Andacht wies Dirk Wennmann am Beispiel des alttestamentlichen Nehemia auf die Bedeutung des Gebets als Kraftquelle hin, und dass es wichtig sei, in der Gemeinde und der Schularbeit „auf den Herrn zu sehen", dann könnten wir im Dienst für Gott Lastenträger sein, ohne müde zu werden.

In verschiedenen Gremien beschäftigten wir uns mit einer möglichen Ausweitung des Nachmittagsangebotes an unserer Schule. Zu diesem Thema gab es unterschiedliche Elternmeinungen. Insbesondere der Begriff „Ganztagsschule" war negativ besetzt. Dennoch beantragten wir aus gutem Grund vorläufig zum 31.1. und endgültig zum 30.4.04 Mittel aus dem Investitionsprogramm des Bundes für Zukunft, Bildung und Betreuung.

Mit der Bezeichnung „Schule mit ganztägigem Angebot" wollten wir den Freiwilligkeitscharakter des Angebots unterstreichen. Das Konzept sah vor, an 3 Tagen in der Woche ein Mittagessen mit anschließenden Arbeitsgemeinschaften z.B. in Sport, Musik, Theater etc. und Hilfen bei Hausaufgaben anzubieten, also Bereiche, die ohnehin meist nachmittags zum Zuge kamen.

Ein wesentlicher Aspekt war auch, dass eine Ganztagsschule mit staatlichen Finanzmitteln gefördert wird. So haben wir dann auch die finanziellen Mittel für eine Dreifach-Mehrzweckhalle, eine Mensa und einen überdachten Pausenhof beantragt. Wir waren zwar noch nicht im Jahr 2004 auf die Förderliste gekommen, standen aber nach Bekunden unserer Landtagspolitiker für das Jahr 2005 auf einem aussichtsreichen Platz. Wir waren wir gespannt, welche Förderung man unserer Schule zukommen lassen würde. Normalerweise erhielten Schulen in freier Trägerschaft keine staatliche Förderung für Baumaßnahmen. Ob sich in diesem Fall eine einmalige Ausnahme-Gelegenheit ergeben würde? Die Chancen standen gut. Es war ein wichtiges Gebetsanliegen, denn wir hofften auf ein Wunder.

Auch das laufende Jahr zeichnete sich wieder durch Vielseitigkeit aus. Zum Beispiel kamen wie im Vorjahr 4 Schülerinnen aus Norwegen und lernten 4 Wochen lang die FCSO und Ostfriesland kennen. Im Austausch reisten zum Gegenbesuch 4 FCSO-Schüler nach Norwegen, um skandinavische Eindrücke zu sammeln.

Projektunterricht, vielseitig ausgerichtete Projekttage, Berufs-Praktikantenzeit, Schulausflüge, Theater- und Musikaufführungen sowie das fantastische Schulfest im Juni, der Berufsinfotag und der Wirtschaftskontakttag gehörten neben dem ganz normalen Unterricht zum Schulalltag wie auch sonstige verschiedene Exkursionen und Veranstaltungen: Ein Lesewettbewerb des 6. Jahrgangs, ein zweitägiges Rhetorikseminar für Oberstufenschüler, der Besuch von Drittklässlern in einem Alten- und Pflegeheim, ein Fußball-Talent-Wettbewerb sowie ein Monochord-Konzert mit Eltern und Schülern bereicherten das Schulleben.

In der Grundschule wurde ein sogenanntes Faustlos-Programm eingeführt. Die Kinder sollten frühzeitig lernen, Konflikte friedlich zu lösen. Das wurde in drei Abschnitten spielerisch eingeübt: 1. Training des Einfühlungsvermögens, 2. Impulskontrolle und 3. Umgang mit Ärger und Wut.

Durch vermehrten Nachmittagsunterricht der höheren Klassen und die steigende Schülerzahl wurde der Nachmittags-Schülertransport ausgeweitet.

Die aktive Elternarbeit war nach wie vor ein unverzichtbarer Bestandteil des Schullebens: Zum Beispiel bei den sehr gut besuchten Eltern- und Freundeskreistreffen, bei den drei Elternseminaren „Kinder stark machen", sowie die Elternvertretereinsätze der einzelnen Klassen bzw. die beständige Teilnahme an allen Schulveranstaltungen. Immer waren es Eltern, die die von Gästen so gelobten Bewirtungen,

Basare, Dekorationen und mancherlei Dienste organisierten. Da konnte man nur sagen: „Danke, liebe Eltern, weiter so".

Zu einem besonderen Info-Nachmittag am Samstag, 6.11., hatte der Arbeitskreis Pädagogik alle Klassen-Elternvertreter eingeladen. Im Vordergrund standen die internen Schulabläufe, die pädagogischen Grundsätze der FCSO und die Schulentwicklung bzw. der Schulaufbau als Glaubenswerk. Nach Bekunden der Teilnehmer eine gelungene Veranstaltung.

Den Wert des Gebetes unterstrichen Eltern, die im Elterngebetskreis zusammen kamen, um für alle Belange der Schule zu beten. Auch im Schülergebetskreis brachten junge Menschen ihre Anliegen ganz gezielt vor Gott.

Im Personalbereich ergaben sich folgende Ergänzungen bzw. Veränderungen: Zu den Neueinstellungen im Kollegium gehörten Anita Göbel, Dorothea Priebe, Heike Schröder und Günther Model, der uns im Oktober aber schon wieder verließ. In Teilzeitbeschäftigung kamen Iris Hinkelbein und Silke Noll zurück. Robert Danzer beendete seinen Dienst an der FCSO.

In der Verwaltung wurde im Grundschulsekretariat Giesela Bloem teilzeitlich eingestellt, weil Sigrid Nannen längere Zeit wegen Krankheit ausgefallen war. Als Nachfolger für Johannes Hinrichs kam als Hausmeister der Grundschule Hans-Jürgen Keiser zu uns.

Kirstin Finschow beendete ihre Teilzeitbeschäftigung in der Hauptverwaltung. Dafür wurde Marco Abbas - ein ehemaliger FCSO-Schüler - eingestellt, der ein enger Mitarbeiter von Kurt Plagge wurde und bis heute vielfältige Aufgaben treu und zuverlässig erfüllt.

Für ihren Dienst an unserer Schule dankten wir allen Mitarbeiter/Innen, die sich nach ihrem Weggang in einer neuen Lebenssituation befanden, ganz herzlich. Den neu eingestellten Personen wünschten wir Gottes Geleit und viel Freude in ihrer neuen Aufgabe.

Mit 8 Lehrkräften, die ihr 10-jähriges Jubiläum feierten, durften wir einen schönen und erinnerungsreichen Abend verbringen. Eine gute Gelegenheit, Brigitte Behrmann, Margret Carl-Erichsen, Ingo Carl, Ute Groen, Wolfgang Kröner, Jürgen Lohrie, Beate Renschler und Christine Rogatzki für ihre langjährige Mitarbeit unseren herzlichen Dank zu übermitteln und ihnen für ihren weiteren Weg Gottes Segen zu wünschen.

Das Schuljahr 2004/2005 begann mit 1021 Schüler/Innen, die von 81 Lehrkräften unterrichtet werden. 300 in der Grundschule, 627 in Sek. 1 und 94 in der gymnasialen Oberstufe Sek. II.

75 Erstklässler erlebten mit ihren Angehörigen in drei einzelnen Veranstaltungen im voll besetzten Foyer der Grundschule ihren ersten festlichen Schultag. Wie in den Vorjahren wurden die Haupt- und Realschüler, die ihre Schullaufbahn beendeten und die Abiturienten in zwei Abschlussveranstaltungen feierlich verabschiedet.

Aufgrund einer Schulstrukturreform konnten auch an der FCSO Oberstufenschüler bereits nach 12 Jahren das Abitur erreichen. Dazu wurde eine Klasse 5 Ü eingerichtet. Entsprechend begabte Schüler/Innen konnten von der 5. in die 7. Klasse überwechseln. Ferner wurde schon ab Klasse 6 die 2. Fremdsprache angeboten.

Wenn immer mehr Menschen in einem Werk arbeiten, braucht es stets eine angemessene Form der Kommunikation. So haben wir uns in mehreren Gesprächen mit einer Delegation des Kollegiums über eine neue Form der Mitarbeitervertretung (MV) unterhalten. Bei aller Veränderung blieb es wichtig, die bisherige vertrauensvolle Zusammenarbeit im Geiste Christi auch in Zukunft zu erhalten. Wir freuten uns vor allen Dingen über die engagierte und kompetente Mitarbeit unseres Kollegiums unter Leitung von Joachim Heffter, Michael Piorr, Johannes Köster, Christian Hunsmann und Olaf von der Sacken sowie allen anderen Mitarbeiter unter der Leitung von Kurt Plagge.

Eine gute Gelegenheit zur geistlichen Stärkung unseres gemeinsamen Auftrages bot sich auf der Klausurtagung am 17.11. in Potshausen, an der das Kollegium, die Mitarbeiter und der Trägerkreis gemeinsam teilnahmen. Unter anderem vermittelte uns Pastor Hans-Martin Heins in anschaulicher Weise in seinem Vortrag gute geistliche Impulse für unsere Schularbeit.

Für die merklich angewachsene Mitarbeiterschaft formulierten wir verbindliche **Leitlinien des „Vereins für Evangelische Schulerziehung in Ostfriesland e.V." (VES) für seine Mitarbeiterschaft.** (Stand: 21. 04. 2004):

Die Zusammenarbeit der Mitarbeiterinnen und Mitarbeiter des VES an der „Freien Christlichen Schule Ostfriesland" (FCSO) gestaltet sich als eine aus dem Geist des Evangeliums wachsende Gemeinschaft (Epheser 4,3). Es geht nicht nur um die Verpflichtung auf Forderungen des Schulträgers, sondern um das bejahende und engagierte Mittragen der in der Satzung und in der Erziehungskonzeption bekundeten pädagogischen Absichten in all ihren Ausprägungen. Diese Leitlinien regeln das Beschäftigungsverhältnis der Mitarbeiterinnen und Mitarbeiter der FCSO, soweit sie nicht Gegenstand des Arbeitsvertrages oder ähnlicher Vereinbarungen sind und soweit sie nicht gesetzlich vorgegeben sind.

1. Die Zusammenarbeit aller an der FCSO und für sie tätigen Mitarbeiterinnen und Mitarbeiter geschieht auf der biblischen Grundlage, wie sie in der Satzung bekundet ist.

2. Alle Mitarbeiterinnen und Mitarbeiter unterstehen dem 1. Vorsitzenden als weisungsberechtigtem Vorgesetzten. Dieser kann Kompetenzen nach Vorstandsbeschluss delegieren.

3. Über Aufgabenverteilung, Berücksichtigung von Verbesserungsvorschlägen sowie über Beanstandungen entscheidet der Vorstand nach Rücksprache mit den Betroffenen.

4. Die Arbeitszeit für die Mitarbeiterinnen und Mitarbeiter richtet sich grundsätzlich nach der Gehaltsordnung des VES. Abweichungen in der regelmäßigen wöchentlichen Arbeitszeit sind im Arbeitsvertrag vereinbart. Eventuelle Freistellungen für Sonderaufgaben bedürfen einer gesonderten Vereinbarung.

5. Die Mitarbeiterinnen und Mitarbeiter verwirklichen die in den Konferenzen und in sonstigen Gremien gefassten Beschlüsse in ihrem jeweiligen Arbeitsbereich.

6. Alle Mitarbeiterinnen und Mitarbeiter bewahren gegenüber Außenstehenden Diskretion in Angelegenheiten, die geeignet erscheinen, den Schulbetrieb, den Aufbau und Ausbau der Schule zu behindern, zu stören oder gar zu gefährden. Für Äußerungen gegenüber der Öffentlichkeit sind die dafür bestimmten Vertreter zuständig.

7. Zusatz für Lehrkräfte: 7.1 Die Lehrerinnen und Lehrer tragen zur Ausgestaltung der vom Schulträger beschlossenen und von der Schulbehörde genehmigten Erziehungskonzeption bei.

7.2 Es wird ein Engagement über die Regelunterrichtszeit hinaus im Rahmen der Zusammenarbeit mit dem Schulträger, der Elternarbeit und bei Gemeinschaftsveranstaltungen erwartet. Dies soll der Vertiefung der Beziehungen zwischen Trägerkreis, Schule und Elternhaus dienen. Die Lehrkräfte sind insbesondere um eine gute Zusammenarbeit mit den gewählten Elternvertretern bemüht.

7.3 Der tägliche Unterricht beginnt für alle Lehrerinnen und Lehrer mit einer gemeinsamen Andacht.

7.4 Jede Lehrkraft erteilt den „Biblischen Unterricht im Sinne der FCSO" in der Regel in der Klasse, für die sie als Klassenlehrer bzw. Klassenlehrerin eingesetzt ist.

7.5 Die Lehrerinnen und Lehrer unterrichten im Bedarfsfall auch in anderen Schulstufen. Dieses kann durch den Ausfall von Kolleginnen oder Kollegen, aus stundenplantechnischen Gründen oder auch aus konzeptionellen Gründen erforderlich sein.

7.6 Zur Koordination der vielfältigen Aufgaben finden regelmäßig Fach- und Gesamtkonferenzen statt. An diesen Konferenzen können auch Vertreter des Schulträgers und nach Bedarf auch der Elternschaft teilnehmen. Konferenzen können auch in der Ferienzeit stattfinden.

7.7 Die Lehrkräfte nehmen regelmäßig an Fortbildungsveranstaltungen teil, die vom Schulträger als förderlich für den Dienst an der FCSO angesehen werden. Die Fortbildung wird schulintern vorwiegend in der Ferienzeit durchgeführt. Die Teilnahme an außerschulischen Fortbildungsveranstaltungen kann notwendig sein.

7.8 Die im Auftrag der Schulleitung schriftlich erarbeiteten schulkonzeptionellen Unterlagen - z.B. Stoffpläne, Abiturvorschläge etc. - sind und bleiben Eigentum des VES, auch nach Beendigung des Beschäftigungsverhältnisses.

Unterschrift 1. und 2. Vorsitzender

Außenstehende interessieren sich für unsere Schule. Informationen aus erster Hand sind immer am besten. Das haben sich sicher auch Personen und Gruppen gedacht, die sich zu einem Besuch in die FCSO einfanden. Darunter waren am Jahresanfang eine Gruppe von 20 Pastoren aus den Pfarrbezirken Emden und Leer und im Sommer der stellvertretende Landrat Herr Reske und Schulamtsleiter Herr Ostermeier.

Ebenso besuchte uns eine Delegation der AEBS (Arbeitsgemeinschaft Evangelischer Bekenntnisschulen) mit den Herren Hetterich, Meier, Riekers und Volber, um sich einen Einblick in die Details der FCSO zu verschaffen. Für die wertvolle Begleitung der AEBS seit Gründung der FCSO konnten wir uns bei dieser Gelegenheit herzlich bedanken.

Gerne wurden die Räume der FCSO auch für Abendveranstaltungen von christlichen Gruppen genutzt. So trafen sich z. B. die CiW (Christen in der Wirtschaft) in der FCSO zu einer Regional-Veranstaltung.

Einen musikalischen Leckerbissen erlebten Teilnehmer des Benefiz-Konzertes mit dem „Bundes - Sing- und Instrumentalkreis der Katholischen Pfadfinderschaft Europas" zu Gunsten der geplanten Mehrzweckhalle.

Schön, dass sich immer wieder Menschen mit neuen Ideen bereit fanden, die Schule zu fördern, ob mit einem Benefizkonzert, mit Aktivitäten der Ehemaligen-Gruppe oder dem vielfältigen Einsatz einzelner Personen.

„Wie steht es denn um unsere geplante Mehrzweckhalle", wurde manchmal gefragt. Nun, die Vorarbeit verlief zielstrebig. Bau- und Landschaftsbehörden hatten uns inzwischen eine Standortverlagerung empfohlen und damit die Baugenehmigung in Aussicht gestellt. Weil der zunächst geplante Standort vom „Unteren Naturschutz" abgelehnt wurde, musste ein neuer Platz westlich des „Ersatzgebäudes" eingeplant werden. Wegen der zusätzlichen Nachmittagsangebote war eine Dreifach-Mehrzweckhalle erforderlich. Mit freundlicher Unterstützung durch Theodor Tjebben konnte kurzfristig eine Zeichnungsänderung für den Antrag auf Fördermittel auf den Weg gebracht werden. Inzwischen war eine Kaufoption für eine 8.000 qm große Kompensationsfläche schriftlich vereinbart worden. Wenn wir eine entsprechende finanzielle Förderung für die Ganztagsschule erhalten würden, stand der Verwirklichung der Mehrzweckhalle nichts mehr im Wege. Die Angelegenheit blieb aber auf der Gebetsliste ganz oben.

Fast wie nebenher konnte das ursprünglich für den Sport vorgesehene „Ersatzgebäude" renoviert werden. Die fünf Klassenräume erhielten einen neuen Fußboden und einen neuen Farbanstrich. Der „vorläufige Charakter" dieser Räume wurde damit beseitigt. In den hell und freundlich ausgestatteten Klassen machte das Lehren und Lernen noch mehr Freude. Wieder einmal konnten wir einen ausgeglichenen Haushalt des Jahres 2004 mit einem Volumen von 4,6 Millionen Euro vermelden. Unser Dank galt allen Spendern für ihre finanzielle, ideelle und praktische Unterstützung sowie ihre treue Fürbitte.

Auf neue Verhältnisse hatten wir uns mit der Kürzung der Landesfinanzhilfe um ca. 3,5% einzustellen. Dabei wollten wir versuchen, möglichst lange ohne Schulgelderhöhung auszukommen. Allerdings konnte nunmehr eine Erhöhung, nach unveränderter Situation seit vier Jahren, auch nicht ausgeschlossen werden. Als Mitglied in der AFS (Arbeitsgemeinschaft freier Schulen in Niedersachsen) hofften wir auf eine angepasste Schulfinanzierung in den nächsten Jahren. Zu dieser Zeit nahm eine AFS-Arbeitsgruppe an Reformgesprächen mit dem Kultusministerium teil. Das öffentliche Interesse an einer besseren finanziellen Ausstattung unseres Bildungswesens war derzeit sehr groß. Wir gingen davon aus, dass sich die in „DIT un DAT" Nr. 61, Seite 10 beschriebene finanzielle Benachteiligung freier Schulen möglichst bald beseitigen ließe.

„Warum verbringt ihr so viel Zeit mit der Arbeit für die FCSO? Könnt ihr angesichts der finanziellen Größenordnung überhaupt noch ruhig schlafen?" Diese Fragen wurden uns, die wir im Trägerkreis VES verantwortlich tätig waren, manchmal von interessierten Menschen gestellt. Unsere Antwort war stets relativ leicht und kurz: „Wir sehen uns von Gott in den Dienst gestellt. Er hat uns beauftragt, unsere Kinder zu ihm hin zu erziehen und zu begleiten. (5. Mose 6). Und wenn Gott beauftragt, dann hat er auch die Verantwortung. Dieses Wissen motiviert uns und macht uns auch für die Zukunft zuversichtlich. Wir tun diesen Dienst im Bereich der Schularbeit. Andere Menschen dienen im Bereich der Gemeinde, Gesellschaft, Mission oder anderswo".

Auf dieser Grundlage erfüllten an dieser Schule viele hauptamtlich und ehrenamtlich tätige Menschen in aller Treue ihre Aufgaben.

Deshalb gab es auch kein hierarchisches Oben und Unten, sondern auf Augenhöhe nur unterschiedliche Aufgaben, Ämter und Verantwortlichkeiten. Ob es nun um die Lehrerschaft, die Schulleitung, die Mitarbeiter in der Verwaltung ging oder um die vielfältigen Aufgaben im Trägerkreis und Vorstand, in den Arbeitsgruppen Pädagogik, Finanzen, Personal und Technik, im Elternarbeitskreis, in den Elternvertretungen oder um einzelne dienstbereite Personen - sie alle waren und sind im Auftrag Gottes unterwegs und arbeiten zielbewusst an einer Sache. Dass diese Arbeit auf breiter vertrauensvoller Grundlage geschah und geschieht, erfüllt uns mit großer Dankbarkeit. Unter dieser Voraussetzung ist auch Platz für Kritik und Korrektur, für Anerkennung und gegenseitige Wertschätzung sowie für eine gesunde gespannte Erwartung, was Gott noch mit uns und der Schule vorhat.

In den inzwischen obligatorischen gemütlichen Weihnachtsfeiern am 10. Dezember mit dem Vorstand und Ehepartnern sowie am 17. Dezember mit der Schulleitung und Ehepartnern in unserem Hause konnten wir unseren Dank für die harmonische Zusammenarbeit des zu Ende gehenden Jahres zum Ausdruck bringen.

Unsere Dankbarkeit ließ sich am besten in der ersten Strophe eines Liedes von Hella Heizmann zusammenfassen: „Wie viel schöne Stunden hat mir (uns) Gott bis jetzt geschenkt, wie viel gute Jahre, wie viel Liebe. Wie viel Hilfe konnte(n) ich (wir) in kleinen Dingen sehn, wüsste(n) nicht, wo ich (wir) alleine bliebe(n). Da kann man nur staunen über Gott und über die Wunder, die er tut, einfach nur staunen. Da kann man nur staunen über Gott und über die Wunder, die er tut, einfach nur staunen.

Kapitel 33

2005 20- jähriges VES-Jubiläum - 5-Zügigkeit des 5. Jahrgangs geplant - Warten auf die Zusage der Förderung für eine Mehrzweckhalle.

Wir erinnern uns: Am 16. Januar 1985 gründeten wir den **Verein für Evangelische Schulerziehung in Ostfriesland e. V. (VES).** Wer hätte das gedacht, einmal das 20-jährige VES - Jubiläum feiern zu können. In diesem Jahr wurde es Wirklichkeit. Mit Trägerkreismitgliedern, deren Familienangehörigen und einigen Lehrkräften trafen wir uns am 21. August bei uns zu einem Gartenfest. Der Rückblick auf Gottes Geschichte mit der Schule machte uns dankbar. Der Austausch über die vielen gemeinsam erlebten Ereignisse, das Grillen und Spielen bei schönem Wetter unterstrichen an diesen Jubiläumstag einmal mehr unsere harmonische Zusammenarbeit in dem Bewusstsein, dass wir von Gott beauftragt, motiviert und mit verschiedenen Begabungen ausgestattet waren. Diese Erkenntnis förderte auch die Freude an der ehrenamtlichen Tätigkeit im VES.

Bei aller Unterschiedlichkeit der Trägerkreismitglieder verband uns dennoch das Bibelwort aus Johannes 3,30: "Er muss wachsen, ich aber muss abnehmen." Auf dieser Basis kam auch in schwierigen Situationen eine Einmütigkeit zustande, für die wir in all den Jahren sehr dankbar waren.

Allerdings brauchten wir auch immer wieder neues Vertrauen und neue Geduld. Die Frage nach der Förderung für die freiwilligen Nachmittagsangebote war sowohl im vergangenen als auch im laufenden Jahre eine große Herausforderung. Wie gut, dass wir uns an Hebräer 10,35/36 ausrichten durften: „Werft euer Vertrauen nicht weg, denn es findet reichen Lohn. Ihr braucht aber Geduld, damit ihr den Willen Gottes tut und die Verheißung empfangt " Immerhin enthielt das beantragte Förderkonzept u. a. auch die Realisierung einer Mehrzweckhalle. Auf unseren Antrag von Anfang 2004 hin erhielten wir zwar im Laufe des Jahres 2005 einen positiv klingenden Bescheid. Sogar die Öffentlichkeit wurde über die beabsichtigte Förderung informiert. Trotzdem konnten wir nicht mit der Baumaßnahme beginnen, weil die verbindliche Zusage erst für 2007 in Aussicht gestellt wurde. Es blieb uns nichts anderes übrig, als lediglich alle notwendigen konkreten Planungen und behördlichen Abstimmungen sowie die Grundstücksübereignungen usw. vorzubereiten.

Es hatte sich deutlich herausgestellt, dass wir auf die vielen Schüleranmeldungen mit der 5-Zügigkeit des 5. Schuljahres reagieren müssten. Daher planten wir,

Schulcontainer anzumieten, da alle derzeit vorhandenen Gebäuderäumlichkeiten belegt waren.

In den regelmäßig stattfindenden Trägerkreis-, Vorstands- oder Arbeitsgruppensitzungen befassten wir uns mit weiteren aktuellen Themen wie Finanzen, Personalangelegenheiten, Veranstaltungen oder allgemeinen vereinsrechtlichen Vorgängen. Wir mussten zum Beispiel eine Lösung für die jährliche Kürzung der Landesfinanzhilfe in Höhe von 90.000 Euro finden.

Dabei waren die sach- und ausstattungsrelevanten Einsparungen nicht so spürbar, wie der pädagogische Nachteil, der durch eine höhere Klassenfrequenz mit mehr Schülern entstand.

Trotz aller Herausforderungen konnten wir aber das Jahr 2005 mit einem ausgeglichenen Haushalt abschließen.

In der Jahreshauptversammlung am 17. März wurden Erwin Wallenstein als Schatzmeister, Nieklaas Swart als Schriftführer und ich als Vorsitzender für weitere 4 Jahre wiedergewählt.

Am 17. Mai verabschiedeten wir Heinrich Behrends als langjähriges aktives Mitglied aus dem Trägerkreis. Wir dankten ihm ganz herzlich für seine wertvolle Mitarbeit und wünschten ihm Gottes reichen Segen für seinen weiteren Lebensweg im Ruhestand. Der Trägerkreis wurde aber nicht kleiner, weil Jens Pankratius durch Vermittlung von Konrad Huismann als neues Mitglied aufgenommen wurde.

Aus dem Elternarbeitskreis bzw. dem Schulelternvorstand verabschiedeten sich nach vielen Jahren der aktiven Mitarbeit Heiz-Otto Thieden, Ewald Weber, Helmut Diekmann und Hilda Kühnle. Auch ihnen wurde herzlich gedankt.

Wie gut, dass sich beizeiten immer wieder dienstbereite Menschen in die aktive Schularbeit einbrachten, damit auch in Zukunft die anstehenden Aufgaben bewältigt werden konnten. Was wäre die Schulfamilie ohne die Förderer mit ihrer Fürbitte, ihrem Einsatz und ihren Spenden? Was wären die Veranstaltungen ohne das tatkräftige Engagement der aktiven Eltern und Freunde? Das zeigte sich zum Beispiel der Eltern- und Freundeskreistreffen am 12. März und 25. November, dem großartigen Schulfest am 4. Juni als Höhepunkt des Schullebens oder bei den Verabschiedungsfeiern der Abiturienten am 24. Juni sowie der Real- und Hauptschüler am 8. Juli und den drei Einschulungsfeiern am 27. August. Es war uns wichtig, dafür den Beteiligten stets herzlich zu danken.

Eine andere Form der Unterstützung erlebten wir immer wieder durch Sachspenden. Die Sparkasse Emden z. B. schenkte der Schule 6 gebrauchte PC-Systeme, 5 Rechner und 2 Drucker. Von der Oldenburgischen Landesbank, Filiale Leer, erhielten wir 21 fast neuwertige Monitore. Diese Sachspenden kamen uns bei der kostenintensiven Einrichtung einer EDV-Klasse sehr gelegen. Ein anderes Beispiel war eine großzügige Spende aus Remels in Form von Fuß- und Basketbällen für den Sportunterricht, die Lydia Bohlen an den Sportlehrer Dirk Thomsen überreichte.

Auch die Hintergrunddienste sollten nicht unerwähnt bleiben. Die AEBS gründete einen neuen Verein mit der Bezeichnung VEBS „Verband Evangelischer Bekenntnis-Schulen". Unser Schulleiter Joachim Heffter hielt den regelmäßigen Kontakt aufrecht, auch wenn wir aus verschiedenen Gründen bei der VEBS nicht aktives Mitglied wurden.

Die AGFS „Arbeitsgemeinschaft freier Schulen" in Niedersachsen, bei der wir Mitglied waren, bemühte sich auf dem „politischen Parkett" um faire Bedingungen für Schulen in freier Trägerschaft. Unser Verwaltungsleiter Kurt Plagge und unser Stufenleiter Olaf von Sacken nahmen regelmäßig an den Sitzungen teil. An einer von der AGFS durchgeführten Veranstaltung im Leineschloss-Restaurant der Landesregierung nahmen am 18. Mai Kurt Plagge und ich teil. Zu diesem interfraktionellen Parlamentarischen Abend waren Politiker aller im Landtag vertretenden Parteien zu dem Thema „Freie Schulen im Blickpunkt der Politik" eingeladen. Unter den 110 Gästen trafen wir auch „unsere" Landtagsabgeordneten Meta Janssen-Kucz (Grüne), Johanne Modder (SPD) und Ulf Thiele (CDU). Mit ihnen konnten wir in lockerer Atmosphäre die FCSO betreffenden aktuellen Vorgänge besprechen.

Für ein gutes Miteinander sorgten auch die zweimal im Jahr stattfindenden Klausurtagungen mit dem Kollegium, der Mitarbeiterschaft und dem Trägerkreis. Während am 29. April organisatorische und grundlegende Themen im Vordergrund standen, war es am 16. November die geistliche Ausrüstung und der persönliche Austausch. Als Gastredner hielt Prof. Dr. Werner Gitt einen Vortrag zu dem Thema: "Ereignisse jenseits von Raum und Zeit – Der Sprung vom Denken zum Glauben".

Am Abend vorher hatten wir die Öffentlichkeit zu einem Vortrag mit ihm eingeladen. Der Vortrag „Die Bibel auf dem Prüfstand des 21. Jahrhunderts" wurde sehr aufmerksam aufgenommen und hat sicher viele Zuhörer dazu angeregt, dem Wort Gottes noch mehr und vorbehaltloser zu vertrauen.

Es wurde auch zu anderen interessanten Schulveranstaltungen eingeladen, die meistens sehr gut besucht waren: Z.B. die Theateraufführung „Mord an König Eglon und weitere Fälle" der Viertklässler am 26. und 27. Januar; am 13. und 15. März „Emil und die Detektive" und am 3. und 5. Juli „Immer auf die Kleinen" mit der Theater-AG; am 21. Mai das Monocord-Konzert; am 1. September ein Vortrag von Frau Dr. Caby zu dem Thema: „Kinder und Medien – Chancen und Gefahren". Martin Wolter referierte am 11. Oktober über das Thema: „Computer und Gewalt". Die Grundschule war vom 27. bis 30. Oktober Gastgeber für Workshops des Ev. Ostfriesischen Gemeinschaftsverbandes mit dem Schauspieler Eric Wehrlin. An den Seminarangeboten „Erfolgsfaktor Stimme" und „Theaterworkshop" nahmen neben auswärtigen Gästen auch einige Lehrkräfte und Trägerkreismitglieder teil.

Als die FCSO im Jahr 1987 mit 26 Schülern und zwei Lehrern startete, ahnten wir nicht, dass im Jahr 2005 über 1000 Schüler an dieser Schule unterrichtet würden. Dass man eine Schule auch mit noch weniger Schülern beginnen könnte, erfuhren wir von Elisabeth Becker, Silke Grafe, Ursula Krüger, Gunda Martens und Edelgard Schmelzer, die uns als Delegation der neuen Lukas - Schule, Bassum, im März zu einem Erfahrungsaustausch besuchte. Diese christliche Schule wurde 2003 von einer Eltern-Initiative gegründet und startete zunächst mit nur einem Schüler und einer Lehrkraft. Inzwischen besuchten 25 Schüler in drei Jahrgängen diese Schule.

Die Bassumer beschäftigte neben vielen anderen Themen insbesondere die Frage, welche Schulform nach dem 4. Jahrgang angeboten werden könnte. Selbstverständlich waren wir bereit, beim weiteren Aufbau beratend mitzuhelfen. Erfreulicherweise entwickelte sich auch diese Schule sehr positiv. Einige Jahre später wurden wir zur Einweihung eines großen modernen Schulgebäudes eingeladen und staunten über die sichtbar erfolgreiche Entwicklung.

Es hatte sich im Laufe der Jahre eine Veränderung im Pädagogischen Arbeitskreis in der Weise ergeben, dass die pädagogischen Aufgaben im Wesentlichen durch die Schulleitung und die Fachschaften im täglichen Unterrichtsgeschehen zum Zuge kamen. Deshalb regte Dr. Walter Vietor als Mitglied des Arbeitskreises an, den Arbeitskreis in „Geistliche Grundlagen" umzubenennen, denn die geistliche Ausrichtung der FCSO hatte auch für die Zukunft einen wichtigen Stellenwert und sollte in der Verantwortung von Lehrkräften und Trägerkreis verbleiben. Außerdem wurde überlegt, ein Leitbild zu erstellen, das den Status der FCSO in der Öffentlichkeit repräsentiert.

Nach vielen Beratungen und Gesprächen wurde endlich die beabsichtigte FCSO-Mitarbeitervertretung (MV) realisiert. Aus einer Vorlage von 30 Seiten entwickelten wir eine 4-seitige Satzung. Das gewählte Gremium mit Hanno Garthe, Dieter Garlich, Dorothea Priebe und Hilke Wehl konnte nun die Belange der Mitarbeiterschaft im Dialog mit der Schulleitung und dem Vorstand des Trägerkreises vertreten. Alle Beteiligten erhofften sich davon eine noch bessere Kommunikation untereinander und eine gedeihliche Zusammenarbeit zum Wohle der Schule.

Die FCSO unterzog sich einer Qualitätsprüfung durch das SEIS-Programm. SEIS war ein Angebot der Bertelsmann-Stiftung zur Selbstevaluation der Schule. In einer fortlaufenden Fragebogenaktion wurden Stärken und Schwächen festgestellt und neutral in Vergleichstests ausgewertet. So konnte an langfristigen Verbesserungen gearbeitet werden.

In der 3. und 4. Klasse der Grundschule begann die Früherziehung Englisch. Mit der Handpuppe Kooky konnten die ersten englischen Grundbegriffe spielerisch vermittelt werden. Eine gute Möglichkeit, junge Schüler ohne Stress an Fremdsprachen heranzuführen.

Der Schulkiosk war zeitweise verweist. Frau Hanna Vogel erklärte sich bereit, denselben in eigener Regie zu übernehmen und für ein dauerhaft günstiges Angebot zu sorgen. Eine gute Lösung, die sich jahrelang bewährte.

Aus gegebenem Anlass wurde das Schüleranmeldeverfahren korrigiert. Bei den künftigen verbindlichen Anmeldungen musste eine Aufnahmegebühr in Höhe eines monatlichen Schulgeldes bezahlt werden, die nach Schulbeginn verrechnet wurde. Damit wollten wir ärgerliche „Hamsteranmeldungen" erschweren. Die Eltern, die also nur „vorsorglich" ihre Kinder verbindlich anmeldeten, aber kurz vor Schuleintritt einen Rückzug machten, erhielten keine Rückerstattung der Anmeldegebühr.

Wo viele Menschen in einem Werk tätig sind, da sind auch gelegentlich Umstrukturierungen erforderlich. Ein Betrieb funktioniert am besten, wenn alle Personen ihre Aufgaben verantwortlich erfüllen und auch alle jederzeit „an Bord" sind. Wir wissen, dass es diesen Idealzustand kaum oder selten gibt. Persönliche Umstände erzwingen manchmal einen Orts- oder Arbeitsplatzwechsel. Unverhoffte Krankheiten oder Unfälle sind nur mühsam auszugleichen. Aber auch positive Lebensumstände, wie zum Beispiel Schwangerschaften, bewirken Veränderungen im Personalbestand. Dabei sind langfristig erkennbare Veränderungen natürlich leichter zu handhaben, als solche, die sich von heute auf morgen ergeben. So gab es auch im laufenden Jahr an der FCSO einige Veränderungen.

Es wurden folgende neue Lehrkräfte eingestellt: Marie Batmale, Imke Baumann, Ute Hillen, Gesa Hoffmann, Caroline Laube, Frank Olthoff, Insa Radtke, Friedhelm Schnell, Hans-Albert Theilen, Giovanna Verdonkschot und Heidrun Weber.

Es pausierten vorübergehend Ulrike Bronsema, Anita Göbel, Anne-Laure Hunsmann, Gertraut Leemhuis, Christine Mahn, Martina Müller und Silke Noll.

Ausgeschieden sind Gabriele Rabe, Udo Rudisile, Heike Schröder und Anja Uden.

Unser Schulleiter Joachim Heffter feierte am 6. Juli den 60. Geburtstag. Auf seine Einladung hin war eine große Gästeschar erschienen, die ihm herzliche Glück- und Segenswünsche überbrachte.

Mit den Jubilaren Annette Graß, Jan Heyen, Iris Hinkelbein, Regina Kratzert, Burghard Wehl und Martin Wolter fanden wir uns am 1. November abends zu einer kleinen gemütlichen Feier zusammen, um anlässlich des 10-jährigen Dienstjubiläums Erinnerungen auszutauschen und mit einem kleinen Geschenk den Jubilaren ein herzliches Dankeschön zu übermitteln.

Wie in den Vorjahren trafen sich in der FCSO beim Wirtschaftskontakttag interessierte Firmenvertreter aus dem ostfriesischen Raum mit Lehrkräften und Trägerkreismitgliedern, um gemeinsame Interessen zwischen Schule und Wirtschaft auszuloten. Manche Schüler konnten aufgrund dieser Begegnungen davon profitieren, weil die beteiligten Firmen gerne FCSO-Schüler aufnahmen.

Am 7. Dezember besuchten Kurt Plagge und ich Evert und Grietje Heeren in Bad Zwischenahn. Es galt zu klären, wann und in welcher Form die von Evert Heeren in Aussicht gestellte Stiftung zur Unterstützung finanzschwacher Familien eingerichtet werden solle. Dabei wurde deutlich, dass eine ursprünglich von Herrn Heeren angedachte „Tranche" (Teilbetrag) noch nicht zur Auszahlung kommen würde. Wir wurden gebeten, ein schriftliches Konzept mit Begründung und Verwendung der finanziellen Unterstützung aus der Stiftung vorzulegen. Herr Heeren wolle dann dieses Konzept mit seinem Notar besprechen. Dieses von uns formulierte 3-seitige Konzept schickten wir am 20. Januar 2006 per Post dem Ehepaar Heeren zu. Wir rechneten nicht mit einer schnellen Antwort, denn ein etwa 90-jähriges Ehepaar braucht Zeit, was sich dann auch bestätigte. Ich komme später auf diese Angelegenheit zurück.

Zu unserer inzwischen gewohnten weihnachtlichen Feier am 16. Dezember hatten diesmal Christian und Anne-Laure Hunsmann die Schulleitungsmitglieder und den Vorstand mit Ehepaaren zu sich nach Hause eingeladen. Es war ein wohltuendes Treffen in der gastfreundlichen Familie. An diesem Abend wurde uns wieder dankbar bewusst, dass wir unserer Verantwortung im Trägerkreis und dem Kollegium nur in der Abhängigkeit von Gottes Zuwendung gerecht würden. Wir wollten uns in unseren unterschiedlichen Aufgaben vom Vorbild Jesu Christi leiten lassen, wie es in Philipper 2,3 bis 5 beschrieben wird: „Tut nichts aus Eigennutz oder Ruhmsucht, sondern in Demut achte einer den anderen höher als sich selbst, und ein jeder sehe nicht auf das Seine, sondern auf das, was dem anderen dient. Seid untereinander so gesinnt, wie es der Gemeinschaft mit Jesus Christus entspricht".

2006 Neue Schulleiterstruktur - Personalveränderungen - SEIS-Projekt - Neue Sekretariatsmitarbeiterin - Verbindliche Förderzusage über 3,1 Millionen Euro

Altes und Neues miteinander in Einklang zu bringen, das erschien uns derzeit eine wichtige Aufgabe. Wie macht man es richtig? Sollte man an bewährten Strukturen festhalten oder immer wieder etwas Neues ausprobieren? War man konservativ oder progressiv eingestellt?

Nach dem Duden heißt konservativ „am Hergebrachten festhaltend" und progressiv heißt „stufenweise fortschreitend; sich entwickelnd; fortschrittlich". Wie positionieren wir uns selbst? Persönlich fühle ich mich beiden Richtungen zugehörig. Ich halte gerne so lange am Bewährten fest, bis ich etwas Besseres entdecke und sich das auch langfristig als besser herausstellt. Tradition und Fortschritt sind wie zwei Seiten einer Medaille. Im Sinne der vorgenannten Definition bin ich nicht unbedingt konservativ, wenn es nur heißt „am Hergebrachten festhaltend". Ich erlebe Tradition manchmal als verkrustet und für den Fortschritt hemmend.

Konservativ möchte ich lieber so definieren: „Leben aus dem, was immer gültig ist". Aus dieser Haltung heraus ist Lern- und Korrekturfähigkeit das Motiv für fortschrittliches und zukunftsorientiertes Handeln.

Neue Orientierung auf der Grundlage dessen, was immer und ewig gültig ist, finden wir sehr ausführlich in der Bibel, dem Wort Gottes. Im ersten Buch Mose wird uns davon berichtet, wie Gott Abraham aus gewohnten Bahnen herausruft und in ein „neues Land" schickt. Und in der Jahreslosung 2006, Jesaja 43, 19 heißt es: „Denn siehe, ich will ein Neues schaffen, jetzt wachst es auf, erkennt ihr's denn nicht?" Gottes ewig gültiges Wort ruft auch uns heute aus der Verlorenheit, aus der Gottesferne in ein neues Leben mit Jesus Christus. Wer lässt sich rufen? Wer möchte neu werden und damit schon hier ewiges Leben von Gott geschenkt bekommen? Auf Gottes Wort ist Verlass. In 2. Kor. 5, 17 wird uns bezeugt: „Ist jemand in Christus, so ist er eine neue Schöpfung; das Alte ist vergangen, siehe, ein Neues ist geworden." Dass dieses froh machende Evangelium bei den Menschen unserer Zeit bekannt wird, ist auch eine der schönen Aufgaben der FCSO. Um jedem Missverständnis vorzubeugen: Das Evangelium ist immer Angebot, nie Zwang. Auch in einer Schule wie der FCSO soll das Evangelium nicht „eingetrichtert" werden. Der Glaube an Jesus Christus kann sich nur in absoluter Freiwilligkeit entwickeln. In Galater 5, 1 wird dies mit der Aussage unterstrichen: „Zur Freiheit hat uns Christus befreit". Diese frohe Botschaft zu verschweigen, wäre falsch. Deshalb gibt es in der FCSO immer wieder liebevolle Hinweise darauf, dass wir von Gott eingeladen sind, mit ihm täglich zu leben und dabei zu erfahren, dass nur ER unserem Leben Erfüllung, Sinn und Ziel gibt.

Im Laufe des Jahres durften wir in vielfacher Weise wieder Gottes Zuwendung erleben. Die Begegnungen im Trägerkreis, im Vorstand und in den Arbeitsgruppen hatten zum Ziel, in gemeinsamer Arbeit positive Grundlagen und gute Rahmenbedingungen für die Weiterentwicklung der Schule zu schaffen.

Nach wie vor verliefen die Gespräche und Beratungen intensiv, kritisch und dennoch immer in großer Einmütigkeit. Die Aufgaben innerhalb des Trägerkreises, des Vorstandes, der Schulleitung und der Verwaltung waren einerseits sehr unterschiedlich, aber oft auch ineinander verwoben und deckungsgleich. Ein Beispiel dafür war der Personalbereich. Die volle Funktionsfähigkeit der Schule wird nur mit den richtigen Leuten am richtigen Platz erreicht. Dazu wurden im Laufe des Jahres immer wieder Personalgespräche geführt.

Die Verstärkung des Kollegium geschah durch folgende Neueinstellungen: Viola Brinkema, Christine Staaßen, Andrea Wenninga und Maike Wiegmann. Ausgeschieden sind Helga Grude, Jann Heyen, Caroline Laube, Hans-Albert Theilen und Anne Viétor.

Der Engpass im Schulsekretariat konnte durch den täglichen Einsatz von Reena van der Laan behoben werden. Sie erfüllte Ihre Aufgaben viele Jahre in vorbildlicher Weise.

Das 10-jährige Dienstjubiläum von Stefan Grensemann und Wolfgang Kröner war am 1. November wieder einmal eine gute Gelegenheit zum dankbaren Rückblick.

In vielen Gesprächen konnten wir mit den Mitgliedern der Schulleitung eine neue zukunftsorientierte Schulleiterstruktur erarbeiten. Dabei sollte frühzeitig auch die Nachfolge von Joachim Heffter, der voraussichtlich im Jahr 2010 in Rente gehen würde, geregelt werden. Christian Hunsmann hatte sich bereit erklärt, diese Aufgabe zu übernehmen. Er wurde als stellvertretender Schulleiter eingesetzt, während Michael Piorr sich als Schulleitungsmitglied künftig ganz auf Koordinierungsaufgaben konzentrieren würde. Johannes Köster blieb Grundschulleiter. Olaf von Sacken würde sich zusätzlich neben der Sek II-Stufenleitung um didaktische Themen kümmern und die Vernetzung der Fachschaften vorantreiben. Gleichzeitig war es erforderlich, in der Schulleitung eine zusätzliche Person als Leiter der Sek I einzusetzen. Mit dieser Aufgabe wurde nach einer mit der MV abgestimmten internen und externen Ausschreibung Achim Drath betraut.

Im Trägerkreis, der Anfang des Jahres mit Helmut Diekmann eine langjährig dauernde Verstärkung erhielt, beschäftigten wir uns mit einer erforderlichen Satzungsänderung und verschiedenen Baumaßnahmen, beispielsweise neue Fenster und Teilerneuerung sowie der Planung eines Vordaches an der Straßenseite des Hauptgebäudes. Und natürlich stand die Vorplanung der Mehrzweckhalle weiterhin auf unserem Plan. Das im Januar 2004 beantragte Förderprogramm des Bundes für „Zukunft und Bildung" wurde uns nach langem Warten im Dezember 2006 endlich verbindlich zugesagt. Damit erhielten wir im 20. Jahr der FCSO das erste Mal öffentliche Mittel für Baumaßnahmen, und zwar 3,127 Mio. Euro. Das waren 90 % der ursprünglich veranschlagten Summe von 3,55 Mio. Euro. Da auf einem Sonderkonto bereits 155.000 Euro für die Mehrzweckhalle vorhanden waren, erwarten wir zuversichtlich, dass durch Spenden und Darlehen noch die restlichen 300.000 Euro zusammen kämen. Nun konnten im Jahr 2007 die langersehnte Mehrzweckhalle sowie zusätzlich eine Schulmensa und eine Pausenhalle realisiert werden. Unsere Freude und Dankbarkeit brachten wir mit Psalm 107, 1 zum Ausdruck: „Danket dem Herrn, denn er ist freundlich und seine Güte währet ewiglich".

Die Freude über die Förderzusage ist unübersehbar, jetzt wird angepackt: Obere Reihe: Christian Hunsmann mit drei Schülern. Untere Reihe v. l. n. r. : Nieklaas Swart, Christoph Hobrak, Willi Wallenstein, Dieter Garlich, Robert Blank, Georg Tjards, Hinrich Troff, Kurt Plagge und Artur Kroon-Husmann.

Mit Freude und Dankbarkeit durften wir einmal mehr auf einen geordneten Finanzhaushalt blicken. Man kann sich vorstellen, dass ein Haushaltsvolumen von ca. 5 Mio. Euro eine sorgfältige Planung, einen gewissenhaften und zweckmäßigen Umgang mit den vorhandenen Mitteln und eine regelmäßige Kontrolle erfordert. Die veränderte Landesfinanzhilfe sowie die anstehende Gehaltstarifänderung von BAT auf TVL standen auf der Tagesordnung. Mit der Mitarbeitervertretung hatten wir diesbezüglich erste Gespräche zu führen.

Unser Bestreben war es, zwischen dem Kollegium, den Elternvertretern, der Verwaltung und dem Trägerkreis Gemeinsamkeiten und regelmäßige Kontakte zu pflegen. Dazu dienten zum Beispiel der Betriebsausflug am 9. Juni nach Emden und die Klausurtagung in den Räumen der Jakobi-Kirchengemeinde Warsingsfehn mit Pastor Edzard van der Laan am 22. November. Ein besonderer Höhepunkt war wieder einmal das Sommer-Schulfest am 20. Mai. Trotz des Regens erlebten Kinder und Erwachsene ein vergnügtes Miteinander. Auch die Eltern- und Freundeskreistreffen am 18. März und am 2. Dezember erwiesen sich wieder als gute Gelegenheiten für Kontakte und das gemeinsame Erleben in der Schulgemeinde.

30 Erzieherinnen aus Kindergärten der Region von Strücklingen bis Wybelsum besuchten am 1. März beim ersten „Tag der offenen Tür für Erzieherinnen" den Unterricht der Grundschule.

Am 22. und 23. September fand in der FCSO die Jahrestagung der „Freien Schulen in Niedersachsen" mit 70 Teilnehmern aus 40 Schulen statt. Von Kurt Plagge und der Schulleitung gut organisiert, fühlten sich die Gäste bei uns wohl.

Am 15. November konnte der Wirtschaftskontakttag wieder vielen Gästen aus ostfriesischen Betrieben und Teilen des Kollegiums Einblicke in die Thematik „Schule und Wirtschaft" gewähren.

Auch der meist sehr gute Besuch der schultypischen Veranstaltungen zeigte ein reges Interesse an der aktuellen und vielseitigen Arbeit der FCSO. Hier ein kurzer Überblick:

Am 25. und 26. Januar führten 75 Viertklässler das Musical „Exodus" von Markus Hottinger auf. Vom 2. bis 4. März stand das Theaterstück „Pippi Langstrumpf" auf dem Programm. Am 7. und 12. Mai präsentierte die Theater - AG der 7. bis 10.-Klässler das Theaterstück „Der Revisor". Am 19. und 20. Dezember erfreuten sich die Besucher an dem von Viertklässlern gespielten Musical „Eine wunderbare Nacht".

23 Abiturienten wurden am 30. Juni feierlich verabschiedet. Sie hatten am ersten Zentralabitur Niedersachsens erfolgreich teilgenommen. Sämtliche schriftlichen Abituraufgaben für alle Fächer wurden zentral aus Hannover gestellt.

Am 7. Juli erhielten 95 Schüler ihr Abschlusszeugnis in einer würdigen Abschlussfeier. Von 48 Schülern mit Erweitertem Sekundarabschluss wechselten 35 in die 11. Klasse. 41 Schüler erreichten den Real- und 6 den Hauptschulabschluss.

Am 2. September erlebten 75 Erstklässler mit ihren Eltern, Verwandten und Freunden in drei aufeinander folgenden Veranstaltungen ihren ersten Schultag. Mit Blick auf das Thema „Pinguine im Nordwind" hatte ich mich als Pinguin verkleidet und berichtete den Kindern und Gästen vom Leben der Pinguine. Wie liebevoll die Pinguine ihre Kinder aufziehen und umsorgen und diese sich voll auf ihre Eltern verlassen können, so könnten auch wir Menschen uns jederzeit auf Gott verlassen, der wie ein Vater über uns wacht und uns beschützt. Mit diesem Wissen könnten alle Kinder und Erwachsenen voller Vertrauen ins Leben gehen.

Einschulungsvortrag in Pinguin-Verkleidung

Das Besondere an diesen Veranstaltungen war der betont festliche Rahmen, sowie die in liebevoller Weise von Ingrid Husmann organisierte ideenreiche Dekoration und die Bewirtung durch den Elternarbeitskreis.

Im Laufe der Jahre ist das Schulleben so vielseitig geworden, dass hier nur ein auszugsweiser Überblick erfolgen kann. Über die meisten schulischen Ereignisse wurde jeweils zeitnah in unserem Medium „DIT un DAT" berichtet, z. B. über Klassenfahrten. Sportveranstaltungen, vielseitige Projekte, Besuchergruppen, Schüleraustausch, Verkehrsschulungen mit aktiver Unterstützung der Polizei, Lesewettbewerbe, Elterninfoabende bis hin zu Flugerfahrungen einiger Schüler mit einer Cessna 172 vom Flughafen Nüttermoor.

In der größer werdenden Schule musste der stets wachsenden Bedarf an Mitteln und Ausstattungen gedeckt werden, wie z. B. die Neueinrichtung von 16 Computerplätzen oder die Anschaffung einer Kletterwand an der Grundschule. Dankbar waren wir dafür, dass Eltern und Freunde manche Geräte kostenlos zur Verfügung stellten. Auch der Schul-Kiosk unter Leitung von Hanna Vogel erfreute sich wachsender Beliebtheit.

Mit dem Projekt SEIS "Selbstevaluation in Schulen" wurde über einen längeren Zeitraum geprüft, was gut lief und wo es etwas zu verbessern gab. Die Pisa-Aktionen zeigten für die FOSO gute Vergleichszahlen auf. Die Umfragen wurden im 4. Jahrgang der Grundschule sowie in der Sekundarstufe I, Jahrgang 6 und 9, durchgeführt. Die Ergebnisse der Bertelsmann Stiftung werteten Schulleitung und einzelnen Arbeitsgruppen des Lehrerkollegiums aus. Aus Sicht der Befragten wurden die Qualität des Unterrichts und das Schulklima positiv beurteilt. Auch das christliche Profil der Schule wurde laut Umfrage glaubhaft vermittelt. Mögliche Entwicklungsschwerpunkte in anderen Bereichen und daraus folgende Maßnahmen sollten im 2. Halbjahr geplant und durchgeführt werden.

Mit 1080 Schülern, davon 296 in der Grundschule, 672 in der Sek l und 112 in der gymnasialen Oberstufe und 83 Lehrkräften hatte die FCSO bald ihre Zielgröße erreicht, meinten wir damals. Während in der Oberstufe noch weitere Schüler zusätzlich aufgenommen werden konnten, gab es für die Grundschule und für die Sek. l zum Teil lange Wartelisten. Viele Eltern wollten ihre Kinder gerne zur FCSO schicken. Wenn das einerseits auch eine Anerkennung der bisherigen Arbeit der Schule bedeutete, war es für uns andererseits eine ständige Belastung, nicht alle Aufnahmewünsche erfüllen zu können. So lagen 125 verbindliche Schüleranmeldungen für den 5. Jahrgang vor, obwohl nur 40 zusätzlich aufgenommen werden konnten. Dieser Sachverhalt beschäftigte uns sehr und warf viele Fragen auf. Wie müssten wir mit dieser Situation umgehen? Konnten wir die Kapazitätsgrenzen ohne Qualitätsverlust erweitern? Wie weit waren andere Christen mit ihren eventuellen Schulplanungen an anderen Standorten in Ostfriesland vorangekommen? Fragen genug, um zur Fürbitte aufzurufen.

Wie in den Vorjahren, hatten wir den Vorstand zum 8. Dezember und die Schulleitung zum 15. Dezember jeweils mit Ehepartnern in unser Haus zu einem entspannten und festlich-gemütlichen Jahresabschluss eingeladen. Mit den umfangreichen Baumaßnahmen und der weiteren Entwicklung interner Strukturen würde das vor uns liegende Jahr nicht langweilig werden. Eine wichtige Voraussetzung für ein gelingendes Schulleben blieb das anhaltende Engagement der Eltern und Freunde. Für die Bereitschaft zu Spenden, Arbeitseinsätzen und der Fürbitte waren wir sehr dankbar. Und natürlich galt unser besonderer Dank auch unserem Kollegium, der Schulleitung und der Mitarbeiterschaft für ihren unverzichtbaren Dienst. Dass es ohne ehrenamtliche Tätigkeit im Trägerkreis auch in Zukunft nicht ging, war kein Geheimnis. Mit Blick auf die eingangs zitierte Jahreslosung waren wir voller Erwartung, was Gott Neues im Privaten, Familiären und im Bereich der FCSO schaffen würde.

Kapitel 35

2007 Baubeginn Mehrzweckhalle, Mensa und Pausenhalle, 5-Zügigkeit des 5. Jahrgangs

Im Sommer 2007 konnte man im Verlauf der ersten Baumaßnahmen beobachten, wie für die Mehrzweckhalle mächtige Fundamente aus Stahl und Beton gegossen wurden. Baupläne ohne statische Berechnungen können nicht vollständig sein, und wer bauspezifische Vorschriften nicht beachtet, würde keine Baugenehmigung erhalten. Wir alle wissen, ein Gebäude braucht ein festes Fundament. Aber noch wichtiger ist, dass unser Leben auf sicherem Fundament gegründet ist. Was aber ist eine sichere Grundlage, was ist denn „lebenssicher"? Nun, Christen wissen, dass der Architekt unseres Lebens genau weiß, was trägt und was Bestand hat. Mit der Bibel hat Gott uns die „Gebrauchsanweisung zum Leben" geschenkt. Es lohnt sich, Gottes Informationen zur „Lebens-Statik" aufmerksam aufzunehmen. In Matthäus 7, 24-27 ist zum Beispiel die Rede davon, dass wir unser „Lebens-Haus" auf Fels und nicht auf Sand bauen sollen, wenn wir sicher wohnen möchten. Gemeint ist, dass Gott unser Fels sein möchte. Heißt es doch in Psalm 18,3: "Herr, mein Fels, meine Burg, mein Erretter; mein Gott, mein Hort, auf den ich traue, mein Schild und Berg meines Heiles und mein Schutz". Entscheidend ist hier der kleine Buchstabe „m". Was würde es uns persönlich nützen, wenn es hieße: „Der Herr, ein Fels, ein Gott"? Gar nichts! Erst wenn ich sagen kann: „Der Herr, **m**ein Fels, **m**ein Gott", dann hat mein Lebenshaus das tragende Fundament, auf dem ich sicher bauen kann. Alles andere wäre „auf Sand gebaut". Eine gewisse Zeit lang mag das ja ausreichen, aber irgendwann heißt es: „...und es tat einen großen Fall", oder wie es in Psalm 127,1 heißt: "Wenn der Herr nicht das Haus baut, so arbeiten umsonst, die daran bauen". Die Bibel stellt Jesus Christus in den Mittelpunkt der Offenbarung Gottes an uns. Jesus wird auch bildlich als Eckstein bezeichnet. Ein Rundbogen oder Gewölbe aus Stein würde ohne Eckstein bzw. Schlussstein zusammenstürzen. Ohne Jesus Christus gibt es kein tragendes Lebensfundament. In Apostelgeschichte 4,11+12 ist nachzulesen, wie Petrus vor dem Hohen Rat mutig bezeugt: „Jesus, das ist der Stein, von euch Bauleuten verworfen, der zum Eckstein geworden ist. In keinem anderen ist das Heil, auch ist kein anderer Name unter dem Himmel den Menschen gegeben, durch den wir gerettet werden sollen". Es darf uns mit großer Dankbarkeit erfüllen, dass Jesus Christus der Fels, das Fundament unseres Lebens sein möchte. Nehmen wir sein Angebot im Glauben an, dann dürfen wir „sicher wohnen", dann sind wir gerettet für diese Zeit und für die Ewigkeit. Wir sind beauftragt, diese frohe Botschaft in Wort und Tat den Menschen unserer Zeit nahe zu bringen. Auf diesem Fundament ist auch die FCSO aufgebaut. Und

Gott tut Wunder. Wofür viele gebetet haben und worauf wir viele Jahre gewartet haben, wurde nun Wirklichkeit.

Für die Mehrzweckhalle, die Mensa und die Pausenhalle erhielten wir erstmals nach 20 Jahren der Schulgeschichte eine staatliche Bauförderung über 3,1 Mio. Euro. Das war im wahrsten Sinne des Wortes „Wunder-bar". Unsere Baupläne konnten deshalb noch um einen großzügigen Musikraum, einen Requisitenraum und eine Bühne ergänzt werden. Nach Gesprächen am 8. und 21. Januar, 1. März und 23. April erteilten wir dem Architekten Georg Tjards den Auftrag zur endgültigen Planung und Durchführung. 300 Firmen beteiligten sich an den Ausschreibungen mit 190 Angeboten. Die Ergebnisse entsprachen den veranschlagten Baukosten. Mit den Ergänzungskosten betrug der Eigenanteil ca. 700.000 Euro, der mit Eigenmitteln sowie Darlehen aus dem Freundeskreis und der KD-Bank Dortmund finanziert wurde. Bevor mit dem Bau begonnen wurde, luden wir die Nachbarn am 13. Juni zu einem Informationsabend ein, um über das Bauvorhaben zu informieren.

Die Arbeiten begannen kurz vor den Sommerferien. Das Richtfest durften wir mit fast allen Schülern, Lehrkräften, Mitarbeitern, Baufirmen und einigen geladenen Gästen bei herrlichem Wetter am 15. Oktober feiern.

Die Bauarbeiten verliefen relativ problemlos, jedoch aufgrund längerer Regenperioden mit einer kleinen Zeitverzögerung. Wie bei den vorhergehenden Baumaßnahmen, bewährte sich auch diesmal Hinrich Troff als unser interner Bauleiter. Mit Kontakten zum Architekturbüro, zu den am Bau beteiligten Firmen und zeitweise auch mit den in der Planung beteiligten Lehrkräften sorgte er dafür, dass auftauchende Fragen kurzfristig beantwortet und Probleme schnell gelöst werden konnten. Hinrich war fast täglich an der Baustelle anzutreffen. Er kontrollierte

Mehrzweckhalle, Mensa und Pausenhalle, 6. Baumaßnahme 2008:

die Bauabläufe und konnte stets dem Trägerkreis oder der Schulleitung über den aktuellen Stand der Baumaßnahmen zeitnah berichten.

Wegen der Bauarbeiten gab es in diesem Jahr ausnahmsweise kein großes Sommerschulfest.

Dafür sollte vom 18. bis zum 24. Mai 2008 eine Festwoche stattfinden, um mit vielen verschiedenen Veranstaltungen die Baufertigstellung zu feiern. Ein Festausschuss hatte bereits mit der Planung begonnen.

Nach Fertigstellung der Baumaßnahmen würden sich die freiwilligen zusätzlichen Nachmittagsangebote (FZN) noch viel besser realisieren lassen. Die Planungen unter Leitung von Dieter Garlich waren zum größten Teil schon konkret umgesetzt worden. An diesem Programm nahmen inzwischen ca. 150 Schüler in 12 Arbeitsgruppen teil. Weitere Angebote würden erst nach Fertigstellung der Baumaßnahmen folgen.

Im Personalbereich musste für die krankheitsbedingten Ausfälle Ersatz geschaffen werden. Auch den an sich erfreulichen Tatbestand von Mutterschaftsurlaub galt es so zu organisieren, dass es zu keinem Unterrichtsausfall kam. Das gleiche galt für die Beendigung der Dienstzeit oder den Ortswechsel verschiedener Lehrkräfte.

So kam es zu folgenden Neuanstellungen: Benjamin Folkerts, Elisabeth Hayes, Juliane Hinrichs, Annegret Meyer, Andrea Steevens-Schnell, Jonathan Whaley sowie die Referendarin Vanessa Gernand.

Ausgeschieden sind Luise Hagmann und Giovanna Verdonkschot.

80 Jahre Dienstzeit an der FCSO repräsentierten die Jubilare Joachim Heffter und Edzard Günther mit jeweils 20 Jahren sowie Ulrike Bronsema, Johanne Geppert-Enriques, Thomas Hessenius und Christian Hunsmann mit je 10 Jahren.

Am 19. November hatten wir in einer Feierstunde die Gelegenheit, den Jubilaren für Ihren Dienst ganz herzlich zu danken. Die interessanten Erinnerungen machten uns erneut dankbar für Gottes Wirken im Leben unserer Mitarbeiterinnen und Mitarbeiter.

Da im Frühjahr 2008 unser Hausmeister Klaus Jasper in Rente gehen würde, suchten wir für diese Stelle einen Nachfolger. Aus den verschiedenen Bewerbungen konnten wir uns schnell für einen Bewerber entscheiden.

Ein wachsender Schulbetrieb bringt organisatorische Veränderungen mit sich. Die neue Organisationsstruktur im Kollegium erforderte viele Beratungen und Einzelgespräche. Unter Einbeziehung von verantwortungsbewussten Kolleginnen und Kollegen soll eine straffere und effizientere Organisation erreicht werden. Dazu gehört zum Beispiel eine zeitnahe Kommunikation zwischen Schulleitung, Eltern-, Schüler-, und Mitarbeitervertretung sowie dem neu eingerichteten Schulbeirat und dem Leitenden Schulausschuss. Natürlich braucht es Zeit und Geduld, um sich an eine neue Struktur zu gewöhnen. Es ist gut, wenn man dabei auch flexibel und für mögliche Ergänzungen und Korrekturen offen ist.

Jahr für Jahr wiederholten sich traditionell bestimmte Veranstaltungen, allerdings mit wechselnden Personen. Auch im Jahr 2007 wurden wieder zwei Eltern- und Freundeskreistreffen durchgeführt. Am 17.03. gab es neben interessanten Informationen ausführliche Musikbeiträge. Am 1.12. stand das Treffen unter dem Motto 20 Jahre FCSO. Ein beeindruckendes Erlebnis war der Auftritt mit je einer Schülerin bzw. Schüler aus jedem Schuljahrgang von 1987 bis 2007. Auch eine Diashow über 20 Jahre FCSO von Nieklaas Swart sorgte für Kurzweil und Freude.

Für die beteiligten Schüler waren natürlich besonders die Entlassungs- und Einschulungsfeiern Höhepunkte im Veranstaltungskalender. Am 29.06. wurden 31 Abiturienten verabschiedet. Am 06.07. folgten 110 Realschüler und 9 Hauptschüler. 48 Realschüler und 4 Hauptschüler wechselten jeweils in den nächsten Jahrgang.

75 Erstklässler erlebten in drei Veranstaltungen am 1. September ihren ersten Schultag. 37 Jungen und 38 Mädchen freuten sich mit Ihren Eltern und Freunden über ein abwechslungsreiches Programm. Passend zu der Geschichte: „Große Giraffe und kleine Maus - Wie kommen große und kleine Wesen zusammen?" hatte ich mich als Giraffe verkleidet und erzielte damit gleich eine hohe Aufmerksamkeit bei den kleinen und großen Zuhörern für die Botschaft Gottes. So wie sich in der von Viertklässlern vorgetragenen Geschichte die Giraffe der kleinen Maus liebevoll durch das Herunterbeugen näherte, so würde auch Gott sich durch Jesus Christus zu uns Menschen mit unendlicher Liebe herunterlassen und uns ganz nahe kommen. Ich wünschte den Kindern, dass sie in der FCSO neben Rechnen, Schreiben und vielen anderen Dingen auch lernen würden, mit Jesus zu leben. Der Elternarbeitskreis hatte wieder mit einer ideenreichen Bühnendekoration und schönen Geschenken am Gelingen dieser Veranstaltung großen Anteil.

Einschulungsvortrag in Giraffen-Verkleidung

Mit dem Beginn des neuen Schuljahres besuchten 1104

Schüler die FCSO, die von 85 Lehrkräften unterrichtet wurden, (300 Schüler in der Grundschule, 677 in der Sek. I. und 127 in der Sek. II). 112 Schüler des 5. Jahrgangs wurden in 5-zügige Klassen aufgenommen, und zwar 65 aus der Grundschule der FCSO und 47 aus anderen Schulen.

Leider mussten ca. 80 Absagen für das 5. Schuljahr erteilt werden. Für das Einschulungsjahr 2008 lagen wiederum rund 130 Anmeldungen für die 5. Klassen vor. Die Aufnahmekapazität aus anderen Schulen reichte aber nur für ca. 45 bis 50 Schüler. Eine bedrängende Situation. Würden wir jedes Jahr den 5. Jahrgang 5-zügig einrichten, würde das die 5-Zügigkeit der folgenden Jahrgänge nach sich ziehen. Dafür reichten die vorhandenen Räumlichkeiten jedoch nicht aus. Aus diesem Grunde behielten wir uns vor, nicht grundsätzlich die 5-Zügigkeit für den 5. Jahrgang vorzusehen, sondern jedes Jahr darüber neu zu entscheiden. Neben dem täglichen Unterrichtsgeschehen erlebten die Schüler stets eine willkommene Abwechslung bei Klassenfahrten und sportlichen Aktivitäten. Aber auch ganz besondere Veranstaltungen belebten das vielfältige Schulangebot im Jahr 2007, wie zum Beispiel erfolgreiche Schülerwettbewerbe: School-Broker, Basketball-Turnier, Staffel-Marathon, Tierolympiade, Känguru der Mathematik, Multicup-Fußballturnier der Erst- und Zweitklässler oder der Tag des Schulreitens. Zu erinnern ist auch an Musikkonzerte, Veranstaltungen mit der Theater AG oder an folgende Projekttage: 31.01. Musik-Theater „Das Lied der bunten Vögel"; 22. und 23.03. ERF- Mitmach-Show; 12.05. Monocord-Konzert „Audite Nova"; 22. und 23.06. „Das Toupet" und „Der Zickenkrieg"; 11. bis 13.07.; „Pippi Langstrumpf" am 18.10. und 18.11. in Emden und Filsum; 09.12. Adventssingen der Chorklassen in Hollen. Außerdem gab es den „Erzieher-Tag" am 8.3. mit ca. 100 Teilnehmern mit dem Berliner Päd.-Quis-Institut unter dem Thema „Qualitätsentwicklung in Kindertagesstätten" und den Berufsinformationstag am 26.3. sowie den Wirtschaftskontakttag am 27.11. Eine besondere Freude war für uns, dass sich der Schülerbibelkreis (SBK) regelmäßig traf und Eltern und Freunde jeden zweiten Montag im Monat zum Gebet für die Schule in den Räumen der Baptisten-Gemeinde Weener-Möhlenwarf unter Leitung von Harm Severins zusammenkamen.

Die Aufgaben im Trägerkreis, in der Verwaltung und im Elternarbeitskreis wurden nicht weniger. In zahlreichen Sitzungen des Trägerkreises, des Vorstands und der Arbeitskreise wurden die aktuellen und organisatorischen Belange der Schule beraten und bewegt.

Am 18. April verstarb unser ehemaliges Mitglied Heinrich Behrends im Alter von 82 Jahren. Seit 1989 im Trägerkreis und von 1993 bis 1999 im Vorstand, hatte er intensiv und in großer Verantwortung am Aufbau der FCSO mitgewirkt. Nun war er am Ziel seines Glaubens angekommen: Auf ewig bei Jesus.

Der Arbeitskreis „Geistliche Grundlagen" hatte unter Federführung von Joachim Heffter im Laufe des Jahres ein Konzept erarbeitet, in dem das Selbstverständnis einer christlichen Schule zum Ausdruck kam. Damit lag uns neben dem Erziehungs- und Bildungskonzept eine weitere Grundlagenformulierung unter dem Titel „Glaube und Erziehung im Bereich der Schule" vor. Aus den bisherigen Unterlagen sollte nun noch ein FCSO-Leitbild erstellt werden, das als Schnellübersicht an Interessenten verteilt werden könnte.

Die Satzung des Trägerkreises wurde nach ausführlicher Beratung geändert und ergänzt, um der gewachsenen Schule Rechnung zu tragen.

Satzungsgemäß standen auf der Jahreshauptversammlung am 19.03.2007 u. a. Vorstandswahlen an. Hinrich Troff, bisher stellvertretender Vorsitzender, stand aus Altersgründen nicht mehr zur Wahl. Erwin Wallenstein wurde nach vielen Jahren als Schatzmeisters nun zum stellvertretenden Vorsitzenden und Konrad Huismann zum Schatzmeister gewählt. Arthur Kroon-Husmann wurde als Beisitzer wiedergewählt.

Zu der Verabschiedung von Hinrich Troff aus dem Vorstand hielt ich u. a. folgenden kurzen Rückblick auf die geleistete Arbeit von Hinrich: Hinrich war seit Beginn an der Schulgründungsinitiative beteiligt und seit dem Frühjahr 1990 stellvertretender Vorsitzender im VES. Zahlreiche Sitzungen fanden in seinem Hause statt, die immer liebevoll von seiner Frau Dietrike umsorgt wurden. Die geleistete Arbeit stand sichtbar unter Gottes Segen. Die Aufgabenbewältigung entsprang einer geistlichen Grundhaltung, die in der Schularbeit zunächst Gottes Werk sah, welches sich im Umgang mit den Lehrkräften und der täglichen Arbeit auswirkte. Er war meinungsfest und dennoch flexibel sowie feinfühlig in personellen Angelegenheiten. Seine persönliche Haltung, die sich umsichtig und in seinem zuverlässigen zielstrebigen Verantwortungsbewusstsein und doch bescheiden im Auftreten zeigte, trug zu einer guten Atmosphäre in der Schule bei, wofür wir sehr dankbar sind. Das Wort aus 2. Korinther 3,5: „…nicht, dass wir von uns selbst aus tüchtig sind, etwas zu denken, als aus uns selbst, sondern unsere Tüchtigkeit ist von Gott…" prägte das Wirken von Hinrich in den vielen Jahren seines Dienstes. Hinrich hat sich um den Aufbau der FCSO verdient gemacht. Dafür sagen wir ganz herzlichen Dank. Gott segne dich und deine Familie.

Der Schulelternrat setzte sich neu zusammen. Dieter Hupens blieb auch nach vielen Jahren engagierter Tätigkeit 1. Vorsitzender. Dirk Wennmann wurde stellvertretender Vorsitzender. Außerdem sorgten Giesela Günther, Konrad Huismann und Waltraud lhmels für eine zuverlässige Funktion des Schulelternrates.

Gemeinsam mit dem Kollegium und der Mitarbeiterschaft trafen sich Mitglieder des Trägerkreises zu einer Klausurtagung am 21.11. in den Gemeinderäumen der Jacobi-Kirchengemeinde in Warsingsfehn. Der Gottesdienst am Vormittag mit

Pastor Axel Gärtner von der Freien Evangelischen Gemeinde Aurich/Hesel setzte die geistlichen Impulse für den weiteren Verlauf des Tages, in dem Besinnung und Austausch über die Arbeit in und für die FCSO auf der Tagesordnung standen.

Finanzen sollten immer ausreichend vorhanden sein und zweckmäßig eingesetzt werden. Es freute uns, auch für das vergangene Jahr wieder einen ausgeglichenen Haushalt vorlegen zu können. Dabei ist eine Zahl hervorzuheben: Alleine für Tilgung und Zinsen hatten wir ca. 500.000 Euro aufzubringen. Außer Spender und Darlehensgeber, denen wir sehr dankbar waren, bestand die Möglichkeit, die Schule als Erbe von Vermögen oder Finanzen einzusetzen. So hatte zum Beispiel in den Gründungsjahren Hinderk Troff aus Oldendorp verfügt, seinen Nachlass an die FCSO zu vererben. Das wurde nunmehr konkret am 08.11. und in Abstimmung mit den Miterben mit Wirkung zum 03.01.2008 notariell vollzogen.

Der Finanzbedarf würde mit der wachsenden Schule auch weiterhin steigen. Deshalb wurde festgelegt, das Schulgeld um 10- bzw. 5 Euro, nach über 6 Jahren Gleichstand, mit Wirkung zum 1. August 2008 zu erhöhen. Ebenso beschlossen wir nach vielen Berechnungen und Gesprächen, die Gehaltsstruktur zu verbessern. Um unser lange geplantes Ziel zu erreichen, unsere Lehrkräfte ähnlich wie an staatlichen Schulen zu entlohnen, beschlossen wir, den bisher gültigen BAT-Tarif auf TVL umzustellen. Aufgrund ihres Engagements hatten sie das „verdient". Wir dankten dem Kollegium herzlich dafür, dass sie den langen Weg der stufenweisen Anpassung mitgegangen sind.

Alles in allem war unsere finanzielle Grundlage solide ausgerichtet. Nach dem Ratingverfahren der Bank wurden wir mit „gut" beurteilt. Neben den finanziellen Themen beschäftigten uns sehr ausführlich die Baumaßnahmen.

Zum feierlichen Jahresausklang hatten wir wieder am 7. Dezember den Vorstand und am 14. Dezember die Schulleitung mit den jeweiligen Ehepartnern bei uns zu Hause zu Gast. Unsere tiefe Dankbarkeit galt unserem Gott, der die Kraft und die vielfältigen Begabungen zum Dienst schenkte, der uns führte, der Wunder tat und uns gestattete, an seinem Werk teilzuhaben, der in Jesus Christus das Fundament unseres Glaubens gelegt hatte, der gesagt hat "Ich lebe und ihr sollt auch leben", wie es in der Jahreslosung 2008 hieß.

2008 Der Lehrauftrag der Schule… und der Christen - Einweihung der Mehrzweckhalle, Mensa und Pausenhalle - Schulbeirat gegründet - Elternarbeitskreis in neuer Zusammensetzung - Zirkus in der Grundschule.

Schulen haben den Lehrauftrag des Staates zu erfüllen. Dass sie das tun, ist gar keine Frage. Interessant ist vielmehr, wie sie diesen Auftrag erfüllen.Politische Parteien streiten sich darum, welche Schulform die effektivste und sozial ausgewogenste ist. Hinzu kommt der internationale Wettbewerb. PISA zeigt auf, wie der Lehrauftrag in den Ländern mehr oder weniger erfolgreich erfüllt wird. So wird Druck aufgebaut, um die Lehr- und Lernqualität ständig zu verbessern. Schulen befinden sich somit in einer "Druckpresse": Internationalität - Politik - Schule - Lehrende - Schüler. Und wer befindet sich am Ende dieser Skala? Richtig, die Schüler. Also unsere Kinder und Enkelkinder. Druck an sich ist nichts Schlechtes. Denken wir nur an unsere Fahrzeuge. Ohne Druck in den Reifen läuft gar nichts. Aber muss das Leben dauernd unter Druck, unter Stress stehen? Nein, denn davon werden die Menschen krank. Deshalb gilt es, herauszufinden, wie der Lehrauftrag im Wechselspiel zwischen gesundem Druck und erwünschter Freude am Lernen optimal erfüllt werden kann. Das bleibt wohl eine beständige Herausforderung im Allgemeinen und im Besonderen für die FCSO.

Einen Lehrauftrag der besonderen Art finden wir im Matthäus-Evangelium, Kapitel 28, Verse 16 bis 20. Jesus hatte seine Jünger zu dem wichtigsten Gipfeltreffen eingeladen, das die Welt je erlebt hat. An der Nahtstelle zwischen seinem vollendeten Erlösungswerk als Mensch und dem Wechsel in seine ursprüngliche göttliche Dimension hat Jesus seine Jünger mit der Umsetzung eines großartigen und weltumspannenden Lehrplans beauftragt. Zunächst einmal unterstreicht Jesus, dass er die Regierungsvollmacht über die himmlische und irdische Welt erhalten hat. Dann präsentiert er die kürzeste Regierungserklärung, die je veröffentlicht worden ist: "Geht hin. Macht alle Völker zu meinen Jüngern. Bestätigt sie als Erben des dreieinigen Gottes. Lehrt sie, alles zu halten, was ich euch befohlen habe". Ob sich die Jünger mit diesem Lehrauftrag wohl überfordert fühlten? Vielleicht. Doch der Sohn Gottes, der Regierungschef über Himmel und Erde, nimmt ihnen die Sorge eigener Begrenztheit und gibt ihnen die feste Zusage, dass er jeden Tag bei ihnen ist. Und diese Zusage gilt auch heute noch. Darauf dürfen sich alle Menschen felsenfest verlassen, die durch den Glauben an Jesus Christus seine Jünger und somit Gottes Kinder geworden sind. Im Bewusstsein der Gegenwart Jesu werden die Jünger Jesu täglich in der Bibel nachlesen, was Jesus befohlen hat. Und das ist nicht wenig. Deshalb: je mehr Informationen Christen über Jesus Christus und seine Absichten sammeln, desto besser können sie seinen Lehrauftrag erfüllen. Und dieser Auftrag ist auch heute noch gültig. Welches Ziel verfolgt nun der Lehrauftrag Jesu? Die Antwort könnte viele Lehrbücher füllen. Aber angesichts der täglich auf uns einstürmenden Informationsflut sollten wir in der Lage sein, Gottes Absichten mit uns in Kürze zu erklären. Der Lehrauftrag ist unkompliziert und eindeutig. Tun wir doch einfach das, was in dem o. g. Bibeltext steht. Laden wir doch die Menschen in unserem persönlichen Umfeld dazu ein, Jünger Jesu zu werden. Sagen wir ihnen doch, dass sie ohne den Glauben an Jesus Christus auf ewig verloren gehen, wenn sie Gottes Einladung ignorieren oder bewusst ausschlagen. Weisen wir darauf hin, dass keiner von dieser Einladung ausgeschlossen ist. Jesus bestätigt: "Wer zu mir kommt, den werde ich nicht hinaus stoßen" (Johannes 6,37). Und auch das bezeugt Gottes Wort in aller Klarheit: Nur durch Jesus Christus können wir ewiges Leben erhalten und in eine lebendige Gottesbeziehung treten, denn Jesus sagt: „Ich bin der Weg, die Wahrheit und das Leben; niemand kommt zum Vater, außer durch mich." (Johannes 14,6).

Der Lehrauftrag Jesu hat von seiner Aktualität nichts eingebüßt. Besonders heute sehnen sich die Menschen nach guten Nachrichten. Man beklagt immer mehr den allgemeinen Werteverlust und die damit einhergehenden immer größer werdenden gesellschaftlichen Probleme. Wo sind denn in unserer sogenannten aufgeklärten Zeit die vermeintlichen Sicherheiten geblieben? Gerade das Jahr 2008 hat gezeigt, wie der weltweite Finanzkollaps mit den folgenden wirtschaftlichen Schwierigkeiten die Menschen verunsichert hat. Sicher, auch Christen waren davon betroffen. Aber sie wissen, auf Gottes Zusage ist Verlass: „Ich bin bei euch alle Tage". Sie wissen um Rettung und Heil, um Hoffnung und Zuversicht, die ihrem Leben inneren Frieden verleihen. Sie wissen um die Werte der biblischen, grundlegenden und ewig gültigen Botschaft, die unabhängig von der äußeren Lebenssituation wirksam ist und zu einer erfüllten Lebensführung ertüchtigt. Deshalb beteiligen sie sich gern an der Erfüllung des Lehrauftrages Jesu. Dazu möchte auch die Fcie Christliche Schule Ostfriesland einen guten Beitrag leisten.

Das Jahr 2008 hat uns beim Aufbau der FCSO wesentliche Schritte weiter voran gebracht. Wer hätte sich das vor Jahren vorstellen können, über eine so schöne und geräumige Mehrzweckhalle zu verfügen? Dass wir den Sportunterricht ohne zeitraubende Busfahrten zu den verschiedenen Sportstätten auf eigenem Schulgelände durchführen können? Oder sogar ein neuer geräumiger Musikraum und eine große Bühne mit einem Requisitenraum zur Verfügung stehen? Wer hat wohl geahnt, wie angenehm und entspannt sich das Schulleben in einer schicken Mensa und großzügiger Pausenhalle gestalten lässt? Mit einer erstmaligen staatlichen Baufinanzförderung nach 20 Jahren eigener Baufinanzierung konnten wir endlich diese notwendigen Baumaßnahmen durchführen. Wir waren dankbar für den unfallfreien Bauablauf bei vollem Unterrichtsbetrieb.

Die Einweihungsfeierlichkeiten erlebten wir während der Festwoche vom 15. bis 21. Juni. Ein buntes Veranstaltungsprogramm lockte viele Gäste, Freunde und Bürger auf unser Schulgelände. Die neuen Räumlichkeiten bewährten sich bei diesem Ansturm hervorragend. Über allen Veranstaltungen stand eine große Dankbarkeit, die in vielfältiger Weise zum Ausdruck kam. Gott tut Wunder! Diese Botschaft haben wir freimütig in die Öffentlichkeit getragen. Dieses großartige Ereignis wollten wir nun eine ganze Woche lang feiern.

Unsere Lehrerin Gesa Hoffmann schilderte in „DIT un DAT", Ausgabe 75, die Eindrücke der Festwoche wie folgt:

„Als die Schüler den Flyer zur Festwoche erhielten, war ihre erste Frage, nachdem sie die Überschrift „Festwoche" gelesen hatten: „Feiert die Schule Jubiläum in dieser Woche?" Schließlich ist es immer einfacher eine Frage zu stellen, als selbst zu lesen. Diese Erkenntnis wenden viele auch immer wieder im Unterricht an, wenn es gilt eine Aufgabe zu bearbeiten. Die Antwort lautet immer wieder: „Lies doch mal genau! Steht alles im Text." Also auch diesmal stand es im Text: In der Festwoche wird die Inbetriebnahme der neuen Gebäude gefeiert! Der Freitagvormittag begann mit einer Feierstunde für geladene Gäste aus Politik, Verwaltung und beteiligten Baufirmen. Die offizielle Schlüsselübergabe erfolgte durch den Architekten Georg Tjards. Die eigentliche Festwoche startete mit der Festveranstaltung am Sonntagnachmittag mit einem breit gefächerten Programm, von ernsthaften bis humorvollen Beiträgen. So war der Bläserchor zu hören, der aus Schülern und Lehrern bestand, eine Sister-Act- Aufführung der Oberstufe zu bestaunen, aber auch ein kleines Theaterstück der 7b, welches die Vorteile der neuen Sporthalle humorvoll zeigte. Auch der Schülerchor hat seine Ergebnisse aus der FZN- Arbeit (Freiwilliges Zusätzliches Nachmittagsangebot) vorgestellt und eigene Lieder gedichtet, die Bezug nahmen auf die neuen Gebäude.

Wenn ein Schülerchor auf der Bühne steht, so darf der Lehrerchor natürlich nicht fehlen, der sich ebenfalls mit einem gut einstudierten Lied präsentierte. Neben den musikalischen Beiträgen erfreuten sich die Zuhörer auch Werner Trauernichts Worten, der erläuterte, wie klein die Schule doch 1987 angefangen habe und dass damals niemand damit gerechnet hätte, jetzt, 21 Jahre später, vor so einem großen Bau zu stehen. Die Schule wächst und gedeiht, dafür hat Gott mit seinem Segen gesorgt, denn dass die Schule 2006 die rund drei Mio. Euro Zusage vom Bund/ Land für die geplanten Baumaßnahmen Pausenhalle, Mensa und Mehrzweckhalle bekommen hat, ist ein Wunder. Nie zuvor hat die Schule für Baumaßnahmen staatliche Fördergelder erhalten. Auch das FZN - Angebot profitiert von den Gebäuden.

Einweihungsfeierlichkeiten

Endlich Sportunterricht in der eigenen Halle

Endlich gehört die provisorische Essenseinnahme in einem Klassenraum der Vergangenheit an. Auch können die von den Schülern lang ersehnten sportlichen Nachmittagsangebote durch die eigene Sporthalle starten! Herr Heffter betonte noch einmal, dass sich das Konzept der Schule: „Lernen mit Herz, Hand und Kopf" auch besonders im Nachmittagsangebot widerspiegelt, da ganz verschiedene Fähigkeiten, die nicht nur kognitives Denken verlangen, gefördert werden. Die Zuschauer konnten sich einen Überblick über die derzeitigen FZN - Angebote verschaffen, denn die Lerngruppen präsentierten sich auf der Bühne mit einer kleinen Darstellung. Im Anschluss an die Feier gab es Gelegenheit zur Besichtigung der neuen Räumlichkeiten, die auch ideale Voraussetzungen für das Kaffeetrinken boten. Am Dienstag und Mittwoch der Woche gab die Theater - AG ihr Können in dem erstklassig gespielten Stück „Das Haus in Montevideo" zum Besten.

Donnerstagabend konnten die Zuschauer dann die musikalische Begabung der Schüler der FCSO bestaunen, die sich in verschiedenster Weise zeigte. Auch für diese Aufführungen konnte die neue Mehrzweckhalle dank der tollen integrierten Bühne in einen Theatersaal bzw. einen Konzertsaal verwandelt werden! Den krönenden Abschluss bildete dann das allbekannte Schulfest am Samstag. Wie immer war alles bestens von den Eltern - hier noch mal ein herzliches Dankeschön – geplant und organisiert."

Die Freude über die neuen Räumlichkeiten blieb auch in den nächsten Wochen und Monaten lebendig, was beispielsweise an folgenden Äußerungen deutlich wurde: „Der ganze Schulablauf ist viel entspannter." „Die Mensa wird gut angenommen." „Toll, dass wir so eine prima Sporthalle für den Sportunterricht und für das FZN - Programm haben." „Schön, dass nun auch für die Trägerkreis-, Vorstands- und sonstigen Sitzungen ein Konferenzraum zur Verfügung steht."

Es wurde nicht nur neu gebaut, sondern auch verändert und renoviert. Mitglieder der Schulleitung konnten endlich in eigene Büros umziehen. Das Lehrerzimmer II wurde verlegt, ein zusätzlicher Lehrer-Arbeitsraum geschaffen und im Herbst die Verwaltungsbüros geändert. Bis auf einige Abschlussarbeiten im Außenbereich waren erst einmal alle Baumaßnahmen erledigt, die der Verbesserung des Schulbetriebes dienten. Im Foyer der Primarstufe konnte mit Holzwänden ein kleiner zusätzlicher Arbeitsbereich für die Schüler geschaffen werden. Er wird genutzt für kleine Arbeitsgruppen, Hausaufgaben, Lernspiele, Lese- und Rechenübungen usw.

Eine 100%ige Unterrichtsversorgung war uns wichtig. Wir führten viele Personal-Einstellungsgespräche, um neue Lehrkräfte und Mitarbeiter zu gewinnen. In Voll- und Teilzeit konnten wir folgende neuen Mitarbeiter einstellen: Vanessa Gernand, Barbara Gürtler, Rainer Haan, Cornelia Haupt, Jennifer Madena, Günther Meffert, Heike Plösch, Vera Smid und Ruth Weidemann. Ausgeschieden sind Imke Baumann, Silke Noll und lnsa Radtke.

Unser langjährig tätiger Hausmeister Klaus Jasper wurde am 28. März in der Mehrzweckhalle von Schülern, Kollegium und Mitarbeiterschaft feierlich in den Ruhestand verabschiedet. Seinen Platz nahm am 1. April Reiner Berndt ein. Seine Ehefrau Kerstin Berndt verstärkte als Teilzeitkraft das Team im Sekretariat.

Auf Vorschlag von Primarstufenleiter Johannes Köster hatten wir die Position der stellvertretenden Primarstufenleitung ausgeschrieben. Diese Aufgabe hat nach erfolgreicher Bewerbung Susanne Ziegler übernommen.

Am 29. Juli verstarb Elke Frommholz im Alter von 59 Jahren. Sie war ab September 1986 mit ihrem Ehemann Helmer Mitglied im Trägerkreis VES und aktiv am Aufbau der FCSO beteiligt. In den ersten Jahren war sie auch als Vertretungslehrerin tätig, obwohl sie als Mutter einer Großfamilie ihre Zeit auch für andere Aufgaben hätte nutzen können. Gefestigt im Glauben an Jesus Christus tat sie jedoch ihren Dienst mit der Einstellung, „…gern für den Herrn", wie sie es nannte, ihre Begabungen einzusetzen.

Im Rahmen der weiter zu optimierenden Organisationsstruktur, wozu auch die Einrichtung des Schulbeirats, quasi einer Mini-Gesamt-Konferenz, mit sieben Lehrervertretern, vier Eltern- und vier Schülervertretern gehört, übernahmen für die einzelnen Jahrgänge verantwortliche Teamleiter neue Aufgaben: Dirk Thomsen JG 5, Andrea Wenninga JG 6, Regina Orth JG 7, Regina Kratzert JG 8, Alexander Kahle JG 9, Christine Staaßen JG 10 und Dr. Johannes Kisch für die Sek ll. Dieter Garlich wollte sich noch intensiver um die Theater-AG kümmern und gab die FZN-Koordination an Frank Grote ab.

Wir sorgten frühzeitig für fließende Übergänge der Verantwortungsträger: Die Nachfolge von Joachim Heffter, der Ende 2010 in den verdienten Ruhestand ein-

Der Schulbeirat als Mini-Gesamtkonferenz

treten würde, hatten wir so besprochen, dass Christian Hunsmann diese Funktion übernehmen würde. Mit Olaf von Sacken hatten wir vereinbart, das Amt des Stellvertreters zu übernehmen. Dessen bisherige Position als Leiter der Sek.II wurde extern und intern ausgeschrieben. Aus den internen Bewerbungen wurde Dr. Johannes Kisch gewählt, der sich seit Anfang 2006 bereits unterstützend in dieses Amt eingearbeitet hatte und künftig auch die Koordinationsaufgaben der Oberstufe übernahm.

Auf insgesamt 100 FCSO - Dienstjahre durften wir am 29. Oktober zurückblicken. Es war ein schöner „Jubiläums-Feier-Abend" mit interessanten Erinnerungen, Buffet, Fotos und Jubiläumspräsenten. Unser herzlicher Dank ging an Hilke Wehl für 20 Jahre FCSO, sowie an Bernd Achtermann, Thomas Leuschner, Susanne Krümmling, Christine Niebuhr, Regina Orth, Kurt Plagge, Manuela Reiter und Susanne Ziegler für je 10 Jahre. Der Elternarbeitskreis wurde neu organisiert: Für die verschiedenen Arbeitsbereiche haben folgende Personen Verantwortung übernommen: Dieter Hupens/Organisation von Veranstaltungen, Bernhard Müller/Kasse, Marion Lohmeyer/Schriftführung und Kreativstraße, Sylke Reershemius/Bastelkreis, Claudia König/Cafeteria, Annelie Gerdes/Aktivspiele auf dem Schulfest, Marion Düselder/Entlassungsfeiern.

Aus dem Elternarbeitskreis schieden nach vielen Jahren aktiver Mitarbeit Enno Fahrenholz und Klaus Jasper aus. Ihnen wurde bei passender Gelegenheit herzlich gedankt.

Am 3. April verabschiedeten wir in der Jahreshauptversammlung aus dem Trägerkreis Helmut Steen, dem wir für 10 Jahre Mitarbeit unseren herzlichen Dank aussprechen durften. Damit schied er auch als Kassenprüfer aus. Nach dem Kassenprüfungsbericht, diesmal vorgetragen von Günther Gerdes, ließ sich Hilda Kühnle als Kassenprüferin wählen, während Helmut Diekmann und Günther Gerdes in dieser Funktion wiedergewählt wurden.

Es gab Überlegungen, das bisherige Logo der Schule zu erneuern. Aus Anlass des 20-jährigen Jubiläums der FCSO entwarfen Schüler des 11. Jahrgangs im Kunstunterricht 20 farbenfrohe Vorlagen, die in „DIT un DAT", Ausgabe 74, veröffentlicht wurden. Für das Jubiläum waren sie eine willkommene bunte Abwechslung. Aufgrund der in den Entwürfen einbezogenen Zahl 20 konnten sie allerdings für die Erneuerung des Schullogos leider nicht verwendet werden.

Über den guten Zuspruch zur FCSO freuten wir uns natürlich sehr. Allerdings haben lange Wartelisten bekanntlich eine unangenehme Wirkung. Im Vorjahr richteten wir aufgrund der vielen Anmeldungen für den 5. Jahrgang die Fünfzügigkeit ein. Aus verschiedenen Gründen konnten wir dafür noch keine generelle Entscheidung treffen. Das sollte jedes Jahr neu überlegt werden. Dieses schwierige Thema - mit bis zu 150 Schüleranmeldungen im Laufe dieses Jahres für den 5. Jahrgang - beschäftigte uns noch lange mit einigem Kopfzerbrechen.

Die Primarstufe war konstant dreizügig, der 5., 8. und 10. Jahrgang war fünfzügig, der 6. Jahrgang dreizügig, der 7. und 9. Jahrgang vierzügig und der 11. bis 13. Jahrgang zweizügig.

Zu Beginn des Schuljahres 2008/2009 unterrichteten 90 Lehrkräfte 1125 Schüler, davon 294 in der Primarstufe, 705 in der Sek. I, Klasse 5 bis 10 und 126 in der Sek. II, Klasse 11 bis 13. Beobachter können vielleicht nur erahnen, wie umfangreich alle Aktivitäten in einer Schule geplant und vorbereitet werden. Das erfordert von allen Beteiligten ein hohes Maß an Motivation und Verantwortungsbereitschaft. Ohne auf den täglichen Unterrichtsablauf einzugehen, möchte ich nur noch einmal an die vielen schulischen Sonderveranstaltungen erinnern, über die jeweils auch in unserem Schulmagazin „DIT un DAT" berichtet worden ist. Wenn sich auch manche Ereignisse von Jahr zu Jahr wiederholten, so betrafen sie doch immer wieder andere Personen, die aus ihrer Sicht das Besondere entdeckten und eigene Eindrücke mitnahmen.

Die Abschlussfeiern erlebten die Abiturienten mit ihren Eltern, Verwandten und Freunden am 27. Juni und die Schüler des 9. und 10. Jahrgangs am 4. Juli. Immer wieder bestaunte man die ansprechende Dekoration und freute sich über die von Eltern hervorragend organisierte Bewirtung. Das konnte man auch wieder bei drei Einschulungsfeiern am 23. August erleben.

Die neue Mehrzweckhalle war erstmals Treffpunkt für das Eltern- und Freundeskreistreffen am 29. November. Obwohl ein abwechslungsreiches Programm innerhalb der vorgegebenen Zeit bei den Besuchern sehr gut ankam, wurde anschließend kritisch angemerkt, dass eine adventliche Dekoration gefehlt hätte und zu wenige Beiträge mit Schülern dargeboten wurden. Eine konstruktive Kritik diente dazu, künftig besser zu planen. Sehr angenehm und entspannt verlief der zweite gemütliche Teil in der Mensa und der Pausenhalle. Für genügend Bewegungsspielraum mit Begegnungen der Besucher untereinander und dem übersichtlichen Aufbau des Weihnachtsbasars eigneten sich diese Räume hervorragend.

Gerne würde ich noch viele interessante Veranstaltungen des laufenden Schuljahres schildern, die immer mehr das Schulleben bereicherten, aber das würde hier den Rahmen sprengen. Doch ein besonderes Ereignis, das Schüler, Lehrer und Eltern begeisterte, darf hier nicht fehlen. Auch in unserem Schulmagazin „DIT un DAT", Ausgabe 75, wurde darüber ausführlich unter der Überschrift: „Zirkusfieber in der Grundschule" berichtet:

Eine Woche lang gastierte der Zirkus Buratino auf dem Gelände der Grundschule. Alle Schüler absolvierten insgesamt acht Stunden lang intensives Training, Danach zeigten sie ihr Können in drei spektakulären Shows. Volksfestlaune lag in der Luft, als der Zirkus schließlich bei strahlendem Sommerwetter seine Vorstellungen gab. Rund 900 Eltern, Geschwister, Großeltern und weitere Besucher waren gekommen, um zu bestaunen, was die Schüler für Kunststücke gelernt hatten. Das Zirkus-Team hatte die Kinder mit viel Geduld und pädagogischem Geschick mit vielen artistischen Übungen vertraut gemacht. Die Lehrkräfte und Eltern waren durchweg begeistert. „Es ist einfach unglaublich, was die Bolotovs hier geschafft haben. So eine Geduld und Gelassenheit beim Umgang mit Kindern wünschte ich mir auch manchmal", meinte eine Lehrerin.

Das Thema der Klausurtagung am 19. November lautete „Glaube und Erziehung im Bereich der Schule". Kollegium, Mitarbeiter und Trägerkreismitglieder trafen sich in den Räumen der Jakobigemeinde in Warsingsfehn. Das Tagungsprogramm begann mit einem Gottesdienst und einer Ansprache unseres Schulleiters Joachim Heffter. Anschließend gab es in einzelnen Gruppen einen regen Austausch über die vorliegende Handreichung mit dem Titel „Glaube und Erziehung im Bereich der Schule". Zustimmende und kritische Beiträge zeigten, dass man letztlich immer in persönlicher Verantwortung vor Gott seinen Glauben im Alltag lebt und auf Gottes Hilfe angewiesen ist. Es bleibt somit eine stetige Herausforderung, gerade im Bereich einer „Schule auf biblischer Basis", dass alle Beteiligten versuchen, Gottes Willen und Zuspruch zu erkennen in dem Bewusstsein, dass Jesus sagte: „Ohne mich könnt ihr nichts tun". Andererseits aber heißt das, mit ihm kann man auch in erzieherischen Aufgaben "über Mauern springen". Ganz praktisch zeigte sich das in den verschiedenen Bereichen der Schularbeit. Dabei durften wir immer wieder Gottes Hilfe erfahren.

Zirkus in der Grundschule mit jungen FCSO-Künstlerinnen

Die Finanzen waren übersichtlich. Bisher konnten wir alle überschaubaren Ziele ohne Not erreichen, zuletzt mit der staatlichen Bauförderung für die o. g. Baumaßnahmen. Außerdem durften wir mit der neuen Gehaltsordnung das lange anvisierte Ziel erreichen, unsere Lehrkräfte ähnlich wie an staatlichen Schulen zu besolden.

Ebenso konnte der Schulbetrieb mit den nötigen Investitionen finanziert werden. Dazu diente auch die moderate Schulgelderhöhung zum 1. August. Dankbar waren wir auch darüber, dass wir Spenden in etwa gleicher Höhe wie im Vorjahr verbuchen konnten. Die finanzielle Übersicht wurde durch die Verabschiedung eines sorgfältig geplanten Haushaltsentwurfes, die monatliche Kontrolle im Soll/Ist-Vergleich und die hervorragende Arbeit im Finanzarbeitskreis gewährleistet.

Es wäre schön gewesen, noch mehr Möglichkeiten gehabt zu haben, sozialschwachen Familien behilflich sein zu können, ihre Kinder ohne finanzielle Sorgen an der FCSO anzumelden. Dazu hatten wir ja mit der Gründung einer FCSO-Stiftung einen ersten Schritt getan. Aus dem Erbe des verstorbenen Förderers Hinderk Troff konnten wir dafür 25.000 Euro als Stiftungs-Startkapital einsetzen. Mit einem Aufruf wollten wir dazu motivieren und „anstiften", weitere Beträge dazu zu stiften, damit die Erträge daraus möglichst bald den o. g. Zweck erfüllen könnten. Im Laufe des ereignisreichen Jahres waren alle Beteiligten mit vielen Aufgaben betreut, die manche bis an die physische Grenze führten. In zahlreichen Sitzungen, Gesprächen und vielseitigen Einsätzen der hauptamtlich und ehrenamtlich tätigen Mitarbeiter sind die Belange der Schule bewegt und gestaltet worden. Inzwischen hatten wir, Helmut Diekmann, Konrad Huismann, zeitweise Johannes Köster und ich, auch damit angefangen, das Schulleitbild zu formulieren. Am 30. 10. und 1.12. trafen wir uns dazu im Hause Diekmann. Weitere Termine folgten.

Die Lehrkräfte, die Schulleitung, die einzelnen Funktionsträger im Kollegium, in der Mitarbeiterschaft und der Verwaltung, die Eltern- und Schülergremien sowie Arbeitskreise, die ehrenamtlich tätigen Freunde inner- und außerhalb der Schule, die Trägerkreis- und Vorstandsmitglieder haben einen sehr guten Dienst getan. Mit Gottes Hilfe ist viel geleistet worden - zum Wohl der Schüler und zur Freude vieler Eltern.

Mit der Schulleitung und ihren Ehepartnern trafen wir uns wieder einmal am 12. Dezember zu unserer traditionellen Jahresabschlussfeier bei uns zu Hause. Mit Blick auf mein Ausscheiden aus dem Vorstand im nächsten Jahr schien das in dieser Zusammensetzung wohl das letzte Mal gewesen zu sein. Den Vorstand würden wir im nächsten Jahr zu einem ähnlichen „Abschiedstreffen" einladen. Wie gut war es, das wir von Gottes Zuwendung abhängig bleiben wollten. Das hat uns geholfen, auch in Zukunft neue Hausforderungen anzunehmen. Es gab ja reichlich neue Aufgabenfelder zu erschließen oder sogar noch manche „unmöglichen" Hürden zu überspringen. Aber das sollte uns nicht entmutigen, denn wir vertrauten auf das, was die Jahreslosung des folgenden Jahres 2009 zum Ausdruck brachte: "Was bei den Menschen unmöglich ist, das ist bei Gott möglich", Lukas 18,27.

Kapitel 37

2009 Vorstandswechsel - über 100 Lehrkräfte und Mitarbeiter - 1185 Schüler - Neues Logo

Das Jahr brachte einige personelle Veränderungen. Ende 2008 war ich aus dem aktiven Berufsleben ausgestiegen. Wenn auch einige Trägerkreismitglieder meinten, dass ich als „frisch gebackener" Rentner nun doch mehr Zeit für das Amt des Vorsitzenden einbringen könnte, kandidierte ich bei der nächsten Vorstandswahl im März nicht mehr für das Amt des 1. Vorsitzenden. Ich war der Auffassung, dass 24 Jahre genug seien und die Führungsverantwortung von jüngeren Menschen übernommen werden sollte.

Am 23. März fand die Jahreshauptversammlung statt, über die in der Schulzeitschrift „DIT un DAT", Ausgabe 78, unter der Überschrift „Vorstandswechsel" wie folgt berichtet wurde: „Die ersten vier Wochen übernehme ich den Vorsitz... Das war eine Aussage von Werner Trauernicht aus dem Jahr 1985, als der Verein für Evangelische Schulerziehung in Ostfriesland e.V. (VES) gegründet werden sollte und sich keiner fand, der das Amt des Vorsitzenden übernehmen wollte. Ein folgenschwerer Satz: Aus den vier Wochen wurden 24 Jahre, in denen er Vorsitzender des Schulträgervereins der FCSO war. In dieser langen Amtszeit wirkte Werner Trauernicht entscheidend an der Entstehung und der weiteren Entwicklung der FCSO mit. Auf der im März 2009 stattgefundenen Jahreshauptversammlung stellte Werner Trauernicht sich nicht wieder zur Wahl. Aus diesem Anlass fand Anfang Mai seine offizielle Verabschiedung statt, in der Vertreter der Schulleitung, des Kollegiums, des Schulelternrats sowie des Trägerkreises die Verdienste von Werner Trauernicht würdigten.

In diesem Rahmen wurde auch Artur Kroon-Husmann verabschiedet, der nach acht Jahren sein Amt als Beisitzer im Vereinsvorstand zur Verfügung gestellt hat. Wir freuen uns, dass beide weiterhin im Trägerkreis der Schule bleiben und in verschiedenen Arbeitskreisen mitwirken".

Vorstandswechsel mit symbolischer Stabübergabe 2009

Nachdem Hinrich Troff bereits vor zwei Jahren als stellvertretender Vorsitzender aus dem Vorstand ausgeschieden ist, hat er sich entschlossen, sich aus Altersgründen auch aus dem Trägerkreis zurückzuziehen. Mit ihm tritt ein Mann der ersten Stunde ab, der die Entwicklung unserer Schule ebenfalls mit geprägt hat. Die Redaktion dankt den ausgeschiedenen Vorstands- bzw. Trägerkreismitgliedern ganz herzlich für ihren bisherigen Einsatz und wünscht für die Zukunft alles Gute und Gottes Segen.

Als neuer Vorsitzender hat die Mitgliederversammlung Konrad Huismann aus Emden gewählt. Er ist verheiratet und hat vier Kinder. Konrad Huismann arbeitet seit Jahren im Trägerkreis mit und war seit zwei Jahren Schatzmeister im Vorstand des VES. Vorher war er auch als Elternvertreter im Vorstand des Schulelternrats vertreten. Er kennt unsere Schule somit aus verschiedenen Blickwinkeln, und wir freuen uns, dass er dieses verantwortungsvolle Amt übernommen hat.

Als neuer Schatzmeister wurden Tino König, Moormerland, und als Beisitzer Günther Gerdes, Großefehn, in den Vorstand gewählt. Somit konstituierte sich gemeinsam mit dem stellvertretenden Vorsitzenden Erwin Wallenstein und dem Schriftführer Nieklaas Swart der neue Vorstand.

Der neue Vorstand v. l. n. r. : Günther Gerdes, Konrad Huismann, Antino (Tino) König, Erwin Wallenstein und Nieklaas Swart

In einer weiteren Trägerkreissitzung verabschiedete sich aus dem Trägerkreis Bernhard Berends. Ihm wurde für 14 Jahre Mitarbeit herzlich gedankt. Veränderungen haben oft einen Neuanfang zur Folge. Somit konnten wir erfreulicherweise als neue Trägerkreismitglieder Jörn-Ulrich Haase, Dr. Daniel Hunsmann und Jens Pankratius begrüßen."

Unter der Überschrift: „IHK-Wirtschaftsclub auf Visite bei der FCSO" wurde in der „DIT un DAT", Ausgabe 78, über den Besuch der IHK wie folgt berichtet: „Der Wirtschaftsclub der Industrie- und Handelskammer für Ostfriesland und Papenburg wollte sich gerne aus erster Hand darüber informieren lassen, aus welcher Motivation das „Unternehmen" FCSO mit über 100 Plätzen entstanden ist und wie es sich entwickelt hat.

Der Besuchstermin war bereits im letzten Jahr durch Vermittlung von Focko Trauernicht (Geschäftsführer TRAUCO, Großefehn) vereinbart worden. Am 19. Mai war es dann soweit. Kurz nach 17:00 Uhr begrüßte unser Schulleiter Joachim Heffter in der neuen Mensa die Wirtschaftskapitäne aus unserer Region mit ihrem Club-Vorsitzenden Joachim Queck (Ostfriesische Landschaftliche Brandkasse, Aurich), seinem Stellvertreter Dipl.-Ing. Wolfgang Lentke (connedata GmbH Software + Systemberatung, Leer) und Dr. Jan Amelsbarg (IHK-Geschäftsführer, Emden). Unter den Gästen befand sich auch der ehemalige FCSO-Schüler Dustin Schmidt, den unser Schulleiter mit sichtlicher Freude besonders herzlich begrüßte.

Die Gastgeberrunde bestand aus Mitgliedern der Schulleitung (Joachim Heffter, Christian Hunsmann, Olaf von Sacken und Achim Drath), der Verwaltung (Kurt Plagge und Marko Abbas) und des Trägerkreises mit Vorstand (Konrad Huismann, Tino König, Günther Gerdes sowie Werner und Hanna Trauernicht).

Nach dem alle an liebevoll dekorierten Tischen mit Tee, Kaffee und einem kleinen Imbiss Platz genommen hatten, berichtete Werner Trauernicht in einer Kurzfassung über die Gründungs- und Entwicklungsphasen der letzten 24 Jahre: Mit der Ideologie der sogenannten 68er Generation der „Frankfurter Schule" hatte sich in den 70er und 80er Jahren ein gesellschaftlicher Trend bis hinein in das Schulleben entwickelt, der von vielen Bürgern und insbesondere von verantwortungsbewussten Christen nicht akzeptiert werden konnte. Deshalb trafen sich im Januar 1985 unter dem Motto „Vom Klagen zum Handeln" Christen aus unterschiedlichen Kirchen und christlichen Gemeinschaften zur Vereinsgründung des Vereins für Evangelische Schulerziehung in Ostfriesland e. V. (VES) mit dem Ziel, eine allgemein bildende Schule in freier Trägerschaft zu gründen. Oft gab es heftige Diskussionen und falsche Unterstellungen und Widerstände von Gegnern der Schulgründung. Ohne Anfangskapital, aber mit Spendengeldern startete der Schulunterricht im August 1987 mit 26 Schülern des 1. und 2. Jahrgangs und den zwei Lehrern Joachim Heffter und Edzard Günther.

Es folgte eine spannende Zeit mit stetiger Aufwärtsentwicklung, in der die Beteiligten manche Wunder Gottes erleben durften. Es wurde betont, dass die FCSO eine Schule auf biblischer Basis und damit ein Glaubenswerk sei und bleiben würde. Es lohne sich, Gottes Wort als „Gebrauchsanweisung" für Erziehung, Leben, Wirtschaft und Gesellschaft zu nutzen, war eine Kernbotschaft des Vortrages. Mit

Freude und Dankbarkeit dürften wir deshalb feststellen, dass auf dieser Grundlage sich die FCSO so erfolgreich und zu einer anerkannten Bildungseinrichtung in Ostfriesland entwickelt habe.

Nachdem Achim Drath einen Überblick über die Schulstruktur und die praktischen Abläufe des täglichen Unterrichtsgeschehens gegeben hatte, wurde eine Gesprächsrunde eröffnet, die sich lebhaft gestaltete. Die Diskussionsbeiträge drehten sich um viele Aspekte der Lerninhalte, der Organisation und des christlichen Ansatzes der Schule. Insbesondere ergaben sich daraus ganz konkrete Absprachen mit Dr. Jan Amelsbarg, wie Schule und Wirtschaft noch effizienter vernetzt werden könnten, damit junge Menschen möglichst authentisch auf die Ansprüche der modernen Lebens- und Wirtschaftsrealitäten vorbereitet werden könnten. Nach herzlichen Dankesworten des Vorsitzenden Joachim Queck schloss sich ein Rundgang durch die Schulräumlichkeiten an, in dem noch viele Gelegenheiten zu bilateralen Gesprächen wahrgenommen wurden. Wir sind dankbar für die angenehme Atmosphäre dieses Treffens und gespannt, welche neuen positiven Chancen sich für unsere Schüler daraus ergeben."

Als neue Lehrkräfte begannen Julia Bürzele, Wolfgang Glaßer, Heinz-Dieter Lüpkes, Ingrid Mohr, Jürgen Reinders, Markus Silz, Klaus Spielvogel sowie als Referendarin Gisela Günther ihren Dienst an der FCSO. Weiterhin kamen hinzu die Vertretungslehrkräfte Friederike Tänzer, Karin Theilen und Ulrike Stanclik. Aus dem Kollegium ausgeschieden sind Elisabeth Hornynova, geb. Hayes und Eva Rautenberg sowie Ute Hillen. Frau Heins beendete ihre Arbeit als Bibliothekarin, da für sie und ihre Familie ein Wohnungswechsel anstand. Diese Aufgabe wurde von Gabriele Enderby weitergeführt.

Rund 70 Väter, Mütter und Kinder fanden sich am 9. Mai an der Grundschule ein, um ein neues Spielgerät aufzustellen. Außerdem wurde die Grünanlage hergerichtet und der Schulgarten gereinigt. Es war ein Aktionstag der besonderen Art, zu dem die Schulleitung die Eltern gerufen hatte: „Pyramidenbau und Frühjahrsputz". „Die Kletterpyramide Himalaya" besteht aus einem Netzwerk bunter Taue, das an einer viermeterfünfzig hohen Stahlsäule aufgehängt wird. Die Sparkasse Leer-Wittmund förderte den Kauf mit 2.000 Euro. Weitere 1.600 Euro waren bei verschiedenen Aktionen gesammelt worden. Den Rest bracht der Schulträger VES auf. Viele Eltern halfen nun bei dem Aufbau mit. Dafür mussten acht Kubikmeter Beton gemischt und in neun verschiedene Fundamente eingearbeitet werden. „Eine wahre Herkulesaufgabe," meinte unser Primarstufen-Hausmeister Johannes Hinrichs. Aber der Einsatz hat sich gelohnt. Der Schulleiter der Primarstufe, Johannes Köster, staunte über das Ergebnis dieser Aktion: „Es ist einfach sagenhaft, was hier in so kurzer Zeit geschafft wurde! Unser Schulgelände sieht wieder aus wie neu."

Kletterpyramide an der Grundschule

In dem Kurzfilm-Wettbewerb für Schüler Niedersachsens, der jährlich in fünf verschiedenen Kategorien ausgeschrieben wird, hat die FCSO-Klasse 2c in der Kategorie „Kindergarten/Grundschule" mit dem Kurzfilm „Einer für alle" den ersten Preis erhalten. In der Beurteilung der Jury hieß es: „Die Kinder der Freien Christlichen Schule Ostfriesland haben einen kurzweiligen und witzigen Film über Streiche gedreht, die sie sich gegenseitig spielen. Durch die Versöhnung der Jungen und Mädchen bekommt dieser Film eine überraschende Wendung." Der Film „Einer für alle" entstand im Kunstunterricht der 2c. In den folgenden Jahren konnten die FCSO-Schüler mit weiteren Kurzfilmen in unterschiedlichen Kategorien noch manche Preise abräumen. In der FCSO-Homepage sind sie jeweils unter der Rubrik „Filmecke" veröffentlicht worden.

Mit „Schalom!" begrüßte die CDU-Bundestagsabgeordnete und Stv. Vorsitzende der Deutsch-Israelischen Parlamentariergruppe Gitta Connemann den israelischen Botschafts-Gesandten Ilan Mor sowie die Oberstufenschüler und die Kollegenschaft der FCSO in Veenhusen. Ilan Mor führte in die aktuelle Situation in Israel ein, betonte die Einzigartigkeit und Wichtigkeit der Beziehung zu Deutschland und lud zu Schüleraustausch und Jugendbegegnung ein. Er berichtete über aktuelle politische Themen, Terrorbedrohung und Friedens-Strategien, aber auch über religions- und kulturhistorische Vertiefungen sowie über wirtschaftliche Hintergründe, insbesondere die High-Tech-Industrie Israels. Der Besuch blieb nicht ohne Folgen, denn die FCSO plante ab diesem Zeitpunkt Schüleraustauschprogramme, die regelmäßig in den folgenden Jahren unter der Leitung von Ingo Carl und später von Esther Aeilts durchgeführt wurden.

Im Vordergrund v. l. n r. : Ilan Mor, Gitta Connemann, CDU-MDB und Stellvertretende Vorsitzende der Deutsch-Israelischen Parlamentariergruppe sowie Joachim Heffter

Schüleraustausch mit FCSO- und israelischen Schülern unter der Leitung von Ingo Carl, links im Bild

Nach mehreren Verhandlungen mit dem Landkreis Leer, Landrat Bramlage und Kreisrat Reske, konnten Kurt Plagge und ich am 21. April einen Sachkostenzuschuss in Höhe von 200 Euro pro Schüler und Jahr aus dem LK Leer vereinbaren. Hintergrund war ein OZ-Bericht im Juni 2008 über die Vereinbarung des LK Leer mit der Kooperativen Gesamtschule Wiesmoor, dass pro Schüler aus dem LK Leer ein freiwilliger Kostenzuschuss von 500 Euro gezahlt würde. Daraufhin stellten wir einen Antrag an den LK Leer, auch der FCSO für jeden Schüler aus dem LK Leer einen Sachkostenzuschuss zu zahlen. Nach der politischen Diskussion im Landkreis wurde unser Antrag positiv entschieden. Der jährliche Sachkostenzuschuss wurde von diesem Jahr an ein wichtiger Baustein in der Finanzierung der Schule.

Ebenfalls erhielten wir zu dieser Zeit aufgrund unserer Anträge Mittel aus dem sogenannten Konjunkturpaket II, und zwar 118 T Euro für Baumaßnahmen und 38 T Euro für Medienausstattung.

Zum Ende des Schuljahres hatten 5 Neuntklässler den Hauptschulabschluss, 126 Schüler der Zehntklässler den Realschul- bzw. den Erweiterten Realabschluss und 34 Schüler den Abiturabschluss erreicht. In den Entlassungsfeiern mit gewohnt festlichen Programmen wurden die Leistungen entsprechend gewürdigt.

Voraussichtlich zum letzten Mal nahmen meine Frau Hanna und ich aktiv mit einem Beitrag an einer Einschulungsfeier teil. Hilke Wehl berichtete in „DIT un DAT", Ausgabe 79, über diesen besonderen Tag für 75 Erstklässlern wie folgt:

„Wer am Samstag, dem 8. August, nichts ahnend an der Grundschule vorbeifuhr, wird sich wahrscheinlich gewundert haben: Von etwa 8.00 bis 15.00 Uhr herrschte dort ein reger „Stop and Go" Verkehr – unsere drei Einschulungsfeiern fanden statt. Da unser Foyer für die Kinder - 25 in einer Klasse – zusammen mit ihren Eltern, Geschwistern, Großeltern und weiteren Gästen räumlich eng hätte werden können, hielt die Schule für jede erste Klasse eine eigenen Einschulungsfeier ab.

In den vergangenen Jahren sorgte unser ehemaliger Vorsitzender Werner Trauernicht (auf dem Bild mit seiner Frau Hanna) durch seine außergewöhnlichen Auftritte, in diesem Sommer als einer der drei heiligen Könige, immer wieder für Erstaunen und Begeisterung - nicht nur bei den i-Männchen! Für die 1a gestalteten die Kinder und Eltern der 4a die Feier mit. Musikalisch begrüßte die 4a mit ihrer Musiklehrerin Annegret Meyer die neuen Erstklässler. Für die 1b trat die 4b und für die 1c die 4c auf. „Kleiner Stern ganz groß" hieß die Geschichte, die die Viertklässler den neuen Schülern vorspielten. Darin bekam ein kleiner, noch völlig unbekannter Stern einen besonderen Auftrag: Er wurde der „Stern von Bethlehem"! Mit verschiedenen Programmpunkten, so z. B. die Geschenkübergabe, die wieder organisiert wurde von unserem Elternarbeitskreis, der wahrscheinlich letzte „Auftritt" unseres ehemaligen Trägerkreisvorsitzenden Werner Trauernicht, und das letzte Mal der „Schultaschen-Sketch" von unsrem Schuleiter Joachim Heffter.

Besonders wichtig war am Schluss jeder Einschulungsfeier der erste „Unterricht" in den Klassen nur mit den Klassenlehrern… Es war ein besonderer Tag für alle."

Mein letzter Auftritt bei der Einschulung 2009 mit meiner Frau Hanna

Schüler der Klasse 4a gestalten das Einschulungs-Rahmenprogramm mit

Für den 5. Jahrgang hatten sich zum Schuljahr 2009/2010 insgesamt, sage und schreibe, 243 Schüler angemeldet. Das erzwang geradezu die Fünfzügigkeit, ohne dass wir dafür aus Platzgründen eine generelle Entscheidung für die kommenden Jahre treffen konnten. Dass damit eine lange Warteliste trotzdem nicht verhindert werden konnte, bedauerten wir sehr.

Im Schuljahr 2009/2010 unterrichteten 92 Lehrkräfte 1.185 Schüler an der FCSO. Somit hat sich der Personalbestand zusammen mit der Mitarbeiterschaft in Verwaltung, Technik und pädagogischen Teilzeithilfskräften auf über 100 erhöht.

Am 5. November blickten wir dankbar in einer feierlichen Begegnung auf das 10-jährige Jubiläum folgender Lehrkräfte zurück: Dorthea Blank, Dr. Martin Finschow, Werner Frers, Ralf Göbel, Inka Lübbers, Martin Rehaag, Olaf von Sacken und Stephan Zander.

Unser ehemaliges Vorstandsmitglied und Schatzmeister Hermann-Günther Vogel verstarb im Alter von 80 Jahren. Mit seinen Möglichkeiten hat er sich für die Schule eingesetzt und die ersten Jahre mitgeprägt. Sein Glaube an Jesus Christus hat ihm nach eigenem Bekunden in manchen schwierigen Situationen seines Lebens viel Kraft gegeben. Nun durfte er in Gottes Nähe alle Lasten der Welt hinter sich lassen und eine „Himmelswohnung" beziehen.

Jeder Schüler der Klasse 5a konnte ein Blasinstrument erlernen. Voraussetzung war die Verpflichtung, mindestens zwei Jahre konsequent mitzuspielen. Zudem mussten alle Schüler bei „Null" anfangen, damit alle die gleichen Startbedingungen hätten. Unter der Leitung von Bernd Achtermann fand der Unterricht mittwochs von 14.00 - bis 15.30 Uhr statt. Der Kauf der Instrumente erfolgte u. a. mit Hilfe von Sponsoren. Die Instrumente gehörten somit der Schule und wurden den Schülern geliehen. Damit mussten sie pfleglich umgehen, denn sie sollten noch viele Jahre gute Dienste leisten. Mit den Instrumenten Querflöte, Klarinette, Altsaxophon, Trompete, Posaune und Euphonium (Bariton) wurde die erste Bläserklasse der FCSO gebildet, die in vielen Veranstaltungen ihr zunehmendes Können unter Beweis stellte.

Demokratie beginnt bei den Kleinen. Aufgrund dieser Erkenntnis konstituierte sich im September ein Schülerrat für die Primarstufe. In diesem Gremium wirkten 18 Schüler der Klassen 2 bis 4 an der Gestaltung ihrer Schule und des Schulwesens mit. Unter der Leitung von Primarstufenleiter Johannes Köster vertraten sie vorrangig die Interessen der Mitschüler.

Zwei Fünft- und zwei Siebtklässler nahmen die Herausforderung an, an der FCSO Chinesisch zu lernen. Den Unterricht gestaltete Gisela Günther, die mit ihrem Mann Edzard vor ihrer Dienstzeit bei der FCSO viereinhalb Jahre in China lebte, wo Edzard Englisch und Deutsch unterrichtete.

Während des Eltern- und Freundeskreistreffens wurde Anfang Dezember das neue Logo der Schule vorgestellt, das in den letzten Monaten mit dem Graphikdesigner Germar Claus entwickelt wurde. Das alte Logo war bei der Gründung der Schule unter Mithilfe der Freien Evangelischen Bekenntnisschule Bremen entstanden und dem damaligen Logo der Bremer Schule ähnlich. Daher entstand der Wunsch, nach über 20 Jahren ein eigenes Logo zu entwerfen. Bei der Entwicklung des neuen Logos war uns wichtig, dass die christliche Grundlage unserer Schule zum Ausdruck kommt. Das angedeutete Kreuz in dem „f" soll dies darstellen. Durch den oberen Teil des „f" als Andeutung eines Daches sowie die Schreibschrift kommt zum Ausdruck, dass es sich um eine Schule handelt. Das neue Logo sollte eine moderne, schnörkellose Form haben und dynamisch wirken, was durch die ansteigende Form des Schriftzugs verwirklicht wurde. Mit der Einführung des neuen Logos wurden unter Beachtung des Prinzips „Cooperate Design" die gesamten Medien der FCSO angepasst und damit nach innen und außen ein einheitliches Erscheinungsbild realisiert.

Aus dem Vorstand war ich zwar ausgeschieden, hatte aber nach wie vor meinen Platz im Trägerkreis. Meine Mitarbeit im „Personalarbeitskreis" beendete ich, blieb aber im „Arbeitskreis Öffentlichkeitsarbeit" mit der Planung und Gestaltung unseres Schulmagazins „DIT un DAT" noch bis Ende 2015 Jahre aktiv dabei.

Nach wie vor treffen wir uns im „Arbeitskreis Finanzen" mit Kurt Plagge und Konrad Huismann quartalsweise bei Bernhard Eden oder Tino König, um die Finanzentwicklung zu besprechen. Bernhard war zwar aus dem Trägerkreis ausgeschieden, hatte sich aber glücklicherweise bereit erklärt, die Finanzdaten bis auf weiteres zu bearbeiten. Mit dem Soll-Ist-Vergleich auf der Grundlage des jeweiligen Haushaltsplanes kann die Finanzlage stets zeitnahe kontrolliert und damit Veränderungen und er-

Neues Logo der FCSO auf der Titelseite DIT un DAT, Ausgabe 93, Lehrerin Karin Meyer im Gespräch mit Grundschulkindern

forderliche Investitionen frühzeitig erkannt und in neue Plandaten eingearbeitet werden.

Das letzte Jahr meiner Amtszeit als Vorsitzender des VES neigte sich dem Ende entgegen. In unserer schon traditionellen Weihnachtsfeier mit Vorstandsmitgliedern und Ehepartnern am 4. Dezember bei uns zu Hause konnten wir noch einmal unseren Dank für die sehr freundschaftliche und einmütige Zusammenarbeit in den vielen vergangenen Jahren zum Ausdruck bringen. Ein besonderer Dank gilt auch meiner lieben Frau Hanna, die viel dazu beigetragen hat, dass sich unsere (jeweils 14 bis 16 Gäste) bei uns sehr wohl gefühlt haben.

Für die kommende Zeit hatte ich mir fest vorgenommen, mich in den Trägerkreissitzungen möglichst wenig zu Wort zu melden, um meinem Nachfolger als Vorsitzender Freiraum für seine eigenen Vorstellungen der Vereinsführung zu gewähren. Schließlich war ich im Auftrag Gottes tätig und die Vorstandsarbeit keine Privatangelegenheit. Zugegeben, es war nicht immer einfach, diese Absicht zu realisieren, denn bisher war ich gewohnt, stets aktiv vorzugehen und andere um ihre Beiträge zu bitten. Ich hoffe, dass mir der Übergang einigermaßen akzeptabel gelungen ist. Aber letztlich können das nur alle anderen Trägerkreismitglieder beurteilen.

Kapitel 38

2010 Schulleiterwechsel von Joachim Heffter zu Christian Hunsmann - Neue Räume

Die Entwicklung der FCSO geht weiter. Nach dem Ausscheiden aus dem VES-Vorstand verringerte sich keineswegs mein Interesse an dem weiteren Ausbau der FCSO. Diese Arbeit mit täglichem Gebet für die Schule, die Schüler, Lehrkräfte, Mitarbeiterschaft und verantwortlichen Geschwister in leitender Funktion zu begleiten, war für mich als Trägerkreismitglied, und auch aus innerer Überzeugung, stets selbstverständlich.

In den folgenden Jahren beschäftigten uns die Themen: Schüler- Lehrkräfte- und Mitarbeiter-Wachstum, die Schaffung weiterer Räumlichkeiten, Veränderungen im Unterrichtsbereich, insbesondere das Abitur nach 12 oder 13 Jahren, sowie neue Formen in der Trägerkreis- und Leitungsorganisation. Unser Blick wird sich nicht mehr so sehr auf die in jedem Jahr wiederkehrenden Veranstaltungen richten, sondern auf die vorgenannten Themen und auf neue Ereignisse.

Aufgrund des anhaltenden Schülerwachstums mussten wir trotz unseres begrenzten Finanzrahmens neue Räume schaffen. Lagen doch auch in diesem Jahr alleine für das 5. Schuljahr ca. 180 Anmeldungen vor. Eine kurzfristige Lösung fanden wir in der Anmietung zweier Klassenraum-Containern. Darin wurde je eine 8. und 11. Klasse unterrichtet.

Um die beabsichtigten Erweiterungspläne realisieren zu können, vereinbarten wir mit der KD-Bank Dortmund die Aufnahme eines weiteren Darlehns in Höhe von 450 T Euro zu einem Zinssatz von 2,87 %.

Mit der Renovierung des sogenannten Ersatzgebäudes konnte eine bessere Lernatmosphäre erreicht und ein zusätzlicher Raum eingerichtet werden. Eine gute Gelegenheit ergab sich in der Nachbarschaft mit dem Kauf des Gebäudes und eines 1.800 qm großen Grundstück der ehemaligen Druckerei Albers für 149 T Euro, der vertraglich am 11. November abgeschlossen wurde.

Die nachbarschaftliche Ev.-freik. Gemeinde war in einen Neubau umgezogen. Wir hatten nach mehreren Treffen mit der Gemeindeleitung den Kauf der ehemaligen Gemeinderäume für 300 T Euro vereinbart. Das Ergebnis wurde der Gemeinde am 3. November vorgestellt und in einer Gemeindeversammlung am 17. November positiv entschieden. Die Unterzeichnung des Kaufvertrages war für den 25. November vorgesehen. Der AK Bau erhielt den Auftrag, für die 7. Baumaßnahme ein Konzept für die sinnvolle Nutzung des Gebäudekomplexes und des Grundstücks zu erstellen.

Mit der Installation des W-Lan-Netzes konnte intern eine schnellere Informationslinie genutzt werden. Dazu gehörten interaktive Whiteboards mit digitalem Klassenbuch und Beamer, die zunächst für drei Klassen und später in weiteren Klassen eingerichtet wurden.

Antje Walther verabschiedete sich aus terminlichen Gründen aus dem Trägerkreis. In den 20 Jahren ihrer Mitgliedschaft hat sie sich sehr intensiv an dem Aufbau der FCSO beteiligt und im Vorstand in aller Treue als Schriftführerin eingebracht. Die klare geistliche Ausrichtung der Schule war ihr ein Herzensanliegen. Für ihren Dienst waren wir ihr sehr dankbar. Die weitere Entwicklung der FCSO verfolgte sie auch außerhalb des Trägerkreises mit großem Interesse. Erfreulicherweise konnten wir Dietmar Gerdes und Heio Bronsema als neue Mitglieder in den Trägerkreis aufnehmen.

Zu ihrem Diensteintritt durften wir folgende neue Lehrkräfte begrüßen: Nadine Buisker, Jürgen Glenk, Bettina und Meike Lücht, Rikke Mertin, und Victoria Troff, sowie Hendrik Fahrenholz für eine erstmalig eingerichtete FSJ-Stelle als Praktikant. Nach einer dienstlichen Unterbrechung kehrten als Teilzeitkräfte Sabine Grabe, Andrea Steevens-Schnell und Susanne Ziegler zurück. Ausgeschieden sind Vanessa Buß, Gritta Elsen, Ingrid Mohr, Jürgen Reinders und Vera Smid.

Joachim Heffter beendete im Laufe des Jahres seinen Dienst als Schulleiter der FCSO, um in den wohlverdienten Ruhestand zu wechseln.

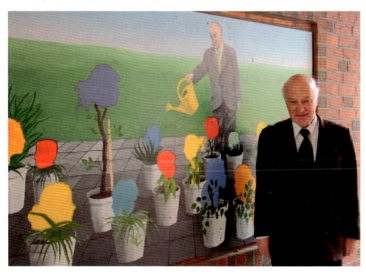

Abschied! Joachim Heffter vor einem Wandgemälde aus dem Kunstunterricht mit stilisierten „Schülerblumen"

Aus diesem Anlass würdigte ich seine Aufbautätigkeit in einer ausführlichen Laudatio, die in „DIT un DAT", Ausgabe 81, Seite 16 bis 19 veröffentlicht wurde. Was lag da wohl näher, als dies mit einer Kurzschilderung der gesamten Aufbaujahre zu verbinden. Einige Passagen sollen hier kurz wiedergeben werden:

„Unser Schulleiter Joachim Heffter geht mit dem Ende des Schuljahres 2009/2010 in den wohlverdienten Ruhestand. 23 Jahre hat er als Schulleiter von Anfang an den Aufbau der FCSO maßgeblich und verantwortungsvoll mitgestaltet: Eine grandiose Leistung, vor allem, wenn man bedenkt, dass am Anfang keineswegs von einer gesicherten Zukunftsperspektive gesprochen werden konnte… Es entstand ein Freundeskreis, der im Laufe der Zeit immer größer wurde und der die Gründung sowie den Schulbetrieb kräftig gefördert hat...

Mit einem Festgottesdienst am 9. August 1987 in der vollbesetzten Aula der Emsschule in Leer wurde der Schulstart öffentlich gemacht. Vor ca. 700 Besuchern hielt u. a. Prof. Dr. Werner Gitt die Festrede mit dem Thema: „Maßstäbe für die Erziehung in einer Welt ohne Maßstäbe."… Als ganz besonderes Ereignis erlebten wir den Umzug nach Veenhusen… Vor dem Hintergrund einer betenden „Schulgemeinde" sind die Hürden im Aufblick auf Gottes Hilfe und Fürsorge überwunden worden… Im Laufe der 23 Jahre hat sich Joachim Heffter als Schulleiter in der Aufwärtsentwicklung der FCSO ständig auf neue Situationen einstellen müssen… Ihm war es wichtig, stets die Ausrichtung und Zielsetzung der FCSO, insbesondere die geistliche Dimension, im Auge zu behalten… Wir sind Joachim Heffter für seinen langjährigen Dienst, den er mit großer Hingabe getan hat, zu großem Dank verpflichtet. Er hat Großes geleistet und sich um den Aufbau der FCSO verdient gemacht. Das werden wir bei seiner Verabschiedung am 22. Juni in gebührender Weise noch deutlich machen."

Die Würdigung der Leistung von Joachim Heffter wurde u. a. optisch durch ein Diagramm mit der jährlichen Schülerzahlentwicklung von 26 in 1987 auf 1.185 Schülern im Jahr 2010 eindrucksvoll unterstrichen.

Über den Abschied von Joachim Heffter berichtete Gesa Hoffmann in „DIT un DAT", Ausgabe 82, Seite 20 und 21 wie folgt:

"Für seine Verabschiedung am 22.6.2010 wünschte sich Joachim Heffter einen Gottesdienst vor der offiziellen Feier. So kam ein Großteil der Gäste bereits um 11.15 Uhr in die Baptistenkapelle, um den Worten von Bernhard Behrens, Pastor aus Firrel, Aufmerksamkeit zu schenken. Im Vordergrund der Predigt stand die Rechtfertigungslehre Luthers: „Allein die Gnade", „Allein die Schrift", „Allein Jesus Christus", „Allein der Glaube". Diese Grundsätze lassen sich wunderbar auf das Lebenswerk Joachim Heffters beziehen. Durch Gottes Gnade ist die Schule zu dem geworden, was sie heute ist. So manche Antwort darauf, wie er in verschiedenen schulischen Situationen handeln soll, hat Joachim Heffter in der Bibel - der Heiligen Schrift - gefunden. Gottes Wort ist ein Leitfaden für unser Handeln. In Jesus zu bleiben, mit ihm zu leben, ist für alle wichtig. Glaube beinhaltet, dass Gebete erhört werden. Dies haben J. Heffter und auch der Trägerkreis bei schulischen und privaten Angelegenheiten oft erfahren. Nach dem Gottesdienst ging es in die Mehrzweckhalle. In der Begrüßungsansprache betonte der Vorsitzende des Schulträgers, Konrad Huismann, dass Joachim Heffter der Schule im positiven Sinne seinen „Stempel" aufgedrückt habe. Zwei Dinge seien ihm wichtig gewesen: guten Unterricht zu gestalten und christliche Werte auf biblischer Basis zu vermitteln. 23 Jahre sei er Schulleiter an der FCSO gewesen, für die reibungslose Zusammenarbeit und für alle Verdienste dankte er sehr. Werner Trauernicht, ehemaliger Vorsitzender des Schulträgers, stand mit einem lachenden und einem weinenden Auge auf der Bühne und erklärte: ein weinendes Auge, weil nun eine große Persönlichkeit mit ausgeprägtem Verantwortungsbewusstsein an der Schule fehle und ein lachendes Auge, weil er sich für Joachim Heffter freue, der sich jetzt von einer grandiosen Aufbauarbeit im Ruhestand erholen könne. Das „Schiff FCSO" wechsle den Steuermann, so Trauernicht, der Kompass, Gottes Wort, bleibe aber und halte das Schiff auf dem richtigen Kurs. Für die Arbeit an der FCSO, für die fortwährende Weiterentwicklung zu einer anerkannten Bildungsstätte in Ostfriesland dankte er im Namen des Trägerkreises. Zahlreiche weitere Rednerinnen und Redner ehrten den scheidenden Schulleiter: Frau Stöhr, Vertreterin des Landkreises, und Herr Lücht, Bürgermeister von Moormerland; die Vorsitzende der Arbeitsgemeinschaft freier Schulen, Frau Thies, und der Vorsitzende des Vereins für evangelische Bekenntnisschulen (VEBS), Berthold Meier. Für die Eltern sprach Elternvertreter Dieter Hupens und stellte besonders heraus, dass J. Heffter immer einen Blick für den Einzelnen gehabt habe, sei es für die Eltern, die Schüler oder die Lehrer. Als Geschenk überreichte er ein von Eltern gebasteltes Modell der Schule. Für die Sekundarstufe sprach Schülervertreter Timon König seinen Dank aus, und für die Mitarbeiter der FCSO dankte Ingo Carl.

Abschließend wurde an Christian Hunsmann, den neuen Schulleiter, ein Steuerruder übergeben. In seiner Ansprache betonte Herr Hunsmann, dass ihm wichtig sei, ein Schulleiter ohne „Ellenbogen" zu sein; erst den Mund zu öffnen, wenn er lange genug zugehört habe, und auf den Dirigenten (Gott) zu hören. Am Abend wurde unter den Mitarbeitern bei Gegrilltem und bunten Programmbeiträgen gefeiert Nach erfolgreich absolviertem Quiz à la „Wer wird Millionär" erhielt Joachim Heffter von den Mitarbeitern einen Reisegutschein.

Am 23.06.2010 wurde weiter verabschiedet: Durch ein von Schülern gebildetes Spalier schritt Herr Heffter zur Mehrzweckhalle. Dort präsentierten die Schüler der Primar- und Sekundarstufe verschiedene Beiträge, die abgerundet wurden durch eine Abschiedsrede der Schülervertreterin Elena Meyer aus der Primarstufe, die selbstbewusst und ganz selbstverständlich auf der großen Bühne stand. Von der Primarstufe erhielt Herr Heffter zum Abschied 300 Spielzeugautos - eine Erinnerung an den Sketch bei der Einschulungsfeier der Erstklässler, wo er jedes Jahr ein Spielzeugauto aus der Schultasche zog."

In der „DIT un DAT", Ausgabe 82, Seite 8 und 9 stand über den neuen Schulleiter ein ausführlicher Bericht mit der Überschrift: „Der neue Schulleiter stellt sich vor" Die ersten 100 Tage ist Herr Hunsmann inzwischen als neuer Schulleiter im Amt. Die Redaktion von „DIT un DAT" wollte wissen, wie es ihm in dieser Verantwortung geht und welche Vorlieben er in der einen oder anderen Sache hat. Kollegen und Schüler formulierten Fragen, die wir nun an ihn richten:

Schulleiter Joachim Hefffter inmitten von Schülern und Lehrern am Tag seiner Verabschiedung in den Ruhestand

„Wie sind Sie zur FCSO gekommen?" „Eigentlich hatte ich nur eine Stelle an einer Privatschule für ein Jahr als Überbrückungszeit bis zu einer Beamtenstelle gesucht. Meine Frau und ich haben uns für die FCSO entschieden, weil uns die Schulatmosphäre, die netten Leute und der blaue Himmel hier auf Anhieb gefielen. Recht schnell wurde uns klar: Die Arbeit an der FCSO ist eine von Gott gegebene Aufgabe, die wir sehr gerne ausfüllen würden, und Ostfriesland würde unsere Heimat werden. Erst im Rückspiegel haben wir festgestellt, dass Gott auf dem Weg nach Ostfriesland alle Ampeln auf Grün gestellt hatte."

Schulleiter Joachim Heffter in Gegenwart von Verwaltungsleiter Kurt Plagge bei der symbolischen Stabübergabe an den neuen Schulleiter Christian Hunsmann

„Wie haben Sie die ersten hundert Tage als neuer Schulleiter erlebt?" „Völlig unbegründet war meine Sorge, dass durch diese neue Aufgabe der Abstand zu Schülern und Kollegen größer würde und ich vor lauter Schreibtischarbeit keinen Schüler mehr zu Gesicht bekäme. Ich fühle mich von den Kollegen getragen. In manchen Situationen spüre ich den Druck der Gesamtverantwortung, den ich dann schleunigst im Gebet nach oben weitergeben muss. Was die Notwendigkeit von Gottes Hilfe und das Erlernen von vielen neuen Dingen betrifft, geht es mir nicht anders als einem Siebtklässler, der gerade in einen anspruchsvollen Kurs eingestiegen ist."

„Welche Ziele verfolgen Sie als Schulleiter?" „Hier nur ein kleiner Auszug aus meiner langen Liste: Wenn ich durch die Gänge gehe, wünsche ich mir, dass mir lauter fröhliche, lachende und unbelastete Schüler und Lehrer entgegenkommen - die Lehrer, weil sie bei ihrer Arbeit in Gottes Werk angenehme Rahmenbedingungen und ein stärkendes Miteinander vorfinden sollten, die Schüler, weil sie hoffentlich gerne hier zur Schule kommen, sich verstanden fühlen und wissen, dass sie hier Entscheidendes für ihr Leben kennenlernen, vom Fachwissen für Abschluss und Beruf bis hin zu Gottes großer Liebe, die er besonders in seinem Sohn Jesus Christus gezeigt hat. Ich würde mich freuen, wenn wir Rahmenbedingungen schaffen könnten, die auch Schülern mit Förderbedarf erlauben, einen Platz an unserer Schule zu bekommen."

„Was beabsichtigen Sie noch an der FCSO zu verändern? Zum Beispiel müssen wir alle daran arbeiten, dass Arbeitsweisen, Regeln und Entscheidungen den Schülern transparenter gemacht werden. Sie sollten aktiver in die Gestaltung des Schullebens mit eingebunden werden und Verantwortung übernehmen. Als Ergebnis erhoffe ich mir mehr Ruhe im Alltag und Zeit, um miteinander zu reden und Elementares für das Leben zu lernen. Die Freiräume, besonders an einer Privatschule, müssen wir so nutzen, dass unsere Schule mehr individuelle Förderung und mehr Lernfelder, z.B. im handwerklichen Bereich, bietet."

„Was macht ihrer Meinung nach einen guten Lehrer aus? Sind Sie ein guter Lehrer?" „Solch ein Lehrer schafft es, durch seine Persönlichkeit und seine Methodik, dass die Schüler ohne Angst in seinen Unterricht kommen und sich dem Lernprozess öffnen. Er arbeitet daran, dass er in seinem Verhalten ein nachahmenswertes Vorbild ist. Neben dem Abarbeiten der Lehrpläne übersieht er die versteckte Träne des Schülers in der letzten Reihe nicht. Wer im Evangelium nach Markus im Kapitel 10, Vers 18, nachliest, wird feststellen, dass es nur EINEN guten Lehrer gibt."

„Was halten Sie von der Nutzung elektronischer Medien im Unterricht?" „Viel, wenn sie so eingesetzt werden, wie die Bezeichnung es sagt: Als Medium, eben als Mittel. Der Einsatz von allen Medien muss der Unterstützung der Lernprozesse dienen und nicht zum Selbstzweck und zur Spielerei werden. Schule ist auch verantwortlich, den Schülern für den außerschulischen Bereich und das spätere Leben den weisen Gebrauch der elektronischen Medien beizubringen, ohne die traditionellen Medien wie Bücher zu vergessen."

„Wie stehen Sie zu Schuluniformen?" „Ich wusste genau, dass diese Frage kommt. Dann lasse ich mal an dieser Stelle die Katze aus dem Sack: Ich werde dafür sorgen, dass ab Januar ein weißes Oberteil (Hemd, Bluse o. Ä.) mit dunklem Unterteil (schwarz, ggf. auch blau) zu tragen ist. Die Sockenfarbe wird freigestellt sein."

„Welches Buch liegt auf Ihren Nachttisch?" „Die Bibel, „Pardon, ich bin Christ" von C.S. Lewis, Sammelband Asterix und Obelix."

„Wie lautet Ihr Lieblingsbibelspruch?" „Die wechseln laufend. Im Moment sind es u. a. die Verse 4 bis 9 aus Philipper 4: Freut euch im Herrn allezeit; ...Eure Sanftmut lasst alle Menschen erfahren! Der Herr ist nahe! Sorgt euch um nichts; ...Und der Friede Gottes, der allen Verstand übersteigt, wird eure Herzen und eure Gedanken bewahren in Christus Jesus!"

„Welchen Ausgleich zum Schulalltag betreiben Sie?" „Zeit mit der Familie, Sport (z.B. Tennis), Musik (Cello), manchmal auch gerne etwas Handwerkliches. Im Übrigen gibt es viele angenehme und erbauende Momente in meinem Schulalltag, die keinen Ausgleich benötigen. Hier übrigens noch ein kleiner Nachtrag zum Thema Schuluniformen: Natürlich gibt es solche Uniformen ab Januar nicht! Ich hatte mich entgegen aller Gerüchte noch nie offiziell zu irgendeiner Stellungnahme hinreißen lassen. Zugegeben: Ich habe darüber selbst keine feste Meinung. Meine momentane Sichtweise in Kürze:- Die schicken FCSO-Oberteile sind „cool" und fördern die Identifikation mit unserer Schule. Brauchen wir dann noch eine Uniform?- Wer Uniformen vorschreibt, sollte den Maßstab auch an sich selber anlegen - dann darf der Hunsmann seinen lila Pulli selbst auch nicht mehr tragen! Bei der Uniformfrage haben diejenigen, die die Kleidung tragen, kaufen und waschen, ein deutliches Wort mitzureden."

Die Redaktion bedankt sich an dieser Stelle für den offenen und ehrlichen Einblick in das schulische sowie private Leben unseres Schulleiters Christian Hunsmann."

Das in diesem Jahr stattfindende 25-jährige Jubiläum des Trägerkreises VES wollten wir nicht separat, sondern in Kombination mit einer Abendveranstaltung am 28. Oktober begehen.

In einer gemütlichen Abendrunde konnten wir das Dienstjubiläum folgender Lehrkräfte feiern und uns ganz herzlich bedanken bei: Sabine Grabe und Herbert Schnau für 20 Jahre, sowie Dieter Garlich, Almut Stiegler-Garlich, Johannes Köster, Gertraud Lemhuis, Christine und Michael Mahn und Alfred Massar für 10 Jahre.

Die Kursfahrten der Oberstufenschüler zogen immer weitere Kreise. Nicht nur Israel war das Ziel, sondern auch London und Paris oder eine Woche Skifreizeit in den Alpen sorgten für einen erweiterten Blickwinkel der Schüler. Sport, Spaß und viele Sehenswürdigkeiten machten diese Touren zu besonderen Erlebnissen.

Unter der Leitung von Christoph Hobrack sorgten die Chorklassen 6 sowie der Mädchenchor der FCSO mit Schülerinnen der 7-8 Klassen in der St. Antoniuskirche, Papenburg, einer großen gotischen Hallenkirche, mit geistlicher und weltlicher Musik am 3. Advent für einen großartigen Auftritt der FCSO.

Der FCSO-Mädchenchor unter der Leitung von Christoph Hobrack

Das Konzert fand in dieser Form nun schon zum vierten Mal statt. Die Kinder hatten Beachtliches geleistet. Für die Begleitung des Chores konnte das Ostfriesische Streichquartett gewonnen werden sowie eine Harfenistin aus Oldenburg. Außerdem begleitete Frau Verwaal am Klavier. Eine Andacht entlang der Liedstrophen „Es kommt ein Schiff geladen", dass als Adventslied jahrhundertelanges Renommee genießt, passte als Programmbaustein, auch mit Blick auf die Meyer-Werft, sehr gut nach Papenburg

2011 Neues Lehrerzentrum - FCSO-Leitbild - Auszeichnungen

Mit dem Kauf der Immobilie mit Grundstück von der Ev.-freik. Gemeinde gewannen wir nicht nur dringend benötigte Räume hinzu, sondern auch einen erweiterten Parkplatz mit der Möglichkeit, eine Zuwegung zu dem hinteren Schulgelände zu schaffen. Nachdem die Kindertagesstätte „Spatzennest" im Sommer aus dem von uns erworbenen Gebäude ausgezogen war und ihr neues Domizil in der ehemaligen Focko-Weiland-Schule bezogen hatte, konnten die Umbau- und Renovierungsarbeiten beginnen. Am 30. Oktober wurden die Räumlichkeiten im Rahmen einer kleinen Feierstunde offiziell als „Lehrerzentrum" übergeben. Somit konnten die Lehrkräfte nach den Herbstferien ihre neuen Aufenthalts- und Arbeitsräume beziehen, was eine deutliche Verbesserung gegenüber denen im Hauptgebäude bedeutet.

In den Herbstferien wurde der bisher als Lehrerzimmer genutzte Raum im Hauptgebäude zu einem Klassenraum umgebaut. Weiterhin entstand ein neuer Flur als zusätzlicher Ausgang in Richtung Nachbargebäude. Zwei weitere Lehreraufenthaltsräume wurden ebenfalls zu Unterrichtsräumen umgestaltet, so dass die beiden in den Containern untergebrachten Klassen jetzt wieder „richtige" Klassenräume hatten. Ebenfalls in den Herbstferien wurde in der Pausenhalle und im neuen Lehrerzentrum ein digitales „schwarzes Brett" installiert. Dort konnte die Schulleitung jetzt direkt vom Büroarbeitsplatz aus alle aktuellen Infos für Schüler und Lehrer sofort präsentieren.

Zwei Begriffe hielten im laufenden Jahr Einzug in das Schulleben: Integration und Inklusion. Mit vier Schülern mit besonderem Förderbedarf starteten die Integrationsbemühungen an der FCSO. Diese Aufgabe übernahm die dafür eingestellte Förderschullehrerin Anja Kahle.

In Niedersachsen sollte flächendeckend die Inklusion eingeführt werden. Auch Menschen mit Behinderungen gehören zu unserer Gesellschaft. Ein großes Thema, denn die vielseitigen Behinderungen, auch junger Menschen, erfordern vor allen Dingen an Schulen besondere Maßnahmen, die nicht im normalen Unterrichtsverlauf umgesetzt werden können. Unsere Lehrerinnen Dorothea Blank und Karin Meyer nahmen an einer siebentägigen Schulung teil, um sich auf diese neue Aufgabe vorzubereiten.

Neben den normalen Veranstaltungen, Theatervorführungen und Aktionen des laufenden Schuljahres gab es auch besondere Ereignisse im Schulleben der FCSO: Die Klasse 4c war im Mai mit ihrem Lehrer Johannes Köster im Fernsehstudio bei

ERF Medien in Wetzlar, um in der Sendereihe „Joe Max TV" gegen eine Klasse der August-Hermann-Franke-Schule Gießen in einem Ratespiel zugunsten der Kinderhilfsaktion „Projekt Samuel" des ERF und seines internationalen Partners TWR anzutreten. Mit den erspielten Punkten unterstützten die Kinder beispielsweise Sendungen für Aidswaisen in Afrika.

Der Mädchenchor am Dom zu Münster besuchte vom 20. bis 22. Mai die FCSO. Mit den Schülerinnen der FCSO erlebten die Besucherinnen ein unvergessliches Wochenende. Die Eltern hatten ein „sensationelles" Mittagsbuffet zubereitet, das alle sehr genossen haben. Es standen nicht nur Sport, Spiel und Spaß auf dem Programm, sondern auch Proben für das große Konzert als Abschluss der Begegnung. Nach anfänglichem Lampenfieber meisterten die Sängerinnen das Konzert bravourös mit Standing Ovation und Zugaben.

KUNSTPÄDAGOGEN DER FCSO STELLEN AUS. So lautete der Titel einer zweiwöchigen Ausstellung in der Pausenhalle unserer Schule. Erstmalig wurden Schüler, Kollegen und Eltern direkt nach den Sommerferien mit einer Kunstaktion im neuen Schuljahr begrüßt. Die sieben Aussteller Marie Batmale, Margret Erichsen-Carl, Annette Graß, Gertaud Leemhuis, Herbert Schnau, Almuth Stiegler-Garlich und Hans-Martin Urbschat repräsentierten 111 Werke über künstlerische Themen und Techniken wie Radierung, Linoldruck, Grafik, Comic, Pastell, Aquarell, Acryl- und Ölmalerei, Reliefbild, Plastik, Keramik, Collage und Montage. Ein Anliegen der Organisatoren war es, die Ausstellung nicht kommerziell auszurichten, sondern das Schulleben der FCSO durch diese besondere Aktion zu bereichern und letztlich Gott die Ehre zu geben, der Begabungen austeilt, damit wir uns damit gegenseitig dienen und inspirieren.

Mit Erfolg hat sich die FCSO um einen Förderpreis Informatik beworben, der von dem Verein „Oldenburger Informatik - Ehemalige Studierende e. V." (OLDIES e.V.) der Uni Oldenburg im Juni 2011 ausgeschrieben wurde. Unser Fachbereichsleiter Martin Wolter erhielt neben zwei Vertretern anderer Schulen aus der Hand von Prof. Dr. Michael Sonnenschein in der Uni Oldenburg die mit Abstand höchste Fördersumme von 2.000 Euro. Die WPK-Informatik-Kurse der Jahrgangsstufen 9 und 10 hatten die Möglichkeit, umfassende Kenntnisse in der Anwendung von Computern zu erlernen, u. a. zu den Office-Programmen Word, Excel und PowerPoint.

Am 3. November erfolgte eine weitere Preisverleihung an Jonas Feldkamp (Klasse 10 d) im Rahmen der Eröffnungsveranstaltung des Tages der Chemie der Universität Oldenburg. Den „Angelus-Sala-Preis" erhielt er für sein besonderes Interesse an der Chemie sowie seine sehr guten Leistungen in diesem Fach. Sein Fachlehrer Dr. rer. nat. Lothar Beyer begleitete Jonas mit Schülerinnen und Schülern, die bei dieser Gelegenheit an Vorträgen und Führungen während des Tags der Chemie teilnahmen.

Die Universität Oldenburg hat zusammen mit der Dr.-Hans-Riegel-Stiftung sechs Oberstufenschüler aus Niedersachsen ausgezeichnet. Und wieder war ein Schüler der FCSO dabei: Daniel Koenen belegte mit seiner Arbeit über Alexander Alexandrowitsch Friedmann den dritten Platz in der Kategorie „Physik", der mit 200 Euro dotiert war. Die Schulleitung und der betreuende Lehrer Dr. Lothar Beyer gratulierten ihm. Den Dr.-Hans-Riegelpreis gab es für herausragende Facharbeiten mit den Schwerpunkten Physik und Chemie. Er wurde erstmals in Niedersachsen vergeben.

Es wurden folgende neue Lehrkräfte eingestellt: Jenna Blank, Philipp Bonin (Praktikant), Anja Kahle, Carolin Karch, Melanie Klahre, Nathalie Schmidt, Christian Schulz-Brummer, sowie Gisela Günther, die das zweite Staatsexamen bestanden hatte und Kirstin Thielbürger (Berufspraktikantin BA). Ausgeschieden sind: Nadine Busker, Hendrik Fahrenholz (Praktikant), Dieter Garlich, Almut Stiegler-Garlich, Andrea Schnell-Steevens und Bettina Lücht.

Zu Beginn des Schuljahres 2011/2012 besuchten 1250 Schüler die FCSO, die von 96 Lehrkräften unterrichtet wurden. Der 5. Schulgang wurde wieder fünfzügig eingerichtet.

Eine große Jubiläumsschar versammelte sich mit Vertretern der Schulleitung und des Trägerkreises zu einem festlichen „Feierabend". Dankbar durften wir auf insgesamt 190 Dienstjahre folgender Lehrkräfte und Mitarbeiter zurückblicken: Asmus Meyer, Michael Piorr, Hans-Martin Urbschat und Sigrid Nannen (Päd. M.) für je 20 Jahre, Hanno Garthe, Frank Grote, Christoph Hobrak, Alexander Kahle, Dr. Johannes Kisch, Imke Köster, Dr. Andreas Müller, Brigitta Müller sowie Helga Krause und Greta Tieden (Päd. M.) und Johannes Hinrichs (Hausmeister) für je 10 Jahre.

In der Jahreshauptversammlung des Trägerkreises erfolgte die Wiederwahl von Erwin Wallenstein als stellv. Vorsitzender, Günther Gerdes als Beisitzer, sowie Hilda Kühnle, Helmut Diekmann und Artur Kroon-Husmann als Kassenprüfer. Mit Dankbarkeit konnten wir auf ein geordnetes Haushaltsvolumen von 6,5 Mio. zurückblicken. Gott hatte uns mal wieder mit ausreichenden Finanzen versorgt.

Mit der Absicht, in möglichst kurzer Form ein Leitbild unserer FCSO zu formulieren, trafen wir uns mehrmals im Büro von Helmut Diekmann. Das nachfolgende Ergebnis wurde dem Trägerkreis und der Schulleitung vorgestellt und danach veröffentlicht.

FCSO-Leitbild - Schule für alle. Als freie Schule stehen wir grundsätzlich allen Schülerinnen und Schülern offen, deren Erziehungsberechtigte sich mit den Zielen und dem Bildungs- und Erziehungskonzept unserer Schule einverstanden erklären. Dies gilt unabhängig von dem religiösen, weltanschaulichen oder politischen Bekenntnis der Erziehungsberechtigten bzw. ihrer Kinder. Wir wollen jedem Kind die gleichen Bildungschancen eröffnen, ungeachtet seines sozialen, kulturellen oder familiären Hintergrundes.

Schule mit ganzheitlichem Angebot

Wir wollen als allgemeinbildende Schule in freier Trägerschaft mit den Jahrgängen 1 bis 13 unsere Schülerinnen und Schüler im Rahmen unserer Möglichkeiten zum individuell optimalen Schulabschluss führen. Es ist uns wichtig, die Kinder und Jugendlichen zu persönlich bestmöglichen Leistungen zu motivieren und zu befähigen. Dabei wollen wir sie insbesondere in ihren Begabungen und ihrer Persönlichkeitsentwicklung fördern. Im Rahmen des Freiwilligen Zusätzlichen Nachmittagsangebots (FZN) wollen wir es den Schülerinnen und Schülern ermöglichen, auch außerhalb des Pflichtunterrichts besondere Interessensgebiete vertiefend zu bearbeiten.

Schule mit christlichem Profil

Wir wollen als Schule einen Arbeits- und Lebensraum bieten, in dem sich der christliche Glaube frei entfalten kann. Dabei orientieren wir uns an der Bibel als Gottes Wort. Tägliche Morgenandachten setzen Impulse für den Schulalltag. Im Rahmen des Schullebens laden wir durch Wort und Tat zum lebendigen Glauben an Jesus Christus ein. Dabei wissen wir, dass die Annahme des christlichen Glaubens ausschließlich in der persönlichen Entscheidung eines jeden Menschen liegt. Das Kollegium und die Mitarbeiterschaft vereint der gemeinsame christliche Glaube. Sie sind sich ihrer Vorbildfunktion für die Schülerinnen und Schüler bewusst. Das gemeinsame Einüben christlicher Werte wie z.B. Nächstenliebe und Vergebungsbereitschaft ist im täglichen Miteinander auch für sie eine stetige Herausforderung.

Schule fürs Leben

Wir wollen so gut wie möglich auf das Leben nach der Schule vorbereiten. Dazu wollen wir im Schulalltag nicht nur die staatlich vorgegebenen Lerninhalte und Fachkompetenzen vermitteln, sondern auch unsere soziale Kompetenz trainieren. Toleranz, Respekt, Dialog- und Konfliktfähigkeit, Verantwortung für sich selbst und für andere sowie die Bereitschaft zum Dienst an anderen haben für uns einen hohen Stellenwert. Wir sind uns der gemeinsamen Verantwortung gegenüber der Umwelt bewusst. Durch sparsame Verwendung von Rohstoffen und natürlichen Ressourcen sowie durch Vermeidung unnötiger Umweltbelastungen wollen wir alle zum Schutz der Schöpfung Gottes beitragen.

Elternschule

Das Konzept unserer Schule verstehen wir als Angebot an Erziehungsberechtigte, den Bildungs- und Erziehungsauftrag gemeinsam zu realisieren. Wir legen Wert auf eine beständige und verbindliche Kommunikation zwischen Erziehungsberechtigten und Lehrkräften. Wir wollen durch eine vertrauens- und rücksichtsvolle Zusammenarbeit die bestmögliche pädagogische Begleitung der Kinder erreichen. Eltern wirken an unserer Schule mit, indem sie mitgestalten, mitverantworten und mitarbeiten. Die freiwillige Mitarbeit der Eltern ist nicht nur erwünscht, sie gibt unserer Schule das prägende Profil einer Elternschule.

Arbeitsplatz Schule

Wir wollen der Lehrer- und Mitarbeiterschaft ein Umfeld bieten, in welchem sie ihre Fähigkeiten bestmöglich einsetzen können. Wir legen Wert auf eine stetige Fort- und Weiterbildung aller Angestellten. Wir wollen durch Transparenz nach innen und außen auf allen Arbeitsebenen Vertrauen schaffen und die konstruktive Zusammenarbeit stärken.

Kapitel 40

2012 FZN-Unterricht -
Kurzfilm-Wettbewerbe -
Abi nach 12 Jahren - 25 Jahre FCSO

Was stellt man sich eigentlich unter FZN vor? Das Kürzel bedeutet Freiwillig, Zusätzlich, Nachmittag. Ein solcher Unterricht am Nachmittag bietet die Möglichkeit, besondere Interessen und Begabungen der Schüler außerhalb des normalen Unterrichtsgeschehens zu vertiefen. Der freiwillige Unterricht erhöht die Aufmerksamkeit des Schülers und steigert die Freude am Lernen. Die von Gott geschenkten vielseitigen schöpferischen Fähigkeiten der Menschen werden durch dieses besondere Angebot sichtbar und durch Übungen weiterentwickelt, gestärkt und zur Anwendung gebracht. Über einige Beispiele wurde in der „DIT un DAT", Ausgabe 86, berichtet. Die jeweiligen Unterrichts-Einheiten fanden sowohl in Klassenräumen als auch in der Mehrzweckhalle statt, und zwar: Cajonbau, Fußballschule, Kochen und Backen, Modelleisenbahnmodulbau, Tischtennis oder Nähkurs. Die Bildausschnitte standen unter der Überschrift: „FZN an der FCSO…ist, wenn nachmittags in unserer Schule der Kreativität keine Grenzen gesetzt werden, der Sportgeist geweckt wird und gemeinsames Lernen ein Gefühl der Erleichterung

Beispiele aus dem FZN-Bereich

schafft." Der FZN-Unterricht wurde im Laufe der Zeit durch weitere Angebote noch attraktiver gestaltet.

Aufgrund einer Initiative von Annegret Meyer beteiligten sich Eltern ab 2007 viele Jahre als Schülerlotsen im Verkehrshelferdienst an der Grundschule. Sie sorgten bei Wind und Wetter für eine sichere Überquerung der Hauptstraße K 8. Nach intensiven Gesprächen mit den zuständigen politischen Gremien bezüglich der Einrichtung einer Fußgänger-Ampelanlage erfolgte eine Verkehrszählung. Allerdings sahen damals Vertreter der entsprechenden Ämter wegen zu geringer Frequenz keine Notwendigkeit, eine Ampelanlage oder einen Zebrastreifen vorzusehen. Doch nach vielen Gesprächen und anhaltendem Ringen und der Tatsache, dass zusätzliche Ampelanlagen auch an anderen Stellen in der Gemeinde montierte wurden, lenkten Landkreis und Gemeinde ein. Am 19. April 2012 wurde die Installation einer Ampelanlage an der FCSO-Grundschule mit einem kleinen Fest gefeiert und, übrigens nicht nur für Schüler der FCSO, unter dem Motto „Ende gut, Ampel gut" in Betrieb genommen. Im Beisein von 29 ehemaligen und aktiven Verkehrshelfern und der Beteiligung von Wibrandus Reddingius (Verkehrswacht, Leer) und Polizeioberkommissar Gerrit Hinrichs wurden bei einem kleinen Abendimbiss die ehrenamtlichen Verkehrshelfer mit Dank verabschiedet. In Anerkennung ihrer Initiative und ihres engagierten Einsatzes überreichte Herr Reddingius, stellvertretender Vorsitzender der Verkehrswacht Leer, Annegret Meyer mit Dank eine Urkunde.

Wieder einmal gastierte während der Projekttage vom 18. bis 24. Juni der Zirkus Buratino in der Grundschule der FCSO. Mit Begeisterung übten die Schüler mit den Zirkusleuten verschiedene Kunststücke, die sie dann am Wochenende vor vielen Hundert Zuschauern vorführen konnten. Die Kinder bauten in der Manege viel Vertrauen zu ihren Mitartisten auf, denn sonst würde z. B. eine Menschenpyramide gar nicht funktionieren. Das stärkte das Sozialverhalten der Kinder. Es brauchte viel Ausdauer, Disziplin, Mut und Geschicklichkeit, um gute Auftritte hinzulegen. Auch mit Selbstvertrauen das eigene Lampenfieber bei den Vorführungen zu besiegen, war für die Kinder eine wertvolle Erfahrung.

Beim Ostfriesischen Kurzfilm-Wettbewerb gewannen Schüler der FCSO gleich dreimal. Die „Filmklappe" ist ein Kurzfilm-Wettbewerb für Schüler Niedersachsens, der jährlich in fünf Kategorien ausgeschrieben wird. Er wurde zum zehnten Mal vom Medienzentrum Aurich ausgerichtet. Es beteiligten sich 72 Filmemacher. Der Stop-Motion-Film „Der Waldladen" mit Lehrerin Susanne Ziegler in der Kategorie Kindergarten/Grundschule erhielt den Ersten Preis. Die Jury urteilte: „Mit Witz und einer liebevoll gestaltete Landschaft und Akteuren aus Knetmasse sowie dem überraschenden Ende eroberte der „Waldladen" die Herzen der Jury. Auch die eingesetzten Soundeffekte erwecken bei diesem Trickfilm eine Illusion des Waldlebens".

Den Ersten Preis in der Kategorie „Klasse 5 bis 7" erhielt der Film mit den Lehrern Dirk Thomsen und Christoph Hobrack: „So macht Schule Spaß". In der Beurteilung der Jury hieß es: „Eine gute Filmidee, mit viel Kreativität umgesetzt. Beeindruckend ist an diesem Projekt, dass wirklich eine komplette Schulklasse diszipliniert, engagiert und motiviert zusammen mit der Lehrkraft diesen sehenswerten Film gedreht hat. Klassenlehrer Dirk Thomsen führte an einem Schulmorgen Regie und sorgte für einen rasanten Schnitt. Musiklehrer Christoph Hobrack komponierte eigens die mitreißende Filmmusik und spielte sie mit Chorschülern aus der 5b und 5c ein". Der Kurzfilm „Ein Kompliment für Ostfriesland" in der Kategorie „Feuer und Flamme für Friesland/Ostfriesland" mit den Schülern Matthias und Jannik Cordes aus der Sek I erhielt einen Sonderpreis. Dazu die Jury: „Mit Witz und Charme sangen und spielten sich die Brüder Cordes aus Moormerland an die Spitze der Sonderkategorie „Feuer und Flamme für Friesland/Ostfriesland". Das Duo „BrotherAct" drehte die Schlager-Parodie in der Freizeit „Irgendwo am Emsdeich".

Die Gewinner erhielten jeweils 200 Euro Preisgeld, eine echte Filmklappe, Teilnahme an der niedersachsenweiten Ausscheidung und eine gerahmte Urkunde. Die Preisübergabe erfolgte in Aurich in Gegenwart von Landrat Harm-Uwe Weber, dem Stellvertretenden Bürgermeister der Stadt Aurich, Gerhard Harms und Stephan Hinrichs von der Ostfriesischen Landschaftlichen Brandkasse. Die prämierten Filme konnte man auf der FCSO-Homepage im Menü „Filmecke" betrachten.

Beim Ossiloop 2012 gewannen FCSO-Schüler die Schulwertung. In „DIT un DAT", Ausgabe 87, Seite 13 wurde berichtet: „Sie kamen, liefen und siegten! Im Multi-Schul-Cup erreichte die FCSO mit der Sek I vor TGG Leer und Ulricianum Aurich den ersten Platz. Alle 14 Schüler der Jahrgänge 5 bis 13 bewiesen besondere Ausdauer und enormen Durchhaltewillen auf den sechs Etappen von Bensersiel nach Leer. Vom Veranstalter gab es dafür bei der Siegerehrung einen dicken Pokal.

Die Schule gratulierte mit einem Glückwunsch, aber in der eigenen Erinnerung bleibt bestimmt eine Mischung aus Freude und Dankbarkeit". An dem jährlich stattfindenden spektakulären Ossiloop „Von Leer bis ans Meer" bzw. „Vom Meer bis nach Leer" nahmen/nehmen unter großer Beteiligung interessierter Zuschauer inzwischen über 3000 Läufer teil.

Zum ersten Mal legten einige Schüler nach 12 Jahren die Abiturprüfung ab. Die Beschlussgremien der Schule hatten eine Regelung verabschiedet, die den einzelnen Schülern möglichst alle Optionen offen hielt, den rechtlichen Bestimmungen gerecht zu werden und den zusätzlich zu erteilenden Unterricht pädagogisch offensiv und zielführend in das bestehende System einzubinden. Es bestand somit die Möglichkeit, das Abitur nach 12 oder 13 Jahren zu erreichen. Wer sich allerdings als „Schnellläufer" auf 12 Jahre festlegte, hatte sich natürlich auf einen komprimierten Unterrichtsverlauf einzustellen. Allen Beteiligten war klar, dass der Wegfall eines ganzen Schuljahres im „Turbojahr" nicht so leicht durch einige zusätzliche Pflichtnachmittage aufgefangen werden könnte. Die Wahlmöglichkeit erforderte ein etwas aufwändigeres Unterrichtskonzept, sollte aber den Schülern individuell entgegenkommen.

Es konnten folgende neuen Lehrkräfte eingestellt werden: Dr. Aigars Dabolins und Anita Post. Aus dem Kollegium schieden aus: Praktikant Philipp Bonin und Johanna Geppert-Enriques, die in den wohlverdienten Ruhestand ging und mit herzlichem Dank verabschiedet wurde.

Zu Beginn des neuen Schuljahres wurden 1260 Schüler von 95 Lehrkräften unterrichtet, davon 297 in der Grundschule, 795 in der Sek I, Jahrgang 5 bis 10 und 168 in Sek II, Jahrgang 11 bis 13. Aufgrund der Anmeldesituation wurde der 5. Jahrgang wieder fünfzügig eingerichtet.

Mit der Planung einer zukunftsorientierten Schulraumerweiterung wurde der Architekt Norrenbroek beauftragt. Wir hatten nach reiflicher Überlegung entschieden,

Beispiel für drei Einschulungs-Klassen, hier im Jahr 2012

Freie Christliche Schule Ostfriesland
September 2012

Freie Christliche Schule Ostfriesland
September 2012

10 zusätzliche Klassenräume einzurichten. Die veranschlagten Baukosten wurden auf 1,7 Mio Euro beziffert.

Als wir erfuhren, dass das angrenzende ungefähr 1 Hektar große Grundstück an der Grundschule verkauft werden sollte, verhandelten wir mit dem Besitzer. Schließlich einigten wir uns auf einen Kaufpreis von 80.000 Euro. Diese Gelegenheit konnten wir uns nicht entgehen lassen, zumal wir für die Erweiterung und Befestigung eines Parkplatzes sowie für einen größeren Spielplatz mehr Fläche benötigten und darüber hinaus auf längere Sicht an der Grundschule eine kleine Sport- bzw. Gymnastikhalle angedacht wurde.

Folgenden Mitarbeitern durften wir während einer Jubiläumsfeier unseren Dank aussprechen: Edzard Günther für 25 Jahre, Amanda Blank für 20 Jahre und Esther Aeilts, Achim Drath, Dr. Lothar Beyer und Reena van der Laan für je 10 Jahre Dienstzeit.

Beispiel für Dienstjubiläen, hier im Jahr 2012, v. l. n. r.: Amanda Blank 20 Jahre; Edzard Günther 25 Jahre ; Esther Aeilts, Dr. Lothar Beyer, Reena van der Laan und Achim Drath je 10 Jahre.

Das 25-jährige Jubiläum der FCSO war in diesem Jahr ein besonderes Highlight. Schon am Anfang des Jahres wurde ein Festausschuss gebildet, der sich ausführlich mit der Vorbereitung beschäftigte. Was sollte alles in das Programm aufgenommen und wer sollte eingeladen werden? Wie viel und welche Veranstaltungen wären zu planen, und wie sollten die Räumlichkeiten ausgestattet werden? Mit einer zweiseitigen Zeitungsanzeige in der OZ mit vielen Werbebeiträgen der mit der Schule verbundenen Unternehmen hatten wir zu den Jubiläumsfeierlichkeiten und zum Tag der offenen Tür eingeladen. Bei der Generalprobe kamen wir zu der Erkenntnis, dass man nicht alle Einzelheiten planen könne. Spontan setzten sich daher Schülergruppen zusammen, um für einen guten Verlauf zu beten. Das machte den Akteuren bewusst, dass es trotz aller guten Vorbereitungen letztlich um Gottes Ehre geht und man mit großer Gelassenheit auf die Jubiläumsfeierlichkeiten zugehen dürfte.

Dr. Johannes Kisch berichtete darüber in "DIT un DAT", Ausgabe 88, auszugsweise wie folgt:

„Eine besondere Auftaktveranstaltung für unsere Schule war das Jubiläumskonzert am Donnerstag, dem 6. September, mit der christlichen Gruppe „Gracetown". Die Mehrzweckhalle mit neuen Tönen und in ganz anderem Licht lockte viele Besucher und machte Lust auf mehr. Die Texte gingen in Ohr und Herz und holten auch so manchen älteren Besucher ab. Bei Interesse ruhig mal ein Lied, welches auch gespielt wurde, auf www.youtube.com:Gracetown „Das ist unsere Zeit" nachschauen…

Endlich, der große Geburtstag war da: Die Feier zum 25-jährigen Jubiläum konnte beginnen. Bei schönstem Wetter sammelten sich in der festlich geschmückten Mehrzweckhalle Gäste von nah und fern. Schülergruppen liefen aufgeregt über den Hof, oder Kollegen probten einen Chor- oder Tanzauftritt nochmals in einer stillen Ecke…

Neben vielen Gesprächen und bewegenden Berichten greife ich eine Geschichte von Bernd Siggelkow, Pfarrer und Gründer des christlichen Kinder- und Jugendhilfswerks Arche, Berlin, aus dem Festvortrag besonders heraus. Darin beschreibt er

Das 25-jährige FCSO-Schuljubiläum wird in der Mehrzweckhalle gefeiert

anschaulich eine Situation, wie sie sich überall morgens in Deutschland abspielen könnte: Ein Schuljunge mit großer Schultasche steigt in den Fahrstuhl oder in den Bus ein, auch ein Mann mit dem Koffer kommt dazu. Man schaut nach oben oder auf die Schuhe. Der Fahrstuhl oder der Bus hält an, man steigt aus. Was ist falsch an dieser Situation? Eigentlich nichts und doch ganz viel, beantwortet Siggelkow selbst seine Frage. Warum kommt es zu keinem Gespräch? Warum macht der Mann nicht den Anfang mit einer kurzen Bemerkung? „Du hast aber eine riesige Schultasche" oder „Hast du ein Lieblingsfach?" „Welche Probleme haben wir mit der Wahrnehmung unserer Kinder und Jugendlichen?", fragt erneut Siggelkow. Als Hausaufgabe gibt er uns mit: Kümmern Sie sich um Kinder und Jugendliche, sie sind die Zukunft, seien Sie mutig und machen Sie den Anfang. Diese einfache „Sozialarbeit" kostet kein Geld, benötigt keine teuren Einrichtungen und ist von jedem zu leisten.

Für die Dinge, die Geld kosten, hat die Jubiläumsfeier eine weitere Überraschung parat: Dazu führte unser ehemaliger Vorsitzender Werner Trauernicht ein belebendes und amüsantes Gespräch mit dem 89-jährigen Herrn Evert Heeren, ehemals in Leer ansässig und ursprünglich im Recycling tätig. Zusammen konnten sie uns freudig vermelden, dass Herr Heeren eine Stiftung ins Leben rufen wird, die Schü-

Bernd Siegelkow bei der Festansprache, auf dem Sofa Dr. Johannes Kisch, Sek II-Schulleiter

lerinnen und Schülern der FCSO hilft, den Schulbesuch auch bei finanziellen Engpässen in der Familie weiter zu ermöglichen. Was für ein Geburtstagsgeschenk!"

Bei diesem Interview mit Evert Heeren auf offener Bühne vor rund 800 Zuschauern kam ich allerdings etwas ins Schwitzen. Ich hatte mit ihm vereinbart, und sogar per Fax am Vorabend vorsorglich bestätigt, dass unser Gespräch nicht im Programm vorgesehen sei, aber dass es dazwischen geschoben würde, uns dafür aber nur 5 bis 7 Minuten eingeräumt seien. Ich versucht, meine Fragen kurz zu fassen und hoffte auf kurze Antworten. Doch weit gefehlt. In großer Ausführlichkeit erzählte er von seinem Elternhaus, dass er trotz Empfehlung seines Lehrers leider keine fortführende Schule besuchen durfte, weil dafür das Geld fehlte. Aufgrund dieser Erfahrung wolle er deshalb nun viel Geld in eine Stiftung einbringen, die es ostfriesischen Kindern finanzschwacher Familien ermögliche, die FCSO zu besuchen. Als ich fragte, an welchen genauen Betrag er denke, antwortete er nach kurzem Zögern: 2 Millionen Euro! Spontan standen alle auf und beantworteten diese Aussage mit einem frenetischen Beifall. Da konnte ich nur in die Menge hineinfragen: „Wer bietet mehr?", was natürlich ein großes Gelächter auslöste. Hier hätte ich nun das Gespräch beenden sollen. Aber ich wollte noch kurz erklären, wofür er denn das Bundesverdienstkreuz, das an seinem Revers befestigt war, erhalten hätte. Doch mit dieser Absicht „hatte ich die Rechnung ohne den Wirt" gemacht. Obwohl ich das Mikrophon sicherheitshalber etwas abgewandt in der Hand hielt, „entriss" er es mir mit der Bemerkung: „Das kann ich selber erzählen". Hilflos musste ich zusehen, wie er lang und breit auf dieses Thema einging und kein Ende fand. Aus Höflichkeit einem älteren Menschen gegenüber und der Tatsache, dass er uns soeben eine so großzügige Stiftung in Aussicht gestellt hatte, konnte und wollte ich keinen harten Abbruch riskieren und ihm das Mikrophon „entwenden". Das Publikum beobachtete gespannt, wie mir die ganze Situation zeitlich entglitt und amüsierte sich dabei offensichtlich köstlich. Statt 5 bis 7 Minuten dauerte das Interview rund eine halbe Stunde.

Die beabsichtigte Stiftung von Evert Heeren wurde in Verbindung mit einer Biographie des kinderlosen Ehepaars Grietje und Evert Heeren in einem ganzseitigen Bericht der OZ veröffentlicht. Dass sich die Realisierung noch viele Jahre hinzog und sich entgegen unserer Erwartung völlig anders entwickelte, konnten wir zu diesem Zeitpunkt nicht ahnen, ich komme darauf später zurück.

Auf der Bühne waren „Ostfriesensofas" aufgestellt, auf denen im Laufe des Programms Bernd Siggelkow mit Dr. Johannes Kisch zu einem Interview Platz nahmen. Ebenfalls saß dort eine große Politikerrunde.

Alle beschrieben mit positiven Wortbeiträgen die FCSO, was sehr unterhaltsam war und beim Publikum gut ankam.

Darüber hinaus führte Konrad Huismann mit uns - Joachim Heffter, Edzard Günther und mit mir - ein Interview über die Initiative der Schulgründung und die Erfahrungen der ersten Jahre.

Konrad Huismann, schilderte im Rahmen seines Jahresberichtes in „DIT un DAT", Ausgabe 89, den Ablauf u. a. aus seiner Sicht: „ Wir können mit Dankbarkeit insbesondere auf unsere Jubiläumsfeier am 8. September mit den vielfältigen Veranstaltungen unter großartigem Einsatz des Elternarbeitskreises, der Mitarbeiter und vieler ehrenamtlichen Helfer zurückblicken. Werner Trauernicht als ehemaliger Vorsitzender der Schule und Joachim Heffter als ehemaliger Schulleiter mit Edzard Günther als erste Lehrkräfte vor 25 Jahren gaben interessante Einblicke.

Schulleiter Christian Hunsmann beim Jubiläums-Interview: v. l. n. r. : mit Anton Lücht, Bürgermeister der Gemeinde Moormerland; Johanne Modder, MDL, SPD-Fraktionsvorsitzende; Christian Hunsmann; Heike Thies, Arbeitsgemeinschaft Freier Schulen Niedersachsen e. V.; Bettina Stöhr, Ortsbürgermeisterin Veenhusen; Bernhard Bramlage, Landrat des Landkreises Leer; Gitta Connemann, MDB, Stellvertretende Vorsitzende der CDU-CSU Bundestagsfraktion.

Begrüßt wurden unsere Ehrengäste MdB Frau Connemann, MdL Frau Modder, LR Bramlage, Bürgermeister Herr Lücht, Frau Orstbürgermeisterin Stöhr sowie die Vorsitzende der Arbeitsgemeinschaft Freier Schulen, Frau Thies. Ebenfalls konnten wir Herrn Evert Heeren als Unternehmer und Unterstützer der FCSO begrüßen, dem es insbesondere ein Anliegen war, in der Zukunft finanziell förderbedürftige Schüler zu unterstützen. Als Festredner war Herr Bernd Siggelkow, Gründer des christlichen Kinder- und Jugendwerkes „Arche" Berlin, zugegen, der eindrücklich über die soziale Ausgrenzung von Kindern sprach. Als zusätzlicher Höhepunkt des Jubiläums wartete die Musikgruppe „gravetown" mit einem Jubiläumskonzert auf."

Die OZ, Ostfriesenzeitung, berichtete sehr ausführlich nacheinander über die verschiedenen Jubiläumsveranstaltungen und den Tag der offenen Tür mit den vielen interessierten Besuchern.

Am 16. Oktober fanden sich wieder rund 400 Besucher in der Mehrzweckhalle ein. Unter dem Thema „Tag des pädagogischen Aufbruchs" hatten wir öffentlich eingeladen zu einem Vortrag mit Prof. Dr. Christian Pfeiffer, Direktor des Kriminologischen Forschungsinstituts Niedersachsens und ehemaliger Niedersächsischer Justizminister. Im Mittelpunkt stand die Frage, wie Schüler und Eltern auf die Leistungskrise reagieren, die nach einer aktuellen Studie vor allem bei männlichen Jugendlichen, aber auch zunehmend bei Mädchen zu beobachten ist.

In einem Austausch mit dem Kollegium der FCSO machte Prof. Pfeiffer anhand von Forschungsergebnissen den gravierenden Leistungsabfall gerade von Jungen deutlich. Dabei zeigte er aber auch unkonventionelle Perspektiven auf, wie gerade Schule dem entgegenwirken kann.

In der öffentlichen Informationsveranstaltung, zu der neben Eltern und Schülern auch Vertreter aus Politik und Wirtschaft eingeladen waren, erläuterte Prof. Pfeiffer mit vielen Beispielen die Ursachen und Hintergründe der bedenklichen Fehlentwicklungen bei männlichen Jugendlichen und teilweise auch bei Mädchen und zeigte verschiedene Lösungen auf. Die OZ berichtete wie folgt: „Unter anderem begründete er seine Darstellung mit folgenden Aussagen: Das Internet biete große Chancen aber auch große Gefahren. Schulen müssten darüber informieren und den Eltern dabei „topfit" als Gesprächspartner zur Seite stehen. Problematisch sei das „Hängenbleiben" am PC. Und das betreffe vor allem diejenigen, die „arm im Leben sind", die keine Zuwendung durch Lob der Eltern erführen. Von diesem Mangel seien besonders die Jungen betroffen, nachdem es einen Wandel in der Erziehungskultur gegeben habe. „Wir brauchen heute Männer, die teamfähig sind und emotional reif sind und die weinen können", betonte der 68-Jährige. Jungen seien verunsichert, weil es keine klaren Rollen wie früher mehr gebe. Echte Männerrollen erlebten sie bei der Flucht in brutale Computerspiele. Früher hätten auch die Mütter den Söhnen mehr Liebe entgegengebracht. Untersuchungen zeigten, dass die Erzieherinnen in Kitas und sogar in Krippen den Mädchen stärker zugewandt seien. „Unsere Schulen müssen umstrukturiert werden", forderte Christian Pfeiffer und nannte ein entsprechendes Beispiel einer amerikanischen Schule. Entscheidend sei, dass sich der Rhythmus des Tages wechselt und kreative Pausen eingelegt würden. Pfeiffer: „Schule muss emotionale Türen öffnen, wenn die Familie das nicht mehr schafft."

Nach seiner Rede meldeten sich in der Aussprache verschiedene Besucher zu Wort und bestätigten mit Beispielen die Ausführungen von Prof. Pfeiffer, während sich andere auch kritisch zu einigen Punkten der Ausführungen äußerten.

In diesem Vortrag wurde unmissverständlich aus den Ergebnissen „neutraler" Forschung auf die Erziehungsprobleme mit den heranwachsenden Jugendlichen und damit die Entwicklung in der gesamten Gesellschaft aufmerksam gemacht.

Diese im Wesentlichen durch die Ideologie „Frankfurter Schule" und die sogenannte „68-er Generation" verursachte „gottlose Fehlentwicklung" ist schließlich der Hauptgrund für die Gründung der FCSO gewesen. Es wird sich auch in Zukunft zeigen: Wenn immer weniger nach dem Willen Gottes gefragt wird, werden die Probleme wachsen. Aber überall dort, wo Erziehung auf der Grundlage des Wortes Gottes geschieht und auf allen Ebenen das menschliche Miteinander im Geist von Vergebung und Liebe gelebt wird, kann Friede entstehen und ein erfülltes Leben möglich werden.

2013 Höchststand mit 1310 Schülern - Baubeginn: 10 zusätzliche Klassenräume

Auch nach Ablauf des Jubiläumsjahres setzte sich der positive Trend unserer Schulentwicklung fort. Der Vorstand beschäftigte sich zusammen mit der Schul- und Verwaltungsleitung intensiv mit der strategischen Ausrichtung der Schule, wobei gleich mehrere Initiativen auf eine Qualitätssteigerung und bessere Organisationssteuerung abzielten. Trotz der mittlerweile routinierten Abläufe in vielen Bereichen gab es immer wieder neue Aspekte zu berücksichtigen und zeitgemäße Lösungen zu erarbeiten. Anstehende Themen waren Vereinsgeschäftsführung, Schul- und Vereinsstruktur, Haushaltsplanung, -budgetierung und -kontrolle, Stiftung, Mitwirkung an der Klausurtagung, Teilnahme an Gesprächen mit dem Schulelternrat, Inklusion, Schulsozialarbeit, Beteiligung an Informationsveranstaltungen der Schule, Bauplanungen und -erweiterungen, Investitionen, Renovierungen, Reinigung der Schulgebäude, Beratungen und Entscheidungen über Förderung sozial schwacher Familien, Personalgespräche, -planung, -führung und -begleitung, Coaching von Führungskräften, Schulungen und Weiterbildungen, Aktion Pädagogischer Aufbruch, Frühbetreuungs- und Nachmittagsangebot in der Primarstufe ohne Noten, Gründung eines Fördervereins und vieles mehr.

In der Jahreshauptversammlung wurden Konrad Huismann und Tino König in ihren Vorstandsämtern wiedergewählt. Nach vielen Jahren sehr wertvoller Mitarbeit als Schriftführer hatte sich Nieklaas Swart entschieden, nicht wieder für dieses Amt zu kandidieren. Als neue Schriftführerin wurde Hilda Kühnle in den Vorstand gewählt.

Bernhard Eden verabschiedete sich aus dem Trägerkreis. Er blieb uns allerdings als fachkompetentes Mitglied im Arbeitskreis Finanzen erhalten. Dass beiden für ihre jahrelange treue Mitarbeit herzlich gedankt wurde, ist selbstverständlich. Solche Veränderungen sind immer mit etwas Wehmut verbunden, denn in all den Jahren der einmütigen Zusammenarbeit hatten sich die freundschaftlichen Verbindungen vertieft. Ein weiteres Mal konnte mit großer Dankbarkeit ein ausgeglichener Haushalt mit einem gesteigerten Volumen von rund 7 Mio Euro festgestellt werden.

Mit der neuen Regelung, das Abitur nach 12 Schuljahren erreichen zu können, würde nun ein ganzer Jahrgang wegfallen und wegen weniger Schüler die Landeshilfe entsprechend geringer ausfallen. Vorsorglich planten wir deshalb eine leichte Erhöhung des Schulgeldes um jeweils 5 Euro für das erste und zweite Schulkind.

Das Personalkarussell drehte sich auch in diesem Jahr weiter. Es wurden folgende neue Lehrkräfte eingestellt: Katharina Brüns, Focko Peters, Jonas Riekmann,

Christian Schulz-Brümmer und Nora Gleiss als Vertretungslehrerin, Sabine Appelt und Marlene Franke als Referendarinnen sowie Dorothea Simon als Unterrichtsassistentin. Annette Kisch und Anja Pankratius begannen als neue pädagogische Mitarbeiterinnen ihren Dienst an der FCSO. Gerlinde Groninga übernahm Aufgaben im Bereich des Lehrmittelausleihverfahrens und verstärkte dienstags und donnerstags das Schulsekretariat.

Den Dienst an der FCSO beendeten Julia Schwenger, geb. Bürzele, Iris Hinkelbein, Maike Lücht und Christine Niebuhr. Burkhard Wehl wurde mit vielen Dankesbezeugungen in den Ruhestand verabschiedet, allerdings nicht endgültig, denn er wollte gern mit einem geringfügigen Stundendeputat weiter tätig bleiben.

In einer Jubiläumsfeierstunde gab es wieder Gelegenheit zum dankbaren Rückblick auf viele Dienstjahre: Hilke Wehl geb. Bamberger hatte ihren Dienst im zweiten Jahr der Schulgründung begonnen. Mit ihr durften wir das 25-jährige Jubiläum feiern. Auf ein 10-jähriges Dienstjubiläum blickten Elisabeth Heyen, Anne-Laure Hunsmann, Elke Park, David Enderby und Andreas Krümmling zurück. Es war immer hochinteressant, den einzelnen Jubilaren bei ihren Erinnerungen an besondere Erlebnisse während der Einstellungsgespräche oder in den ersten Dienstjahren zuzuhören.

Im Elternarbeitskreis verabschiedete sich Bernhard Müller, der sich zusammen mit Rainer Sandersfeld im ehrenamtlichen Elterndienst sehr engagiert hatte. Diese mit großer Zuverlässigkeit erfüllten Aufgaben, (auch von anderen Eltern), können gar nicht hoch genug eingeschätzt werden. Wo immer es ging, haben wir unsere Dankbarkeit darüber zum Ausdruck gebracht.

Aber es gab auch die andere Seite. Im Laufe der Jahre ermüdete bei vielen Eltern das Interesse an der Mitarbeit. So berichtete der seit vielen Jahren sehr engagierte Vorsitzende des Elternarbeitskreises Dieter Hupens, dass es immer schwieriger werde, zum Beispiel bei dem jährlich stattfindenden Schulfest mit tausenden Besuchern rund 200 Eltern zur Mitarbeit zu motivieren. Das veranlasste uns dazu, bei der Annahme von Schüleranmeldungen darauf aufmerksam zu machen, dass die „Elternschule" auch auf eine „verbindliche" Mitarbeit der Eltern angewiesen sei. Gleichzeitig beobachteten wir, dass mit der Zeit allgemein die Bereitschaft zum ehrenamtlichen Engagement geringer wurde. Unter Berücksichtigung dieser Tatsache ist es gegeben, auch im Bereich der FCSO über neue Formen der verschiedenen Veranstaltungen nachzudenken.

Der Wechsel vom Abschluss zum Start in ein neues Schuljahrjahr fand wie in jedem Jahr in gewohnt feierlichem Rahmen statt. Wenn das, aus Sicht der Mitarbeiterschaft betrachtet, auch mit einer gewissen Routine ablief, so war es dennoch für die beteiligten Schüler, Eltern und Familien immer ein großes und einmaliges Erlebnis. Deshalb wurde Wert darauf gelegt, gemäß dem Charakter der FCSO viel

Sorgfalt auf die individuelle Art der einzelnen Schüler zu legen und dies in den Veranstaltungen zum Ausdruck zu bringen.

Zum Schuljahresbeginn unterrichteten 103 Lehrkräfte insgesamt 1310 Schüler

Im August warteten wir noch auf die Baugenehmigung für 10 zusätzliche Klassenräume. Doch schon im Herbst konnte damit begonnen werden. Ebenfalls wurde der Parkplatz an der Grundschule neu gestaltet.

Kapitel 42

2014 LEB statt Schulnoten - Sponsorenlauf - ADS-AK - Neue Leitungsstruktur - Bau-Einweihung

Viele Aktivitäten, Veränderungen und Erneuerungen kennzeichneten das Jahr 2014, sowohl im Schulbetrieb, als auch in der Leitungsstruktur der Schule und des Trägerkreises. Intern wurde schon wiederholt darüber diskutiert, dass die Leistungsbeschreibung alleine durch Schulnoten nicht sehr optimal sei. In der Grundschule haben in vielen Sitzungen Lehrer an dem Entwurf gearbeitet, die Lernstärke für Drittklässler statt mit Noten durch Lernentwicklungsberichte (LEB) zu beschreiben. Die Eltern wurden in die Überlegung einbezogen, ob in allen Jahrgangsstufen diese Methode zur Anwendung kommen solle. Es wäre sicher ein langwieriger, vielleicht auch ein aufreibender Prozess geworden, wenn zwischen allen Beteiligten - Schüler- und Elternvertretern sowie Lehrkräften- das Für und Wider von Noten bzw. von Lernentwicklungsberichten (LEB) hätte diskutiert werden müssen, um zu entscheiden, wie es mit „Schule ohne Noten" ab Jahrgang 5 nun weitergehen würde. Manchmal ist es ja auch gut, wenn einem die Entscheidung abgenommen wird. In diesem Fall kam überraschend der Erlass-Entwurf, dass aufgrund der jüngsten Reform ab sofort auch in den unteren Jahrgängen der Sek I keine Notenzeugnisse mehr erstellt werden. Für die Jahrgänge 5 bis 7 wurden Lernentwicklungsberichte vorgesehen; lediglich für Jahrgang 8 behielt die Schule die Entscheidungsfreiheit zwischen LEB oder Notenzeugnis.

Um den jeweiligen Leistungsstand in verständlicher und übersichtlicher Form darzustellen, wurde ein sogenanntes Kompetenzraster erarbeitet. Dieses bietet die Möglichkeit, den aktuellen Leistungsstand jederzeit von den Lehrkräften zu aktualisieren und von den Eltern über Internet abzurufen, wodurch eine Kommunikationsbrücke zwischen Schule und Elternhaus im gemeinsamen Erziehungsprozess zum Wohle des Kindes entsteht. Für die Jahrgänge 9 und 10 blieb es bei Notenzeugnissen.

Bei den bisherigen Abschlussprüfungen gab es auffällige Neuerungen. Die Schüler der 10. Klassen und die Abiturienten hatten sich, sowie auch die Lehrer, auf neue Prüfungsformate einzustellen. So musste zum Beispiel die mündliche Englischprüfung nach erstmaliger Vorgabe des Landes Niedersachsen für den 10. Jahrgang in Dialogform durchgeführt werden. Der Schüler sollte in englischer Sprache schildern, wie er seine Zeit nach der Schule verbringen werde. Bei einer Bildbetrachtung wurde von den Prüflingen freie Rede in Englisch zur Beschreibung und eigenen Beurteilung erwartet. Im Fach Mathematik bestand ein Prüfungsteil darin, Aufgaben ohne Gebrauch des Taschenrechners und ohne Formelsammlung zu lösen. Auch bei den Abiturprüfungen gab es einige länderübergreifende Neuerungen.

Um die zwischenzeitliche Bewegung im Unterrichtsverlauf zu fördern, wurde neben den wöchentlichen Bewegungsangeboten in der Mehrzweckhalle, der Spielausleihe durch Schülermitarbeiter von VIEW (VERANTWORTUNG IST EXTREM WICHTIG) während der Unterrichtszeit ein Kletterparcours als weitere Bewegungsmöglichkeit eröffnet.

Die FCSO richtete an der Primarstufe - dafür war eine monatliche Pauschale von 15 Euro zu entrichten - eine Frühbetreuung ein, um berufstätigen Eltern eine flexiblere Tagesgestaltung zu ermöglichen. Ab 7:15 Uhr wurden angemeldete Kinder in die Schule eingelassen und dort liebevoll von der pädagogischen Mitarbeiterin Dorothea Simon empfangen und betreut. Um 7:45 Uhr endete die Frühbetreuung, und die Kinder wurden dann den Aufsicht führenden Lehrerinnen übergeben.

In verschiedenen Wettbewerben waren Schüler der FCSO wieder erfolgreich: Beim Ossiloop erliefen 13 Schüler der Sport-WPK 9 in der Multi-Schulen-Cup-Wertung „Klassen/Kurse" den zweiten Platz. Auch die 16 Läufer der Sek I-Wertung durften in Bensersiel aufs Podest. In der Sek II-Wertung erreichten 6 Schüler den vierten Platz.

11 FCSO-Mädchen qualifizierten sich für den Fußball-Landesentscheid in Barsinghausen mit dem Ziel, es sogar bis zum Bundesfinale in Berlin zu schaffen. Nach dem Sieg bei dem Kreisentscheid des Wettbewerbs „Jugend trainiert für Olympia" fand der Bezirksentscheid in Ahlhorn statt. Gegen Spielerinnen der Gymnasien Lohne, Ganderkesee und Jever setzten sich die ehrgeizigen Mädchen mit großem Kampfgeist durch und qualifizierten sich damit für den Landesentscheid.

Von über 1500 Klassen, die sich per Video für die Quiz-Sendung im Kinderkanal Kika „Die beste Klasse Deutschlands" bei ARD und ZDF beworben hatten, wurden 32 ausgewählt, die gegeneinander spielen mussten. 27 Schüler der Klasse 7c waren dabei und vertraten in vom Trägerkreis gesponserten T-Shirts die FCSO. Unter der Leitung von Dieter Garlich und in Begleitung von Britta Meyer und Frau Leemhuis reisten die Schüler am 4. März nach Köln-Hürth zum Fernsehstudio „Beste Klasse Deutschlands". An diesem Tag lagen sie mit 15 Punkten in Führung und konnten als Tagessieger aus der Show hervorgehen. Damit erreichten sie das Wochenfinale und gewannen 500 Euro. Am 19. März mussten sie gegen drei andere Klassen antreten und verfehlten dabei mit nur 3 Punkten die Hauptrunde. Trotzdem wurden sie bei der Rückkehr mit einem riesigen Plakat und großer Begeisterung von den Eltern in Empfang genommen.

Erneut gewann die FCSO beim ostfriesischen Filmwettbewerb der Auricher Filmklappe den ersten Preis in der Kategorie Kindergarten/Grundschule mit dem Film

FCSO-Schüler bei KIKA ‚ARD/ZDF „Beste Klasse Deutschlands"

„Ei ei ei was seh ich da?" von der Knetmännchen-Film-AG. Der Film berichtete aus einer Stunde der AG, in der sich während der Fünfminutenpause merkwürdige Dinge auf dem Filmtableau abspielten. Auch Kinder aus dem Kindergarten Spatzennest waren an dem Projekt beteiligt. Sie gaben einigen Knettieren die Stimme. Als Preisgeld gab es 200 Euro, eine echte Filmklappe und eine Urkunde. Außerdem war damit automatisch die Teilnahme an der niedersächsischen Ausscheidung verbunden.

Schüler der FCSO aus unterschiedlichen Jahrgängen nahmen mit guten Ergebnissen an weiteren Wettbewerben teil.

Immer wieder wurden Eltern und Freunde zu Theatervorführungen und Musicals eingeladen, die von Schülern verschiedener Jahrgänge präsentiert wurden. So war zum Beispiel das Foyer in der Primarstufe bis auf den letzten Platz besetzt, als das Musical „David, ein echt cooler Typ" aufgeführt wurde. Seit Schuljahresbeginn arbeiteten 76 Viertklässler an dem Musical. Unter Leitung der Klassenlehrerinnen Manuela Reiter, Martina Müller und Imke Köster hatten die Schüler sich nicht nur mit Gesang und Schauspiel befasst, sondern sich auch um Bühnenmalerei, Ausstattung und Kostüme gekümmert. Den Schauspielern gelang es schnell, deutlich zu machen, dass weder der kriegslustige Israel-König Saul, noch der riesenhafte Philister-Soldat Goliath in Gottes Augen als der Größte gilt. Spätestens als Goliath, von David mit der Steinschleuder getroffen, dramatisch niedersinkt und schließlich von der Bühne geschleift wird, wird die Botschaft des Musicals von Ruth Wilson und Heinz-Helmut Jost-Naujoks klar: „Bist du arm oder reich, bist du stark oder schwach, für Gott ist das nicht wichtig. Aber wenn dein Herz voller Liebe ist, dann bist du vor Gott richtig." 27 andere Viertklässler untermalten das Bühnengeschehen als Chorsänger mit 11 fetzigen, mitreißenden Songs. Zu vielen Gelegenheiten gaben die Schüler dabei auch Solo-Gesangseinlagen zum Besten. Coole Raps, theatralische Selbstdarstellungen und zu Herzen gehende Stimmungslieder kamen ton- und textsicher bei den rund 650 Zuschauern sehr gut an.

Der Ausbau und die Aktivitäten des Faches Darstellendes Spiel/Theater innerhalb des Unterrichtsgeschehens waren gute Möglichkeiten, das Interesse von Schülern an der theaterpädagogischen Arbeit zu steigern. Die Theater-AG der Sek II unter Leitung von Thomas Leuschner brachte im Juli die italienische Komödie „Der Fächer" auf die Bühne, die sie mit spürbarer Spielfreude, emotional und ausdrucksstark präsentierte. Das Publikum bedankte sich am Ende mit einem großen Applaus für einen gelungenen Theaterabend, an dem einmal mehr die Darsteller mit schauspielerischer Sicherheit und Spielwitz zu begeistern vermochten.

Am 22. Juli erbrachten FCSO-Schüler bei hochsommerlichem Wetter eine bemerkenswerte Leistung. Dr. Johannes Kisch hatte mit den drei Schülerinnen Lisanne van der Meulen, Jasmin Müller und Mareike Sinnhuber aus der Klasse 11 einen Sponsorenlauf mit UNICEF organisiert. In „nur" 3 Stunden erliefen die fleißigen Läufer insgesamt 29.519,89 Euro. Nach Abzug der Auslagen für T-Shirts, Preise und DRK-Helfer erhielten UNICEF und die FCSO jeweils 14.107,45 Euro. Ein herzliches Dankeschön erging an die großzügigen Spender, an alle treuen Helfer und Unterstützer im Hintergrund und natürlich an die ausdauernden Läufer. Mit dem Erlös für die FCSO konnte ein Kleinspielfeld mitfinanziert werden.

Die gestiegene Anzahl von Schülern mit Aufmerksamkeits-Störung (ADS) stellte eine besondere Herausforderung für Eltern und Lehrer dar. Es wurde Zeit, darauf professionell zu reagieren. Deshalb wurde der Arbeitskreis „Aufmerksamkeits-Störung" gebildet, der sich am 23. September erstmals auf dem Elternabend der fünften Klasse der Elternschaft und den anwesenden Lehrern vorstellte. Dazu gehörten Frau Dr. Sigrun Hartmann, Fachärztin für Kinder und Jugendliche, Katrin Huismann, Krankenschwester, sowie Silke Haan, Bürokauffrau, Stephan Grensemann, Beratungslehrer und Rainer Haan, Lehrer an der FCSO. Das Konzept des Arbeitskreises beruht auf drei Säulen:

1. Der Arbeitskreis möchte die Lehrer für das Thema ADS sensibilisieren, d.h. den Lehrern Erkennungsmerkmale nennen und verdeutlichen, um frühzeitig eine Hilfestellung für den betroffenen Schüler anbieten zu können.

2. Der Blick der Lehrer für Schüler mit einer Aufmerksamkeits-Störung soll geschärft werden. Was brauchen diese Schüler? Wie bzw. wo sollten sie in der Klasse sitzen? Wie können Arbeitsblätter bzw. Klassenarbeiten hilfreicher gestaltet werden? Bei diesen Fragen möchte man den Lehrern zur Seite stehen.

3. Die Gruppe bietet den betroffenen und fragenden Eltern Hilfe und Rat an und steht jederzeit für Gespräche zur Verfügung. Kontaktdaten und hilfreiche Adressen sowie Informationen wurden auf der Homepage der FCSO veröffentlicht.

Auf Wunsch der Trägerkreismitglieder und aufgrund einiger Nachfragen aus der Mitarbeiterschaft, vornehmlich von den in den letzten Jahren neu eingestellten Lehrkräften und Mitarbeitern, habe ich einmal ausführlich die Aufgaben und den Stellenwert des Trägerkreises VES, „Verein für Evangelische Schulerziehung Ostfriesland e.V.", beschrieben. In der „DIT un DAT", Ausgabe 92, Seite 18 und 19 wurde diese Beschreibung veröffentlicht unter der Überschrift: „Der Trägerkreis der FCSO. Wer ist der Träger der FCSO und welche Aufgaben erfüllt er für die FCSO? Beide gehören zusammen wie die zwei Seiten einer Medaille." Der erste Satz lautete: „Von außen gesehen wirkt der Trägerkreis eher unscheinbar im Hintergrund. Er erfüllt keinen Selbstzweck, ist aber für die FCSO von existentieller Bedeutung. Ohne den Trägerkreis gäbe es keine FCSO." Dann folgte ein kurzer Überblick über die Gründerzeit und über die umfangreichen Aktivitäten des Trägerkreises in der Anfangszeit. Hier einige Passagen: Im Zuge des Wachstums Schule befasste sich der Trägerkreis hauptsächlich mit Baumaßnahmen, Finanzierungsfragen und Personalangelegenheiten, während die Schulleitung vornehmlich mit der Entwicklung von Unterrichtsstoffplänen und pädagogischen Angelegenheiten zu tun hatte. Hinzu kamen für den Trägerkreis die vermehrten Gespräche und Korrespondenzen mit der Schulbehörde. Ebenfalls war es wichtig, die geistliche Ausrichtung der FCSO mit der täglichen Schulpraxis in Einklang zu bringen. Hervorzuheben ist hierbei die stets harmonische Zusammenarbeit mit der Schulleitung, dem Kollegium und der wachsenden Mitarbeiterschaft, wenn in seltenen Fällen auch mal kritische Personalgespräche nötig waren.

Die Arbeit des Trägerkreises hat sich im Laufe der Jahre gewandelt, da mit der Einstellung eines Verwaltungsleiters im Jahr 1998 und weiteren Mitarbeitern in den Folgejahren viele Aufgaben vor Ort erledigt wurden... Nach dem Vereinsrecht ist der Trägerkreis das oberste Entscheidungsgremium und wählt den Vorstand: 1. und 2. Vorsitzender, Schriftführer, Schatzmeister und Beisitzer. Im Auftrag des Trägerkreises ist der Vorstand planend, beratend, vorbereitend und ausführend tätig und nimmt damit eine hohe Verantwortung wahr… Die Trägerkreismitglieder engagieren sich ehrenamtlich, also ohne finanzielle Zuwendung… Sie sind im christlichen Glauben verwurzelt und erfahren in ihrer Arbeit dankbar Gottes Hilfe und Gegenwart. Sie „tragen" die FCSO engagiert mit Tat und Gebet. Sie möchten den „ausführenden Kräften", Lehrerkollegium, Schulleitung, Verwaltung und Mitarbeiterschaft, in wirtschaftlicher, finanzieller und ideeller Hinsicht den „Rücken freihalten", damit der Auftrag der Schule gelingt zum Segen und Wohle der Schüler und zur Ehre Gottes.

Die vorgenannte Beschreibung des Trägerkreises wurde mit den Fotos folgender 21 derzeit aktiven Mitglieder umrahmt: Amanda Blank, Heio Bronsema, Helmut Diekmann, Dietmar Gerdes, Günther Gerdes, Jörn Haase, Konrad Huismann, Christian Hunsmann, Dr. Daniel Hunsmann, Dieter Hupens, Antino König, Artur Kroon-Husmann, Hilda Kühnle, Helga Lambertus, Jens Pankratius, Kurt Plagge, Nieklaas Swart, Hanna und Werner Trauernicht, Dr. Walter Vietor und Erwin Wallenstein.

Die Trägerkreismitglieder im Jahr 2014

Die FCSO hatte sich im Laufe der Zeit vom anfänglich „kleinen" Verein zu einer großen Einrichtung eines Bildungsträgers mit vielseitigem Leistungsspektrum entwickelt. Deshalb wurde eine Strukturveränderung beschlossen und durchgeführt gemäß der Erkenntnis: „Dort, wo die Verantwortung ist, muss auch die Kompetenz sein und dort, wo die Kompetenz ist, muss auch die Verantwortung sein." Nach langen Gesprächen, externen Beratungen und unter Gebet beschloss der Trägerkreis, die FCSO aufgrund der gewachsenen Struktur nicht mehr ehrenamtlich zu führen, da der ehrenamtliche Vorstand vom eigentlichen Tagesgeschehen zu weit entfernt und Entscheidungswege zu lang waren.

Die bisherigen Positionen des Schulleiters Christian Hunsmann und des Verwaltungsleiters Kurt Plagge wurden in der Verantwortungs- und Entscheidungskompetenz auf die Vorstandsebene erweitert und durch Konrad Huismann, der hauptamtlich als Vorstand Personal und Vorstandssprecher eingestellt wurde, verstärkt. Dieses 3-köpfige Vorstandsteam leitete somit die FCSO im Sinne des Leitbildes der FCSO.

Der Trägerkreis als oberstes Organ hatte somit keinen ehrenamtlichen Vorstand mehr, sondern stattdessen einen ehrenamtlichen Aufsichtsrat. In den Aufsichtsrat wählte der Trägerkreis Erwin Wallenstein als Aufsichtsratsvorsitzender, Helmut Diekmann als stellvertretenden Vorsitzenden, Hilde Kühnle als Schriftführerin, Günther Gerdes und Tino König als Beisitzer. Die Aufgaben des Aufsichtsrates und des Trägerkreises konzentrierten sich künftig darauf, den dreiköpfigen geschäftsführenden Vorstand zu beaufsichtigen und in enger Abstimmung mit ihm die geistliche Ausrichtung der FCSO zu begleiten.

Im Zuge der Strukturveränderung wurde eine Geschäftsordnung für den Vorstand verfasst sowie die Satzung überarbeitet und auf den aktuellen Stand gebracht.

Es wurden außer Konrad Huismann - als Personalvorstand - folgende neuen Lehrkräfte eingestellt: Ina Bick, Ellen Gaspar, Mechthild Molkentin und Daya Post, Sebastian Möller und Daniel Stenzel als Referendar sowie Tanja Enseroth, Renate Nannen und Heidrun Piorr als pädagogische Mitarbeiterinnen. Robin Wessel kam für ein „Freiwilliges Soziales Jahr" für den Bereich Sport an die FCSO. Ausgeschieden sind Jürgen Reinders und Anke Lambertus.

Zum Schuljahresbeginn unterrichteten 109 Lehrkräfte 1.290 Schüler.

In einer Feierstunde erfolgte am 13. November in guter Tradition die Ehrung der diesjährigen Dienstjubilare. Ute Groen, Beate Renschler, Karin Kröner, Margret und Ingo Carl, Brigitte Behrmann, Jürgen Lohrie, Christine Rogatzki blickten auf je 20 Jahre zurück, sowie Dorothea Priebe und Dr. Frank Terjung auf je 10 Jahre. Anke Lambertus wurde bei dieser Feier mit Dank nach 13 Jahren FCSO verabschiedet.

Während der Planung, das sogenannte Ersatzgebäude zu einem Musikhaus umzubauen, hatte ein Nachbar Bedenken wegen Lärmbelästigung geäußert. Als Vorbedingung einer Genehmigung zum Umbau waren wir verpflichtet, ein Lärmgutachten erstellen zu lassen. Der Umbau verteuerte sich infolge der entsprechenden Lärmschutzmaßnahmen um rund 200 T Euro, sodass die Kosten für den Umbau

Beispiel für 5 Abschluss-Klassen des 10. Jahrgangs, hier im Jahr 2014

insgesamt auf rund 525 T Euro stiegen. Trotzdem hielten wir daran fest, diese Baumaßnahme durchzuführen.

Ebenfalls entschieden wir uns dafür, einige Klassenräume, die für den naturwissenschaftlichen Unterricht genutzt wurden, völlig neu zu gestalten. Die bisherige Einrichtung stammte noch aus den frühen 90er Jahren mit gebrauchtem Mobiliar. Die Neueinrichtung beinhaltete u. a. Deckenlifte mit Elektro- und Gasversorgung, die für Schülerversuche auf Knopfdruck in Arbeitshöhe heruntergelassen werden konnten. Im Naturkunde-Trakt wurde ein weiterer Vorbereitungsraum für den Fachbereich Chemie geschaffen, in einem anderen Raum durch entsprechende technische Ergänzungen bessere Möglichkeiten für den Biologieunterricht. Damit standen für den naturwissenschaftlichen Unterricht sechs Fachräume und fünf Vorbereitungsräume zur Verfügung.

Einen weiteren Meilenstein in der Entwicklung neuer Räume durften wir mit der Einweihung des rund 1,7 Mio Euro teuren Neubaus mit 10 Klassenräumen am 9. September feiern. Mit dem ersten Schultag nach den Sommerferien konnte der Neubau an der Gesamtschule in Betrieb genommen werden. Somit hatten die mobilen Unterrichtscontainer ausgedient und konnten entfernt werden. Die neuen Unterrichtsräume erstrahlten hell und freundlich und waren mit moderner Technik in Form von Whiteboards ausgestattet. Der neue Trakt mit einer Grundfläche von rund 450 qm enthält neben sechs Klassenräumen zwei Differenzierungsräume, in denen Kleingruppen in direkter Nachbarschaft zu den Klassenräumen gesondert betreut werden können. Zwei Klassenräume sowie ein Differenzierungsraum können durch Öffnung der mobilen Trennwände zu einem großen Prüfungsraum verbunden werden, in dem u. a. auch Abiturprüfungen stattfinden.

10 neue Klassenräume, 8. Baumaßnahme 2014

Einweihung des Neubaus mit Schülern und dem Vorstand, v. l. n. r.: Konrad Huismann, Christian Hunsmann und Kurt Plagge

Ein wesentliches Merkmal unseres Schulkonzepts sollte u. a. auch darin sichtbar sein, dass wir über zeitgemäße und saubere Räumlichkeiten, moderne technische Ausstattungen und optisch ordentliche Außenanlagen verfügen. Dieser positive Eindruck wird in der Regel auch immer wieder von Besuchern anerkennend bestätigt, wenn sie das erste Mal die Schule betreten. Wenn auch die inhaltliche Qualität sowie die biblische Grundlage die wichtigsten Kriterien der FCSO ausmachen, werden sie durch ein ansehnliches und modernes Outfit natürlich noch zusätzlich positiv unterstrichen. Dafür können wir nur dankbar sein.

Einen großen Anteil an dem sauberen äußeren Eindruck haben selbstverständlich auch unsere Hausmeister Johannes Hinrichs und Reiner Berndt. Sie sind täglich damit beschäftigt, die äußeren Betriebsabläufe in den Gebäuden und dem Schulgelände sicherzustellen. Meistens wirken sie im Hintergrund, kontrollieren die Reinigungsdienste, reparieren hier und dort kleine Schäden, sorgen für die Bereitstellung von Gerätschaften oder stehen dem Kollegium für Hilfsdienste zur Verfügung. Bei den verschiedenen Schulveranstaltungen sitzen sie am elektronischen Mischpult und sorgen für den „guten Ton".

Kapitel 43

2015 Neue Aufbauorganisation der FCSO - Schüleraustausch - Schuldiakon - Neues Lehrerzimmer in der Grundschule - Wechsel im Aufsichtsrat

Im Laufe dieses Jahres verlief die Arbeit der FCSO in gleicher Intensität, wie in den Vorjahren. Die verschiedenen Schulaktivitäten im laufenden Jahr und in den noch folgenden Jahren ähneln denen, die ich bereits in den vorherigen Kapiteln geschildert habe. Deshalb möchte ich nicht mehr auf alle einzelnen Ereignisse eingehen, obwohl mir bewusst ist, dass zu jeder Zeit den beteiligten Schülern, Lehrern und Eltern jedes Ereignis wichtig war.

Im letzten Teil der Schulgeschichte geht es also etwas weniger um die Schilderung einzelner Aktivitäten, sondern vornehmlich um Veränderungen im Personalbereich, in der Schülerentwicklung, in der Schulorganisation und im Trägerkreis.

Wie in jedem Jahr besuchten hunderte Besucher die Theatervorführungen oder Musicals, die jeweils von Schülern mit Engagement und Freude eingeübt und vorgetragen wurden. Hier noch einmal ein Rückblick auf das Musical „Bartimäus - ein wunderbarer Augenblick", zu dem in zwei Veranstaltungen rund 600 Zuschauer kamen. 78 Viertklässler hatten wegen der späten Herbstferien nur zehn Schulwochen Zeit, um die Inszenierung vorzubereiten. Die Klassenlehrer Dorothea Blank, Susanne Ziegler und Johannes Köster konnten dabei glücklicherweise auf die Hilfe von zehn Eltern und Hausmeister Johannes Hinrichs zurückgreifen. Im Rekordtempo stellten sie mit den Kindern Kulissen und Requisiten her, erprobten die Bühnentechnik, lernten Texte auswendig, übten Lieder ein und erarbeiteten die Tanzchoreographien.

Das Ergebnis konnte sich sehen und hören lassen. Im Stück wurde besonders die Ausgrenzung des sehbehinderten Bartimäus betont, die in Form eines Solo-Gesangs eindrücklich mit dem Ruf „Herr, öffne mir die Augen" zum Ausdruck kam. Doch auch die Gegenseite kam in Form eines Liedes, im Hintergrund mit Staffagen mit Sonnenbrillen und Kappen, zum Zuge, als sie frech sangen: „Halt die Klappe". Eine beeindruckende Vorstellung.

„Die Mühen haben sich gelohnt. Ihre Kinder waren Spitze!" resümierte Johannes Köster zum Abschied unter tosendem Applaus.

Nach der strukturell veränderten Schulleitung wurde auch die Aufbauorganisation der FCSO ganz neu konzipiert und in „DIT un DAT", Ausgabe 95, Seite 15 veröffentlicht. Das Organigramm vermittelt einen guten Überblick über die verschiedenen Funktionen in allen drei Schulstufen wie Schulleitung, Stellvertretende Schulleitung, Schuldiakon, Didaktische Leitung mit 12 Fachbereichsleitern, 6 Teil-Fachbereichsleitern, Koordinator, FZN-Koordinator, Schullaufbahnberaterin und Beratungslehrer. Ebenso ist darin die Übersicht über die Struktur der Verwaltung mit den jeweiligen Funktionen Verwaltungsleiter, Verwaltungsassistenz, Sekretariat und Hausmeister enthalten.

Regelmäßige Schüleraustausch-Aktionen führten die Oberstufenschüler u. a. nach England und Frankreich. Ganz aktiv wurden die Kontakte zu Israel gepflegt. Wie eng die ostfriesische Geschichte mit der jüdischen verbunden ist, erlebten die Teilnehmer des Austausches mit Israel während ihres Aufenthaltes beim Besuch einer Synagoge in Tel Aviv: Sie begegneten dort Judith Hirschberg, der Frau des ehemaligen Leeraner Juden Jechiel Hirschberg, und Boaz Blum, dem Urenkel des letzten Emder Rabbiners Dr. Samuel Blum. Der Israel-Schüleraustausch findet fast jedes Jahr statt. Sicher haben die intensiven Kontakte zu Israel auch damit zu tun, dass der Schüler Jared Lohrie für herausragende Leistungen den Schalom - Chaver - Preis erhielt. Dieser Preis würdigt Facharbeiten aus den Bereichen Deutsch-Israelisches Verhältnis, Deutsch-Jüdische Geschichte, Christlich-Jüdisches Zusammenleben, Antisemitismus, Judentum, Israel u. ä. Ebenfalls erhielten Lisa Bents einen 3. Preis sowie Tomke Nöhre und Christoph Verwaal einen Buchpreis.

Die erste bei der FCSO eingerichtete Inklusionsklasse feierte im laufenden Jahr 2015 einen erfolgreichen Schulabschluss. Es wurde hervorgehoben, dass sich die Zusammenarbeit innerhalb der Klasse sehr positiv entwickelt habe.

Im Personalbereich bewegte sich einiges durch folgende Neueinstellungen: Schuldiakon Oliver Koppelkamm, Lehrkräfte Hanna Hedwig, Richard Maislinger und Arne Schulz, Mitarbeiterin im Bundesfreiwilligendienst Merle Tielbürger, Referendar Mathes Paulus, Marcel Heberle und Ann-Christin Schäfer, Praktikant/in Keno Fahrenholz,

Koordinatorin für Berufsbildung Judith Winter, für den Bereich Schulbuchausleihe Katja Fleßner Laura Huismann für ein Praktikumsjahr als Erzieherin in der FCSO-Schuldiakonie, Pädagogische Mitarbeiterin Martina Brinkema und Cintia M. Rodrigues, Katrin Huismann als Leiterin und Marie Westdörp als Mitarbeiterin in der Mensa sowie Olaf Blank für die Unterstützung des Hausmeisters Reiner Bernd.

Annette Graß, Nathalie Schmidt und Christian Schulz-Brümmer verließen die Schule. Alfred Massar wurde mit Dank in den verdienten Ruhestand verabschiedet.

Für ihren langjährigen Dienst an der FCSO bedankten wir uns in einer Feierstunde bei den Jubilaren Sabine Grabe und Herbert Schnau für je 25 Jahre, bei Regina Kratzert und Martin Wolter für je 20 Jahre und bei Marie Batmale, Gesa Hoffmann, Annegret Meyer, Heidrun Swart, Fank Olthoff und Friedhelm Schnell für je 10 Jahre.

Mehr Raum und eine neue Sitzordnung waren in der Grundschule nötig geworden, da u. a. im Rahmen von Integration und Inklusion pädagogische Mitarbeiter und Integrationshelfer in etlichen Klassen eingesetzt wurden und die Klassen- und Fachlehrkräfte stundenweise unterstützten. Im Zuge einiger Umbaumaßnahmen an der Primarstufe wurde aus dem Klassenraum 1c ein Lehrerzimmer, das bisherige Spielzimmer wurde zur Klasse 1c und ein Container als Spielzimmer eingerichtet.

Es lag wohl in der Natur der Sache, dass der Wunsch lauter wurde, nach vielen Jahren das Essensprogramm in der Mensa zu ändern. Der neue Lieferant, nämlich die Lebenshilfe Leer, löste den langjährigen Lieferanten aus der Nachbarschaft, Schlachterei Lay, ab. Nach einer gewissen Zeit der Umgewöhnung wurde die Veränderung positiv kommentiert.

Im Aufsichtsrat des Trägerkreises gab es während der Jahreshauptversammlung folgende Veränderungen: Tino König wurde zum 1. Vorsitzenden, Helmut Diekmann zum 2. Vorsitzenden und Jörn Haase als Beisitzer gewählt. Hilda Kühnle behielt das Amt der Schriftführerin. Aus beruflichen Gründen standen die langjährig tätigen Vorstands- bzw. Aufsichtsratsmitglieder Erwin Wallenstein und Günther Gerdes für eine Wiederwahl nicht mehr zur Verfügung. Sie blieben aber weiterhin Mitglieder des Trägerkreises. Ihnen wurde für die langjährige, intensive, treue und kompetente Mitarbeit herzlich gedankt und Gottes Segen gewünscht. Artur Kroon-Husmann und ich wurden als Kassenprüfer gewählt. Wir übernahmen diese Aufgabe noch für eine gewisse Zeit, obwohl wir beide uns eher von einigen Aufgaben lösen wollten, um jüngeren Mitarbeitern den Vortritt zu lassen. Als neues Mitglied im Trägerkreis durften wir Ursel Tjebben begrüßen.

Zum Schuljahresbeginn unterrichteten 104 Lehrkräfte 1.270 Schüler.

Kapitel 44

2016 Einweihung „Haus der Musik" - Schulsozialarbeit - Neue Schulsekretärin und Lehrer

Nachdem im Landkreis Leer bekannt wurde, dass die FCSO über den normalen Unterricht für FCSO-Schüler hinaus auch Kindern und Jugendlichen außerhalb der FCSO entsprechende Angebote für den Musikunterricht unterbreiten wolle, überlegte man im Landkreis, wie eine Konkurrenzsituation mit der Kreismusikschule Leer vermieden werden könne. Die Gespräche ergaben, dass ein gemeinsames Konzept die richtige Lösung sei.

Unser Musiklehrer Jürgen Glenk, der die Leitung unseres Musikhauses übernehmen sollte, erhielt den Auftrag, mit dem Leiter der Kreismusikschule ein entsprechendes Programm der Zusammenarbeit vorzubereiten und einen Nutzungsvertrag abzuschließen. Darin sollten organisatorische und inhaltliche Grundsätze enthalten sein, die sowohl die Ziele der FCSO, als auch die Interessen des Landkreises berücksichtigten.

Jürgen Glenk empfahl, mit einem Ganztagsangebot die Qualität zu verbessern, weil die Zeit am Vormittag nicht ausreichen würde, folgende Ideen für das Musikkonzept zu realisieren:

Stimmbildung, Tontechnik, Schulorchester, Studienvorbereitung, besondere Events, Ferien- und andere Angebote sowie eine Musikervermittlung. Kooperationen sollte mit Gemeinden angestrebt werden, um damit eine positive Außenwirkung zu erzeugen.

Zur Einweihung des Musikhauses wurde eine gemeinsam formulierte Einladung des Landkreises und der FCSO verschickt. Mit Beteiligung der FCSO-Schüler, des Lehrerkollegiums, der Mitarbeiterschaft, der Trägerkreismitglieder sowie Vertretern des Landkreises und der Kreismusikschule war diese Einweihung ein besonders Ereignis. Es wurden ein hochklassiges Musikprogramm und in den verschiedenen Räumen verschiedene musikalische Darbietungen geboten. In den Reden kam zum Ausdruck, dass es sich bei diesem gemeinsam realisiertes Projekt um eine ganz außergewöhnliche Möglichkeit der Zusammenarbeit zwischen dem Landkreis Leer und der FCSO handele, man sich gegenseitig dazu gratulieren könne und sich auf die gemeinsame Zukunft freuen würde.

Musik hatte in der FCSO schon immer eine besondere Bedeutung. Ob im Schulchor „Schola Cantorium Frisienis", der Schülerband „Restlos ausverkauft", in verschiedenen AG-Angeboten, Musik-WPKs oder auch im Musikunterricht mit seinem Schwerpunkt Singen, Flöte spielen oder Musizieren als Bläserklasse, - es war uns immer wichtig, Schülern viele Möglichkeiten zu bieten, ihre musikalischen Talente zu entdecken, zu entwickeln und einzusetzen.

Das neue „Haus der Musik", 9. Baumaßnahme 2016

Der Zuzug von Flüchtlingen war auch in der FCSO spürbar, von denen mehrere auch in der FCSO aufgenommen wurden. Vier Schüler aus Afghanistan konnten ihren Hauptschulabschluss erreichen. Zeitweise waren diese jungen Menschen in Familien unserer Lehrer und des Trägerkreises mit Familienanschluss untergebracht.

Die Einstellung von Oliver Koppelkamm als Schuldiakon stellte sich immer mehr als richtig heraus. Er konnte sowohl in der Schülerschaft, als auch durch Kontakte zum Lehrerkollegium viel Positives bewirken. Auf unterschiedliche Weise versuchte er, zu den Schülern Vertrauen aufzubauen, wie zum Beispiel Anfang Januar in der „Woche der Begegnung" mit Oberstufenschülern und 29 Jugendlichen aus Afghanistan und 2 Jugendlichen aus Syrien. Auf dem Programm standen neben dem Kennenlernen und den gemeinsamen Mahlzeiten Sport, kreative Angebote, Ausflüge ins UP-Kletterzentrum Oldenburg, sowie ins Leeraner Miniaturland und natürlich viel Zeit für Begegnungen beim Kartenspielen bei einer Tasse Tee. Durch die guten Kontakte, die in dieser Woche entstanden waren, konnten acht Jugendliche aus Afghanistan an unserer Schule aufgenommen werden. Darüber hinaus kamen vierzehntägig Schüler der FCSO und Flüchtlinge zum gemeinsamen Sport in der Sporthalle zusammen. Am 13. Februar besuchte Oliver mit 80 Schülern, Eltern,

Lehrern und Freunden der FCSO das Heimspiel des SV Werder Bremen gegen TSG Hoffenheim. Die Fahrt mit zwei Bussen ins Weserstadion war ein großartiges Erlebnis, auch wenn das Spiel nur mit 1:1 endete.

Am 26. Februar machten sich 22 Schüler gemeinsam mit Oliver Koppelkamm und Laura Huismann auf den Weg zum CVJM -Tagungshaus nach Rorichmoor. An diesem Schüler-Bibelkreis-Wochenende gab es neben Spiel, Spaß und Aktion jeden Morgen und Abend eine Andacht zum Thema „Liebe deinen Nächsten wie dich selbst". Der Samstagvormittag wurde genutzt, um auf unterschiedliche Weise zu beten. Hierzu dienten verschiedene Stationen wie z. B. „DankBar". Jeder Schüler hatte die Möglichkeit, auf einen kleinen Zettel zu schreiben, wofür er Gott dankbar ist. Dieser wurde dann in eine Flasche gesteckt und für eine Gebetsgemeinschaft am Sonntagvormittag genutzt. Neben freien Zeiten gab es auch viel kurzweiliges Programm. Die Schüler genossen dieses Wochenende zudem als eine kurze Auszeit vom Schulalltag.

Zum Aufgabengebiet der Schulsozialarbeit gehörte auch ein vielfältiges soziales Kompetenztraining in den Klassen 5 bis 8. Das beinhaltete zum Beispiel vertieftes gegenseitiges Kennenlernen, sich mitteilen und zuhören können, zu sich selbst stehen, Selbst- und Fremdwahrnehmung schärfen, Feedback geben können, Gefühle erkennen und ausdrücken, Empathie entwickeln oder Konfliktbewältigung.

Das kleine Jubiläum „10 Jahre Schulkiosk" war eine gute Gelegenheit für den Vorstand, Hanna Vogel zu gratulieren und für ihr Engagement herzlich zu danken. Mit ihrem Mann Lars musste sie insbesondere zu Anfang viel improvisieren und sich manchmal mit wenigen Mitteln behelfen und entwickelte zu den Schülern ein besonders herzliches Verhältnis. Sie betonte, dass es für sie bisher eine sehr schöne Zeit gewesen sei.

Sonja Kruchen wurde als neue Schulelternratsvorsitzende gewählt. Bei ihrer Arbeit unterstützte sie Anja Sandersfeld als stellvertretende Vorsitzende.

Mit der Agentur Agilo wurde eine Zusammenarbeit für den Bereich der Integration vereinbart. Agilo war auf die Schulbegleitung für Kinder mit Behinderungen spezialisiert. Die in eigener Regie sehr aufwändige Organisation der einzelnen Einsätze von Helfern konnte mit dieser Zusammenarbeit rationalisiert und flexibler gestaltet werden.

Der Parkplatz an der Grundschule wurde erweitert und durch die Pflasterung in einen sauberen Zustand versetzt. Diese Verbesserung war schon länger geplant und konnte in diesem Jahr endlich verwirklicht werden.

Bild 74

Der neue Parkplatz an der Grundschule

Leider musste unsere Schulsekretärin Reena van der Laan wegen Wohnungswechsel ihren Dienst an der FCSO beenden, da ihr Mann Edzard in Emlichheim eine neue Stelle als Gemeindepastor antrat. Reena hat viele Jahre sehr umsichtig und engagiert das Schulbüro geleitet und zu allen ein hervorragendes Vertrauensverhältnis entwickelt. Ihre Treue bewies sie auch dadurch, dass sie über viele Monate manche Kilometer zwischen der neuen Wohnung und der FCSO pendelte, bis eine Nachfolgerin ihren Platz einnehmen konnte. Sie wurde mit dem Ausdruck des Bedauerns aber mit herzlichem Dank verabschiedet.

Als Nachfolgerin konnte Jennifer Siemann ihren Dienst im April beginnen, da sich für ihren Mann überraschend die Option für einen beruflichen Wechsel ergab. Mit der Bemerkung „Raus aus der Industriemetropole Ruhr, rein in das Land der Windräder, Deiche, Fehnkanäle und Hammriche", freute sie sich auf die neue Aufgabe. Trotz anfänglicher Unsicherheit, das bisher sichere soziale Umfeld gegen ein gefühltes Abenteuer einzutauschen, konnte sie schließlich sagen: „Ostfriesland gefällt uns wirklich gut, Gott hat diesen Weg für uns vorbereitet."

Es gab weitere Neueinstellungen: Lehrkräfte: Stefan Bieniek, Michael Gerbrandt, Nico Heins, Joana Karlguth, Jann-Peter Miclaus, Ann-Kathrin Müller, Udo Rah, Jens Holger Ring, Michael Ryl, Michael Schrimpf, Raphael Ulrich, Referendarin Amelie Rübcke-von Feldheim, Pädagogische Mitarbeiterinnen: Okka Amke Brunken, Bettina Gerdes, Anna Müller sowie die Jahrespraktikanten Gina Khaabaz und Daniel Kunz.

Katharina Brüns, Heike Plösch und Friedhelm Schnell verließen die FCSO, auch wenn letztere übergangsweise im neuen Schuljahr aushilfsweise noch einige Stunden unterrichteten.

Am 8. November wurden folgende Jubilare für ihr bisheriges Engagement an der FCSO geehrt und beglückwünscht. Unser herzlicher Dank ging an Asmus Meyer, Michael Piorr, Dirk Thomsen und Hans-Martin Urbschat für je 25 Jahre, Karin Meyer, Stefan Grensemann und Wolfgang Kröner für je 20 Jahre sowie Viola Brinkema-Brand, Christine Staaßen und Andrea Wenninga für je 10 Jahre.

Erstmals spürten wir die geburtenschwachen Jahrgänge mit leichten Rückgängen der Schüleranmeldungen in der Grundschule. Das machte uns zwar keine Sorgen, veranlasste uns aber zum Nachdenken über eventuelle Reaktionen in den nächsten Jahren.

Zum Schuljahresbeginn unterrichteten 103 Lehrkräfte, 2 Teilzeitlehrkräfte, 3 Vertretungslehrkräfte und 5 Referendare 1.258 Schüler, davon 268 in der Primarstufe, 822 in der Sek. I und 168 in der Sek. II.

Insgesamt waren 152 Mitarbeiter an der FCSO tätig: 113 Lehrkräfte, 2 Praktikanten, 25 pädagogische Mitarbeiter und Integrationshelfer (7 von Agilo) und 12 Mitarbeiter in Verwaltung, Bibliothek, LAV, Sekretariat, Hausmeister und Mensa.

Kapitel 45

2017 FCSO-Schüler bei Wettbewerben erfolgreich - Ossiloop mit über 50 FCSO-Läufern - Aktionen zum 500-jährigen Lutherjubiläum - 30-jähriges FCSO-Jubiläum - 100. Ausgabe DIT un DAT - Personalkarussell in Bewegung

In diesem Jahr ergaben sich für den normalen Schulbetrieb neben vielem Beständigen auch diverse Veränderungen und Erneuerungen. In den einzelnen Verantwortungsbereichen der Verwaltung oder des Lehrerkollegium galt es, sowohl inhaltlich als auch in der Methodik, Anpassungen bzw. Korrekturen vorzunehmen.

Beim 36. Ossiloop „Vant`t Meer na Leer" war die FCSO mit einer Mannschaft von über 50 Läufern erfolgreich beteiligt. Das Ergebnis in der Ossiloop-Schulwertung konnte sich mit einigen 1. Plätzen und jeweils einem 3.- 5.- und 8. Platz in den Einzelwertungen wieder einmal sehen lassen. Eine gute Werbung für die FCSO bei dem viel beachteten sportlichen Ostfriesen-Event mit rund 3000 Teilnehmern.

FCSO-Mannschaft mit über 50 Läufern

Auffallend waren in diesem Jahr die vielen Erfolge von FCSO- Schülern bei Wettbewerben, die durch Zeitungsberichte auch in der Öffentlichkeit bekannt wurden. Die Ostfriesenzeitung (OZ) titelte zum Beispiel: „Die FCSO räumte gleich dreimal ab" und berichtete über die 15. Auricher Filmklappe, die in sieben Kategorien Preise übergab. Das „Sonntagsblatt" schilderte den Verlauf der Preisverleihung in einem halbseitigen Artikel sehr ausführlich und schrieb einleitend: 15. Auflage der Auricher Filmklappe. 34 Beiträge von rund 350 Schülern wurden eingereicht. Allein die Freie Christliche Schule Ostfriesland aus Moormerland liegt in gleich drei Kategorien ganz vorne… In der Altersklasse Kindergarten/Grundschule ging Platz zwei an die Freie Christliche Schule Ostfriesland für ihren Kurzfilm „Auf der Suche nach Anschluss"… Wie unser Gehirn funktioniert und warum das Stapeln von Bechern das Lernen verbessern kann, verrät der Film „Der Becher, der alles verändert", mit dem die Freie Christliche Schule Ostfriesland im Sekundarbereich der Klassen fünf bis sieben - mit dem 1. Preis - die Nase vorn hatte… In der nächsten Kategorie, dem Sekundarbereich der Klassen acht bis zehn, landete wiederum die Freie Christliche Schule Ostfriesland auf Rang eins. In „Keine Sorge, mir geht's gut" setzten sich die Schüler mit dem Thema Magersucht auseinander… Darüber hinaus gab es noch einen Moin-Sonderpreis, der die Beschäftigung mit dem Thema Heimat würdigen soll. Gewonnen hat hier abermals die Freie Christliche Schule Ostfriesland mit ihrem Beitrag: „Heimat - eine lebenslange Suche", in dem geschickt ein Bogen zwischen „einheimischen" Vorurteilen und dem Los von Flüchtlingen gespannt wird.

Die OZ berichtete ein weiteres Mal mit der Überschrift: „Zweiter Platz für Drittklässler" über 17 Jungen und Mädchen der Freien Christlichen Schule Ostfriesland, die zur Ehrung nach Harsefeld reisten. Beim Kurzfilmfestival Nord in Harsefeld (in der Nähe von Stade) gewannen die Schüler der Klasse 3c den zweiten Preis. Die Jungen und Mädchen hatten zusammen mit dem Lehrer Johannes Köster einen eigenen Film gedreht. Das Projekt heißt „The American Dollar". In dem Film geht es um die Zweitklässlerin Hanna, die sich mithilfe ihrer Schulleiterin gegen freche Mitschüler wehrt.

Ein halbseitiger Bericht der OZ trug die Überschrift: „Zweiter Platz beim Hörwettbewerb. Drittklässler der Freien Christlichen Schule Ostfriesland in Veenhusen waren erfolgreich." Die FCSO-Schüler der Klasse 3c erreichten den 2. Platz bei dem Hörspielwettbewerb „Der Hörwurm" mit dem zehnminütigen Beitrag „Mein neuer Freund", den sie unter Leitung der Jahrespraktikantin Iris Engel erstellt hatten. Zur Preisverleihung reisten die Schüler nach Hannover. „Der Hörwurm" ist ein Hörspielwettbewerb, den wir hier in ganz Niedersachsen anbieten", erzählte Uwe Plasger von der Medienberatung Niedersachsen. „Das heißt, alle Grundschulkinder aus dem Land können an diesem Wettbewerb teilnehmen. Wir bieten ihn an, um den Spracherwerb bei den Kindern auf spielerische Weise zu fördern. Wir wollen damit die sprachliche Kreativität und nicht zuletzt auch den Umgang mit neuen Medien unterstützen."

Das Foyer der Primarstufe war bei beiden Vorstellungen bis zum letzten Platz gefüllt, als die 70 Viertklässler der Schule - mit dabei auch unsere Enkeltochter Lara - das Musical „Samuel – Ein Junge wird Prophet" auf die Bühne brachten. Das Stück von Songwriter Markus Heusser erzählt in einem großen Bogen die Lebensgeschichte des biblischen Propheten Samuel. Als Vorlage dienten Heusser die ersten zwölf Kapitel aus dem 1. Buch Samuel. Die Mühen der langen Vorarbeiten hatten sich gelohnt. Obwohl das Musical mit knapp 90 Minuten eine recht lange Spieldauer hat, verging die Zeit für die Zuschauer wie im Fluge. Besonders die mitreißenden Hauptdarsteller die mühelos die schnellen und anspruchsvollen Dialoge meisterten, und die teilweise zu Herzen gehenden Soloeinlagen verschiedener Chormitglieder ließen keine Langeweile aufkommen. Stephan Bieniek hatte sich als Chorleiter in Vertretung der erkrankten Hilke Wehl und Anke Antons als Vertreterin der erkrankten Dorothea Priebe als Bühnen-Direktrice so gut eingearbeitet, dass die „Vertretung" wohl keinem Zuschauer aufgefallen ist. „1000 Dank für die Mühe und Professionalität bei der Vorbereitung und Aufführung des „Samuel"! Wieder mal unvergesslich" schrieb ein Vater tags darauf enthusiastisch an die Schule.

Das Musical „Samuel" mit Schülerinnen der Grundschule

Es wurde manchmal gefragt, wie sich denn Schüler der FCSO entwickeln würden, nachdem sie die Schule verlassen hätten. Stellvertretend für Viele möchte ich zwei Beispiele herausgreifen.

Mir fiel ein ganzseitiger Bericht in der OZ auf vom 25. Oktober 2017 mit der großen Überschrift: „Ostfriesin macht Österreicher stolz. Untertitel: Christine Deckena aus Moormerland ist Gewinnerin eines Elite - Contests für Auszubildende aus Luxus-Hotels." Erfreut las ich in dem Bericht: „Ihre ersten gastronomischen Erfahrungen hatte die 22-Jährige nach dem Abitur an der Freien Christlichen Schule Ostfriesland (FCSO) in Veenhusen im Bundesfreiwilligendienst für ein Jahr auf Norderney gesammelt…" („Oh", dachte ich, „eine gute Werbung für die FCSO. Vielleicht hat sie ja dort viele guten Impulse für ihr Leben erhalten, die sich offensichtlich positiv ausgewirkt haben.") „Die 22-Jährige lernt im Schloss Fuschl Resort & Spa in Salzburg. Dort waren Ende der 1950er Jahre die Sissi-Filme gedreht worden", berichtete die OZ. „Zum ersten Mal hat mit Christine Deckena aus Veenhusen (Gemeinde Moormerland) eine Auszubildende des Fünf-Sterne-Hotels Schloss Fuschl Resort & Spa in Salzburg den Azub i- Contest der Selektion Deutscher Luxushotels gewonnen. 200 Auszubildende hatten an dem Elite-Wettbewerb teilgenommen. „Das war eine überraschende und tolle Erfahrung", berichtete die Ostfriesin… Nach der ausführlichen Darstellung ihrer bisherigen Ausbildungslaufbahn und ihrer Pläne für die weitere Karriere-Entwicklung meinte sie, dass sie immer wieder und möglichst oft in ihre Heimat zurückkehren werde und bekannte: „Ich liebe Ostfriesland über alles."

Schon seit einigen Jahren hatten Josepha und Cosima Carl, die Töchter unseres Lehrer-Ehepaars Margret und Ingo Carl, mit Musik-Auftritten auf sich aufmerksam gemacht. So berichtete die OZ mehrfach über den Werdegang der Musik-Talente, u. a. mit einem ganzseitigen Beitrag: „Joco: Kurs auf die Elbphilharmonie." Joco, das Kürzel aus beiden Vornamen, ist zugleich ihr Künstlername. „Mit ihrem aktuellen Album „Into the deep" werden die beiden Musikerinnen wieder auf Tour gehen - und womöglich sogar in Asien Konzerte spielen. Zwei Ostfriesinnen werden – im aktuell vielleicht modernsten Konzertsaal der Welt einen weiteren bedeutenden Schritt in ihrer verblüffenden Kariere tun: Josepha (27) und Cosima Carl (31), die aus Veenhusen stammen und das Indie-Pop-Duo „Joco" bilden, werden am 16. und 17. Februar zwei Konzerte im großen Saal der Elbphilharmonie geben. In diesem Fall werden sich die ausgefeilt - verträumten Klavier und Gitarren-Songs der Ostfriesinnen mit der 1. Sinfonie von Dimitri Schostakowitsch und der Suite aus der Filmmusik zu „La Strada" von Nino Rota treffen. „Das ist natürlich der Wahnsinn. Der perfekte Jahresstart – so etwas Besonderes erleben zu dürfen an so einem unfassbaren Ort in unserer Wahlheimat", sagt Cosima Carl. In einem weiteren OZ-Bericht hieß es: Joco: „Geflasht" von der Elbphilharmonie. Auch Tage später sind Josepha und Cosima Carl noch überwältigt von ihren Wochenenderlebnissen. Gleich zweimal sind die aus Veenhusen stammenden Musikerinnen mit ihrem Indie-Pop-Duo Joco in der Elbphilharmonie in Hamburg aufgetreten – vor je 2100 Zuhörer im beide Male ausverkauften großen Saal. „Wir sind noch völlig geflasht", sagt Cosima Carl, „Das war ein krass intensives Erlebnis."

Beispiel für die Abiturabschluss-Klassen, hier im Jahr 2017

Es könnten viele Beispiele ähnlicher Art von ehemaligen Schülern der FCSO geschildert werden, die nach Ausbildung bzw. Studium einen guten Job als Techniker, Handwerker, Musiker, Lehrer, Pastor, Beamter, in Heilberufen und weiteren wirtschaftlichen bzw. forschenden Berufen ausüben, bzw. sich noch im Studium befinden, wie beispielsweise auch drei unserer Enkelkinder, die nach der FCSO-Schulzeit Medizin bzw. Physiotherapie studieren oder sich in der Ausbildung befinden.

Der Fachbereich Chemie der Universität Oldenburg verleiht jährlich den Angelus-Sala-Preis für herausragende schulische Leistungen im Fach Chemie. Ausgewählt werden jeweils Schüler der 10. Klassen aus dem gesamten Weser-Ems-Gebiet. Die diesjährige Preisträgerin war Deike aus der Klasse 10a der FCSO. Die Preisverleihung erfolgte am 2. November im Rahmen des Tags der Chemie an der Universität Oldenburg.

Zwei FCSO-Veranstaltungen waren so interessant, dass die OZ darüber mit je einer halben Seite berichteten. Am 1. Dezember titelte die OZ: Kinder sangen und tanzten in Veenhusen. An der Freien Christlichen Schule Ostfriesland war der Künstler Mike Müllerbauer zu Gast. 640 Zuschauer waren gekommen, um die Weihnachtsgeschichte in Liedern zu hören... Die Jungen und Mädchen unterstützten den Augsburger lautstark... Lehrerin Martina Müller hat es möglich gemacht... Kinder der Freien Christlichen Schule Ostfriesland standen mit Sänger

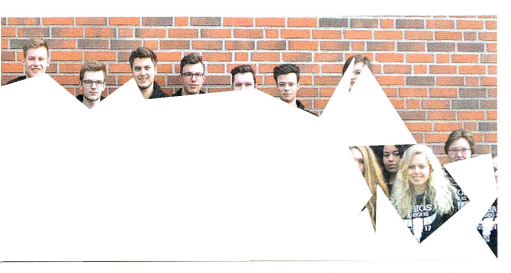

Mike Müllerbauer auf der Bühne... Die Botschaft: Jesus ist geboren. Jesus kam zu uns. Wir feiern ein Geburtstagsfest, sangen alle im Chor…

Am 28. Dezember stand über dem halbseitigen OZ-Bericht: „Schüler bringen Worte Jesu auf die Bühne. – Veenhuser Viertklässler begeistern mit dem Musical „Vater Martin" rund 600 Besucher. Das Stück basiert auf einem Werk des bekannten Schriftstellers Leo Tolstoi. In dem Musical geht es um den Schuster Martin. Bei ihm werden die Worte Jesus lebendig „Ich war hungrig, und ihr habt mir zu essen gegeben". In einem Traum erfährt er, dass Jesus ihn besuchen will. Allerdings erscheint der Sohn Gottes in Form von hilfsbedürftigen Menschen. Der Schuster hilft ihnen. Grundschullehrer Johannes Köster: „Die Botschaft des Musicals kam deutlich an: Tu alles mit Liebe." Seit den Sommerferien hatten die Viertklässler für die beiden Aufführungen geübt. Selbst das Bühnenbild mit dem Haus des Schusters bastelten die Jungen und Mädchen selbst. Ein Vater, Gerold Ennen, baute die Wohnung des Schusters gemeinsam mit einer Gruppe Schüler.

Seit dem Sommer verfügte die Klasse 3b über ein abgestimmtes und neuartiges Klassenraum- Mobiliar eines niederländischen Herstellers, der mit seiner flexiblen Schulmöbelausstattung auf den Wunsch nach alternativen Unterrichtsmethoden und auf die aktuellen Anforderungen zeitgemäßer Klassenräume reagiert. Flexible Schultische in Trapezform und Stühle ermöglichen es, den spezifischen Bedürfnissen der einzelnen Schüler gerecht zu werden. Dank intelligenter Aufbewahrungssysteme gelang es den Kindern mühelos, im Klassenraum Ordnung und Übersicht zu bewahren: Herumstehende Ranzen und Zettelchaos unter den Tischen gehörten der Vergangenheit an. Die erste Investition dieser Art in Höhe von ca. 15.000 Euro sollte sich erst einmal bewähren. Je nach finanziellen Möglichkeiten könnten nach und nach weitere Klassenräume umgerüstet werden.

Im Rahmen des 500-jährigen Luther-Jubiläums bereicherten viele Aktionen zu diesem Thema den Unterricht. An einer Gutenberg-Presse lernten die Schüler, historische Schriften herzustellen. Herr Gasparie, alias Johannes Gutenberg, erklärte mit Witz und viel Hintergrundwissen vom 14. bis 16. Februar die Geschichte und Technik des Buchdrucks. Es müssen vier Eckpfeiler vorhanden sein, damit Gottes Wort, die Bibel, für jedermann verständlich und zugänglich ist. Diese sind:

1. Schulen, damit die Menschen lesen können;
2. eine wortgetreue und verständliche Übersetzung in die Sprache der Menschen;
3. eine kostengünstige Bibel und
4. eine schnelle Vervielfältigung.

Mit einer Wycliff- Bibelausstellung zeigte Lehrerin Frauke den Schülern, wie wichtig es sei, Gottes Wort in der jeweiligen Landessprache lesen zu können. In Verbindung mit der ebenfalls aufgestellten Gutenbergpresse konnte einmal mehr mit Kopf, Hand und Herz die Leidenschaft für Gottes Wort auf moderne Art vermittelt werden. Auch viele Eltern erlebten die Ausstellung während der Elternsprechtage und ließen sich inspirieren.

Im Rahmen des Unterrichts, sowohl in den Fächern WPK-Technik als auch in AWT, haben Schüler sich mit der Lutherrose und der Wartburg, in deren Wappen dieses Siegel auftaucht, praktisch auseinander gesetzt. Die Exponate wurden im Foyer der Gesamtschule ausgestellt.

Das Reformationsjubiläum war ein guter Anlass für die Schüler, das Neue Testament abzuschreiben. Luther hatte damals das Neue Testament in relativ kurzer Zeit aus der aramäischen und altgriechischen in die deutsche Sprache übersetzt. Nun versuchten die Schüler, die Jubiläumsausgabe der Lutherbibel abzuschreiben. In jeder Pause saßen Schüler in der „Lutherstube" und schrieben fleißig weiter. Das Ergebnis wurde professionell gebunden und in der Schule ausgestellt. Mit weiteren zahlreichen Aktionen feierte die FCSO das Reformationsjubiläum. Den Abschluss bildete eine gemeinsame Andacht, in deren Rahmen u. a. die Gewinner eines Lutherquiz geehrt wurden. Das Jubiläumsjahr ging zu Ende, aber die Botschaft lebt weiter. So wurde am letzten Aktionstag von Lehrern und Schülern ein Baum gepflanzt, der - als symbolisches Zeichen der Hoffnung – daran erinnert, dass eine gute Saat auch in Zukunft viel Frucht bringen wird.

Ein weiteres Jubiläum, nämlich 30 Jahre FCSO, wurde in einer kleinen Festwoche; nicht in einer großen Veranstaltung mit Gästen und Reden, sondern mit verschiedenen Aktionen gefeiert. Am 4. September stand ein Sponsorenlauf für UNICEF auf dem Plan, bei dem eine Gesamtsumme von 28.350,98 Euro gespendet wurde, die zur Hälfte an UNICEF ging und zur anderen Hälfte für schulische Projekte bestimmt war, am 6. 9. die Aktion „Olympia ruft – mach mit" bei dem ein fächerübergreifendes Bewegungs- und Lernangebot den Tag bestimmte, am 8. 9. ein Wohnzimmerkonzert u. a. mit dem Elektro-Rock-Duo „Trip to Dover" aus den Niederlanden und am 9. 9. ein Sommerfest mit dem Tag der offenen Tür. Mit einer ganzseitigen OZ-Anzeige, gesponsert mit Firmen-Werbe-Einheiten, der ausführlichen Schilderung der einzelnen Angebote mit der Überschrift: „Treffen, feiern und Gutes tun", luden wir die Öffentlichkeit ein. Dementsprechend besuchten sehr viele Interessierte die Veranstaltungen.

Am Tag der offenen Tür mit dem Sommerfest präsentierten in diversen Klassenräumen Schüler und Lehrer Unterrichtseinheiten und -ergebnisse aus den Bereichen Technik, Bläser, Biologie, Römische Kleidermode, Mathematik, Theater und Informatik. Auch in der Grundschule stellten alle Klassen im Unterricht erarbeitete Ergebnisse, Projekte und Aktionen aus dem Schulleben vor.

Auch diese Veranstaltungen wurden vom Elternarbeitskreis unterstützt. Drei seit vielen Jahren sehr aktive Mitglieder, deren Kinder inzwischen die Schulzeit beendet hatten, verabschiedeten sich aus dem Elternarbeitskreis: Marion Düselder, Annelie Gerdes und Marion Lohmeyer. Besonders bei Schülerentlassungs- und Einschulungsfeiern bereitete dieses Trio alles ideenreich und sorgfältig vor. Während Annelie im Wechsel mit dem Elternarbeitskreis-Vorsitzenden Dieter Hupens manche Elternrede hielt und die Bühnendekoration mitgestaltete, betätigten sich beide Marions bei den Veranstaltungen aktiv an der Vorbereitung und der Geschenk-Übergabe auf der Bühne.

Im „Jahr der Jubiläen" erschien auch die 100. Ausgabe des Schulmediums „DIT un DAT". Was lag da wohl näher, als auf der Vor- und Rückseite die Titelseiten von ca. 50 der in der Vergangenheit erschienen Ausgaben abzubilden? Am Beispiel der ersten 10 Abbildungen waren die im Laufe der Zeit vorgenommenen gestalterischen Veränderung erkennbar. Ein Hinweis auch darauf, dass wohl kein Bereich von Veränderungen ausgenommen bleibt.

Veränderungen gab es auch im Personalbereich. Wir konnten folgende neue Mitarbeiter in der Schule begrüßen: Die Lehrkräfte Gabriele Enderby, Andreas Griebel, Therese Heins, Christian Nätebus, Dorothea Priebe, Esther Schmitz und Egert Ymeraj, die Referendare Dr. Cordula Kalmbach, Christoph Buhl und Christian Zieske, die Bibliothekarin Karin Leuschner, die Praktikanten Niclas Kerinnes und Sarah Frerichs, die Integrationshelferin Erika Wübbena, die pädagogischen Mitarbeiter Susanne Liebmann, Kornelia Slappa, Marina Schilling, Mareike Trauernicht und Udo Wiesner. Ihren Dienst an der Schule beendeten: Katharina Brüns, Mathes Paulus, Jens-Holger Ring und Regina Orth.

Titelseite der 100. Ausgabe DIT un DAT ut uns School

In einer Feierstunde mit dem gesamten Kollegium, der Mitarbeiterschaft und Trägerkreismitgliedern verabschiedeten wir unsere langjährigen Lehrkräfte Margret und Ingo Carl in den wohlverdienten Ruhestand. Es wurde in den verschiedenen Beiträgen an so manche interessante, lustige und nachdenklich stimmende Begebenheit erinnert. Den Ruheständlern wurde für ihren treuen und engagierten Dienst, verbunden mit guten Wünschen für die Zeit nach der FCSO, ganz herzlich gedankt.

Wir gratulierten im Rahmen einer abendlichen Feierstunde folgenden Mitarbeitern zu ihrem Dienst-Jubiläum: Edzard Günther für 30 Jahre, Amanda Blank für 25 Jahre sowie Benjamin Folkerts und Juliane Hinrichs für je 10 Jahre.

Zu Beginn des neuen Schuljahres 2017 wurden 1.262 Schüler von 106 Lehrkräften plus Referendare, Praktikanten, Integrationshelfer und pädagogische Mitarbeiter unterrichtet.

Mit großer Dankbarkeit konnten wir uns wieder einmal über ordentliche Haushaltszahlen freuen. Das Haushaltsvolumen lag mit rund 8,385 Millionen Euro rund 270 T Euro über dem des Vorjahres. Nach wie vor legten wir großen Wert auf eine solide Haushaltsführung, die wir mittels einer sorgfältig geplanten Jahres Budgetierung und eines jeweils vierteljährlichen Soll-Ist-Vergleichs im AK Finanzen kontrollierten.

Kapitel 46

2018 Mit 1000 Schülern nach Rom - Konzerte, Musicals und Theater - Sommerfest

Wenn ich auch mit diesem Kapitel die bisherige Schulgeschichte beende, so erfährt sie doch weiterhin eine hoffentlich gute Fortsetzung. Wir haben viele Wunder Gottes erlebt. Gott hat uns das Staunen über seine Möglichkeiten beim Aufbau und bei der Entwicklung der Schule gelehrt. Es ist keine Frage, dass auch in der Zukunft der FCSO manche Wunder geschehen werden, über die es sich später lohnt, zu berichten.

Das herausragende Ereignis im Verlauf dieses Jahres war zweifellos die Reise mit 1000 FCSO-Schülern nach Rom, die für Begeisterung gesorgt und viel öffentliche Aufmerksamkeit erregt hat. Bereits im Jahr 2011 war die Idee entstanden, anlässlich des 25-jährigen FCSO-Jubiläums im Jahr 2012 mit möglichst allen Schülern der Sek. I und Sek. II diese besondere Fahrt nach Italien zu unternehmen. Doch wie es oft so ist, neben der begeisterten Aufnahme dieser Idee gab es auch Bedenken und eine grundlegende Skepsis, ob so etwas überhaupt möglich sei. Eine derart umfangreiche Klassenfahrt kannte man bisher nicht. Natürlich wurde für dieses Vorhaben über Monate hinweg geworben, aufgeklärt und versucht, die Bedenken zu zerstreuen. Schließlich wurde in einer Gesamtkonferenz abgestimmt, ob die Reise stattfinden sollte. Von den Beteiligten votierten 58 Personen mit Ja und 47 Personen mit Nein. Die dabei anwesenden 13 Eltern und 5 Schüler waren zwar in der Minderheit, stimmten aber schon damals mit rund 80 % dafür. Wenn man nun aber meinte, Mehrheit ist Mehrheit, und man könnte die Fahrt nach dieser Abstimmung konkret vorbereiten und durchführen, erkannte man, dass diese geringe Mehrheit für ein solch besonderes Vorhaben nicht ausreichte. Das musste noch reifen. Und darum war es eine kluge Entscheidung, das Vorhaben zu verschieben und einen günstigeren Zeitpunkt abzuwarten.

So wurde also der Plan im Jahr 2017, dem Jahr des 30-jährigen FCSO-Jubiläums neu aktiviert. Schon lange war man mit einer Firma, die sich auf solche Mammut-Klassenfahrten spezialisiert hatte, in Kontakt getreten. In einer 24-seitigen Broschüre hatte die Firma „Höffmann Schulreisen GmbH" aus dem niedersächsischen Vechta ein sehr detailliertes und umfangreiches Informationsmaterial zusammengestellt. Darin waren alle Einzelheiten über das Programm, die Wohnanlage, Unterkunft und Verpflegung beschrieben.

Auf einer Informationsveranstaltung in der Mehrzweckhalle der FCSO für Schüler, Lehrer, Eltern und Interessierte berichtete Herr Höffmann über bisherige Erfahrungen und beantwortete alle gestellten Fragen. Ein Satz blieb mir besonders im Gedächtnis haften. Er sagte: „In der Planungsphase ist für die Schüler so eine Fahrt in der Regel kein Problem, sondern meist nur für die Eltern". Nun aber war alles geklärt und vorbereitet.

Für dieses besondere Ereignis versah unsere ehemalige Lehrerin Margret Erichsen-Carl das 1995 zur Einweihung eines Erweiterungsbaus von ihr getextete und komponierte Lied „Schule" mit einem neuen Text:

Refrain: Schu-u-u-u-le, meine Schu-u-u-u-le.

Wir haben eine wunder-bare Schu-le, ei-ne coo-le Schu-le haben wir.
Ge-mein-sam ler-nen und ver-trau-en, vol-ler Hoff-nung die Zu-kunft bau-en.
Wir sind be-reit ein-fach al-les zu ge-ben für un-se-ren Traum, in Liebe zu le-ben.

Refrain: Schu-u-u-u-le…

Drei-ßig Jah-re FC-S-O-O, zum Ju-bi-lä-um fahr`n wir nach Ro-m.
Die gan-ze Schu-le wi-rd ver-reisen, ab in den Sü-den, Spag-het-ti ver-speisen.

Bridge (nur nach der 2. Strophe):
Bel-la I-ta-lia, Bel-la I-ta-lia, Bel-la I-ta-lia, Bel-la I-ta-lia.

Gott ist da-bei, das hat er ver-spro-chen.
Noch nie-mals hat er sein Wort ge-bro-chen.
Ler-nen und la-chen, Neu-es er-fah-ren.
Gott schenkt I-de-en, er wird uns be-wah-ren.

Refrain: Schu-u-u-u-le…

Über 1000 Reisende, die meisten hiervon Schüler, aber auch Lehrer und einige Eltern, hatten am 21. September dasselbe Ziel - nämlich das knapp 1.700 km südlich gelegene Rom. Die meisten reisten in einem der 19 Busse, andere nahmen den schnelleren Weg per Flugzeug über die Alpen. Auf dem Campinggelände „Fabulous Camping Village", bestehend aus einem Meer von Campingbungalows, galt es, sein Quartier zu finden. Erlebnisreich waren die Tage allemal: An drei Tagen ging es nach Rom, um dort die zahlreichen Sehenswürdigkeiten zu bewundern, sei es die Engelsburg, der Trevi-Brunnen, der Petersdom oder das Kolosseum. Die Zeit war gut ausgefüllt. Das galt auch für den Tag, an dem es hinein in die antike Archäologie ging - entweder nach Ostia Antica oder nach Pompeji. Zudem durfte eines nicht fehlen: die Gemeinschaft bei dem abendlichen Zusammensein aller mit fetziger Musik, den teils amüsanten Reden des Veranstalters, Informationen zu Sehenswürdigkeiten am Folgetag und den Abendandachten.

Aber nicht alle Schüler konnten an der Fahrt teilnehmen. Christian Nätebus berichtete, was diese Schüler inzwischen unternahmen: „Wir waren zwar nicht in

Die große Rom-Fahrt mit 1.000 FCSO Schülern, Lehrern und Begleitern

Rom, aber wir waren FCSO #MMLD 18! Eine Woche voller Events, Spiele, Aktionen und jede Menge Spaß, in der den 160 Schülern und 25 Lehrern jeden Tag aufs Neue einiges geboten wurde. Ob beim Pizzabacken, Drachenbootfahren, bei Sport und Spiel oder in verschiedenen Kunstprojekten – hier war für jeden etwas dabei! Ein besonderer Höhepunkt war der Tag in Groningen: Kletterhalle, Schwimm-Arena, Trampolin, Grachtenfahrt und Synagogenbesuch - ein Tag, der in Erinnerung bleibt! Und zum Abschluss ein Riesenbuffet zum Sattessen. Eine Woche ohne Unterricht - eine Woche zum Genießen!"

Diese ganze Aktion war offensichtlich für die Öffentlichkeit als so interessant eingestuft worden, dass die OZ in drei halbseitigen Zeitungsberichten über dieses besondere Ereignis ausführlich informierte. Am 8. September lautete die Überschrift: „Ostfriesische Schule fährt mit 20 Bussen nach Rom – Die FCSO Veenhusen ist mit mehr als 1.000 Schülern und Lehrern eine Woche lang in der Heiligen Stadt unterwegs". Dieser Bericht wurde mit einem Foto kombiniert, das die Gruppe einer Vorexkursion vor der römischen Engelsburg zeigte. Am 22. September hieß es: „XXL-Schulausflug begann in Leer – FCSO ist am Freitag mit 1.000 Teilnehmern nach Rom aufgebrochen". Das große integrierte Foto mit den vielen Schülern vor den aufgereihten Bussen war schon sehr beeindruckend. Und am 28. September titelte die OZ: „Wenn 1.000 Schüler heimkehren - Nach der siebentägigen Romfahrt der FCSO rollen 20 Busse in Leer an." Über diesen Bericht hatte man ein großes Foto mit der Masse der Schüler vor dem Kolosseum positioniert. Das gleiche Foto zierte auch die Titelseite der „DIT un DAT", Ausgabe 103.

Am 16. Oktober traf sich um 8.00 Uhr die ganze Primarstufe vor dem Bahnhof Leer. Von dort startete der Sonderzug „Entdeckerreise" nach Münster zu einem aufregenden Besuch im Allwetterzoo. Nach der Ankunft in Münster ging es mit Bussen weiter zum Zoo. Für die Schüler der Primarstufe sollte es ein besonderer Höhepunkt in diesem Schuljahr werden, sozusagen als Ausgleich dafür, dass sie in Rom nicht dabei sein konnten. Begeistert erzählten die Kinder anschließend von ihren Erlebnissen, denn sie hatten sich nicht nur auf dem Spielplatz ausgetobt, sondern alle möglichen Tiere von bunten Fischen, Vogelspinnen, Riesenfischen im Aquarium, Schlangen, Pinguinen über Affen, Gorillas, Tiger, Leoparden, Wölfe und Strauße bis hin zu Elefanten und Giraffen bestaunt.

Zum neuen Schuljahr durften wir wieder einige neue Lehrerinnen, Lehrer und Mitarbeiter an der FCSO begrüßen: Donata Brunelli, Dr. Marco Dogs, Milian Ivanics, Yannik Lüsse, Referendarin Astrid Reuter, Theelke Quitz im Bundesfreiwilligendienst und Kristina Urban, Assistenz Öffentlichkeitsarbeit.

Olaf von Sacken hatte schon seit längerer Zeit angedeutet, dass er sich der Herausforderung einer neuen Aufgabe stellen wolle. Rund 19 Jahre tat er in der FCSO einen wertvollen Dienst - zuletzt viele Jahre in leitender Funktion. Bei seinem

Abschied wurde ihm für seinen Einsatz ganz herzlich gedankt und ihm Erfolg und Gottes Segen für seine Zukunft gewünscht. Dass sich in den Abschied nach so einer langen Zeit der guten Zusammenarbeit etwas Wehmut mischte, lässt sich sicher nachvollziehen.

Im ersten Halbjahr 2018 präsentierten die Schüler in verschiedenen Veranstaltungen einem interessierten Publikum wieder einmal ihr musikalisches und spielerisches Können, das sie sich in langer Vorbereitung angeeignet hatten: Am 23. März gab es ein Konzert u. a. mit Chorklassen des 5. Jahrgangs und Poetry-Slam, am 18. und 19. Mai Theateraufführungen der Theater-AG der Jahrgänge 7 bis 10 und am 15. Juni ein Konzert mit Bläsern und Beiträgen aus dem Musikunterricht. Das Jahr endete mit dem Konzert „In Adventu Domini" mit dem Schulchor SCF am 16. Dezember in der Kirche St. Marien, Harkebrügge.

Das Sommerfest der FCSO am 25. Mai mit vielen Besuchern fand in einer anderen Konzeption als die früheren Schulfeste statt. Dafür hatten sich Christian Hunsmann und Oliver Koppelkamm stark gemacht, und zwar mit weniger Eltern, dafür aber mit größerer Beteiligung der Schüler, des Lehrerkollegiums und Mitgliedern des Trägerkreises. Bei sommerlichem Wetter und guter Laune herrschte ein buntes Treiben mit vielen Begegnungen zwischen Familien, Kindern, Schülern, Freunden, neugierigen Besuchern und alten Bekannten.

In der Gemeinde Moormerland gab es noch zu wenige Kindergartenplätze. In einem Gespräch mit dem Vorsitzenden des Ev. Freik. Kindergartens „Spatzennest", Daniel Sandersfeld, wurde eine mögliche Zusammenarbeit von „Spatzennest" und FCSO ausgelotet. Die schon vor vielen Jahren entstandene Idee eines gemeinsam geführten Kindergartens könnte jetzt in eine realistische Planungsphase einmünden, denn auf dem erweiterten Gelände der FCSO-Grundschule wäre Platz für den Neubau eines Kindergartens.

Nach den Sommerferien wurden im August wieder viele junge Menschen durch ihre Einschulung Schüler der FCSO und sind in einen neuen Lebensabschnitt gestartet. Für junge Familien ist das wie immer eine spannende Situation, wenn das erste Kind eingeschult wird. Wird es sich gut in die Schulgemeinschaft einfügen können? Ist das Kind gut aufgehoben? Wird es gut lernen können? Welcher Lehrer unterrichtet es? Gibt es für Schwächen oder für besondere Eigenarten des Kindes genügend Verständnis und, und, und? Alles verständliche Fragen von Eltern, wenn sie das erste Mal ihr Kind in der Schule abgeben müssen.

Mit Sicherheit erwarten alle Eltern, die ihr Kind an der FCSO angemeldet haben, dass dort alle diese Fragen positiv beantwortet werden, denn sie lassen es sich ja auch etwas kosten. Es ist verständlich, dass es diese Erwartungshaltung gibt, denn im Erziehungskonzept der Schule wird ausführlich beschrieben, dass die FCSO für alle Kinder ein zweites Zuhause sein möchte und auf der Grundlage des christlichen

Glaubens mit Liebe und Verständnis behandelt werden sollen. Diese berechtigte Erwartung zu erfüllen, ist für alle Mitarbeiter der FCSO nicht nur eine Aufgabe, sondern zugleich auch eine echte Herausforderung.

Es ist ja bekannt, Menschen machen Fehler. Menschen haben auch mal einen schlechten Tag. Und Lehrer sind auch nur Menschen. Und Menschen sind alle verschieden. Aus diesem Grund gibt es auch immer etwas zu regeln und zu korrigieren. Und wenn das auf der Grundlage von Liebe und Vergebung geschieht, wird das mit Gottes Hilfe meistens gelingen. Auf dieser Grundlage basiert die positive Schulatmosphäre an der FCSO, die von vielen Menschen bis heute immer wieder bestätigt wird.

Ja, es geht auch darum, der jungen Generation bei all dem, was in dieser kaputten Welt auf sie einstürmt, eine gute Zukunftsperspektive zu vermitteln. Das geschieht zum einen durch das Lernen des vorgegebenen Unterrichtsstoffes, aber insbesondere auch durch das Vorleben der Erziehenden, Gottes Wort in das ganze Leben einzubeziehen und die jungen Menschen einzuladen, Jesus nachzufolgen. Das ist unsere grundlegende und beständige Aufgabe. Ob das Früchte trägt, liegt nicht in der Macht und Verfügbarkeit derer, die das Evangelium vermitteln. Aber es gilt die Zusage Gottes, „dass sein Wort nicht ohne Wirkung bleibt und ausrichtet, wozu er es bestimmt hat" (Jesaja 55,11), denn er will, „dass allen Menschen geholfen wird und sie zur Erkenntnis der Wahrheit kommen" (1. Timotheus 2,4).

Kollegium und Mitarbeiterschaft im Jahr 2018

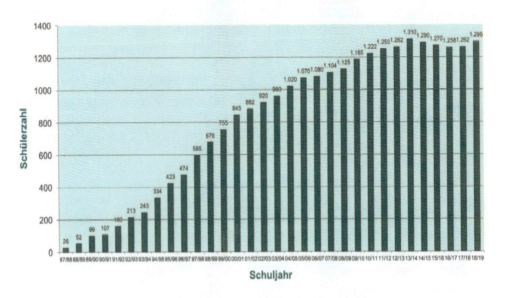

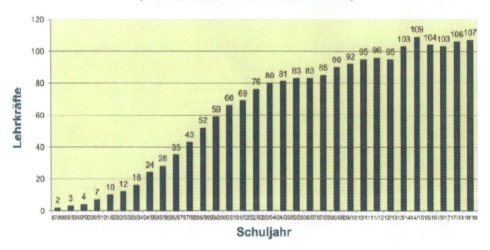

Die Entwicklungszahlen der Schüler und Lehrer von 1987 - 2019

Die Frage, die uns manchmal gestellt wird, ob sich denn all diese Mühe lohnt oder wie viele Schüler sich dem Glauben zuwenden, lässt sich nicht beantworten. Das weiß allein Gott. Und doch bleibt es dabei, wir sind von Jesus beauftragt, sein Evangelium weiterzugeben - als Einzelperson, als christliche Gemeinde oder als christliche Schule. Natürlich freuen wir uns auch über die „Früchte", die wir sehen. Es freut uns, wenn junge Schüler berichteten, dass nun auch zu Hause die Eltern einverstanden sind, vor dem Essen wieder zu beten und zu danken, oder wenn ein Schüler oder eine Schülerin sich nach Ende der Schulzeit meldet und berichtet, dass auch er/sie Christ geworden sei, weil sie mit dem Ernst gemacht haben, was sie in der FCSO gelernt haben. Manche Eltern erzählten freudig, wie sie durch ihre Kinder dem christlichen Glauben näher gekommen seien. Wunderbar! So macht Gott das. Genau nach seinem Plan. Er kennt die Menschen, die sich ihm anvertraut haben, auch wenn wir sie nicht alle kennen.

Viele Leser fragten sich, ob sie im laufenden Jahr die Zusendung von „DIT un DAT" verpasst hätten. Nein, es gab im Jahr 2018 nur eine Ausgabe, und zwar erst am Ende des Jahres. Die Redaktion erklärte dazu: Wir haben die „DIT un DAT" für die Zukunft etwas umgebaut. Wie möchten weiterhin regelmäßig auf diesem Wege mit Ihnen in Kontakt bleiben, laden Sie aber herzlich ein, unsere sozialen Medien im Internet zu verfolgen. Über viele Ereignisse aus der FCSO berichten wir tagesaktuell auf unserer Homepage (www.fcso.de) und auf Facebook.

Im Trägerkreis durften wir Dorothea Sinnhuber als neues Mitglied begrüßen. Es ist und bleibt wichtig, dass jüngere Menschen bereit sind, Verantwortung im Trägerkreis zu übernehmen, wenn sich Ältere nach und nach verabschieden.

Eine enttäuschende Nachricht erreichte uns im Herbst dieses Jahres. Der Nachlassverwalter von dem inzwischen verstorbenen Ehepaar Heeren teilte uns mit, dass die beabsichtigte „Stiftung Evert Heeren" mit einem von Herrn Heeren in Aussicht gestellten Ausstattungskapital von 2 Mio Euro nicht realisiert werden könne, weil nur noch ein mittlerer fünfstelliger Betrag übrig geblieben sei. Das muss zwar noch genau überprüft werden, aber mit der langfristigen Unterstützung finanzschwacher Familien aus dieser zugesagten Stiftung wird das nun bedauerlicherweise nichts.

Das Haushaltsvolumen erhöhte sich im Jahr 2018 auf rund 8,5 Mio Euro. Wie in den Vorjahren durften wir voller Dankbarkeit auf eine geordnete und ausgeglichene Finanzsituation blicken. Auch dafür sind wir sehr dankbar: Die Investitionen beim Aufbau der FCSO in Grundstücke, Gebäude, Anlagen und Einrichtungen betrugen in dem Zeitraum von 30 Jahren insgesamt rund 13,5 Mio Euro. Die dafür aufgenommenen Bankkredite einschließlich der Freundeskreisdarlehen konnten bis auf einen „Rest von nur noch" rund 2,1 Mio Euro zurückgezahlt werden. Gottes Segen ist auch darin unübersehbar. Er ist es, der Menschen in seinen Dienst ruft und sie befähigt. Er ist es, der Türen öffnet und schließt. Er ist es, der auch die Zukunft der FCSO in seinen Händen hält. Denn er tut Wunder!

Der FCSO-Schulkomplex in Blickrichtung Westen

Der FCSO-Schulkomplex in Blickrichtung Süden

Die FCSO-Grundschule mit Pausenhof in Blickrichtung Norden

Die FCSO-Grundschule in Blickrichtung Osten

Nachwort

Die Wunder Gottes, die wir bei der Gründung, dem Aufbau und der Entwicklung der FCSO erleben durften, veranlassten mich, die Geschichte der FCSO aufzuschreiben. Viele Begleiter hatten mich dazu ermutigt. Zunächst erschien mir das als eine nicht zu bewältigende Aufgabe, denn es mussten alle Unterlagen, die sich in über drei Jahrzehnten angesammelt hatten, gesichtet und sortiert werden. Ist aber erst einmal der Anfang gemacht, so kommt mit Geduld und Ausdauer auch die Vollendung - wenn auch erst nach einigen Jahren. Was mich bei den Recherchen immer wieder erstaunt hat, war die im Nachhinein erkennbaren wunderbaren Führungen Gottes. Vor allen Dingen, wie er je nach Zeit und Notwendigkeit so viele unterschiedliche Menschen bewegt hat, in und an der FCSO mitzuarbeiten. Menschen, die sich vorher nicht gekannt haben, in unterschiedlichen Familien und christlichen Gemeinden aufgewachsen sind oder in verschiedenen Berufen tätig waren, ließen sich in den gemeinsamen Dienst stellen. Wenn ich die weit über 1.000 Termine mit durchschnittlich je 4 bis 5 Stunden, die ich im Laufe der Zeit für die FCSO wahrnehmen durfte, zugrunde lege, dann lassen sich die ehrenamtlichen Einsätze aller Beteiligten leicht auf vierzig- bis fünfzigtausend Stunden hochrechnen. Faszinierend auch die Einmütigkeit in den drei Jahrzehnten, die uns durch den Heiligen Geist geschenkt wurde. Das alleine für sich betrachtet ist ein großes Geschenk und ein Wunder Gottes, wenn man bedenkt, dass sich auch schon Christen im Streit getrennt haben.

Bei aller genauen Recherche könnte es sein, dass ich manche Ereignisse bei der FCSO-Entstehung nicht erwähnt habe, die der eine oder andere für wesentlich hält. Ich habe jedenfalls nach bestem Wissen und Gewissen sortiert und aufgeschrieben, was mir aus meiner Sicht als interessant oder auch dokumentarisch als wichtig erschien, wohl wissend, dass man bei einigen meiner Kommentare anderer Meinung sein kann.

Es kann auch sein, dass ich unbeabsichtigt nicht alle Personen namentlich genannt habe, obwohl es mir ein großes Anliegen war, alle an der Arbeit Beteiligten in die Geschichte einzubeziehen. Sie mögen mir das nach sehen. Gott weiß, wie sie mit Fürbitte, Spenden oder anderen Diensten die Schularbeit begleitet haben. Er segne sie dafür.

Wenn ich zum Schluss überlege, wie viel Menschen zur Entstehung der FCSO beigetragen haben, staune ich erneut darüber, wie Gott Wege geebnet und die Entwicklung entscheidend beeinflusst hat. Er hat immer in weiser Voraussicht im Blick, was einmal werden soll. Neben all den praktischen Dingen, die zu bedenken und zu erledigen waren, ist auch die persönliche Ebene nicht zu kurz gekommen. Freundschaften und Ehen wurden geschlossen, und Schüler erhielten in der FCSO eine gute Ausbildung und Impulse für ein gottgefälliges erfülltes Leben.

Wäre das alles auch so geschehen, wenn es die FCSO nicht gegeben hätte? Nein! Darum bleibt nur die Erkenntnis:

Die FCSO ist Gottes Werk und wir durften daran mitwirken.

Wir haben es erlebt: Gott tut Wunder. Ihm allein die Ehre. Ihm allein gebührt Preis und Anbetung. Ihm allein sei Lob und Dank.

Darum stimmen wir ein in das Lob Gottes mit Worten von Psalm 8, Vers 2, 4 bis 6: „Herr, unser Herrscher, wie herrlich ist dein Name in allen Landen, der du zeigst deine Hoheit im Himmel! Wenn ich sehe die Himmel, deiner Finger Werk, den Mond und die Sterne, die du bereitet hast: was ist der Mensch, dass du seiner gedenkst, und des Menschen Kind, dass du dich seiner annimmst? Du hast ihn ein wenig niedriger gemacht als Gott, mit Ehre und Herrlichkeit hast du ihn gekrönt."

Bibelzitate aus der Luther-Übersetzung - Revidierter Text 1975 und der Luther-Übersetzung - Revidierte Fassung von 1984

Bildernachweis: Privat- und Schularchiv, Mini-Helikopter-Bilder von Holger Buß

Freie Christliche Schule Ostfriesland
Birkhahnweg 2
26802 Moormerland
Telefon 04954 9411-0
Homepage: www.fcso.de